青海省生态文明建设财税政策研究

QINGHAISHENG SHENGTAI WENMING JIANSHE CAISHUI ZHENGCE YANJIU

——财税政策重大课题研究报告文集

（上）

青海省财政厅　青海省社会科学界联合会　编

青海人民出版社

图书在版编目（CIP）数据

青海省生态文明建设财税政策研究：财税政策重大
课题研究报告文集：上下册/青海省财政厅，青海省社
会科学界联合会编．-- 西宁：青海人民出版社，
2023.12
ISBN 978-7-225-06629-5

Ⅰ．①青… Ⅱ．①青… ②青… Ⅲ．②生态环境建设
—财政政策—研究—青海②生态环境建设—税收政策—研
究—青海 Ⅳ．①F812.744

中国国家版本馆 CIP 数据核字（2023）第204725号

青海省生态文明建设财税研究（上下册）
——财税政策重大课题研究报告文集

青海省财政厅　　　　　　编
青海省社会科学界联合会

出 版 人　樊原成
出版发行　青海人民出版社有限责任公司

西宁市五四西路71号　邮政编码：810023　电话：（0971）6143426（总编室）

发行热线　　（0971）6143516／6137730
网　　址　http://www.qhrmcbs.com
印　　刷　青海德隆文化创意有限责任公司
经　　销　新华书店
开　　本　720mm×1010mm　　1/16
印　　张　36.25
字　　数　400千
版　　次　2023年12月第1版　2023年12月第1次印刷
书　　号　ISBN 978-7-225-06629-5
定　　价　88.00元

编 委 会

序　言

青海地处青藏高原腹地，是长江、黄河、澜沧江的发源地，每年向下游输送清洁水逾600亿立方米，被誉为"三江之源""中华水塔"。

习近平总书记始终牵挂青海各族人民，十分关心青海工作，高度重视青海发展。特别是在党的百年华诞来临之际和"十四五"开局起步、社会主义现代化建设新征程全面开启的关键时刻，习近平总书记亲临青海考察并发表重要讲话，对青海工作把脉定向、掌舵领航、寄予厚望，为青海发展擘画美好蓝图、提出重大要求、注入强大动力。2016年8月，习近平总书记强调"青海最大的价值在生态、最大的责任在生态、最大的潜力也在生态"，要"坚持绿色低碳发展，结合实际、扬长避短，走出一条具有地方特色的高质量发展之路"。2021年6月，习近平总书记强调"保护好青海生态环境，是'国之大者'。要牢固树立绿水青山就是金山银山理念，切实保护好地球第三极生态。"

习近平总书记对青海的重要指示批示精神，是做好青海各项工作的总纲领，是走好新的赶考之路的总指引。青海省委十三届十次会议审议通过的《中共青海省委关于深入学习贯彻习近平总书记考察青海重要讲话精神 奋力谱写全面建设社会主义现代化国家青海篇章的决定》和研究的《中共青海省委关于加快把青藏高原打造成为全国乃至国际生态文明高地的行动方案》提出，打造生态文明高地要探新路、走好路，坚持正确方向，要讲辩证法，确保行稳致远，要充分展示青海担当，作出青海贡献。

深入贯彻落实习近平总书记对青海的重要批示指示精神，加快把青藏高原打造成为全国乃至国际生态文明高地，这是摆在青海590多万人民眼前，而又需要长期不懈奋斗的时代课题。在这个时代课题面前，财政作为国家治理的基础和重要支柱必须在更深层次发挥职能作用。有效发挥财税手段是构建"四种经济形态"，实现生态产业化、产业生态化，走好具有青海特色的绿色高质量发展之路的重要政策支撑。

立足青海"三个最大"省情定位，充分发挥生态价值、把生态优势转化为发展优势，是将我省坚持生态优先、推动高质量发展、创造高品质生活有机结合的重要着力点和突破口。一方面，要探索自然资源资产的价值核算，运用会计计量的方法编制自然资源资产负债表，为我省生态价值实现特别是自然资源资产价值实现提供"家底"支持；另一方面，要以"保护者受益、使用者付费、破坏者赔偿"原则为基础，形成市场化、多元化的生态价值实现路径，尤其要强化生态产品供给地和受益地之间的横向补偿。

为积极贯彻落实党的十九届五中全会部署的"增强基层公共服务保障能力"重大改革举措，财政部确定了"完善地区间支出成本差异体系，转移支付资金分配与政府提供公共服务的成本相衔接，加大常住人口因素的权重，增强资金分配的科学性、合理性"改革方向。青海作为主要依靠中央转移支付的西部省份，如何全面准确测算地方政府提供基本公共服务成本成为我省财力实现新突破的一项重要课题。

综合上述政策思路，2020年和2021年，我厅多次与青海省社会科学界联合会（以下简称"省社科联"）加强沟通协调，充分运用我厅与财政部北京、上海、厦门3家国家会计学院的战略合作资源，采取邀请和竞争性的方式，积极开展"青海省祁连县自然资源资产负债相关问题研究""青海省三江源水资源市场化横向补偿机制研究""青海省地方政府提供基本公共服务成本研究""支持青海生态经济发展的财税政策研究""支持青海循环经济发展的财税政策研究""支持青海数字经济发展的财税政策研究""支持青海平台经济发展的财税政策研究"等7个方面省级社科项目重大课题研究，积极探索财政改革前沿理论和务实对策前瞻研究，着力为全省相关政策制定提供坚实的理论支撑和切实的工作建议。

省财政厅高度重视省级社科规划项目课题研究工作。第四批援青干部、我厅党组成员、副厅长王鹏同志充分发挥援青桥梁纽带作用，主动担当作为，立足青海实际，加大智力援青力度，积极克服疫情带来的影响，通过召开视频会议等多形式协商沟通，推动财政部北京、上海、厦门3家国家会计学院和东北财经大学等国内相关领域的专家学者积极落实习近平总书记在中央第六次、第七次西藏工作座谈会上的重要讲话精神，参与课题研究，贡献课题成果，以"智力"投入支持青海省经济社会高质量发展。

2020年9月至2022年3月，财政部北京、上海、厦门3家国家会计学院及东北财经大学相关近60位专家学者充分发扬"干坐冷板凳、潜心做学问"学术精神，发挥各自学术特长和实践积累，踊跃申报参与该重大课题研究。经过我厅精心组织周密安排和各位专家学者两年来持续科研攻关，一共产生了15项课题成果。

结合课题攻关要求，我厅受省社科联委托，从第四批中央援青干部中遴选组建了5位具有国内较高学术水平、专业背景或工作领域相近、符合规定要求、对新青海建设具有奉献精神的鉴定专家团队开展了课题鉴定工作。课题鉴定工作注重政策性研究的价值、实绩和贡献，将"课题成果能否转化为有价值的政策建议或工作思路"作为主要评价标准，充分尊重鉴定专家的专业判断，根据课题成果质量由鉴定专家确定课题成果的合理等次。同时，课题鉴定工作程序严格规范。2022 年 5 月疫情期间，在 5 位鉴定专家的精心评审下，15 项课题成果全部获得通过，其中，"优秀"等次 7 项，"良好"等次 8 项。

这些课题成果是近年来我省财政部门首次汇聚相关领域国内优秀专家学者，为青海量身打造的具有较高学术水平和重要实践价值的研究成果。为充分发挥其学术理论和政策参考价值，切实推动成果转化应用，让成果走进青海大地，助力打造生态文明高地，我厅和省社科联决定编辑出版《青海省生态文明建设财税政策研究——财税政策重大课题研究报告文集》。

本书体现了现阶段青海省在打造生态文明高地、现代化新青海建设征途中，在财经领域所作的一些前沿性、原创性、初步性的思考或探索。希望本书能给关心、关注我省生态文明建设的同志提供有益的思考、启发、参考、借鉴和帮助。同时，由于时间仓促和疫情影响，特别是本书在编辑印制过程中难免有疏漏、错误之处，敬请读者批评、指正。

编　者

2023 年 7 月

目　录

青海省祁连县自然资源资产负债相关问题研究

侯碧波　李扣庆

第一章　研究背景

20世纪60年代之前，经济增长的核心要素是资本、劳动和技术。20世纪60年代能源危机的爆发引起了社会对资源性资产枯竭的恐慌。人们开始意识到资源不是取之不尽，用之不竭的，一味地追求经济的高速发展将会对环境和资源造成不可挽回的伤害。我们必须维持经济发展，也无法忽视环境问题，因此可持续发展理论被提出，并得到了各国认可。绿色国内生产总值与可持续发展观念促使世界各国开始重视资源和环境问题。解决自然资源与经济社会的冲突，解决生态破坏与经济发展的矛盾成为我们重点关注并亟待解决的问题，而进行自然资源核算就是解决这一问题的重要途径。

党的十九大报告中明确提出，要实现人类与自然的协调发展，不仅要为人类社会的发展创造更多的物质和精神财富，而且要为人类不断改善的生态环境提供更多的高质量的生态产品。党的十九大报告为中国今后的生态文明建设和绿色发展道路提出了一个新的思路。

第一，必须加大环境治理力度。习近平总书记强调："既要绿水青山，也要金山银山。"为此，应加强对环境的治理，重点解决突出的环境问题。环境监察和加强督查，是在金山银山与绿水青山矛盾的背景下，为保护绿水青山而采取的重要举措。第二，加快构建环境管控的长效机制。绿水青山必须要有绿色发展，要想长治久安，就必须采用科学的方法来发展经济。党的十九大报告中明确提出，要建立政府为主导，企业为主体，社会组织和社会大众参与的环境管理体制，完善排污标准，加强排污主体责任，健全环保信用评价、信息强制性披露、严惩重罚等制度。第三，全面深化绿色发展的制度创新。绿水青山不仅要有良好的环境品质，更要有良好的生态和健康。要真正做到"金山银山"，就必须要将绿色产品和生态服务资产化，让绿色产品、生态产品成为生产力，把"生态优势"变成"经济优势"。

完成自然资源资产负债表的编制对于国家和社会而言具有重大意义，具体意义如下：摸清自然资源"家底"，了解自然资源存量、流量变化、质量状况及其影响、开发利用情况等，构建自然资源资产保值的评判标准；有利于政府提高自然资源方面的精细化管理水平，为各级政府确定自然资源管理的"短板"助力，以保护自然资源的功能性价值，有助于有效防治污染；挖掘资源性资产支撑经济社会发展的潜能，是对传统国民经济核算体系的进一步补充，符合可持续发展理念；全面揭示政府对各种资源的占有和使用情况，披露该地区生态环境的损害状况，是衡量领导干部政绩的要素之一，明确自然资源有关的权益和责任，能够对各地区生态环境做出贡献或产生破坏的领导干部采取奖罚分明的考核制度；实现单位统一，各核算主体之间可以相互比较，形成良性竞争，促进社会环境和经济协调发展，避免各地区领导干部因发展经济的需要而忽视了环境的维护管理，真正践行绿色国内生产总值发展之路。

目前，传统的资产负债表编制已经较为成熟，国家资产负债表中也添加了对自然资源的核算内容，但以 SNA 和 SEEA 为代表的账户体系本质上更多偏向统计领域，自然资源资产负债表的编制还处于理论与实践的探索阶段，还没有形成一套比较完备的自然资源资产负债表理论，对自然资源资产负债表中的确认计量以及框架设计仍然存在诸多疑点。而对于资产负债表这一概念，是基于会计理论与会计方法展开的，本文从会计准则角度出发，对自然资源资产负债表的相关概念与内容进行较为详尽的梳理，希望通过对目前学术与实践中的理论总结，形成一套完善的理论体系，探索一种目前阶段可行且行之有效的核算方法，并通过青海省祁连县的自然资源资产负债表试编寻找实务痛点，并提出相关建议，为日后更好地进行自然资源的核算和管理提供借鉴。

一、自然资源资产负债表的国际发展

虽然自然资源资产负债表这一概念直到近些年才被提出，但对于自然资源核算及资产负债表编制的研究探索已经有一定的历史并初具成效。西方国家对其的研究和实践已经长达半个多世纪。由表1-1可知，各国形成了各自的国民经济核算体系，并将环境要素与绿色国内生产总值融入了核算框架。一些国家如澳大利亚、英国、加拿大、日本已能定期编制并公布其国家资产负债表，自然资源在国家资产负债表中的重要性也日渐凸显。

表 1-1　框架体系整理

制定方	框　架
联合国	国民经济核算体系（SNA）
	联合国综合环境与经济核算体系（SEEA）
美　国	基于 SEEA 的架构基础构建美国框架（IEESA）
欧　盟	欧洲环境的经济信息收集体系（SERIEE）
荷兰统计局	环境账户的国民核算矩阵（NAMEA）
菲律宾	环境和自然资源账户计划（ENRAP）

目前国际上两种最主流的方法是国民经济核算体系（SNA）和联合国综合环境与经济核算体系（SEEA）。由联合国、欧盟委员会、经济合作与发展组织、国际货币基金组织以及世界银行联合发布的SNA，对自然资源的定义和分类作出了清晰的界定，为后续的核算计量打下了坚实的基础。1993年版SEEA初稿的发布，建立了与SNA相一致的核算框架，是对SNA环境因素的补充。2003年版进一步扩大核算范围和内容，进行环境成本核算；设立非生产性经济资产（自然资源）实物账户与价值账户。经过多次更新，以调整和增加环保支出、资源耗减、环境退化成本等项目的方式，使得环境资源与现有的经济核算体系相关联。基于SEEA的架构基础构建的美国框架则结合美国实际编制出经济和环境账户，包含生产账户和资产账户。欧盟的欧洲环境的经济信息收集体系根据经济统计及环境统计理论建立了五个账户：环境保护支出账户、自然资源使用和管理账户、环境产业链录入账户、特征性内容投入收益核算账户和物质流动账户。

二、中国的自然资源资产负债表制度

近年来，我国也加强了对环境资源的关注并推进了相关工作，并率先提出了"自然资源资产负债表"这一概念。党的十七大提出生态文明概念；党的十八大将生态文明建设纳入"五位一体"总体布局；党的十九大提出建设生态文明。而生态文明建设又和自然资源的核算与管理紧密相连。因此，自然资源资产负债表的编制不单是自然资源管理的实践创新，更是生态会计的理论创新。

2013年12月，十八届三中全会通过了《中共中央关于全面深化改革若干重大问题的决定》（以下简称《决定》)，指出加强生态文明建设的必要性，从源头保护、损害赔偿、责任追究、环境治理和生态修复等多个方面进行制度优化，划定生态保护红线。《决定》提出，应持续研究自然资源资产负债表的编制，对领导干部施行自然资源离任审计制度，成立生态环境损害责任终身追究制度，正式提出了探索编制自然资源资产负债表的战略构想。并相继发布了《开展领导干部自然资源资产离任审计试点方案》，推进自然资源资产负债表编制工作成为党中央和各级政府的重要任务。将自然资源资产负债表写进《决定》，也正式给各地政府、相关部门机构传递信号：未来这将成为各部门机构重要工作内容。2015 年，中共中央办公厅、国务院办公厅颁布的《关于加快推进生态文明建设的意见》也同样明确了编制自然资源资产负债表的要求。同年，国务院印发《自然资源资产负债表试点方案》，鼓励自然资源资产负债表试编，为统计调查提供意见也为后续相关工作积累经验。方案提出了五点基本原则：坚持整体设计、突出核算重点、注重质量指标、确保真实准确、借鉴国际经验，并明确提及参照《SEEA2012》等国际标准。这代表我国对自然资源资产负债表的编制继提出两年后有了进一步的发展，针对其编制原则和方法提供了更为具体的建议。

从 2015 年开始，各地响应号召陆续展开自然资源资产负债表的编制。（1）2015 年 7 月，浙江省湖州市完成了自然资源资产负债表的编制。通过自然资产负债表反映土地、林木和水三类自然资源情况，提出了"三并重、三结合"的基本原则和"先实物后价值、先存量后流量、先分类后综合"的技术方案；（2）2017 年，我国首个县域自然资源资产负债表《仙居县自然资源资产负债表》，由仙居国家公园编制并对外发布；（3）2018 年，福州市在连江县试点进行自然资源核算，全面反映了连江县自然资源资产的存量、质量、价值量、流向及负债情况；（4）2019 年发布的《赣闽贵自然资源资产负债表

（2019）》，从水资源、耕地资源、森林资源等重点生态资源出发，对2012—2017年度江西、福建、贵州三个首批国家生态文明试验区自然资源总资产、负债、净权益存续状况进行了统计和分析。2018年，国家成立了中华人民共和国自然资源部，目的是更好地为自然资源资产负债表的编制提供可靠性强的资料。同年，国务院第一次进行了关于国有自然资源资产的专题报告编制的尝试，初步反映了国家自然资源整体状况。

2017年，国务院批复国家统计局，原则同意《中国国民经济核算体系（2016）》并由国家统计局印发实施。核算体系在拓展核算中提出资源环境核算，由自然资源核算和环境核算构成。自然资源核算包括自然资源资产核算表和自然资源产品供给使用表，分别反映自然资源资产（土地、矿产、林木、水资源等）期初期末存量水平，以及核算期间的变化量和对资源产品的供给和使用情况。环境核算包括环境保护支出核算、污染物产生和排放实物量核算两部分。

自然资源资产负债表试编上的尝试为我们积累了宝贵的经验，对自然资产负债表的日益重视以及各种支持增加了自然资源资产负债表的实现可能性。本文将通过实际数据应用选取部分资源对自然资源资产负债表的会计理论框架进行梳理，重点针对自然资源负债确认和计量以及自然资源资产估值两大痛点展开研究，从财会角度探索可行的方法来完善自然资源资产负债表的编制。

第二章　自然资源资产负债表的理论基础

一、自然资源资产负债表信息使用者

国务院《试点方案》中提出编制自然资源资产负债表是为"为

推进生态文明建设、有效保护和永续利用自然资源提供信息基础、监测预警和决策支持"。在我国，政府部门作为自然资源的管理者，也肩负自然资源资产负债表编制的职责。自然资源资产负债表的编制，使得自然资源的具体情况能够有效被当地政府获取，从而在其作出经济决策时兼顾环境与社会问题，促进可持续的社会和经济发展；同时将相关资料用于领导干部的离任审计工作，可以及时反馈其在职时期的资源资产管理成效。因此，自然资源资产负债表的最主要的信息使用者是各级政府和负责对领导干部实施离任考核的相关部门。

自然资源的所有权归政府所有，自然资源资产负债表的其他利益相关方则涵盖了所有公民、环保部门、企业和投资机构等。对自然资源的价值与损耗、环境保护的支出、改善资源环境的收益等进行确认和计量，并及时向社会公众定期披露自然资源资产负债表，为上述利益相关者提供了企业环境目标、环境政策和规划等信息，还有助于充分发挥社会公众的监督职能。

综合来看，自然资源资产负债表的使用者主要是政府部门，其他利益相关者也会对自然资源资产负债表的内容加以重视，其使用自然资源资产负债表的信息一是为了辅助政府部门从可持续发展角度做出经济决策，二是为了满足对领导干部实施离任考核的有关要求。

二、自然资源资产负债表的目标

在传统的财务会计研究中，20 世纪 70 年代末的美国会计界关于会计目标的讨论逐步得出两大观点：受托责任观和决策有用观。如今，在我国关于会计目标的讨论也大多是基于上述两种观点，在实践中，会计目标既要考虑受托责任观，又要考虑决策有用观。

与传统财务会计目标一致，自然资源会计的目标也包含了决策有用观和受托责任观两个层次。一方面，《全面深化改革重要论述》中着重指出，以自然资源资产负债表反映特定区域自然资源资产的总量与流量情况，有利于了解其自然资源"家底"，方便该区域的经济政策、优化资源配置等方面的决策。这就说明编制自然资源资产负债表的目标之一，是通过资产负债表的形式清楚反映特定区域的自然资源资产存量和流量状况，从而使信息使用者的决策有据可依，加强对自然资源问题的更多关注，也将传统财务会计单一的经济效益目标扩展成经济效益与社会效益目标相协调。另一方面，编制自然资源资产负债表的另一目标是考核领导干部的受托责任，即核算自然资源资产的价值，并根据经济发展造成的资源损失和环境污染情况，决定领导干部为环境恶化应负起的责任，或为改善环境而应获取的肯定，同时，将离任审计作为一种激励机制，将领导干部的自身利益和所在地区的环境质量挂钩，从而推动政府不断地改善环境。

三、自然资源资产负债表的要素

我国的自然资源资产负债表采用报告式结构，由自然资源资产、自然资源负债、自然资源净资产这几项要素构成，表示为"资产＝负债＋所有者权益"的会计等式。

在会计学中，资产是由企业拥有或掌控的、由过去交易事项中形成的、预期会带来经济利益的资源。对上述含义延伸可得，自然资源资产指在自然界天然产生的具有稀缺性与使用价值的、由某一特定主体拥有或掌控的、预期能以实物量和价值量予以计量并能产生经济效益、生态调节服务效益或社会文化效益的现时资源。特别地，自然资源是指可以从自然中直接获取且有价值的、列入核算范围的资源，是各级政府拥有或管辖的。因此，本文对自然资源资产的定义为：由国家所有，特定主体拥有使用权，能以实物量和价值量予以计量的能产生经济效益、生态调节服务效益或社会文化效益的现实资源。

负债是由企业过去交易事项形成的，预期会导致经济收入流出的现时义务。将负债含义延伸，自然资源负债是指由特定主体过去使用、破坏资源等行为导致的，或者为了自然资源未来可以持续存在而发生的，预期会承担经济支出的现时义务。自然资源负债的特征强调为了维持其可持续发展的状态而发生的支出，一方面是资源消耗，资源耗减、环境损害、生态破坏等对资源的"欠账"都需要弥补，另一方面是为了自然资源在未来可以持续地生存、发展并发挥应有职能而必须发生的支出，因此确认资源负债的前提是为了维持自然资源的可持续发展状态需要发生支出。自然资源负债主要可分为自然资源已经低于可持续发展需要的恢复支出和为了维持自然资源可持续发展需要的支出，称为恢复成本和维持成本。为了计量负债，可以将自然资源负债具体化为：由特定主体承担的应履行而尚未履行且无实际能力避免的自然资源维护管理和生态环境保护的法定责任，即维持费用；以及超出生态保护红线的自然资源耗减部分的修复责任以及保持正常资源状况的维持责任，即恢复费用。

所有者权益是将资产与负债的差额部分，即所有者拥有的剩余权益，表现为所有者对资产的索取权。从以上意义看，自然资源资产和负债之间的差额部分是指自然资源的净资产。我国的自然资源虽为国有或集体所有，但在法律上却无明确的主体，因此，自然资源的所有权由政府统一管理，而不具有明确的产权归属。而且，与国家的资产负债表问题类似，我国的经济体制中，存在着大量的行政机构和部门，很难确定所投入的经济资源的具体归属。因此，在自然资源资产负债表中没有设定所有者权益或净资产要素，而使用"自然资源资产负债差额"来实现资产负债的平衡关系。

四、自然资源资产负债表的内容

自然资源资产负债表是借助会计中资产负债表工具，将某一地区的所有自然资源资产分类加总而形成的报表，全面反映某一时期（如年末或领导干部任期届满）区域内自然资源实物量、价值量的静态综合报表，也是对保护、开发自然资源状态的客观反映。自然资源资产负债表还能评估在一定时期内特定区域保有、消耗、补偿自然资源资产的水平。可见，自然资源负债表的编制，是完善我国现有国内生产总值核算体系的重要内容。

根据以往编制情况，我国自然资源资产负债表采用由"总表—分类表—扩展表"等构成的自然资源资产负债表报表体系及表式结构。其中，总表包括自然资源资产、自然资源负债和自然资源净资产三类要素，每一类要素列示期初值与期末值，其基本关系依据传统的"资产负债表"，表现为：自然资源净资产＝自然资源资产－自然资源负债。

分类表的表式结构与总表一致，由土地资源资产负债表、草原资源资产负债表、林木资源资产负债表、水资源资产负债表和矿产资源资产负债表等组成，有实物量和价值量两种表式。分类表综合反映了核算期内土地、草原、林木、水和矿产等资源的存量及其变化，按照"期初存量＋本期增加量－本期减少量＝期末存量"的基本原理编制，分别反映各类资源变动对生态、环境的影响。扩展表主要是反映生态综合核算的实物量和价值量表，是对分类表的扩展和补充，可以进一步充实自然资源资产负债表总表。其中，生态核算主要包括森林、草地等自然生态系统的生态价值。

五、自然资源资产负债表各要素的确认

首先是自然资源资产的确认。我国疆土富饶辽阔，自然资源更是品类丰富至极，资源资产在进行初始确认时，必须具备以下所有条件：第一，国家或地方政府拥有该类资源的所有权或完全控制权；第二，该类资源已探明规模和数量，且可以货币指标进行计量；第三，该类资源可进入社会生产过程带来经济利益流入，或者通过进入自然生态系统带来生态效益或者社会效益。具体而言，被人为开发利用、预期能为国家或地方政府带来经济利益、生态利益或者社会利益的土地资源（如农业耕地、建设用地、道路交通用地等），可确认为土地资源资产，而一些尚未开发利用的土地（如冰川、高寒荒漠、戈壁沙漠等）由于预期不能带来经济利益、生态利益或者社会利益，则不能对其进行价值量计量。本文仅对尚未开发利用土地的实物量进行列报，像光能、太阳能等这样的新能源，虽然可以从人类的生产和使用中带来经济利益，但鉴于其产权很难判定，且价值无法可靠计量，因此不能确认为能源类资源资产。本课题研究将进行森林资源资产、草原资源资产、水资源资产、矿产资源资产、土地资源资产的细分，并在此基础上增设二级明细科目。

其次是自然资源负债的确认。对某地区某一时期的自然资源负债进行确认需同时具备以下条件：一是发生的可能性较大，即不当行为导致的损失很可能被偿付，或者为了维护自然资源的支出很可能会发生；二是能够可靠计量，对自然资源资产进行合理的评估，可以提升其对自然资源资产的计量精度和可靠性，有利于政府运用税收手段对其进行惩处；三是责任的确定性，在我国，只有国家和政府等权益主体的维护管理而发生的支出或者不当行为造成的损失才形成自然资源负债。

最后是自然资源净资产的确认。由于经济、资源、环境之间的复杂交互，对于政府的初始投入和最终的留存收益很难核算，因此只有用资产与负债之间的差值来计算自然资源的净资产。

六、自然资源资产负债表的计量

历经数年研究，国内外学术界对如何计量自然资源价值的各种学说进行了充分的讨论，并建立了一系列定价模型。在众多价值核算方法当中，直接市场价值法、支付意愿法、替代市场法广为应用，在实际应用自然资源的价值核算方法时，还必须依据其自身的特点，采取不同的方法，有的只能采用单一的方法，有的则要采取多种方式。

直接市场价值法通常用真实的市场价值来估计自然资源的价值，主要有以下三种方法：市场价值法（MVM）、费用支出法（EM）和收益现值法（ICA）。该方法适合于具备成熟的市场定价机制的自然资源价值评估，同时能快速、简便地求出具有一定说服力的自然资源的价值；其不足之处在于，仅从直接利用的角度来考虑，没有考虑到间接利用与非使用价值。

支付意愿法是一种以消费者视角来度量自然资源价值的方法，以消费者购买某项自然资源的支付意愿为基础，对其进行价值评估，但是并没有将消费者对自然资源的消费者剩余考虑在内，从而难以真实、有效地反映出其价值。收益现值法是以估计和折现自然资源的未来预期收益的方式计量资源价值，但是，因为这是一种对未来利润的预测，与现实中的收益有很大的出入，这就造成了价值的不精确。

替代市场法，通过寻找具有成熟市场价格的替代资源得以间接计量自然资源的价值的方法。现在常用的具体有：替代成本法（RCM）、机会成本法（OCM）、恢复和防护成本法（RPCA）、影子价格法（SPA）、旅行费用法（TCM）。RCM 以取得替代品的费用进行某些生态服务的经济价值评估，弊端是生态系统的多数服务是没有替代品也不易准确计量的。OCM 根据保护某种生态系统服务的最大机会成本（放弃的替代用途的最大收益）衡量其价值。RPCA 则以使得某种生态系统不被破坏所需要的费用为基础，评估生态系统服务的经济价值，其评价的结果仅仅是对生态系统服务的经济价值的最低值。SPA 是一种通过人工建设替代性生态工程所需的投入来估计生态系统的经济价值的方法，其不利之处在于成本难以对生态系统的多种效益进行综合评估。TCM 是一种评估游憩价值的方法，被用来评估旅游胜地和其他休闲项目的价值，其不足之处在于，所得到的结果仅为生态景观资源的游憩使用价值的一部分。

假想市场的代表方法是条件价值法（CVM），适合无真实市场和替代市场交易价格的生态系统服务（公共物品）价值评估，是公共物品价值评估的重要方法。但它的弊端也很明显，因为评价是建立在人的主观意识上的，而不是基于市场（假设市场）的，因此，其结果必然会受到多种因素的影响，与真实价值的偏差是不可避免的，此外还要进行大量的数据调研。

七、自然资源资产负债表的披露

自然资源资产负债表应坚持"由点到面、由易到难""由实物计量到价值计量"等列报与披露原则。当自然资源资产负债表编制的相关制度和规定足够成熟，全国各地区采用同一套核算体系、计量方式、计价方法，再汇总：一是将各种自然资源资产负债表进行汇总，这样只需考虑汇总价值量；二是汇总不同区域的自然资源资产负债表，在相同的计量、计价方法下，汇总后也依旧有可比性。根据上述总体原则，自然资源资产负债表整体编制框架和具体科目列示如下。

（一）资产类科目

由于我国目前还没有建立起健全的自然资源管理制度，所以在自然资源资产负债表中应优先考虑统计基础好、产权清晰、管理规范的资源。如今我国的土地、林地、水、矿产资源的产权登记工作已经比较完备，有关资源的分类和权属的法律法规已经出台和修订，因而可以将这些资源作为代表纳入自然资源核算中。自然资源资产负债表应以区域为单位，各地要根据区域资源的种类、管理情况和数据统计情况，将资源资产列入编制范围。将自然资源资产细分为水资源资产、森林资源资产、矿产资源资产、土地资源资产，并在此基础上继续设置二、三级明细科目。

水资源资产。水资源资产的二级科目包括了地表水和地下水。其中，地表水项目下可以增设河流、湖泊、沼泽、冰川、冰盖等三级明细科目。水资源的特殊之处在于，受气候条件影响，每年水量都会发生很大变化，很难对其进行精确计量。

森林资源资产。森林资源是生物资源的一种，森林资源的管理和分类比较完善，为突出核算重点，选择在自然资源资产负债表中列入森林资源资产，并根据具体情况增加其他生物资源。按照《森林法》中的分类，将森林资源资产的二级科目设置为防护林、用材林、经济林、薪炭林及特种用途林。

矿产资源资产。根据矿产的性质和用途，矿产资源可分为能源矿产、金属矿产和非金属矿产。能源矿产资源主要包括煤、石油、天然气、石煤、地热等。金属矿产资源又分为有色金属和黑色金属，已经探明储量的有包括铁、铜、锌、铅、金等 54 种。非金属矿产资源有石墨、长石、水晶等。

土地资源资产。按照《土地法》的分类标准，划分农用地、建设用地、未利用地为二级科目。农用地是指为从事农业生产而使用的土地，又可细分为耕地、林地、草地、养殖水面等。建设用地则主要由城乡住宅和公共设施用地、工矿用地、交通水利设施用地、旅游用地等构成。未利用地是指土地资源中除上述两类之外的土地资源。

（二）负债类科目

自然资源负债的负债类科目指特定主体在生产和运营过程中，出于维护或利用自然资源而造成的自然资源资产价值降低而必须承担的经济支出，以治理、维护的思路设计了科目。

治理资源损耗所发生的款项指因生产和运营过程中产生的资源质量恶化、过度开采导致资源承载能力过高而导致的资源管理成本。包括由自然资源主管当局处理污染所产生的成本和对超出自然资源承载能力的成本补偿。

维护生态环境所发生的款项主要有两个部分，一是为资源恢复到原有生态状况需付出的款项；二是对生态环境进行定期维护所发生的款项。

在实践中，与资源耗减、环境破坏的相关支出有（废气、废水、工业固体废物）污染排放与处理利用、污染治理投资、自然资源保护与建设。其中，废气、废水、工业固体废物的污染排放与处理利用费用和污染治理投资对应治理资源损耗所发生的款项，自然资源保护与建设与维护生态环境所发生的款项相对应。

（三）自然资源净资产

自然资源净资产，也就是所谓的资产和负债差异，就是资源拥有者对自然资源的所有权要求，这种权利的需求表现在经济上，就是一种权利的价值。

在我国，资源管理部门对资源资产的部分收益有所有权，而管理权则授予土地管理局、水利局、林业局等行政部门。通过签订合同等方式，集体和个人可以依法取得自然资源的经营权和生产经营权。自然资源参与经济体系，少不了自然资源经营权、使用权的创建这一重要环节，包括土地承包经营权、林权、采矿权、取水权等。自然资源的使用权、经营权通过有偿转让的形式在各主体间配置，从而构成了自然资源权益的价值。

（四）自然资源资产负债表的样式

企业的资产负债表往往采用"左资产，右负债＋权益"的账户式的结构。但是，自然资源资产的实际计量中，由于各种自然资源的实物计量单位存在差异，没有形成统一的标准和口径，因此，自然资源的计量还有待进一步的研究。因此，自然资源资产负债表采取的是报告式结构，主要有自然资源资产、自然资源负债、资产净资产这几项，反映了"资产－负债＝权益"这一会计等式。

自然资源资产负债表的横列标题是期末余额、期初余额、计量单位。目前，鉴于自然资源的价值核算标准尚不统一，因此首先应对实物量进行核算。国务院颁布的试点方案中，明确规定了该报表编制须遵循"期初量＋本期增加－本期减少＝期末量"的均衡关系，以反映资源期初、期末量及期间内变化情况。纵列则为自然资源资产、自然资源负债及资产负债差额，按照上文中涉及的相关明细科目列示，表明自然资源期初、期末变化情况，形成的自然资源资产负债表如表 2-1 所示。

表2-1 全民所有自然资源资产负债表样表

资产数量		期初金额	期初数量	期末金额	期末数量	负债期初期末		金额	
土地资源	湿地					土地	生态维持和发展费用		
	耕地						生态恢复费用		
	种植园用地					森林	生态维持和发展费用		
	商业服务业用地						生态恢复费用		
	工矿用地					草原	生态维持和发展费用		
	住宅用地						生态恢复费用		
森林资源	林木资源（万立方米）					矿山	生态维持和发展费用		
	林地						生态恢复费用		
	小计					水	生态维持和发展费用		
草原资源	草原资源（不含草地）（万吨）						生态恢复费用		
	草地					其他	生态维持和发展费用		
	小计						生态恢复费用		
矿产资源	其中：煤炭（千吨）					自然资源负债总计			
	石油（千吨）								
	天然气（万立方米）								
	铁（万吨）						所有者权益	期初	期末
	铜（金属吨）					中央直接行使所有权	国务院自然资源主管部门		
	铝土（矿石万吨）						国务院其他部门		
	铅（金属吨）						其中：林草部门		
	锌（金属吨）						水利部门		
	钨（WO₃吨）					委托或法律授权省级政府代理行使所有权	省级自然资源主管部门		
	锡（金属吨）						省级其他部门		
	钼（金属吨）						其中：林草部门		
	金（金属千克）						水利部门		
	银（金属吨）					要托或法律授权市（地）政府代理行使所有权	市级自然资源主管部门		
	硫铁（矿石万吨）						市级其他部门		
	磷（氧化磷万吨）						其他		
水资源	地表水（万立方米）								
	地下水（万立方米）					法律授权县级政府代理行使所有权	县级自然资源主管部门		
	小计						县级其他部门		
文化服务价值									
自然资源资产总计						自然资源权益总计			

017

第三章 自然资源的计量

一、自然资源资产的价值

2018 年 3 月，IASB 发布了新概念框架，资产的定义变更为"由于过去事项形成的，主体控制的现时经济资源。"修订后的资产概念强调资产是一项经济资源，而不是最终的经济利益流入，即经济利益并不需要确定或很可能发生。《政府企业会计准则——基本准则：非流动资产》中提出了自然资源资产的概念，并未做出具体规定。SNA2008 将"所有权有归属，且其所有者可以通过持有它们或在 SNA 所定义的经济活动中使用它们而取得经济利益"定义为资产。有学者将自然资源资产定义为：能以货币、实物或其他量度计量，政府或企业等私人组织可以取得或加以控制，同时能在未来带来效用的资产。综上所述，本文确定的对自然资源资产的定义为：由国家所有，特定主体拥有使用权，能以实物量和价值量予以计量的能产生经济效益、生态调节服务效益或社会文化效益的现时资源。资源资产确认要求同时符合以下条件：第一，国家或地方政府拥有该类资源的所有权或完全控制权；第二，该类资源已探明规模和数量，且可以货币指标进行计量；第三，该类资源可进入社会生产过程带来经济利益流入，或者通过进入自然生态系统带来生态效益或者社会效益。

可持续发展的理念已经被各国所接受，早在 1992 年举行的联合国环境与发展大会通过了《21 世纪议程》等一系列文件，将发展与环境紧密地结合起来，提出可持续发展战略并将之在全球范围内付诸行动。可持续发展涉及可持续经济、可持续生态和可持续社会三方面的协调统一，强调经济效率，重视生态和谐，追求社会公正，最终实现人的全面发展。

自然资源是人类赖以生存、维持生命的物质基础，不仅为人类带来了经济价值，也为人们带来了潜在的生态价值，如森林所提供的防护、救灾、净化、涵养水源等生态价值。同时，自然资源还为人类满足精神及文化上的享受而提供了社会价值，体现的是存在价值或文化价值，如自然景观、珍稀物种、自然遗产等。人类的生产活动不仅要考虑其经济价值，更要注重其生态、社会等方面的价值。借鉴可持续发展理论，我们把自然资源的价值分为三类：经济价值、生态价值和社会价值。如何计量自然资源的生态价值和社会价值是编制自然资源资产负债表过程中需要解决的难题之一。

二、经济价值：定义和评估方法

经济价值是自然资源为人类提供的物质和服务产品的价值，包括满足生产生活需要的物质产品，如木材、果实、农牧产品以及能源等。通常，我们可以选择直接市场法、间接市场法、虚拟市场法进行自然资源价值核算。对于经济价值而言，其体现在自然资源提供的产品上，因此具有一定的市场，我们可以通过现有的产品市场价格或已形成交易价格的替代市场价格进行经济价值的核算，具体方法如下：

方法一为重置成本法。

$$E_n = K \sum_{i=1}^{n} C_i (1+p)^{n-i+1}$$

式中：K 为调整系数，C_i 为第 i 年的以现行工价及生产水平为标准计算的生产成本（年初投入），n 表示为自然资源年限，p 为投资收益率。

方法二为收益法。

$$E_n = \sum_{t=n}^{u} \frac{A_t - C_t}{(1+p)^{t-n+1}}$$

式中：At 为第 t 年的年收入，Ct 为第 t 年的年成本支出，u 为经营周期。

方法三为剩余法。

$$E_n = W - C - F$$

式中：W 为销售收入，C 为生产经营成本，F 为生产经营阶段的合理利润。

方法四为产品法。

$$W = \sum_{i=1}^{i=n} P_i \times Q_i$$

式中：P 为单价，Q 为产量。

从可行性出发，为了统一并简化各种自然资源经济价值的核算，本文自然资源经济价值的评估选择产品法。

三、生态价值：定义和评估方法

生态价值是调节价值包括水源涵养、土壤保持、固碳、氧气生产、防风固沙等。由于生态价值主要针对森林资源、土地资源和草原资源等与植被有关的资源，且对土地资源的经济价值核算归属于土地资源，本文将森林和草原等产生的生态价值分类为森林资源和草原资源的生态价值，与土地资源的价值剥离。因此在核算时考虑其针对性，根据各种调节服务功能进行分别核算。

（一）水源涵养价值

方法一为通过水量平衡方程计算水源涵养量，再得出水源涵养价值：

$$V_{wr} = Q_{wr} \times C \times \delta$$

$$Q_{wr} = \sum_{i=1}^{n} A_i \times (P_i - R_i - ET_i) \times 10^{-3}$$

式中：Vwr 为水源涵养总价值（元／年）；Qwr 为水源涵养总量（立方米／年）；A 为分部面积（平方米），i=1,2,…, n；P 为产流降雨量（毫米／年）；R 为地表径流量（毫米／年）；ET 为蒸发量（毫米／年）；C 为市场水价（元／立方米）；δ 为溢价系数。

方法二为：

$$Q_{wr} = UQ_w + (LQ_w - EQ_w)$$

$$V_{wr} = Q_{wr} \times C \times \delta$$

式中：Vwr 为水源涵养总价值（元／年）；Qwr 为水源涵养总量（立方米／年）；UQw 为地域范围内的用水量（立方米／年）；LQw 为出境水量（立方米／年）；EQw 为入境水量（立方米／年）；C 为市场水价（元／立方米）；δ 为溢价系数。

方法三根据 GB ／ T38582–2020 森林生态系统服务功能评估规范确定为：

$$V_{wr} = 10A \times (P - E - C) \times F \times (K + C_v)$$

$$F = \frac{B_e}{B_o} = \frac{C_{VB}V}{B_o}$$

式中：Vwr 为水源涵养总价值（元／年）；A 为分部的面积（公顷）；P 为实测降水量（毫米／年），E 为实测分部蒸散量（毫米／年）；C 为实测分部地表快速径流量（毫米／年）；K 水的净化费用（元／立方米）；Cv 为市场水价（元／立方米）；F 为生态服务修正系数；Be

为评估分部的生物量（千克/立方米）；Bo 为实测分部的生物量（千克/立方米），Cvb 为蓄积量与生物量的转换因子 =a+b/V，V 为评估分部的蓄积量（立方米）。

不同方法和模型所需的数据不同，鉴于青海省祁连县在某些数据上并无监测或无法提取，从现实角度和数据可获取性考虑，我们选择更易获取数据的方法一。

（二）土壤保持价值

通过修正通用水土流失方程得出实物量数据：

$$Q_{sr} = R \times K \times L \times S \times (1-C)$$

$$R = \sum_{i=1}^{24} \overline{R_k}$$

$$\overline{R_k} = \frac{1}{n} \sum_{i=1}^{n} \sum_{j=0}^{m} (\alpha \times P_{i,j,k}^{1.7265})$$

$$K = 0.1317 \times (-0.01383 + 0.51575 K_{EPIC})$$

$$K_{EPIC} = \left[0.2 + 0.3e^{-0.0256 m_s \left(1 - \frac{m_{silt}}{100}\right)} \right] \times \left(\frac{m_{silt}}{m_c + m_{silt}} \right)^{0.3} \times \left(1 - \frac{0.25 orgC}{orgC + e^{3.72 - 2.95 orgC}} \right) \times \left[\frac{}{1 - } \right.$$

$$L = \left(\frac{\lambda}{22.1} \right)^m$$

$$m = \begin{cases} 0.2 & \theta \leq 1 \\ 0.3 & 1 < \theta \leq 3 \\ 0.4 & 3 < \theta \leq 5 \\ 0.5 & \theta > 5 \end{cases}$$

$$S = \begin{cases} 10.8 \times \sin\theta + 0.03 & \theta < 5 \\ 16.8 \times \sin\theta - 0.5 & 5 \leq \theta < 10 \\ 21.91 \times \sin\theta - 0.96 & \theta \geq 10 \end{cases}$$

$$V_{sr} = \lambda \times \frac{Q_{sr}}{\rho} \times C$$

$$R = \sum_{i=1}^{12} 1.735 \times 10^{\left[1.51 \lg\left(\frac{P_i^2}{P} - 0.8188 \right) \right]}$$

（R 的方法二）

植被覆盖率 %					
<10	[10，30）	[30,50)	[50,70)	[70,90)	>=90
0.1	0.08	0.06	0.02	0.004	0.001

式中：Qsr 为水土保持总量［吨 /（公顷·年）］；R 为降雨侵蚀力因子[兆焦耳·毫米/（公顷·小时·年）]；K 为土壤可蚀性因子[吨·公顷·小时 /（公顷·兆焦耳·毫米）]；L 为坡长因子；S 为坡度因子；C 为植被覆盖因子。Rk 平均为第 k 个半月的降雨侵蚀力［兆焦耳·毫米 /（公顷·小时·年）］；k 为一年中 24 个半月；i 为所用降雨资料的年份，i=1，2，…，"；j 为第 i 年第 k 个半月侵蚀性降雨日的天数，j=0，1，...，m；Pj 为第 i 年第 k 个半月第 j 个侵蚀性日降雨量（毫米）；P 为年降雨量，Pi 为个月降雨量。mc、msilt、ms 和 orgC 分别为黏粒（＜ 0.002 毫米）、粉粒（0.002–0.05 毫米）、砂粒（0.05–2 毫米）和有机碳的含量（％）。m 为坡长指数；θ 为坡度（度）；λ 为坡长（米）。Vsr 为水土保持总价值（元 / 年）；Qsr 为水土保持总量（吨 / 年）；C 为单位水库清淤工程费用（元 / 立方米）；" 为土壤容重（吨 / 立方米）；λ 为泥沙淤积系数。

其中，R 选用 Wischmeier 的经验公式。K 选用 EPIC 模型是一种专门为土壤侵蚀与土地生产力设计的模型，基于土壤有机碳和粒径分布进行土壤可蚀性 K 值估算；Williams 等在 Erosion-Productivity Impact Calculator 中采用的土壤 K 值的计算公式。土壤保持价值的公式在学术界有较为统一的应用，因此本文不做各种方法的对比，选择该种方法。

（三）固碳价值

方法一为：生物量 – 固碳速率估算法

$$V_{Cf} = Q_{tCO_2} \times C_c$$

$$Q_{tCO_2} = 3.67 \times FCS$$

$$FCS = FCSB + FCSB \times \beta = 0.5 \times (FB_i - FB_{i-1}) \times (1 + \beta)$$

$$或 \ FCS = FCSR \times S \times (1 + \beta)$$

式中：Vcf 为陆地生态系统二氧化碳总固定量（吨／年）；FCS 为固碳量（吨／年）；FCSB 为生物量（吨／年）；FBi 和 FBi-1 分别为评估当年和评估前一年的生物量（吨／年）；0.5 为生物量转化为碳含量的系数；β 为土壤固碳系数。FCSR 为固碳速率［吨／（公顷·年）］；S 为面积（公顷）；Cc 为恢复固碳成本或碳交易价格（元／吨）。生物量单位是 t/ha，想转换为碳单位 gC/m²，转换比例系数为 0.5。

方法二为用净初级生产力估算：

$$V_{Cf} = Q_{tCO_2} \times C_c$$

$$Q_{tCO_2} = 1.63 \times NPP$$

式中：Qco₂ 为生态系统二氧化碳总固定量（吨／年）；NPP 为生态系统净初级生产力，用干物质重量表示（吨／年）；Cc 为恢复固碳成本或碳交易价格（元／吨）。

方法三根据 GB ／ T38582-2020 森林生态系统服务功能评估规范确定为：

$$V_{cr} = 1.63 R_{碳} \times A \times B_{年} \times F \times C_c$$

$$F = \frac{B_e}{B_o} = \frac{C_{VB} V}{B_o}$$

式中：R 碳为二氧化碳中碳的含量 =27.27%，A 为分部面积（公顷），B 年为实测分部净生产力（吨／公顷）；Cc 为恢复固碳成本或碳交易价格（元/吨）；F 为生态服务修正系数；Be 为评估分部的生物量（千克/立方米）；Bo 为实测分部的生物量（千克/立方米），Cvb 为蓄积量与生物量的转换因子 $=a+b/V$，V 为评估分部的蓄积量（立方米）。

不同方法和模型所需的数据不同，鉴于青海省祁连县在某些数据上并无监测或无法提取，从现实角度和数据可获取性考虑，生态系统净初级生产力是可获取的数据，且该方法对不同自然资源如森林资源和草原资源等有较高的适用性，能更为统一地进行核算，因此我们选择方法二。

（四）氧气生产价值

方法一：生物量 – 固碳速率估算法（应与固碳价值方法一同时使用）

$$V_{op} = Q_{op} \times C_o$$
$$Q_{op} = 2.67 \times FCS$$
$$FCS = FCSB + FCSB \times \beta = 0.5 \times (FB_t - FB_{t-1}) \times (1+\beta)$$
$$FCS = FCSR \times S \times (1+\beta)$$

式中：Vop 为氧气生产总量（吨/年）；FCS 为森林固碳量（吨/年）；FCSB 为森林生物量（吨/年）；FBi 和 FBi−1 分别为评估当年和评估前一年的生物量（吨/年）；0.5 为生物量转化为碳含量的系数；β 为森林土壤固碳系数。FCSR 为森林及灌丛的固碳速率［吨/（公顷·年）］；S 为森林及灌丛面积（公顷）；Co 为森林恢复生产氧气的成本或工业制氧价格（元/吨）。

方法二：净初级生产力估算

$$V_{op} = Q_{op} \times C_o$$
$$Q_{op} = 1.19 \times NPP$$

式中：Qop 为氧气生产总量（吨／年）；NPP 为生态系统净初级生产力，用干物质重量表示（吨／年）；Co 为恢复生产氧气的成本或工业制氧价格（元／吨）。

方法三：GB／T38582-2020　森林生态系统服务功能评估规范

$$V_{op} = 1.19A \times B_{年} \times F \times C_{o}$$

$$F = \frac{B_{e}}{B_{o}} = \frac{C_{VB}V}{B_{o}}$$

式中：A 为分部面积（公顷），B 年为实测分部净生产力（吨／公顷）；Co 为恢复生产氧气的成本或工业制氧价格（元／吨）；F 为森林生态服务修正系数；Be 为评估分部的生物量（千克／立方米）；Bo 为实测分部的生物量（千克／立方米），Cvb 为蓄积量与生物量的转换因子 =a+b／V，V 为评估分部的蓄积量（立方米）。

氧气生产价值应与固碳价值方法一同适用，同样选择生态系统净初级生产力进行价值核算。

（五）防风固沙价值

$$V_{防风固沙} = A \times (Y_{2} - Y_{1}) \times F \times K$$

式中：A 位分部面积（特别是防风固沙林），Y2 为无林地风蚀模数（吨／公顷每年），Y1 为有林地风蚀模数（吨／公顷每年）；F 为生态服务修正系数，K 为防风固沙成本（元／吨）。

鉴于青海省祁连县无法提供无林地风蚀模数和有林地风蚀模数，本方法无法适用。但祁连县自身对资源的防风固沙总量已进行计算，本文即引用其计算公式和计算结果进行核算。

四、社会价值：定义和评估方法

社会价值是指提升生活水平质量的文化服务价值，如休闲旅游等，评估方法可以参照该自然资源的旅游总价值和旅游情况数据。自然资源所体现的休闲旅游价值可以采用旅行费用法进行核算。

$$V_r = \sum_{j=1}^{m} N_j \times TC_j$$

$$TC_j = T_j \times W_j + C_j$$

$$C_j = (\sum_{i=1}^{n} C_{itcj} + C_{ilfj} + C_{iefj}) / n_j$$

$$N_j = (n_j / n_q) \times N_t$$

式中：Vr表示休闲旅游总价值（万元／年）；TCj表示来自j地区的每人次游客的平均旅行成本 j=1，2，…，m；Tj表示来自j地区的每名游客的旅游时间（包括途中和核算地域范围内停留的时间）；Wj表示来自j地区游客的平均工资；Cj表示来自j地区平均每人次游客花费的直接旅行费用，其中包括i游客从j地到核算地域范围的交通费用，食宿花费和门票费用，i=1，2，…，n；nj表示从j地区到核算地域的受调查游客人数；Nj表示从j地区到核算地域旅游的总人次；nq表示核算地域游客受调查总人数；Nt表示核算地域调查年份的游客总人次。

鉴于实际数据获取有一定的限制，目前我们简化核算框架如下：将祁连县总旅游收入作为所有自然资源的社会价值，仅核算旅游价值这一社会价值，鉴于数据限制无法将总社会价值细分至各分类资源中。

五、自然资源负债：定义和评估方法

新概念框架中对负债的定义为"由于过去事项导致的，主体转移经济资源的现时义务。"义务是主体没有实际能力避免的职责或责任。该定义强调负债不是最终的经济利益流出，即经济利益的流出并不需要确定或很可能流出，并在义务的定义中引入了"没有实际能力避免"这一条件。笔者认为责任主体应履行自然资源管理和生态环境保护的法定责任，满足没有实际能力避免的条件，还未履行的法定责任就是其现时义务，除了维持自然资源现状应当支付的费用应当计入维持成本计入自然资源负债外，还包括以下情况：如因违规砍伐、过量污水排放等因素导致产生应恢复资源环境的义务时，应将其预计生态修复费用投入或资源损毁价值作为核算内容进行自然资源负债的确认。此外，自然资源的减少，环境质量的下降，生态系统的退化在一定限度内是可以承受的，但超出一定限度的破坏则意味着产生了没有实际能力避免的环境修复职责或责任，尽管可能这种义务尚未形成具体的支出预算计划，但仍然应该评估其影响，确认主体所需要承担的现时义务。党的十八届三中全会《决定》中要求划定生态保护红线，本文基于此概念，认为超过生态保护红线并满足负债特征的部分应当确认为自然资源负债。学术界近年来有关资源环境承载力指标研究日渐深入，将资源环境承载力指标作为各项资源的"生态红线"，在资源环境承载力范围内的耗减视作资产的正常耗减，而超出资源环境承载力的部分应当评估其价值，确认为自然资源负债。在后期修复任务完成，自然资源得到恢复时，再将其从负债中按比例转出。

综上所述，本文确定的负债定义为：由特定主体承担的应履行而尚未履行且无实际能力避免的自然资源管理和生态环境保护的维持责任，以及超出生态保护红线的自然资源耗减部分的修复责任。因此，我们在负债科目中增加了细分科目"生态维持负债"以及"生态恢复负债"，根据对未来期间不同费用的性质分别进行现金流量折现，评估出评估时点的自然资源负债价值。具体来说，自然资源的生态维持费用包括但不限于日常维护的人员费用、材料费用、设备费用以及特种费用如防火经费、抗灾经费、灭虫经费等，生态恢复费用包括资源治理项目、有害生物防治项目、生态恢复资金等。本文将我国 2018 年年末 50 年国债利率作为折现率进行核算。对未来期间不同费用的评估根据以前年度的数据确定增长率。

接下来我们根据第二章和第三章的理论基础，通过实地调研、会议座谈等方式收集数据，对青海省祁连县的土地资源、森林资源、草原资源、矿产资源和水资源进行资产负债分析和计量，并最终编制祁连县全民所有自然资源资产负债表。由于数据保密等规定，该部分予以省略。

第四章　研究结论和政策建议

一、研究结论

自然资源资产负债表源自对自然资源管控的需求，国内外学者对其编制理论进行了初步探索，但目前实操过程中尚有诸多困难。本课题针对信息使用者、报表目标、报表要素、自然资源资产、自然资源负债、报表格式等关键概念进行了梳理，初步形成了一套较完善的理论体系和可行的核算方法，并以青海省祁连县为例展开了探讨，最终通过资产负债表的形式展现祁连县自然资源的总体情况。研究发现，虽然祁连县自然资源资产的保值、增值情况良好，但也存在一些问题，例如部分资源数据缺失，以及部分资源生态价值的下降等。

本文的研究意义在于量化自然资源的情况，丰富和完善了相关的理论和案例研究。此外，本文也为祁连县推进生态文明建设、掌握矿产开发利用情况、完成领导离任审计等工作提供数据支持。最后，本文也为后续青海省乃至全国的自然资源资产负债表编制以及生态保护提供了一个可以借鉴的模式，有助于实现对自然资源的有效管控。

二、政策建议

（一）宏观管理

1. 资产管理

研究发现，祁连县整体自然资源资产的经济价值保持在稳定的水平，生态价值有较大幅度的提升，但是从细分领域来看，资产中也存在着土壤、森林等资源防风固沙与土壤保持能力下降、难以确认水、矿等资源生态价值等问题。基于此类问题，可以从两方面加以管理。

一方面需要加强对资源的整体管控，协同提升资产的经济价值与生态价值。一是统筹规划资产的科学利用，在保证生态修复和持续开发的基础上，配合产业需求合理利用当地的资源，最大化资产的生态价值与经济价值。例如，以个别乡镇为试点，成立资源规划调查小组，为后续的开发和利用提供理论依据，并完善"一张图"平台的规划功能。二是明确资产产权主体和边界，进一步推进自然资源运营平台和市场化交易机制的建设，充分挖掘自然资源的可利用和可确认的价值。例如，利用招投标、拍卖、公开市场交易、协商谈判等方式对各类资产进行定价，建设自然资源产权交易线系统，以适合的方式确定资产的公允价值。三是利用宏观调控的方法缓解地区之间资产分布不均的问题，提高资产的边际价值。例如，对于水资源，可以通过修筑水电站、铺设地下水通道、建立蓄水池等方式缓解空间与时间分布不均的问题，优化灌溉等用水需求。

另一方面需要结合资源的细分数据，针对性地进行资产管理。一是加强水、矿等资产生态价值的管理，尽可能地明确此类资产对生态系统的贡献与开发此类资产的生态成本，防止过度开采，稳定调节生态环境。例如，对于矿产资源而言，需加强矿山的日常监测并对其周围的环境进行综合调查，及时按有关要求恢复已发生的地质灾害问题，加快历史遗留矿山的生态恢复，并严格管理在建和在生产矿山。二是发挥草原、森林等生物资产的优势，强化其在保水固氧方面的作用，完善生物资产的保护与监测体系，同时也需要关注生物资产在防风固沙、土壤保持等方面能力下降的原因，并重点培育有关作物，利用自然恢复或生物保护措施加快推进山水林田湖草生态修复。

2.负债管理

在自然资源负债方面，由于祁连县整体数据的匮乏，并未能完整地统计负债，特别是日常维护、保养等生态维持费用和隐性的修复费用。为了更好地对自然资源负债进行管理，可以从以下两方面考虑解决办法。

一方面需要增加针对日常监控的投入，并做好自然资源负债规划工作。一是结合学术研究和环境监测，建立健全生态红线标准制度，确定可持续发展条件下的资源利用水平，并在后续开采过程实时核准该标准。二是建立健全自然资源评价体系，完整地统计自然资源负债的存在情况，并需要考虑各要素之间的互相影响。譬如，针对废弃矿山、生活污水、污染土地等环境问题，成立专项小组加以整治与监测，以该单元作为成本核算中心确立预算并将相关数据纳入统一的管理平台，以此为基础评估待解决问题的负债。三是提高日常监管的投入，例如与研究院合作建立资源状况的实时控制系统、增加监测频率提升有效数据精度、加强监管人员职业技能与群众素质教育等，并在此基础上完善自然资源负债的统计内容。

另一方面需要建立完善的自然资源补偿体系，对当前和未来的自然资源状况进行合理评估。一是按照"谁破坏谁治理"的原则，明确各自然资源负债的责任主体，建立相应的赔偿、恢复制度和方法，并要求相关的责任人出具环境恢复方案等。二是结合已有数据，协调资源开发与恢复之间的关系，针对不同的开发阶段和环境情况，充分评估未来很有可能发生的补偿成本，践行"边开发边治理"的要求。

3.社会文化管理

在社会文化管理方面，祁连县在旅行出游方面颇具特色，但是仍未能充分发挥自然资源优势的外部性，在推动社会精神文明方面仍有欠缺。为了进一步发挥祁连县自身的资源禀赋优势，可以采取以下措施。

一是进一步推进旅游业的发展，增加宣传力度并完善配套技术设施，结合祁连县独特的地质地貌、森林草原、宗教文化等丰富青海"北大门"的内涵，满足更多游客对美好生活的需求，例如加大交通建设投入，缩短旅行中的交通时间并提高舒适度，另外，着重培育几个有鲜明特色的旅游精品，并与周围县市游客资源展开合作，形成一定的产业集群；二是大力发展影视，借鉴"穹庆"等影视基地的经验并发挥祁连县自身的生态特点，建设祁连影视基地，同时建立健全相关的保障体系与经营方针；三是充分发扬祁连县多民族、多文化的特征，通过建设文化示范小镇或者开展文化活动等方式，宣传祁连当地的民俗、节庆、宗教、非遗等文化资产，赋予自然资源更多的社会意义与文化底蕴，打造祁连独特的自然与人文品牌。

4. 社会服务管理

为了进一步挖掘自然资源的价值，落实自然资源资产负债表的披露要求并发挥其作用，应当提高领导层的生态意识，此外也需完善相关人才配备。

具体而言，一是培养领导层关于自然资源可持续发展的使命感，着重强调生态保护的重要性和持久性，明确各自之于环境的责任，将自然资源价值的变动纳入干部的终身考核体系并形成相应的制度，贯彻"绿水青山就是金山银山"的科学论断。二是建立自然资源资产与负债的评估与核算政策，包括统计对象范围、基础数据标准、核算计量方法、时间分期等，规范自然资源资产负债表的编撰过程，同时需要将自然资源资产负债表纳入统一的财务系统，并加大信息披露的力度。三是扩充会计师、资产评估师等人才的规模，结合所制定的政策提高服务人员的专业度，尽可能地确保数据的真实、可靠、完整，并加快促进会计、环境、评估等学科的融合，从理论和实践两方面共同促进政策的落实。

（二）编制自然资源资产负债表的建议

目前自然资源资产负债表的编制仍受到模型不明确和数据不足的制约，后续工作中应进一步完善数据、确定模型，为报表编制提供必要的基础。

1.进一步全面、准确的编制自然资源资产负债表

现有的自然资源资产负债表的要素细分仍较粗糙，应当结合理论框架，深挖实务环境，增加报表的核算范围、细分种类，从而提高核算的完整性、增强其数据支撑能力。例如，对于水资源而言，需要进一步细分其经济价值和生态价值。经济价值可以考虑使用模糊数学评价等方法，从水资源的数量和质量角度出发，将水资源的管理具体细分为多个与经济后果相关的可量化指标，最终确定水资源的价值并为后续管理提供数据化的指标；生态价值可以细分为环境净化、气候调节、水源涵养、土地保持等，并结合有关研究将此类价值予以量化。

2.规范数据的提供

在实际编制自然资源资产负债表的过程中，部分资源的资产数据以及负债数据的缺失量极大，难以支持后续计量。此外，不同部门统计数据的口径也存在较大的差异，导致数据之间难以进行有效的沟通与核对，因此政府需要进一步规范各部门数据收集的方法与标准，建立全部门的自然资源数据库，明确各部门对数据真实性与完整性的责任，使得资源数据真实、可靠。对于并非年年均观测的

数据，应当提高相关资源的监测频率，或者使用合适的方法验证历史数据的可靠性，至少能做到年度数据的连贯性与及时性。

3. 明确计量模型与相关参数

目前，对于某一资产的同一价值而言，存在多种不同的估值模型，模型的选择偏差可能会难以反映资产的经济实质，因此在运用过程中需要结合资产的获益类型进行实际分析，从而选择最符合资产经济利益流入形式的估值方法。另外，模型计算的准确性也依赖于参数制定的准确性，例如价格、转换系数等，因此需要实时追踪市场及时更新报价系统，并加强理论建设完善模型设计。对于模型中价格的公允价值难以获取的资源，应明确其价格的制定方法及数据来源，并合理调整替代数据，对于模型中的其他系数，也需要根据实时情况，每年进行稽核验证，提高评估的准确性。

4. 关注负债的隐性成本

现有的自然资源资产负债表，仅确认应履行而尚未履行且无实际能力避免的自然资源管理和生态环境保护的维持责任，以及超过生态保护红线的自然资源耗减部分的修复责任的实际支出。但资源过度利用所造成的负外部性不仅限于这些显性成本，更包括一些隐性成本。如矿产资源的开发往往会造成生态破坏，在维护、修复的过程中，可能会造成山体滑坡、土地污染、生态破坏等影响，这些负面影响同样需要政府付出相应成本去消除。因此，在确认负债要素时，同样应当关注此类隐性成本，确认未来可能发生的负债，完善对自然资源的评价。

作者简介：侯碧波，青海省财政厅党委书记；李扣庆，上海国家会计学院教授。

青海省三江源水资源市场化横向补偿机制研究

于岩岩

第一章 青海省可持续发展战略转型与流域生态补偿

青海省战略转型按照"四个扎扎实实"重大要求和"四个转变"的新思路，为国家生态安全战略作出了重要贡献。此次战略转型最关键的战略控制点是青海省战略预算和绩效价值观的转变，而保证战略转型成功的关键是国家生态补偿财政转移支付的落实。

一、把青海发展战略融入国家发展的战略定位

青海省地处青藏高原东北部，位于地球第三极核心区，海拔高，地形多样，气候独特，是长江黄河和国际河流澜沧江的发源地，号称"三江之源"，是全国乃至亚洲的水生态安全命脉，为流域近8亿各国人民提供工农业和生活用水。2016年，习近平总书记指出，青海最大的价值在生态、最大的责任在生态、最大的潜力也在生态。因此，青海省的战略定位"一优两高"为：坚持生态保护优先、推动高质量发展、创造高品质生活。

2015年12月，国家发展改革委报请中央全面深化改革委员会第十九次会议审议通过了《三江源国家公园体制试点方案》（以下简称

《试点方案》）。2016年3月，中共中央办公厅、国务院办公厅印发《试点方案》，全面启动三江源国家公园体制试点工作。2021年9月30日国务院发布了《关于同意设立三江源国家公园的批复》（国函〔2021〕101号）。自2016年4月三江源国家公园体制试点在青海省启动，到2021年10月三江源国家公园正式建立，三江源国家公园从体制机制创新、管理模式探索等方面摸索出了一条具有三江源特色的人与自然和谐共生的生态保护新路，也为青海省三江源水资源市场化横向补偿机制的建立提供了政策基础。

三江源国家公园是中国面积最大的国家公园，总面积19.07万平方公里，比美国黄石国家公园大21倍；是世界海拔最高的国家公园，平均海拔4000米以上。2020年青海省内流域出境水量为954.98亿立方米，与2016年相比增加463.58亿立方米，近五年年均增加水量超92亿立方米。然而虽然国家在政府生态补偿机制对青海省加大了补助力度，但目前存在着现有生态补偿范围偏窄、补偿标准较低、资金来源单一等突出困难。高质量实施好三江源生态保护这一宏大工程，仅凭青海一己之力难以有效解决，亟须国家层面统筹协调，建立三江源流域市场化横向生态补偿机制，促进流域省份共同保护"中华水塔"。

二、三江源水资源市场化横向补偿机制的经济学解释

从经济学的角度解释水资源自然流态受到严重破坏的根本原因，就是水资源的准公共产品属性及其在开发利用中存在的外部性。站在博弈论的视角，基于非合作博弈博弈论解决水资源的资源配置问题，个体效益均不能达到帕累托最优状态。只有超越个体，基于系统理论采取合作博弈的方法才能使水资源利益相关者利益最大化，实现帕累托最优。然而合作博弈增加了总效益，但使得上游用户的效益比非合作博弈时减少，因此有必要对上游用户进行效益补偿。青海省"三江之源"处于占优战略的水资源上游，而我国对长江和黄河流域自然资源的顶层设计是基于全流域跨区域的生态资源配置战略与规划，是以合作博弈实现总效益最大化的理论为基础，因此我国在实施全流域生态补偿机制时，对青海的补偿力度较大。2020年，财政部牵头出台《支持引导黄河全流域建立横向生态补偿机制试点实施方案》，支持引导各地区加快建立横向生态补偿机制。中央财政每年从水污染防治资金中安排一部分资金，支持引导沿黄河九省（区）探索建立横向生态补偿机制。资金采取因素法分配，水源涵养、水资源贡献、水质改善 3 项指标，充分体现生态产品价值导向，权重占 80%。资金安排加大了对青海省上游流域省（区）的支持力度，其中安排黄河全流域生态补偿机制建设引导资金 2 亿元，占全流域的 20%；安排黄河流域水生态保护和污染治理补助 4 亿元，占全流域的 26.7%。2018 年，财政部牵头出台《中央财政促进长江经济带生态保护修复奖励政策实施方案》，推动长江流域省份共抓大保护。充分考虑到青海省作为长江源头，在长江生态环境保护中的重要地位，2018–2019 年每年安排青海省长江经济带生态保护修复奖励 2 亿元，2020 年进一步加大补助力度，增加到 5 亿元，积极引导青海省结合自身实际需求，加强与下游省份沟通协商，加快建立流域横向生态补偿机制。

2016 年，财政部牵头出台《关于加快建立流域上下游横向生态保护补偿机制的指导意见》，鼓励科学选择补偿方式，流域上下游地区根据当地实际，协商选择资金补偿、对口协作、产业转移、人才培养、共建园区等补偿方式。2018 年，发展改革委会同财政部等部门联合印发《建立市场化、多元化生态保护补偿机制行动计划》，提出要进一步健全资源开发补偿、污染物减排补偿、水资源节约补偿、碳排放权抵消补偿制度，健全交易平台，引导生态受益者对生态保护者的补偿。2021年国务院办公厅又印发了《关于鼓励和支持社会资本参与生态保护修复的意见》，通过释放政策红利来激发市场活力，构建"谁修复、谁受益"的生态保护修复激励机制和市场机制，给予市场稳定的政策预期，保障各类市场主体相应的激励政策，引导社会资本积极参与生态保护修复的全过程及各个领域。

自2016年以来财政补贴对青海的支持力度不断增加，但是一个比较明显的趋势是从水资源保护和生态环境污染治理的补贴方向转向建立市场化、多元化补偿机制的补贴方向。财政补贴的风向标指明，后水资源污染治理阶段，三江源水资源高质量可持续发展的高度和广度只能靠市场化横向补偿机制来实现，全流域水资源补偿机制由纵向补偿机制为主向横向补偿机制为主转变的过程中，青海省因地处三江之源，所以加强与下游省份沟通与协商，积极引导建立市场化补偿机制，青海省应该是这一制度建立的核心推动者。

针对青海省三江源水资源分布特点，本课题主要从以下三个部分对三江源水资源市场化横向补偿机制建立的关键问题给出了经济学的解释：

第一，各自为政的单体多目标静态决策，无论多么科学都无法解决实际问题。目前应用比较广泛的水资源优化配置理论，通常运用静态的多目标决策理论，目标包括经济的、社会的和环境的，将水资源配置问题运用最优化理论和决策论转化为多目标决策问题，获得多目标的优化策略和方案。该配置模型偏重通过优化方法来达成各个决策主体的最优解，从优化目标的角度描述配置问题，体现的是各决策主体之间的间接互动，忽略了各用水主体在水资源配置过程中用水行为的直接动因，这是一个基于静态影响因素决策的模型，导致以往的优化模型实用性不强。

青海省三江源水资源市场化横向补偿机制的设计需要一个动态的具有实用性的解决方案，因此基于合作博弈论的水资源配置理论弥补了该方面的不足，其主要特点是动态描述用水主体用水行为的直接动因，并以此为合作博弈的基础。通过纳什均衡理论来寻找动态博弈环境的最优解决路径。

第二，后水资源污染治理阶段需要建立激励相容的补偿机制。水资源污染治理阶段横向财政补贴主要是上游补偿下游，但是后水资源污染治理阶段则是需要构建"谁修复、谁受益"的生态保护修复激励机制和市场机制。水资源的准公共产品属性与外部性是紧密关联的，这决定了水资源市场化必须建立激励相容的补偿机制。

如果流域中用水主体没有达成有约束力的合作协议，上游利益主体对水资源的消费行为给下游用水户造成了损失，却没有对这种损失进行赔偿，那么就发生了负外部性；反之，流域上游利益主体对水资源的节约保护行为增加了下游利益主体的收益，然而却没有从收益增加的主体手中获得相应的补偿，那么就发生了正外部性。如果破坏水资源和河流生态环境的行为得不到应有的惩罚，而保护水资源和河流生态环境的利益却被他人无偿享用，激励不相容的制度安排只会导致人们更加无节制地对水资源和河流生态环境进行破坏，造成生态资源的供给日益减少。

第三，科学准确描述水资源利益相关者之间的利益分配关系是建立水资源横向市场化补偿机制的关键。水资源的准公共产品属性及其在开发利用中存在的外部性是水资源用户难以在市场机制中得到全部生态补偿的重要原因。因此，如何描述利益相关者行为关系，如何确立有限水资源与利益的分配关系，并借此提出适宜的流域水资源补偿效益分配方法，限制水资源的过度利用，是合理开发利用水资源，维持整个流域生态系统稳定的理论基础。

三、流域生态补偿的财政转移支付制度现状

流域生态补偿的财政转移支付制度主要由纵向转移支付和横向转移支付两种模式构成，但目前无论在理论上还是实践中均以纵向转移支付制度为主，即由中央政府对地方政府、上级政府对下级政府进行补偿，这是当前流域生态补偿中协调各方利益最为直接的方式。按照转移支付资金的性质分类，可将其分为专项转移支付和一般性转移支付。

2016 年 5 月国务院办公厅颁发了《关于健全生态保护补偿机制的意见》（国办发〔2016〕31 号），2018 年 1 月青海省人民政府办公厅《关于健全生态保护补偿机制的实施意见》（青政办〔2018〕1 号）。

（一）流域生态补偿的纵向转移支付制度现状

在流域生态补偿中，中央政府的专项转移支付资金有两种，其一是依托重大生态项目的资金，其二是单独设立的专项资金。三江源源头的生态修复和治理工程、退耕还林还草工程以及天然林保护工程，就是我国为加强重要流域源头的生态环境保护工作和解决重点流域的水土流失，中央政府启动的生态环境保护项目。除依托重大生态项目实现流域生态环境保护外，设立专项资金也是我国常采用的流域生态补偿方式，环保、国土以及水利等相关部门都设立了与流域生态保护有关的专项资金。在流域生态补偿的一般性转移支付中，同样存在着依托退耕还林还草工程、天然林保护工程等重大生态项目的转移支付资金。但两者的性质存在一定差别，一般性转

移支付主要是指对地方政府因实施生态保护项目所投入的成本以及放弃发展机会所减少的财政收支给予的补偿。一般性转移支付在流域生态补偿中也发挥着重要作用，2008 年中央政府安排了对青海三江源等重点流域生态功能区的转移支付资金，通过中央政府的一般性转移支付，有力地支持了青海三江源等地区生态功能的恢复并显著改善了水源地的生态环境。

我国现行的财政体制中，纵向转移支付的确对流域生态补偿机制的建构发挥了重要作用。但这种单一的支付方式使中央政府承担巨大的财政压力，而且在管理上也存在着一定障碍，很多时候只是形式上起到了促进公平的作用，未能让资金发挥出优化资源配置并增进生态补偿效率的作用，无法实现水资源高质量发展的战略目标。

（二）流域生态补偿的横向转移支付制度现状

相对于纵向转移支付，横向转移支付在流域生态补偿中鲜少出现，但其无疑是流域生态补偿财政转移支付的重要组成部分，是对流域生态补偿的有益补充。具体来说，横向转移支付是地方政府在流域生态补偿中进行合作的一种同级地方政府财政交流互动的制度安排。

在流域生态补偿中，横向转移支付的补偿模式适用于权利主体和义务主体明确的情形，如跨省中型河流、湖泊的生态补偿或者省内小型河流的生态补偿。但由于跨行政区存在地理界线，现今此类流域生态补偿的推动需要中央政府会同地方政府联合进行，可以采取中央政府提供专项补偿资金和地方政府进行横向转移支付。目前较为成熟的例子有新安江的省际横向转移支付实践以及京冀两地的流域生态补偿合作，另外，部分省份也出台了相应的政府规章，规章中相应的内容也有着关于横向转移支付的相关规定。

随着流域生态补偿试点的开展和进行，陕西、河南、江苏、湖南等地相继出台了相关的地方立法。从法规的名称上来看，可以发现这些地方立法都是以特定流域或者行政区域为调整范围来加以规范。从法律性质上来看，由于它们的立法机构大多数是省级政府部门或者省级政府，则应当属于政府规章，这些立法对省以内的横向转移支付进行了大胆的尝试。

通过对这些规章条文进行归纳总结，可以做出如下分析：

首先，流域生态补偿的开展是以交界面水质的考核为前提。通过梳理现有政策可以发现，流域生态补偿的依据是交界面水质的监测数据。因为断面水质的监测数据达标与否关系到流域生态补偿是否完成，这些地方政府立法通常会进一步详细地规定监测断面水质的机构、次数、时间等问题。而交界面水质是否达标，决定了上游地区是否需要对下游地区进行补偿。生态补偿普遍规定了由上游地区向下游地区支付生态"补偿"，这种补偿制度是以治理环境污染为前提的。综合各地的立法来看，有个别地区规定了下游地区向上游地区支付补偿资金，例如《太湖流域管理条例》的第四十九条以及《湖南省湘江保护条例》的第四十五条均规定了上游地区交界断面水质达到标准时，下游地区应当对上游地区予以补偿。

其次，生态补偿因具体情况的生态价值和机会成本不同，造成生态补偿资金的计算公式不尽相同。生态补偿资金的多少主要和补偿因子以及补偿标准等有关，补偿因子大致包括水体中化学需氧量、氟化物含量、总磷含量以及氨氮含量。在补偿标准方面，各个省份存在一定差异。不同地区的生态补偿标准差距较为明显，这应当是综合考虑了各地的流域水污染程度以及经济发展状况，因地制宜制定的补偿标准。

（三）三江源流域生态补偿的财政转移支付制度的问题

我国现行的流域生态补偿的纵向转移支付资金由一般性转移支付资金和专项转移支付资金构成，是在我国经济转轨过程中依照财政体制调整构建起来的。在20世纪90年代初期的社会和经济背景下，我国财政体制一直坚持着效率第一兼顾公平的原则，在这样的财政体制设计下建构的财政转移支付制度也继承了效率第一兼顾公平的传统，但这样是不符合现代财政转移支付制度的目的的，也无法达成高质量发展的战略目标。现今我国的财政转移支付制度存在着诸多不足，并不利于流域生态补偿的运行。

第一，其未能明确纵向转移支付所适用的流域范围。纵向转移支付方式不能将全国境内的所有流域均纳入其调整范围。如果无法建立国家自然资源资产负债表，就无法真正算清楚生态系统中水资源机会成本得失的利益分配这笔账。

第二，转移支付资金一般性转移支付资金存在着资金未考虑生态因素以及财权与事权不相匹配的问题，专项转移支付资金存在着管理混乱、资金效率低下的问题。

我国的流域生态补偿中，一直显现出"纵多横少"的局面。两者均有自己的优势，其中横向转移支付更能够明确权利义务对等的关系。

首先，横向转移支付能够显著增加生态服务的供给效率。由于生态环境服务外溢性强，它的受益范围通常是跨行政区间的，这也就意味着在未得到补偿的情况下，生态提供区的地方政府所愿意提供的生态服务品质将处于很低的水平。因此，只有通过政府间转移支付来缩小区域利益和社会整体利益的差距，消除生态服务的外部性，最终达到激励投资、提高生态服务供给效率的作用。

其次，横向转移支付也能够提升生态服务的供给能力。在流域生态补偿领域，提供生态服务的上游地区往往是经济发展滞后的欠发达地区。其自身财力已经捉襟见肘，若缺乏外部资金注入的机制，是无法长效稳定地改善当地流域生态环境的。经济欠发达地区要想摆脱贫困，大多会采取以牺牲当地的流域生态环境为代价。为了避免灾难的发生，下游地区应肩负起维护流域生态环境的重任，对生态提供区实施横向转移支付的方式直接提供资金补偿，提升其生态服务的供给能力。

最后，横向转移支付可以作为纵向转移支付的有力补充并弥补市场调节的缺陷。自20世纪90年代以来，我国政府陆续在水资源保护等领域推行了纵向转移支付补偿政策，但是资金有限、覆盖范围有限且行政效率相对较差使得现行的纵向转移支付并未能解决根本问题。但若实行横向转移支付，通过地方财政筹集款项解决资金问题；通过合理划分"纵横"转移支付所适用的流域能够有效解决覆盖范围有限的问题；通过构建政府间对话平台，能够使各方充分表达利益诉求，通过协商达成各方满意的实施方案。

第三，水资源本底调查是水资源开发利用、节约、保护、管理的基础性工作。受三江源国家公园管理局委托，省水文局作为技术支撑单位，抽调水文、水资源、水质、水文地质、地理学等专业技术骨干组成三江源水资源本底调查项目组，严格按照相关法律、法规、标准，充分收集水文气象站点资料，并结合野外实地调查，形成了三江源降水量、蒸发量、地表水资源量、水资源总量、河湖水质和水源地水质等本底成果。盘好青海省水资源的家底才能在政府间横向合作中量力而行，最终实现全力以赴。《三江源水资源本底白皮书》的发布，可为今后三江源地区水资源保护和管理提供科学、有效的数据支持，对三江源地区生态保护工程的实施具有重要的指导意义。

现今我国很多地区都开展了流域生态补偿横向转移支付实践，部分省份甚至通过立法的方式对横向转移支付进行探索和尝试。目前来看，这些大胆的尝试为横向转移支付的推进积累了宝贵的经验，但是结合流域生态补偿的理论基础，对当前的实践案例和地方立法进行分析，可以发现其中关于流域生态的横向转移支付存在着不足：

第一，未能明确横向转移支付适用的流域范围。纵向转移支付的优势是应当肯定的，但并不是所有的流域都适用，对于跨省中型河流和省内小型河流，它们的产权较为明晰，可以确定流域生态补偿中的权利人和义务人，运用横向转移支付制度进行补偿显然更为适宜。

第二，缺乏对流域生态补偿内涵的界定。纵观各省立法几乎都未能显现这样的理念，反而曲解了"补偿"的含义，展现出"赔偿"的概念，这是对流域生态补偿制度畅通运行的阻碍。

第三，补偿标准不合理。从补偿资金的计算程序来看，现今的补偿标准只是将界面水质监测数据作为计算依据，由于地方政府立法时缺乏对流域生态补偿原则的界定，补偿标准仅考虑到上游地区的生产生活可能会给全流域带来的生态污染程度，但却忽略了关键的从流域水资源价值本身以及其流域外地区造成的成本损失。

第四，资金的来源与用途未能明晰。既然对流域进行生态补偿，明确资金的来源渠道和使用渠道，才能更好地完成生态功能的保护。

第五，流域间政府缺乏合理的协调机制。以省际流域为例，其生态补偿是通过上游和下游的地方政府就补偿相关问题进行谈判，上下游政府就流域生态事权的谈判是典型的"囚徒困境"，上下游政府都试图寻找对自身最有利的补偿方法，但双方很难达成一致，且缺乏权威的上级政府进行引导裁判，合作计划可能就此搁置。

第二章　水资源市场化横向补偿机制的理论依据

一、产权理论与市场化横向补偿机制

如果全流域水资源的重新配置如果可以同其他资源一样构建市场机制发挥交换作用，那么就完全可以利用价格杠杆作用，调节区域间水资源的调配，实现市场化的补偿目标。然而，产权理论告诉我们，市场机制发挥作用的前提是具有明晰的产权结构，因此倘若采取市场化的补偿手段，首先要建立水资源的产权制度。有清晰的产权是降低交易费用的首要条件。

水权就是水资源的产权。实施水权界定及其水权交易是提高水资源利用效率，解决水资源短缺的有效途径。我国十分重视水权问题的研究，2005年1月20日水利部发布的《关于水权转让的若干意见》指出，水权转让以明晰水资源使用权为前提，并鼓励推进水权转让，促进水资源的有效利用；强调应尊重双方意愿，充分考虑各方利益；在水行政主管部门或流域管理机构运用市场机制，引导双方平等协商，合理确定水权转让费。水利部正式公布于2008年2月1日起正式施行的《水量分配暂行办法》，对跨行政区域的水量分配的原则、分配机制、主要内容作出了规定，为水权交易迈出了重要一步，但就水权界定、交易规则仍有大量工作要做。

科斯理论对于解决水资源等公共环境资源配置还是有一定的局限性。科斯理论意义下的产权是完全的私有产权，而建立在公共资源属性下的水资源，其产权结构无法实现完全的私有化。水资源的公共资源特性，决定了其相关主体的非唯一性及利益相关者关系复杂的特点。倘若依照产权交易途径，咨询每一利益相关者的补偿或支付意愿时，所产生的交易费用将会是巨大的。高昂的交易费用仍然源自水资源的非私有性，水资源的非私有性是内在性质，高昂的交易费用则是内在性质的外在表现。在实际操作中，我们要克服的就是外在表现的交易费用。因此，这就决定了使用科斯理论配置水资源的特殊性。

水资源具有分布区域性的特点，这就决定了水资源产权只能是共有产权。因此，全流域水资源的共有产权赋予区域集体共有。通过全流域水资源再分配，明确产权的流转双方。拥有共有产权的供水方，也能够利用价格手段，得到受水方支付的费用，从而实现产权获得收益的功能。交易费用过高是市场失灵的一种表现，政府作为产权交易代表以此降低交易费用。因此，在全流域水资源交易中，地方政府应该作为产权交易的代表，代表产权所有者与受水区地方政府进行利益协商，完成产权的转移过程。这种以"市场＋政府"的办法，能够降低产权交易者全部参与其中的交易费用，"润滑"市场交易"摩擦"。如此，在共有产权的设计下，政府参与其中，也就实现了水资源的市场化配置目标，起到了受水区对供水区的"补偿"作用。

二、福利经济学外部性理论与市场化横向补偿机制

在全流域水资源中，往往会要求水源区居民采取一定的措施来保护水源，水源区居民并没有完全获得水源保护产生的外部经济性，而更多的受益者是未参与保护的对象。同时，受益对象很难界定，对其的消费又是非排他性的或排他的费用很高，因此保护者的投入费用难以收回，从而导致保护者耗费的成本得不到补偿。根据外部性理论，在全流域水资源补偿制度设计中，应该给予水源区居民在保护水源上一定的补贴，以此矫正保护水源上的外部性。水资源的

其他补偿制度安排，如水资源税，排污费，排污权交易，谁受益谁补偿，谁污染谁治理，谁投资谁受益等政策框架的实质，都是运用外部性理论，将正负外部性内部化，提高市场运行效率。

三、新制度经济学理论与市场化横向补偿机制

（一）微观层次分析：水资源与公有产权

新制度经济学认为，消除水资源开发中的权益损害实际上是一个将调水工程的负外部性内部化的过程。理论上讲，在纠正水资源开发利用中的负外部性方面，"庇古税"和"污染物排放标准"因存在实施成本过大和缺乏有效监督而很难施行，应从水资源共有产权的界定上纠正负外部性。

（二）中观层次分析：全流域水资源利益集团

全流域水资源涉及范围较广，其牵扯的利益群体众多。在全流域水资源中，利益集团往往是一些利益相关者组成的团体。从利益相关者的角度出发，可以将众多利益集团分为核心利益相关利益集团、次要利益相关利益集团和边缘利益相关利益集团三大类。

（三）宏观层面制度分析

国家理论在建立全流域水资源补偿制度时，应该具备制度均衡的理念。一是促进所设立制度达到均衡状态，实现各主体相互满意；二是树立制度变迁的动态观念，灵活处理利益的变化，使制度设计能够及时符合实际的变动。全流域水资源是一个系统性工程，涉及社会众多利益主体。

四、可持续发展与区域关联乘数效应理论

水资源可持续发展一方面要符合水资源开发利用的代价公平，另一方面要符合水资源利用的区际公平。要解决水资源代际和区际利用的不公平，实现水资源的可持续发展，就是要建立水资源价值

补偿机制，由受益地区和受益群体对水资源保护、受害者进行补偿。如果流域内、区域内实施了水权交易，这种公平运行是等价交换的原则。平等的水权就是平等的人权，平等的发展权。用可持续发展的理念看待水资源，看待平等，看待水资源配置体现的代际公平和区际公平。

五、平等发展权理论与市场化横向补偿机制

从机会平等的角度来看，对流域水资源实施补偿应体现为起点的平等和过程的平等。流域水资源重新配置人为改变区域间资源禀赋，改变了区域发展的初始条件，不符合起点平等的要求。青海省三江源水源区为保持流域水资源质量，往往关闭当地水源区附近企业，在政策上造成区域间经济发展过程的不平等。从维护机会平等的视角出发，国家应给予权益受损水源区补偿，通过国家的宏观调控与微观规制，实现区域间发展的起点公平与过程公平。从平等发展权的角度来看，对水源区实行补偿是必要的。因此，在青海省三江源水资源市场化横向补偿机制的设计中，一方面注重经济补偿，另一方面补偿的原则与目的应着眼于不降低水源区原来福利状态，注重能力建设与社会重构。

第三章　三江源水资源利益相关者补偿机制分析

由于流域水资源治理具有公益性的特点，长期以来无论是市场经济高度发达的西方国家，还是传统计划经济下的社会主义国家，流域水资源利益协调及治理都是以政府为主导。但是通过实际案例和相关文献，发现一些治理目标（生态目标）并没有达到预期的效果，主要原因是涉及公共利益的不同群体不能有效合作，甚至部分利益群体因为害怕公共治理给他们带来负面影响而反对。即便是一些治理项目成功实施，也往往是以牺牲当地资源依赖型的弱势群体利益为代价。这种单向的治理方式显然有悖于公共治理的社会公平原则，因此三江源水资源市场化只有建立激励相容的多主体共同治理机制才能够有助于治理目标的实现。

一、水资源利益相关者分析

按照利益相关者定义来判断，我国流域水资源的利益相关者应该是全体人民。这是因为根据我国《宪法》第九条之规定，《环境保护法》第六条的规定，以及我国《水法》的明确规定，水资源的产权归国家所有。其含义是国家境内所有水资源的财产权利属于国家，国家可以根据需要选择适当的方式行使财产权利，赋予社团提取权，使用户享有用水权。因此，单从利益相关者的定义看，不管是广义的还是狭义的，我国的水资源利益相关者都应该是全体人民。但是，从有效治理的角度看，不能简单地认为水资源的利益相关者就是全体人民，而是应该根据具体的生态治理目标选择合适的利益相关者。

利益相关者的识别是开展水资源治理工作，实施治理机制设计的基础。利益相关者识别的前提是划定研究对象的边界，定义水资源治理的议题。因为基于不同的目标，利益相关者分析结果可能是不一致的，这种不一致反而更有利于利益攸关方的确认，有利于所有涉及其中的利益相关者的识别和区分。因此三江源水资源利益相关者的确立需要一种消除这种信息不对称的机制，使政策制定者理解、识别、解释或管理利益相关者的行为显性化，从而去实现预期的目标。建立水资源信息共享平台和便民服务中心，有利于流域水资源相关行政区域的利益相关者通过共同信息形成共识，从而实现个体理性向集体理性过渡。

二、水资源利益相关者分析对治理机制设计的影响

单一政府主体决策下治理模式的效率已受到严峻挑战，引入各方利益相关者参与治理的首要前提是对全流域水资源的利益相关者进行辨析。对利益攸关的主体进行明确界定和划分，倾听各方的利益诉求点并建立信息沟通平台已成为利益相关者理论应用于实践的关键点，也是解决水资源治理问题的重要突破口。协调这些不同利益主体之间的利益关系并达到利益均衡，利益相关者各自福利的损益均衡条件是建立利益补偿框架的基础。治理机制设计也应该是多元治理而不是单一的行政体制。许多生态治理项目的失败正是因为没有足够重视各类利益相关者的特点和利益诉求。流域规划者需要把其他利益相关者都考虑进来，形成一个决策群，通过不断协商和沟通来实施水资源的治理。

我国在全流域水资源补偿制度的探索上已经迈出了较快的步伐。在补偿制度实施上，现已形成了资金补偿、实物补偿、政策补偿、智力补偿和项目补偿等多种形式；在生态补偿上，形成了退耕还林和退田还湖补偿费、水资源费、排污费等多种补偿费用机制。但总体上，从补偿实施主体和运作机制的视野出发，我国全流域水资源补偿制度大致可以分为政府补偿和市场补偿两种类型。

根据我国的实际情况，政府补偿是我国目前一种重要的补偿形式。国家或上级政府作为补偿主体，实现资源跨区域配置、社会稳定和区域协调可持续发展。市场补偿是指在政府的引导下实现水源区和受水区之间自愿协商的一种补偿方式。产权明晰是实践市场补偿机制的一个重要前提条件。全流域水资源实施市场补偿的形式主要有两种方式。一是实行水权交易转让机制，通过价格机制给予水源区补偿；二是采

用流域水质水量协议模式，根据达标情况实施奖惩或补偿。

三、全流域水资源市场化横向补偿机制利益相关主体及补偿类型

全流域水资源重新配置的过程，也是众多利益相关主体利益再次分配过程。以往的全流域水资源补偿中，通常是显现的补偿，补偿方式单一，补偿内容简单。而全流域水资源本身是一个系统性的工作，其涉及的利益主体是多元，利益变化情况是复杂的。因此，首先，要对全流域水资源所影响的各个利益主体进行利益变化分析，以权利变化的视角确定补偿主体与补偿客体；其次，全流域水资源补偿制度应该是一个全面的补偿制度，既要涵盖对受损者的权利补偿，也要包括对区域的生态补偿。

权利补偿与生态补偿的划分依据是利益主体利益受损的动因。我国现行补偿机制，是以政府主导的补偿为主，依靠市场机制的补偿为辅的补偿模式，现有模式的优势在于效率高，但是问题是补偿质量不高，缺乏强有力的协调监督机制。建议建立"政府＋市场＋第三部门"三位一体的补偿制度，在三者相互促进相互补充的前提下，发挥他们在权利补偿和生态补偿中的优势作用，构建全方位、高效率的补偿制度。在权利补偿制度中，发挥政府的主导作用，做好确权工作，推进权利补偿顺利开展；引进第三部门参与，建立群众利益诉求机制，协助解决调水移民致贫等问题。在生态补偿制度中，通过政府公共政策作用，促进补偿机制持续运行；建立水权制度，发挥市场机制作用，实现水资源优化配置；依靠第三部门力量，促进生态资源的有效保护。

四、权利补偿制度

全流域水资源重新配置，用水户是直接的受益群体，按照"谁受益，谁补偿"的原则，用水户也应成为补偿主体。然而，在具体补偿实施过程，用水户并不是直接的参与者，他们往往是以支付价格的形式筹措补偿资金，由政府将补偿资金代为补偿给利益受损群体。所以，政府是权利补偿制度中最为核心的实施主体，即由政府主导实施补偿。权利补偿是一种法律视角下的补偿方式，其核心是通过国家法律法规保护公民在调水过程中所受损的权利，并以法律的形式要求取得补偿。权利补偿体现了全面性补偿的思想。全流域水资源实施的补偿应该是针对主体法律赋予的各项权利补偿，而不仅仅只是对权利损失采用经济性手段的外在经济补偿。

五、生态补偿制度

生态补偿制度的实施是对水源区维护水质水量的利益群体的一个补偿过程。在全流域水资源中，生态补偿的主体由用水户和国家政府承担，补偿的客体是全流域水资源补偿工程中水源区农民、水源区工业企业和水源区与下游社会群体。在明确生态补偿责任机制后，通过国家政府作用、用水户支付价格形式补偿客体受损利益。[34]

我国环境与发展国际合作委员会对生态补偿下过这样的定义：生态补偿是一种以保护生态服务功能、促进人与自然和谐相处为目的，根据生态系统服务价值、生态保护成本、发展机会成本，运用财政、税收、市场等手段，调节生态保护者、受益者和破坏者经济利益关系的制度安排。该定义结合了我国发展的具体实际情况，蕴涵了三个方面的内容：第一，生态补偿是生态环境外部性的内部化手段，通过生态补偿抵消资源开发利用过程中产生的外部成本；第二，生态补偿是一种促进生态环境保护的经济手段，通过运用财政、税收等政府规制手段以及发挥市场机制作用，实现资源的优化配置；第三，生态补偿是一种区域协调发展制度，以建立的生态补偿机制解决生态环境外部性问题，提高生态环境保护的积极性与有效性，促进区域的协调发展。

中国生态补偿机制与政策研究课题组认为生态补偿是以保护和可持续利用生态系统服务为目的，以经济手段为主要方式，调节相关者利益关系的制度安排。生态补偿划分为四个方面的内容：一是对生态系统本身保护（恢复）或破坏的成本进行补偿；二是通过经济手段将经济效益的外部性内部化；三是对个人或区域保护生态系统和环境的投入或放弃发展机会的损失的经济补偿；四是对具有重大生态价值的区域或对象进行保护性投入。

根据生态补偿的定义，生态补偿遵循着以下基本原则：破坏者付费原则；使用者付费原则，我国《取水许可和水资源费征收管理条例》对工程取水收费，也是基于使用者付费原则；受益者付费原则，在流域中，下游居民从水源保护这种生态服务功能中获得益处，下游居民就需要为这种好处付出费用；保护者得到补偿原则，流域上游居民为保护水源质量，付出时间成本、物资成本、机会成本高昂，因此上游居民应获得相应的补偿。

第四章　国内外生态资源补偿制度借鉴及启示

经济发展和社会进步需要付出一定的环境代价，并不意味失去控制与丧失选择权。青海省属于较为典型的欠发达资源富集区，如何通过借鉴国内外生态补偿实践，改善欠发达资源富集区经济与生态双重贫困的状态，推进区域生态文明的构建。

一、国内外生态补偿机制借鉴

国内外很多国家和地区自 20 世纪 80 年代以来，进行了很多生态补偿实践。其中在流域水环境管理、农业环境保护、林业、自然环境的保持与恢复、碳汇、景观保护等领域取得了一定的生态补偿的经验，补偿范围标准以流域、区域、国家，甚至以全球战略时空而定，按不同项目提供生态服务及作用范围的不同，确定不同补偿标准。

国际组织或环境保护非政府组织贷款捐赠、政府转移支付与补贴及受益者支付，是生态补偿资金筹措的三种主要途径。生态补偿，对促进生态服务市场化、为生态建设筹资、改善生态质量、增强人们的生态保护意识等起到重要作用。确定生态补偿标准的是机会成本，但是因为对机会成本的统计无法做到准确和完全，所以显性静态补偿的补偿标准成为补偿主流，使被补偿者的损失被低估，使得被补偿区域的产业结构与生产方式未发生根本性改变。因此青海省三江源水资源市场化横向补偿机制的建立，亟待以"造血式"补偿为目标取代"输血式"补偿，建立动态补偿机制，以足够的动力和能力改变原有生产生活方式，形成生态、经济和社会效应三位一体的良性循环。促进青海省"一优两高"的生态战略目标的实现，促进青海省生态环保产业能力和新的三江源国家公园生产生活方式的转型。

为构建长三角、珠三角地区经济安全的生态屏障，上游地区牺牲发展机会、承担高昂环境保护成本，同时还要忍受贫困。而下游发达地区经济发展享受增加的社会福利，却不承担环保成本。如果承担生态环境保护的上游地区其根本利益长期不能保障，长期可持续发展的环保战略目标也不会如期实现。因此从下游受益地区征收水费补偿上游，征收范围包括受益地区有经营收入的大中型水库、大中型水力发电、大中城市自来水厂、淡水养殖业、内河航运企业等。同时，对区内工业、企事业用水亦应适当增收费用，补偿环保损失。

二、青海省三江源水资源补偿制度建设的启示

青海省三江源水资源横向市场化补偿机制的建立可以从以下几个方面进行借鉴：

（一）征收流域生态建设税

许多发达国家征收生态建设税是基于庇古税的理论基础，也是其成功的主要经验之一。庇古税是以损害生态环境的污染物的排放量为计费标准。生态建设税的征收，有利于消除生产生活中对环境产生的外部性。政府可以对经济发达的区域征收生态建设税，并通过财政转移支付形式在全流域水资源的干线范围内，支持上游地区进行生态建设，实现对水源区的生态补偿目的。

（二）建立我国水权制度

美国是市场经济高度发达的国家，水资源作为一种重要的资源，在开发利用中应发挥市场基础性配置作用。在全流域水资源的交易过程中，政府明确规定了水权份额，水权转让的范围、价格，水权优先顺序等，为水资源的水权交易提供了法律基础。而目前我国的水权制度以及相应的法规尚不完善，如何进行初始水权的配置等诸多因素制约着水权交易的开展。

与美国高度市场化的国家不同，我国制定水权交易的法规，是在水资源全民所有权的基础上，市场化配置水资源的集体使用权。全民所有权和集体使用权在水权的分配上，不能同私有产权一样完全具有排他性，应该将水权以共有产权的形式赋予区域，产权带来的收益权同样应该由区域的所有人共同享有。

建议允许水资源的使用权交易。水权的初始分配是一种财富的表现形式，水权的交易理应是商品价值的市场体现，因此有必要在初始水权的基础上支付购买价格。建立水权交易的协商机制，对水

权交易的定价、分配等问题，进行规范性界定。建立全流域水生态差别化补偿机制，中央在分配水污染防治资金时，充分考虑水生态环境保护良好、治理工作成效显著等因素。加大对水生态环境优良、水质质量好等因素转移支付的权重比例，综合考虑全流域人均财力水平低的地区，基本公共服务保障水平与全国平均水平有较大差距及发展不平衡不充分的实际困难，推动通过以奖代补模式，进一步加大对水污染防治工作优异的欠发达地区的支持力度。

（三）完善财政转移支付制度

中央积极倡导推动建立跨区域、跨省际水质生态补偿机制，也出台了一些具体意见，但欠发达地区受制于有限的财税收入和发展不平衡等问题，无法依靠协商推动形成有效机制。虽共饮一江水，但上下游的投入和收益却无法实现区际公平。国内外的全流域水资源的发展都离不开政府的支持，我国全流域水资源生态补偿的财政转移支付力度在逐年提高。鉴于水资源上游流域各省市为保护和改善生态环境付出的代价和做出的贡献，下游受益地区政府也应当对水资源调出地区政府进行财政转移支付，市场化水资源配置机制是解决流域水资源短缺和推动流域生态保护的最有效方法，流域水资源商品的准市场化交易模式更符合我国基本国情。日本的经验是建立了"水源地区对策基金"。专项基金的设立，拓宽了日本财政转移支付渠道。这一成功经验值得我国借鉴。

（四）健全相关法律法规

三江源水资源市场化横向补偿机制的运行离不开法律强有力的保障，建议为全流域水资源补偿机制建设及其他生态补偿提供法律依据和法治保障。在流域水资源补偿制度健全的国家，都有完善的法律规定作为保障，这些法律法规不仅能保证补偿行为的合法性，还可以明确界定补偿机制中的责任权利义务，使补偿活动能顺利进行。日本涉及全流域水资源补偿方面的已有法律就十分健全，而我国在这一方面的法律法规仅有《水法》《大中型水利水电工程建设征地补偿和移民安置条例》《国务院关于完善大中型水库移民后期扶持政策的意见》和《关于开展生态补偿试点工作的指导意见（环发〔2007〕130号）》。这些法律法规涉及范围过于粗犷，还未能将全流域水资源补偿的各方面纳入其中。在全流域水资源补偿方面，还未形成完整的法律法规；在水权制度建设方面，还处于起步阶段。所以建议制定专门的法律法规，或出台专门的规定，使水资源补偿机制在法治化、规范化轨道上得以建立并顺利实施。

（五）成立专业补偿机构

我国流域水资源补偿制度的实施主体是政府，没有专业的补偿机构的参与。建议借鉴德国水资源补偿机制的经验，成立专业组织作为生态补偿制度实施的主体。建议在全国范围内或区域内成立全流域水资源专业补偿机构，按流域水资源补偿涉及的各方面，以及每个利益相关者的利益需求，细分为不同职能的水资源补偿项目组，用专业的技术和服务满足流域水资源不同利益相关主体的利益诉求。

专业的补偿机构作为实施主体，其优势主要体现在两个方面：一是专业的机构能够为补偿制度的制定与实施提供技术上的有力支持；二是专业的机构能够解决政府实施信息不对称的问题，我国政府机构内行政人员居多，技术性人才缺乏，尤其是基层政府组织缺乏实施专业生态补偿工作的能力，成立这样的组织正好能够解决政府"外脑"的问题。

专业补偿机构的组织形式具有多元化的特征。第一，可以是政府下属的事业单位型组织；第二，可以是流域水资源方面的补偿研究公司。运用市场化方式，政府根据实际情况制定相应补偿措施，以项目的形式委托公司代为实施;第三,可以是参与补偿的第三部门，同时开展扶贫、生态环境治理等工作。

第五章　三江源水资源市场化横向补偿机制的政策建议

"十三五"期间，中央财政累计安排生态保护修复相关转移支付资8779亿元，对生态功能重要、生态脆弱的区域实施的生态保护修复取得了明显成效。但我国生态保护修复仍然面临着量大面广、投资需求大、建设周期长等现实问题,资金不足成了生态保护修复的"瓶颈"。三江源水资源市场化横向补偿的问题是我国生态文明建设的一部分，是一项庞大而复杂的系统工程，贯穿到我国高质量发展的各个方面，无法割裂开思考。如何让具有公共物品属性的水资源补偿问题既保有社会价值，又实现经济价值。激励社会资本投入，创新产权安排和运作模式，建立市场化、多元化的投入机制，是我国深化改革完善单一政府财政投入模式的重要解决路径。

一、市场化横向补偿机制的建立需要长短期平衡的战略步骤

三江源水资源市场化横向补偿机制问题，是我国生态保护横向市场补偿机制建立的一部分，而我国生态保护横向市场补偿机制的建立是需要一个长期发展的过程。因此，青海省三江源水资源市场化横向补偿机制的建立需要一个长短期平衡的战略实施步骤，既需要研究长效机制建立的路径，又需要解决中期可持续发展的瓶颈，同时需要尝试短期市场化横向补偿机制项目的实施，在试错中不断发展。

（一）长效机制的建立需要国家自然资源资产负债表支撑

纵向转移支付因为不能将全国境内的所有流域均纳入其调整范围，因此补偿的公平和效果无从考量，如果无法建立在国家自然资源资产负债表基础之上，就无法真正算清楚生态系统中水资源机会成本得失的这笔账。

党的十八届三中全会通过的《中共中央关于全面深化改革若干重大问题的决定》明确提出了"加快建立国家统一的经济核算制度，编制全国和地方资产负债表"及"探索编制自然资源资产负债表，对领导干部实行自然资源资产离任审计"的要求。这意味着在全面深化改革的宏伟蓝图中，编制国家资产负债表和自然资源资产负债表已经被纳入其中，成为国家级的战略任务。因此三江源水资源市场化横向补偿机制长效机制的建立必须建立在我国自然资产负债表的研究，以及全面深化改革的战略基础上。

（二）可持续发展的瓶颈是政策由供给侧向需求侧转变

党的十九大提出要构建"政府为主导、企业为主体、社会组织和公众共同参与的环境治理体系"。我国生态保护修复治理体系的重构，既体现在国务院机构改革从组织架构上对生态保护修复工作职责隶属的优化，更体现在激励政策由供给导向向需求导向的转变。需求导向的政策应通过激励性政策减少市场的不确定性，消除由信息不对称造成的交易成本损失。我国目前生态保护修护政策的协同与稳定性对激励社会资本参与生态保护修复起到了非常积极的作用。

2021年10月29日国务院办公厅印发了《关于鼓励和支持社会资本参与生态保护修复的意见》，通过释放政策红利来激发市场活力，构建"谁修复、谁受益"的生态保护修复激励机制和市场机制，给予市场稳定的政策预期，保障各类市场主体相应的激励政策，引导社会资本积极参与生态保护修复的全过程和各个领域。《意见》与《全国重要生态系统保护和修复重大工程总体规划（2021—2035年）》《关于建立健全生态产品价值实现机制的意见》等文件，共同构成了我国生态保护修复的政策框架。国家"十四五"规划纲要明确提出："建立生态产品价值实现机制，在长江流域和三江源国家公园等开展试点"，对"十四五"期间乃至2035年建立健全生态产品价值实现机制提出了明确要求。《意见》由供给导向政策向需求导向政策转变，建立了全流程、市场化，多元主体参与的生态保护修复机制，其基本特点是用激励性政策鼓励各地可以根据实际需求制定实施意见、管理办法等，因地制宜引导行业、项目布局，推动社会资本有效参与。

坚持政府和市场两手发力，以保持或增加生态系统服务及其价值为根本目标，逐步形成政府主导下的市场化生态补偿机制。政府方面，进一步发挥财政资金引导作用，加强各类生态保护补偿需求和政策的统筹衔接，加大对重点生态功能区中央财政转移支付力度；市场方面，进一步健全资源有偿使用和节约保护补偿制度，引导生态受益者对保护者补偿，同时通过发展生态产业、建立绿色利益分享机制，引导和调节社会投资者补偿；流域上下游间，除按照水质水量目标进行资金补偿外，鼓励上下游间探索流域水生态共同治理、对口协作等多元补偿方式；生态资源产权交易方面，加快推进自然资源资产产权制度改革，推行所有权、经营权、承包权等分置运行机制；允许生态产品与用能权、碳排放权、排污权、用水权等发展权配额进行兑换，鼓励发达地区首先向生态地区购买发展权配额。

（三）通过政府服务制度化确保短期激励机制的可持续性

鼓励和支持社会资本全流程参与到政府的战略规划中是我国政府服务化的一种措施。我国生态修复环保政策要求各地区鼓励和支持社会资本参与生态保护修复方案的编制，并鼓励和支持参与方案编制的社会资本方参与到各地区国土空间规划和经济社会发展规划中，在符合法律法规政策和规划约束条件的前提下，合理安排生态保护修复区域内各类空间用地的规模、结构、布局和时序。建立投资促进机制，建立健全统筹协调机制，保障社会资本合法权益，增强社会资本长期投资的信心。

我国生态保护修复政策将社会资本参与生态保护修复的程序和保障制度化。从科学设立生态保护修复项目，合理制定生态保护修复方案，将生态保护修复方案、相应的自然资源资产配置方案、各类指标转让及支持政策等一并公开，通过竞争方式确定生态保护修复主体及自然资源资产使用权人，并签订生态保护修复协议和土地出让合同等自然资源资产配置协议，明确修复要求、各方权利义务和违约责任。保障社会资本合法权益，增强长期投资信心。构建"谁修复、谁受益"的生态保护修复机制、持续回报和合理退出机制，让社会资本进得去、退得出、有收益。畅通社会资本参与生态保护修复渠道，丰富参与形式，创新激励机制、支持政策和投融资模式，激发社会资本投资潜力和创新动力。

水源区生态环境保护问题，政府要引入第三部门参与，如环保协会，具有丰富的环境保护知识与经验。通过引进第三方部门将进一步改善水源区生态质量，节约了水源区居民维护水源的成本，提高水源区居民环保意识与能力，提高水源区居民生活福利水平，缓解水资源保护与地区经济发展之间矛盾上，第三部门的参与能够起到创新作用。在推动水资源补偿市场化中，第三部门在畅通市场机制，建立有偿服务项目，明晰生态服务产权关系等方面能够发挥积极的作用。

二、激励多元主体参与挖掘协同价值

国家"十四五"规划纲要明确提出："建立生态产品价值实现机制，在长江流域和三江源国家公园等开展试点。"2021年4月国办印发的《关于建立健全生态产品价值实现机制的意见》（以下简称《国家意见》）对"十四五"期间乃至2035年建立健全生态产品价值实现机制提出了明确要求。2021年12月初财政部提前下达了2022年多项生态环境治理资金预算，累计资金预算约650亿元，与此同时生态保护修复也逐渐从理念规划演变为政策现实。

（一）坚持政府监督和市场定价两手发力保障协同价值

建议在全国建立生态产品调查监测机制的基础上，青海省政府部门探讨研究建立三江源地区水资源调查监测机制。

首先，推进水资源确权登记。健全水资源确权登记制度规范，有序推进统一确权登记，清晰界定水资源资产产权主体，划清所有权和使用权边界。丰富三江源水资源资产使用权类型，合理界定水资源使用权出让、转让、出租、抵押、入股等权责归属，依托水资源统一确权登记明确水资源权责归属。

其次，持续开展水资源信息普查。基于现有水资源和水环境调查监测体系，利用网格化监测手段，开展水资源基础信息调查，摸清水资源数量、质量等底数，形成水资源目录清单。建立水资源动态监测制度，及时跟踪掌握水资源数量分布、质量等级、功能特点、权益归属、保护和开发利用情况等信息，建立开放共享的水资源信息云平台。

建议将水资源的定价机制交给市场，青海省作为水源区，作为试点区率先建立水资源价值评价机制，规范市场的定价行为。

首先，建立水资源价值评价体系。针对水资源价值实现的不同路径，探索构建行政区域单元水资源总值和特定地域单元水资源价值评价体系。考虑不同类型生态系统功能属性，体现水资源数量和质量，建立覆盖青海省的生态产品总值统计制度。探索将水资源价值核算基础数据纳入国民经济核算体系。考虑不同类型水资源商品属性，建立反映水资源保护和开发成本的价值核算方法，探索建立体现市场供需关系的水资源价格形成机制。

其次，制定水资源价值核算规范。先行开展以水资源实物量为重点的水资源价值核算，再通过市场交易、经济补偿等手段，探索不同类型水资源经济价值核算，逐步修正完善核算办法。在总结各地价值核算实践基础上，探索制定水资源价值核算规范，明确水资源价值核算指标体系、具体算法、数据来源和统计口径等，推进水资源价值核算标准化。

第三，推动水资源价值核算结果应用。推进水资源价值核算结果在政府决策和绩效考核评价中的应用。探索在编制各类规划和实施工程项目建设时，结合水资源实物量和价值核算结果采取必要的补偿措施，确保水资源保值增值。推动水资源价值核算结果在水资源保护补偿、水资源环境损害赔偿、经营开发融资、水资源权益交易等方面的应用。建立水资源价值核算结果发布制度，适时评估各地水资源保护成效和生态产品价值。

（二）水资源补偿制度创造跨区域协同价值

针对我国长江和黄河两大流域，相关部委发布专门的实施方案，以推动流域横向生态补偿机制建设，2018年2月，财政部发布《关于建立健全长江经济带生态补偿与保护长效机制的指导意见》，2021年4月，财政部等四部委发布《支持长江全流域建立横向生态保护补偿机制的实施方案》，将生态优先、绿色发展的理念融入长江流域生态保护全过程，通过中央及地方财政资金引导，推动建立长江流域横向生态保护补偿机制，实现流域高水平生态保护和高质量发展。2020年4月，财政部等四部委发布《支持引导黄河全流域建立横向生态补偿机制试点实施方案》，构建上中下游齐治、干支流共治、左右岸同治的格局，探索建立黄河全流域生态补偿机制，推动黄河流域各省（区）共抓黄河大保护，协同推进大治理。流域生态补偿机制是流域范围内生态保护地区和受益地区基于平等协商构建的成本共担、效益共享、合作共治的生态环境保护机制，是促进我国流域生态环境质量改善的重要政治举措，是保障流域可持续发展的重要制度创新。

根据区域关联乘数效应理论，全流域水资源对一个区域的影响是立体的、多方位的延伸，最终以乘数影响到区域的发展。因此，单纯地补偿经济性损失，无法弥补通过乘数效应对区域造成的损失。因此除了必要的、显现的经济损失补偿外，还应该注重对上游区域发展权损失的弥补。对上游水源区发展权的补偿政策不是所谓的优惠政策，而是注重对关联产业、关联区域的扶持，或以项目植入的方式辅助调水区域的发展。创造跨区域协同价值的水资源补偿制度，建需要注重以下几个方面：

完善青海省三江源水资源纵向保护补偿制度。推动中央和省级财政参照水资源价值核算结果、全国保护红线面积等因素，完善重点生态功能区转移支付资金分配机制。在依法依规前提下统筹生态领域转移支付资金，通过设立市场化水资源发展基金等方式，支持基于生态环境系统性保护修复的生态产品价值实现工程建设。探索通过发行水资源债券和社会捐助等方式，拓宽水资源保护补偿资金渠道。通过设立符合实际需要的生态公益岗位等方式，对主要提供水资源保护地区的居民实施生态补偿。

建议建立横向水资源保护补偿机制。鼓励水资源供给地和受益地按照自愿协商原则，综合考虑水资源价值核算结果、水资源实物量及质量等因素，开展横向水资源补偿。支持在符合条件的重点流域依据出入境断面水量和水质监测结果等开展横向生态保护补偿。探索异地开发补偿模式，在水资源供给地和受益地之间相互建立合作园区，健全利益分配和风险分担机制。建议通过流域水资源商品的准市场化交易模式，建立"三江源地区水资源补偿基金"，拓宽了三江源流域水资源财政转移支付渠道。

建议健全水资源损害赔偿制度。推进水资源损害成本内部化，加强水资源修复与损害赔偿的执行和监督，完善水资源损害行政执法与司法衔接机制，提高破坏水资源违法成本。完善污水处理收费机制，合理制定和调整收费标准。开展水资源损害评估，健全水资源损害鉴定评估方法和实施机制。

（三）补偿制度体系建设助推多元主体创造协同价值

建议青海省积极主动推动建立生态产品价值考核机制。探索将生态产品总值指标纳入各省（自治区、直辖市）党委和政府高质量发展综合绩效评价。推动落实在以提供生态产品为主的重点生态功能区取消经济发展类指标考核，重点考核生态产品供给能力、环境质量提升、生态保护成效等方面指标；适时对其他主体功能区实行经济发展和生态产品价值"双考核"。推动将生态产品价值核算结果作为领导干部自然资源资产离任审计的重要参考。对任期内造成生态产品总值严重下降的，依规依纪依法追究有关党政领导干部责任。

建立水资源补偿利益导向机制。探索构建青海省覆盖企业、社会组织和个人的水资源保护积分体系，依据水资源保护贡献赋予相应积分，并根据积分情况提供水资源优惠服务和金融服务。引导各地建立多元化资金投入机制，鼓励社会组织建立水资源保护基金，合力推进水资源价值实现。严格执行《中华人民共和国环境保护税法》，推进水资源税改革。

三、完善三江源水资源利益相关者分析和利益分配机制挖掘运营价值

多元化市场化水资源补偿制度通过强制性或自愿性的利益再分配机制，保障水资源保护的公平性和可持续性，有利于统筹安排地方的经济社会发展与生态环保。

（一）创新多元化水资源产业发展模式

社会资本如何获得收益是形成三江源水资源市场化运作模式，影响社会资本参与积极性的关键所在。让社会资本参与水资源补偿依靠"水资源补偿＋产业导入"的价值增值模式获得价值增值收益。不仅能通过水资源使用权、水资源综合利用等方式获得收益，也能在地方政府的支持下，通过投资补助、运营补贴、资本金注入等方式获得合理回报。通过自主投资、与政府合作、公益参与等模式，实现生态效益和经济社会效益相统一。

（二）发挥绿色金融在完善水资源补偿制度中的作用

推动三江源水资源的水权交易。鼓励通过政府管控或设定限额，探索合法合规开展长江、黄河等重点流域创新完善水权交易机制。加大绿色金融支持力度。鼓励企业和个人依法依规开展水权使用权抵押等绿色信贷业务，探索"水权使用权权益抵押＋项目贷"模式，支持区域内水资源产业发展。金融机构可以通过拓展市场化融资渠道，激励社会资本参与。通过研究发展水权、排污权、碳排放权等各类资源环境权益的融资工具，建立绿色股票指数。积极推广生态

产业链金融模式，绿色信贷服务、绿色债券、绿色保险产品参与水资源补偿机制。在我国碳达峰和碳中和政策体系中，水资源补偿项目能够提升生态系统碳汇，对社会资本参与水资源保护修复形成的碳汇增量进行交易，可获得相应的经济收益，未来可以成为水资源市场化横向补偿的新的收益增长点。鼓励政府性融资担保机构为符合条件的水资源经营开发主体提供融资担保服务。探索水资源资产证券化路径和模式。创新金融产品和服务，加大对水资源经营开发主体中长期贷款支持力度，合理降低融资成本，提升金融服务质效。

（三）探索多样化水资源补偿机制促进水资源价值增值

水资源保护的系统观，需要政府从限制和激励等多角度制定和实施具有综合作用的政策，探索多样化的水资源补偿机制是重要的激励社会资本参与的方法。

推进水资源供需精准对接。推动水资源供给方与需求方、资源方与投资方高效对接。提升水资源的社会关注度，扩大经营开发收益和市场份额。在严格保护三江源水资源环境前提下，鼓励采取多样化模式和路径，科学合理推动水资源价值实现。依托三江源不同地区独特的自然禀赋，提高水资源价值。科学拓展延伸水资源产业链和价值链，依托洁净水源等自然本底条件，适度发展数字经济、洁净医药、电子元器件等环境敏感型产业，推动将三江源水资源优势转化为产业优势。

促进水资源价值增值。鼓励打造特色鲜明的"三江源"水资源区域公共品牌，将各类生态产品纳入"三江源"品牌范围，加强品牌培育和保护，提升水资源溢价。建立和规范生态产品认证评价标准，构建具有中国特色的生态产品认证体系。推动生态产品认证国际互认。建立生态产品质量追溯机制，健全生态产品交易流通全过程监督体系，推进区块链等新技术应用，实现生态产品信息可查询、质量可追溯、责任可追查。鼓励将生态环境保护修复与水资源经营开发权益挂钩，对开展水资源价值实现机制的试点地区，采取多种措施鼓励，加大对必要的交通、能源等基础设施和基本公共服务设施建设的支持力度。[25]

参考文献：

[1]2015 年 12 月，国家发展改革委报请中央全面深化改革委员会领导小组第十九次会议审议通过《三江源国家公园体制试点方案》。

[2]2021 年 9 月 30 日国务院发布《关于同意设立三江源国家公园的批复》（国函〔2021〕101 号）。

[3]2020 年，财政部牵头出台《支持引导黄河全流域建立横向生态补偿机制试点实施方案》。

[4]2018 年，财政部牵头出台《中央财政促进长江经济带生态保护修复奖励政策实施方案》。

[5]2016 年，财政部牵头出台《关于加快建立流域上下游横向生态保护补偿机制的指导意见》。

[6]2018 年，发展改革委会同财政部等部门联合印发《建立市场化、多元化生态保护补偿机制行动计划》。

[7]2021 年，国务院办公厅印发《关于鼓励和支持社会资本参与生态保护修复的意见》。

[8]2016 年 5 月，国务院办公厅颁发《关于健全生态保护补偿机制的意见》（国办发〔2016〕31 号）。

[9]2018 年 1 月，青海省人民政府办公厅《关于健全生态保护补偿机制的实施意见》（青政办〔2018〕1 号）。

[10]2007 年，江苏省出台《江苏省环境资源区域补偿办法（试行）》。

[11]2009 年，河南省出台《河南省海河流域水环境生态补偿办法》。

[12]2009 年，陕西省出台《陕西省渭河流域生态环境保护办法》。

[13]2011 年，国务院令第 604 号公布《太湖流域管理条例》。

[14]2012 年，长沙市出台《长沙市境内河流生态补偿办法（试行）》。

[15]2012 年 7 月，贵州省出台《贵州省红枫湖流域水污染防治生态补偿办法（试行）》。

[16]2019 年，青海省审议通过《青海以国家公园为主体的自然保护地体系示范省建设白皮书（2019）》。

[17]2005 年 1 月，水利部发布《水利部关于水权转让的若干意见》。

[18]水利部公布的 2008 年 2 月 1 日起正式施行的《水量分配暂行办法》。

[19]2016 年 7 月 2 日，第十二届全国人民代表大会常务委员会第二十一次会议修订《中华人民共和国水法》。

[20]国务院于 2017 年 4 月发布修改《大中型水利水电工程建设征地补偿和移民安置条例》的决定，自 2017 年 6 月 1 日起施行。

[21]2006 年 5 月 17 日，国务院印发《关于完善大中型水库移民后期扶持政策的意见》。

[22]2007 年，国家环保局发布《关于开展生态补偿试点工作的指导意见（环发〔2007〕130 号）》。

[23]2021 年，国务院办公厅印发《关于鼓励和支持社会资本参

与生态保护修复的意见》。

[24]经中央全面深化改革委员会第十三次会议审议通过《全国重要生态系统保护和修复重大工程总体规划（2021—2035年)》。

[25]2021年4月中共中央办公厅、国务院办公厅印发《关于建立健全生态产品价值实现机制的意见》。

作者简介：于岩岩，北京国家会计学院副教授。

青海省三江源水资源市场化横向补偿机制研究

张各兴

第一章　生态补偿：概念界定与基础理论

本章首先界定生态补偿和区际生态补偿的概念，然后介绍区际生态补偿的两种路径——纵向生态补偿和横向生态补偿。在概念定义的基础上，本章对涉及生态补偿的相关基础理论进行了梳理，包括生态系统、外部性、公共产品、自然资源物权及可持续发展理论。

一、生态补偿与区际生态补偿

（一）生态补偿

20 世纪 20 年代开始出现"生态补偿"一词，被称为"环境服务付费"（payment for environmental services，PES），也有称作"生态系统服务付费"（payment for ecosystem services，PES；Zbinden and Lee，2005；Pagiola，2008），20 世纪 50 年代以来生态补偿概念开始逐步出现并成为环境政策的焦点，不同的学者对生态补偿的概念界定并不一致，并随认识的深入而更加完善。叶文虎等（1998）指出，早期的研究认为，生态补偿指的是自然生态补偿，即自然生态系统对人为因素导致的生态环境污染和破坏发挥缓冲和补偿作用，并不需要人类活动的参与。20 世纪 80 年代以来，国内学术界在生态补偿的理论研究方面做出了许多努力，研究者认为，国内对生态补偿概念的界定，与国外对生态服务付费或生态效益付费概念的界定具有较高的相似度（吴文洁和高黎红，2010），侧重于对于破坏生态行为的收费。20世纪90年代后期以来，随着经济和生态建设的发展，生态补偿概念不再局限于单纯针对生态环境破坏者的收费，而是拓展影响范围，对生态环境保护者进行经济层面的补偿。本课题将生态补偿定义为：生态补偿（ecological compensation）是以保护生态环境以及促进人与自然和谐发展为目的，根据生态保护成本、发展机会成本以及生态系统服务价值，综合运用行政和市场等多元化手段，调整生态环境保护和建设相关者等利益相关者之间利益关系的环境经济政策（万军等，2005；Engel et al.2008；李文华和刘某承，2010；黄炜，2013；Li et al.2015）。

（二）区际生态补偿

从本质上看，生态补偿是以资源环境保护为目的、以具体区域空间为载体的生态平衡机制，区际生态补偿即是强调生态补偿的空间实现，主要是由区外对不同资源环境主体所在空间的生态资源环境开发、损害、保护、修复和重建的补偿及其对各相关关系人（自然人、法人或者非法人组织）进行的补偿。

目前，我国通过中央政府纵向转移支付进行的生态补偿主要包括退耕还林、退耕还草、天然林保护工程、草原生态保护补贴和奖励机制等。党的十八大以来，区域、流域、产业和经济主体之间的生态补偿得到深化。但由于区域间生态补偿机制不完善，资源环境承载区的发展程度与资源环境受益区的发展程度存在较大差距，导致许多资源环境承载区在主观或客观上对生态保护和建设投入不足，有的甚至通过破坏生态环境盲目追求国内生产总值增长。这也将对资源和环境效益区的可持续健康发展产生负面影响。这些情况表明，我国在生态补偿机制方面依然存在较多不足，生态补偿机制的完善刻不容缓，只有充分协调不同区域之间的资源、环境和生态效益（服务）的支付与效益关系，才能更好地实现生态系统的协调发展，不同地区的经济和社会。

区际生态补偿主要有区际纵向补偿和区际横向补偿两种路径。区际纵向补偿是目前采用较多的一种区际生态补偿方式，一般是中央或上级政府以自上而下的方式将资金以财政转移支付方式补偿给资源环境承载区。区际纵向补偿主要包括中央对地方的专项补偿以及省域内的相关补助。区际横向补偿是平等的区域主体之间进行的补偿，即在有较为明确的受益关系的区域间实施的横向补偿。譬如中下游地区地方政府对上游地区地方政府采取财政间的转移支付。

二、生态补偿相关理论

（一）生态系统理论

1866 年，德国生物学家 E. 赫克尔（E. Haeckel）在《有机体普遍形态学》一书中首次提出了"生态学"一词，并界定了其含义。20 世纪 30 年代之后，生态学研究在欧美逐渐兴盛。在生态学研究的定义中，生态系统是指，在一定的时间和空间范围内，由植物组成的生产者、动物组成的消费者和微生物组成的分解者等有机体，及其生活所在的由空气、土壤、水封组成的无机环境，共同构成的，自身具有特定结构、并能够发挥一定功能的统一体。

正常情况下，生态系统具有一定的自演进功能，并会在生态失衡时通过系统自我调节，逐步趋向稳定。但我们也必须认识到，不同类型的生态系统在不同的时期，生态系统对于人口的承载量都会有一个平衡值或者说最佳点，一旦超出这个平衡值，则必然导致环境质量下降以及人类生活水平下降。所以人类在与环境的相处中，应该尽可能地按照生态系统的规律，协调自身行为，使之同环境保持动态平衡关系。因此我们必须从根本上改变人与自然的关系，不能再走传统工业文明"先破坏后重建，先污染后治理"的老路，必须对生态环境进行补偿性保护，要实现生态系统的健康发展，需要在经济发展和生态保护之间寻找平衡点，保证生态系统的可持续发展，帮助自然生态系统充分发挥其自我恢复能力，由大自然来对遭到破坏的生态系统进行补偿性修复，最终营造人与自然和谐发展的良好环境。

（二）外部性理论

外部性也称为外部影响、外部经济或外部效应。在生产和消费中，当一个或群体经济主体对另一个或群体经济主体的影响不能以市场的方式解决，并为其他经济主体产生额外的成本或收益时，我们称之为外部经济效应。更准确地说，外部经济效应是一个经济人的行为对另一个经济人的福利的影响，这种影响并没有反映在货币或市场交易中。这意味着，在没有任何相关交易的情况下，一个主体的行为选择会直接影响另一个主体。它的经济意义是，一个人的效用不仅由他自己决定，还受他人行为的影响，这种影响不能由他自己控制。换句话说，一个人的福利不仅取决于他自己的行为，还取决于其他人的行为。长期以来，由外部性引起的环境危害一直困扰着世界各国政府和居民。为了解决这个问题，庇古的想法是补贴经济主体产生的正外部性，同时对负外部性采取征税或罚款的方式，而成本只是边际私人净产值和边际社会净产值之间的差额。实施这一理念的前提是公平高效的政府行为和良好的法律环境。

（三）公共产品理论

微观经济学的理论认为，社会产品在广义上可以分为公共产品和私人产品。1954年萨缪尔森在研究中首次提出了"公共物品"这一概念。公共产品的经典定义是萨缪尔森在《公共支出的纯理论》中提出的：集体消费产品的定义是"每个人对该产品的消费不会导致其他人对该产品的消费减少"的产品。

在生态和环保领域，公共产品具有两种属性：非竞争性和非排他性。在社会活动中，人们滥用资源破坏生态平衡，最终导致全体成员利益受损。一般情况下，政府监管可以有效防范公共物品相关问题的发生，政府支付可以在公共物品问题发生后发挥弥补作用。也存在可以解决公共物品相关问题的其他机制，促进受益者付费，将是对生态保护者的有效鼓励，就像私人物品的生产一样，是一种可实现的创新制度。

必须指出的是，公共产品是一种超越市场决定但利用市场力量的生产机制，是社会主义市场经济体制下国民经济的重要组成部分。公共产品的生产和提供不仅是对市场失灵的矫正，也是对市场体系缺陷的弥补，而且促进了私人产品生产的发展。

（四）自然资源物权理论

自然资源的过度开发会导致生态系统的功能丧失，其严重性不亚于生态破坏。生态补偿的作用不仅是控制生态破坏，也包括生态系统功能的回复。自然资源是人类生存和发展的物质基础。人类文明史一直伴随着自然资源的开发利用。从最广泛的意义上讲，自然资源包括人类在改造和征服自然过程中包括土地在内的可以使用的所有物质和能源。自然资源物权是指为满足权利人自身权益的需要，根据法律或合同直接控制和排除妨碍的权利。

自然资源所有权益是进行生态补偿的重要支撑，其所有权益的归属左右着生态补偿主体的确定。资源物权因其独立的物权属性而具有排他性，这种排他性赋予对资源占有、使用、收益的权利的同时，还可以排除任何非法的干涉和妨害，维护自然资源物权所有者的权利。资源物权要成为可在市场交易的客体，要求使资源物权形态必须具有独立性，从而使权利的合法流动与转让不会受到时其他权利的干涉与限制。

（五）可持续发展理论

"可持续发展"（sustainable development）的观点首次出现在1981年，美国学者布朗发表著作《建设一个可持续发展的社会》中，第一次提出了"可持续发展"的概念。1984年，世界环境与发展委员会（WCED）成立，1987年WCED向联合国提交了《我们共同的未来》的研究报告，这份报告的核心观点是"从一个地球到一个世界"，将"可持续发展"定义为"既能满足当代人的需要，又不会损害后代人满足其需求能力的发展"。可持续发展观点认为，要把握经济增长与自然生态保护的平衡，寻求世界人口需求与自然环境的平衡，人类必须根据地球这个大型生态系统的自我恢复和承受能力，研究和探索人类发展需求与自然环境之间的关系。

第二章 我国生态保护补偿的制度框架与实践进展

本章重点梳理党的十八大以来生态保护补偿制度建设的有关情况。党的十八大以来，我国基本建立了符合我国国情的生态保护补偿制度体系。《关于健全生态保护补偿机制的意见》（下称《意见》）于2016年5月发布，《关于深化生态保护补偿制度改革的意见》（下称《深化意见》）于 2021 年发布，上述两份文件共同规划了我国生态保护补偿制度的设计和建设，该两份文件也对我国生态保护补偿机制的总体框架进行了阐述：我国生态补偿机制的主要内容包括重点领域补偿、重点区域补偿以及地区间补偿，生态补偿的方式包括纵向补偿、横向补偿以及市场化多元化补偿。本章还重点介绍了我国横向生态补偿和市场化多元化生态补偿的制度体系和实践进展情况。

一、党的十八大以来生态保护补偿制度建设进程

生态保护补偿在保护生态环境、促进可持续发展方面能够发挥重要作用。党中央、国务院对生态保护补偿机制的建设工作予以高度重视。党的十八大以来，我国逐步建立起了符合我国国情的生态保护补偿制度体系。

2013 年 4 月，《国务院关于生态补偿机制建设工作情况的报告》提交十二届全国人大常委会第二次会议审议，该报告提出一系列意见，强调了建立健全生态补偿机制的重要性。为深入推进生态补偿机制建设工作，中共中央、国务院于 2015 年分别印发了两份重要文件，即《关于加快推进生态文明建设的意见》《生态文明体制改革总体方案》，文件提出加快生态保护补偿机制的建设工作，在机制内实现受益者付费和保护者受偿。

2016 年 5 月，《关于健全生态保护补偿机制的意见》由国务院办公厅正式印发，该文件是生态保护补偿的顶层制度设计，是国务院出台的第一份生态保护补偿机制内容的专门文件，同时是推进重点领域和区域补偿以及地区间补偿的指导性文件。《意见》要求推进生态保护补偿体制机制的创新性建设工作，其中，横向生态保护补偿的建设和完善是建设工作的重点。

为加快建立流域上下游横向生态保护补偿机制，推进生态文明体制建设，2016年12月，《关于加快建立流域上下游横向生态保护补偿机制的指导意见》由财政部等四部门联合印发，提出充分调动流域上下游地区的积极性，加快形成"成本共担、效益共享、合作共治"的流域保护和治理长效机制，使得保护自然资源、提供良好生态产品的地区得到合理补偿，促进流域生态环境质量不断改善。2018年，《建立市场化、多元化生态保护补偿机制行动计划》由国家发展改革委、财政部等九部门联合印发，在纵向补偿、横向补偿机制的基础上，进一步推进生态保护补偿机制建设。

在全面推动长江经济带发展座谈会上，习近平总书记发表了重要讲话，为贯彻习近平总书记重要讲话精神，加快推进在长江流域形成共抓大保护的工作格局，2021年4月，财政部等5部门联合研究制定了《支持长江全流域建立横向生态保护补偿机制的实施方案》，期望对长江部分流域已有的横向生态保护补偿机制建设成果进行巩固，在此基础上建立起能够覆盖长江全部流域的横向生态保护补偿机制，全面推进长江全部流域生态补偿工作走向纵深。

2021年9月，《关于深化生态保护补偿制度改革的意见》（《深化意见》）由中共中央办公厅和国务院办公厅联合印发。相较于《关于健全生态保护补偿机制的意见》，《深化意见》的政策效力和层级更高，文件分别从完善分类补偿制度、健全综合补偿制度、发挥市场机制作用等方面，明确了我国进一步推动生态补偿制度改革的路线图，以及相应时间表，我国生态保护补偿制度建设进入新一轮螺旋式演进通道。

《中华人民共和国国民经济和社会发展第十四个五年规划纲要》指出，要健全生态保护补偿机制。特别是要加大对重点生态功能区、重要水系源头地区、自然保护地等的转移支付力度，与此同时也要积极鼓励受益地区和保护地区、流域上下游通过资金补偿、产业扶持等手段，进行横向生态补偿机制的多元化探索。为了实现市场化生态补偿机制的多元化，在建设过车站，要强调鼓励各类社会资本积极参与生态保护修复。深入推动在黄河、长江等跨区域的重要流域建立全流域生态补偿机制。不断探索生态产品价值实现机制，并推动在长江流域以及三江源国家公园等开展试点工作。进一步研究制定实施生态保护补偿条例。

二、我国生态保护补偿机制的总体框架与实践成效

根据前一部分的制度梳理，从具体文件内容可知，《关于健全生态保护补偿机制的意见》（下称《意见》）和《关于深化生态保护补偿制度改革的意见》（下称《深化意见》）两份文件共同规划了我国生态保护补偿制度的设计和建设，对我国生态保护补偿机制的总体框架进行了阐述。

（一）总体框架

《意见》提出，对现有生态保护补偿机制进行完善，需要在三个主要方面实施关键性的建设工作：重点领域、禁止开发区域和重点生态功能区。并特别提出到 2020 年，实现对包括上述三方面内容的重要区域的生态保护补偿全覆盖。《意见》对于横向跨地区、跨流域补偿也提出了要求，要求相关试点示范取得明显进展，特别是补偿水平要与经济社会发展状况相适应。此外，《意见》也特别强调了要建立符合我国国情的多元化的生态保护补偿机制，促进我国生态保护补偿制度体系的成型，引导绿色生产和绿色生活的发展模式。《意见》明确了生态保护补偿的三种主要类型：重点领域类型补偿、重点区域类型补偿和地区间类型补偿。三种类型补偿包含的内容如表 2-1 所示。

表 2-1　生态保护补偿主要内容

生态保护补偿类型	主要内容
重点领域类型补偿	涵盖七个主要领域的生态保护补偿工作：森林地貌、草原地貌、湿地地貌、荒漠地貌、海洋、淡水水流、耕地
重点区域类型补偿	建立重点生态功能区和禁止开发区
地区间类型补偿	地方引导、中央财政拨款的跨地区横向生态保护补偿机制

现有生态保护补偿资金的主要来源是中央财政转移支付，且缺少其他来源。针对资金渠道比较单一的情况，《意见》提出：从纵向、横向和市场三个方面筹措资金，具体内容如表 2-2 所示。资金来源增多有助于加大保护补偿力度，明确补偿类型和补偿方式。

表 2-2　资金来源及主要内容

来源	主要内容
纵向	中央和地方财政共同引导的转移支付向重点区域倾斜
横向	资金补偿、对口协作、产业转移、人才培训、共建园区等横向补偿方式
市场	生态产品交易的收益权；用水权、排污权、碳排放权等权益的分配和交易；绿色产品认证标准和标识体系；绿色产品的政府采购和金融服务

《意见》初步形成了我国生态保护补偿机制的总体框架：生态保护补偿类型包括重点领域补偿、重点区域补偿以及地区间补偿，生态保护补偿方式包括纵向补偿、横向补偿以及市场化补偿。《深化意见》基本沿用了这一总体框架，但更加强调以生态保护成本为主要依据、不断完善针对不同重点领域的分类补偿制度，实施纵横结合的综合补偿制度，以及以受益者付费原则为基础初步形成市场化、多元化的补偿格局。

（二）实践成效

随着国家对生态补偿工作越来越重视，各地也在积极探索适合区域特点的生态补偿模式。从总体上来看，我国生态补偿机制的覆盖范围呈逐年扩大态势，生态补偿尺度不断延伸，市场化运作逐步提速，社会参与程度逐渐提高，市场化、多元化生态补偿实践框架初步形成。

一是补偿领域呈现多元推进格局。补偿领域从单领域生态补偿向综合补偿延伸，单领域补偿实现了对流域、森林、草原、湿地、荒漠等生态系统重要领域的全面覆盖，区域性、综合性生态补偿已经覆盖重点生态功能区、国家公园等生态功能重要区域。

二是补偿主体呈现多元供给格局。政府补偿是我国生态补偿的主要形式，近年来，我国生态补偿机制之所以能够实现快速发展，政府推动是核心动力，并形成了多元供给格局。根据党的十八大以来一系列政策文件要求，企业、社会公众参与生态补偿的途径主要包括碳排放权交易、排污权交易和水权交易，水土保持、渔业资源增值保护、草原植被、海洋倾倒等资源环境有偿使用收费政策，绿色信贷、环境污染责任保险、排污权益抵押、林权抵质押贷款等绿色金融手段。

三是补偿方式呈现多元实现格局。目前正在开展的生态补偿示范区建设、流域生态补偿试点都可以发挥模范带头作用，为多元化生态补偿机制的建立和健全提供大量的经验，这些实践为开展产业转移、对口协作、共建园区、人才培训等方式提供具体的探索经验，有助于各地的产业结构体系与相应的资源环境承载能力相适应，促进其转型绿色发展。

三、横向生态保护补偿机制建设

横向生态保护补偿是党的十八大以来重点推进的领域，从目前的政策与实践来看，横向生态保护补偿机制建设与实践主要集中在流域。开展横向生态保护补偿，是调动流域上下游地区积极性，共同推进生态环境保护和治理的重要手段，是健全生态保护补偿机制的重要内容。

以建立健全横向生态保护补偿机制为目标，中央政府联合各部门先后出台了一系列政策，对建设工作提出指导性意见，在国家战略层面将建设横向生态保护补偿机制列为重点内容，相关文件具体内容如表 2-3 所示。

表 2-3 横向生态保护补偿机制相关文件

时间	文件	核心内容
2013 年	《中共中央关于全面深化改革若干重大问题的决定》	推动地区间建立横向生态补偿制度
2015 年 6 月	《关于加快推进生态文明建设的意见》	加快建立地区间横向生态保护补偿机制
2015 年 9 月	《生态文明体制改革总体方案》	制定横向生态补偿机制办法
2016 年 2 月	《关于加大脱贫攻坚力度支持革命老区开发建设指导意见》	结合脱贫攻坚逐步建立跨区域横向生态保护补偿机制

自"十一五"以来，由于下游对上游水质保护的迫切需求，作为横向生态保护补偿重要组成的流域上下游横向补偿机制，成为地方政府进行制度创新的热点和重点领域。2010 年底，浙江和安徽两省的新安江流域水环境补偿试点建立，成为全国首个国家层面推动的跨省上下游水环境补偿试点。2016 年 3 月，广东省与福建省签署了汀江——韩江流域水环境补偿协议，与广西壮族自治区签署了九洲江流域水环境补偿协议。在这些试点和实践的带动下，国内其他地区陆续出台了省域内以及跨省域流域上下游横向补偿的政策，并实施了相应的补偿措施。调节不具有行政隶属关系的地区与地区之

间生态环境相关利益关系是横向生态保护补偿的主要特点。在协商建设跨区域的横向生态保护补偿机制时，各地区往往难以在补偿标准、补偿方式、资金管理、效果评估等方面达成一致意见。

为解决上述矛盾，2016 年 5 月，国务院办公厅印发《关于健全生态保护补偿机制的意见》（下称《意见》），首次明确了横向生态保护补偿在我国生态保护补偿机制建设中的重要地位，强调横向生态保护补偿应当"以地方补偿为主、中央财政给予支持"，明确了中央和地方的事权关系。鉴于实践中较多的是流域上下游横向补偿，《意见》明确指出横向生态保护补偿的领域还包括受益地区与生态保护地区间的补偿，横向补偿的方式包括资金补偿、产业转移、对口协作、人才培训、共建园区等，为地方政府多元化的横向生态保护补偿模式建设工作提供了较大空间。在此基础上，2016 年 12 月，财政部等四部门联合出台了《关于加快建立流域上下游横向生态保护补偿机制的指导意见》，就补偿基准、补偿方式、补偿标准、建立联防共治机制以及签订补偿协议等机制和技术性问题做出了进一步的明确说明。

为推动跨省域横向生态补偿机制的建设和发展，财政部、生态环境部、水利部、国家林草局四部门又联合出台了两份文件，具体内容如表 2-4 所示。

表 2-4　跨省域横向生态补偿机制相关文件

时间	文件	主要内容
2020 年	《支持引导黄河全流域建立横向生态补偿机制试点实施方案》	在沿黄省（区）建立黄河全流域横向生态补偿机制；2020 至 2022 年，建立流域生态补偿标准核算体系、完善目标考核体系、改进补偿资金分配办法、规范补偿资金使用
2021 年 4 月	《支持长江全流域建立横向生态保护补偿机制的实施方案》	发展计划：2022 年长江干流建立流域横向生态保护补偿机制；2024 年长江主要支流建立流域横向生态保护补偿机制；2025 年长江全流域建立流域横向生态保护补偿机制

2021年9月，中共中央办公厅和国务院办公厅联合印发《关于深化生态保护补偿制度改革的意见》，对综合生态补偿制度提出了新的建设方向——纵横结合：健全横向补偿机制，总结跨省流域横向生态补偿机制试点的成熟经验并进行推广；推动建立长江、黄河全流域横向生态保护补偿机制，中央财政和地方财政对生态功能特别重要的跨省和跨地市重点流域横向生态保护补偿分别给予引导支持。《意见》进一步强调，在促进受益地区与生态保护地区良性互动的过程中，产业转移、对口协作、人才培训、共建园区、购买生态产品和服务等路径可以发挥作用。

四、市场化、多元化生态补偿机制建设

2018年，国家发展改革委、财政部等九部门联合印发《建立市场化、多元化生态保护补偿机制行动计划》，明确了我国市场化、多元化生态补偿政策框架，是未来我国大力发展市场化、多元化生态补偿机制的政策指南。近年来，从中央到地方均持续深入拓展以受益者付费原则为基础的市场化、多元化补偿格局。

（一）市场化、多元化生态补偿

在国际学术界，研究与生态补偿相关问题时常用到"生态／环境服务市场"（market for ecological/environmental services）的概念，Landell-Mills在2002年提出，"环境服务市场"是用正确的价格信号建立起环境服务的提供者和受益者之间的联系。通过市场运作生态补偿往往有两种角度：一种是直接把资源环境作为市场交易对象；另一种是通过市场交易机制间接实现生态补偿。

实际上，市场化必然伴随着参与主体的多元化，多元化主体是指由政府单一主体变为政府、私人企业和非政府组织等机构组成的多元主体。从生态补偿机制的角度看，伴随着市场化进程和补偿机

制的不断演变，生态补偿的主体和客体也必然会由最初的以政府为主拓展到政府、私人企业、非政府组织甚至个人等多元主体和客体，根据其在不同情境下保护、受损、破坏、获利的活动属性，可充当组织者、筹资者、受偿者等不同角色，在"谁来补、补给谁"这一关键环节上实现多元拓展。

（二）市场化、多元化生态补偿主要模式和具体形式

符合我国实际需求的市场化、多元化生态补偿机制应该是这样一种经济激励制度：遵循市场规律，以市场机制为标杆，通过多种形式的经济利益分配方式，调节利益相关方的生态环境保护／损害以及从生态环境中获益／受损的权责关系，从而达到内化外部成本，以更有效的资源配置方案实现生态环境的改善、维护和恢复的目的，具体表现形式包括自然资源有偿使用、排污权交易、水权交易、碳排放权交易、生态产业、绿色标识、绿色采购、绿色税收、绿色协作、生态旅游、绿色金融等。市场化、多元化生态补偿主要模式和具体形式如表2-5所示：

表2-5　市场化、多元化生态补偿

主要模式	具体方式
转化资源价值实现资源有偿使用	土地有偿使用，水有偿使用
	矿产有偿使用，森林有偿使用
依托发展权益推广资源产权交易	排污权交易
	碳排放权交易
	水权交易
借助生态优势实现生态产品价值	生态产业，绿色协作
	绿色标识，生态旅游
依托金融机构发展绿色金融	绿色基金，绿色保险产业
	绿色信贷，绿色债券

（三）我国市场化、多元化生态补偿的进展

我国市场化多元化生态补偿主要以自然资源有偿使用、资源产权交易、生态产品开发经营、绿色金融等为主要形式，引导生态受益者和社会投资者对生态保护者进行补偿。

1.自然资源有偿使用

2016 年 11 月，中央全面深化改革委员会领导小组第二十九次会议审议通过《自然资源统一确权登记办法（试行）》。此外，浙江省省长兴县也进行了自然资源统一确权登记试点并通过专家验收。2020 年，自然资源部进一步发布了《自然资源确权登记操作指南（试行）》，该指南适用于对水流、森林、山岭、草原、荒地、滩涂、海域、无居民海岛以及探明储量的矿产资源等自然资源的所有权益和所有自然生态空间的确权登记。

各地积极落实国家政府提出的部署要求、建立自然资源有偿使用制度，贵州、云南、重庆等地陆续提出，要在本地区内建立健全由全民履行的自然资源有偿使用制度。截至目前，我国大部分地区已经根据本地的实际情况，建立了自然资源有偿使用和相应的交易制度。我国自然资源统一确权登记试点工作取得积极进展。

2.资源产权交易

资源产权本质上是发展权益的问题，开展资源产权交易的本质是：生态保护的受益地区对生态保护的实施地区因放弃发展权益而在经济层面给予的合理补偿，主要形式有排污权、水权、碳排放权交易。目前我国的资源产权交易还处于起步阶段，市场能够发挥的配置作用极为有限，我国政府在资源产权交易市场的资源配置中发挥决定性的作用，全面影响资源产权交易市场的发展。

排污权交易具有补偿性功能，补偿性排污权交易能够成为市场补偿机制的重要形式。开展排污权交易时生态保护地区放弃的排污剩余指标，就是放弃的发展权益，生态受益地区应给予合理补偿。我国从20世纪80年代引入排污权交易理论，迄今为止已有30多年的发展历史。

碳排放权交易的基本制度安排是碳排放权增加而增加的发展机会和减少的生态产品及服务应当支付补偿资金，对减少碳排放权益牺牲的发展机会和增加的生态产品及服务给予补偿。我国政府高度重视碳排放权交易制度体系的建设工作，2021年5月，生态环境部发布《碳排放权交易管理规则（试行）》《碳排放权结算管理规则（试行）》系列规则，对全国范围内的碳排放权登记、交易、结算活动进行规范，我国碳排放权交易走向全面开启阶段。

水市场中各类用水户对用水权进行的交易，主要交易上下游流域的用水权益，下游地区为保证自身生产、生活的需要向上游地区购买一定期限内的、达到生活生产用水标准的用水数量。开展水权跨区域配置，有助于提升水资源利用效率，降低水资源消耗，保护水生态系统。2016年6月28日，中国水权交易所正式开业运营。多年来，各地探索形成了跨区域、行业间、用水户间、上下游水权交易等多种形式的水权交易模式，从向政府要水转变到市场找水，促进水资源从低效益领域向高效益领域的流转。

3. 生态产品价值实现

生态产品的价值实现目前主要的实践方式包括发展生态产业、推进绿色标识、绿色采购以及绿色协作等。生态产业通过对生态资源的产业化培育，实现生态要素或资源的价值转化或增值，将生态优势转化为发展优势，在促进社会经济发展的同时，能够极大地保护生态环境。生态产业类型涉及生态农业、生态产业扶贫、生态工业、生态旅游等。绿色标识是通过标志认证赋予对环境影响比较大的产品以社会信誉。近年来，全国各地在绿色标识认证方面也都积极开展了大量探索。绿色采购对于拓宽生态功能重要区域产品的市场销售渠道具有重要作用，多年来，我国各地积极按照国家部署要求，逐步规范和完善绿色采购制度、开展实践，在生态产品价值实现中发挥了积极作用。绿色协作是通过将补偿资金转化为产业项目或技术进而形成造血机能与自我发展机制，目前各地在开展绿色协作实践中形成了许多比较成熟的做法，包括对口协作、园区合作、设立生态岗位等形式。

4. 绿色金融

金融的辅助是绿色发展中不可或缺的重要一环，成立绿色发展基金、发放绿色债券，将金融工具等市场融资方式作为辅助工具引入到生态补偿机制中，建立优先保障收益的制度，吸引金融机构和社会资本对绿色发展项目进行投资，对于提升区域生态系统服务价值，更好地保障生态保护与修复的可持续性具有重要意义。

完善生态补偿机制相关的融资制度，引导金融机构对生态保护地区的绿色发展项目进行投资，可以为生态补偿工作提供资金支持。伴随着相关制度的创新和发展，我国的绿色金融产业在总体上拥有良好的发展势头，尤其是绿色信贷、绿色债券、绿色保险、绿色基金、绿色指数、绿色交易类产品（碳金融）等绿色金融产品在国内发展迅速。

第三章 流域水资源生态补偿：理论、政策与实践

建立和完善流域水资源的生态补偿制度，对于完善我国生态补偿机制具有重要意义，不但能够使流域上下游区域之间的生态和利

益关系得到梳理，而且能够使我国流域生态问题得到更好解决，使上游区域的社会经济发展得更快，从而流域上游的生态环境也会得到有效的保护，有效调节流域生态服务功能存在的矛盾。本章在界定流域生态补偿相关定义的基础上，介绍了与流域生态补偿密切相关的利益相关者理论。在此基础上，进一步梳理了我国流域生态补偿相关的制度建设和实践情况，并以新安江流域水环境补偿为例介绍了流域生态补偿具有代表性的实践。本章最后也分析了我国当前流域水资源生态补偿存在的主要问题。

一、水资源与流域生态保护补偿

我国经历了几十年的改革开放，综合国力得到了大大提高，但水环境和水资源的利用问题成为亟待解决的问题。严峻的水环境现状让我们不得不重视起来，如果这种状况不能得到及时处理，我国的水资源可持续利用、国家的生态安全及经济社会的全面、协调、可持续发展将会遭到严重影响。

改革开放后，我国的综合国力大大提高，但由于在水资源利用方面的不良状况，一段时期以来，流域之间水资源的开发利用与保护不太协调，流域内水资源的开发利用存在各方竞争的情况，而水资源的保护却得不到各方的全面重视，使水资源遭到过度的开发，水污染与水土流失的现象严重，流域水生态系统遭到破坏，生态环境问题也日益严峻。

保证可持续利用全流域水资源是国家顺利实施可持续发展战略的基础，也是流域生态保护的根本。因此，亟须建立和完善流域水资源管理、流域生态保护的各项制度，以促进流域水资源可持续利用。但是，流域环境的改善需要中央与地方、各个区域间与流域上下游间的努力协作。建立健全流域生态补偿制度具有重要意义，不但能够使流域上下游区域之间的生态和利益关系得到梳理，而且能够使我国流域生态问题得到更好解决，使上游区域的社会经济发展得更快，从而流域上游的生态环境也会得到有效的保护，有效调节流域生态服务功能存在的矛盾。

二、流域生态补偿相关理论

（一）概念与特点

流域水资源具有流动性、连续性和整体性的特点。流域生态补偿是区别于森林保护、矿产开发等生态补偿而言的，是生态补偿的一个特定领域，主要是针对流域开发与保护过程中的外部性问题。流域生态补偿概念包含人与水的关系、人与人的关系两层含义，本质上是流域生态补偿属于人与水的关系问题，即区域经济社会系统或特定行为主体对其所消耗的水资源价值或水生态服务功能予以补偿或偿还，通过水资源的有效保护或修复，促进流域水资源的可持续利用。

流域生态补偿既具有一般生态补偿的特点，也具有一些自身的特点：（1）水作为生态与环境服务功能的主要载体；（2）补偿的依据为流域水量和（或）水质在时间和空间上的变化而导致的生态保护和环境恢复成本增加、生态服务价值的损失，以及发展机会的损失；（3）补偿实施的空间范围通常以流域为边界，补偿主体间通常具有明确的上下游关系；（4）补偿方式具有综合性。

（二）利益相关者理论

自 20 世纪 90 年代以来，利益相关者的分析广泛应用于自然资源管理的实践中。在生态脆弱区，资源开发和利用的过程中，涉及许多的利益相关者，往往会导致利益冲突以及对于某些资源不合理利用，因而需要对生态补偿机制的利益相关者进行界定和剖析。在整个过程中，核心利益相关者的界定是至关重要的，利益相关者的参与对于制定政策和管理目标，界定相关的生态系统服务和评价他们的价值以及权衡资源利用中的利弊来说是非常关键的。从对国外文献的查阅来看，与环境领域引入利益相关者分析的研究相比，利益相关者理论在生态补偿中的应用较晚。通过利益相关者的分析，流域生态补偿基本上实现符合"受益者补偿，保护者受益，损失者得到补偿"的基本原则。

三、流域生态补偿相关政策法规

2005 年 12 月，中共中央和国务院印发《国务院关于落实科学发展观加强环境保护的决定》，标志着我国对流域环境污染问题的重视和推动治理工作的决心。此后，党中央、国务院多次提出建立生态补偿机制的要求，各部门积极参与制定生态补偿政策，各地区陆续开展流域生态补偿的试点工作。

《中华人民共和国水污染防治法》于 2008 年 6 月 1 日起实施，首次在国家正式颁布的法律中提出了水环境生态保护补偿的内容，是流域生态补偿的里程碑。《防治法》第七条明文规定："国家通过财政转移支付等方式，建立健全对位于饮用水水源保护区区域和江河、湖泊、水库上游地区的水环境生态保护补偿机制。" 2008 年 7 月 22 日，《国务院办公厅转发发展改革委关于 2008 年深化经济体制改革工作意见的通知》由国务院办公厅公布，《通知》提出，"建立健全资源有偿使用制度和生态环境补偿机制"是"建立健全资源节约和环境保护机制"的三大机制之一，《通知》要求财政部、生态环境部和发改委牵头负责，推进建立跨省流域的生态补偿机制试点工作。2008 年 5 月，生态环境部批准了福建省闽江流域等首批开展生态补偿的试点地区。

2008 年，财政部陆续出台了几项与生态补偿相关的转移支付政策。主要包括《财政部关于下达 2008 年三江源等生态保护区转移支付资金的通知》和《国家重点生态功能区转移支付（试点）办法》等。其中，《财政部关于下达 2008 年三江源等生态保护区转移支付资金的通知》指出，"按照现行一般性转移支付办法，通过提高部分县区补助系数等方式，现增加省（自治区、直辖市）2008 年中央对地方一般性转移支付，全部用于天然林保护工程、青海三江源和南水北调中线工程丹江口库区及上游地区所辖县区。"

2010 年底，财政部、生态环境部下拨安徽省 5000 万启动资金，将新安江作为全国首个跨省流域水环境补偿试点。该项试点工程对于我国后续的跨界流域生态补偿机制建设工作具有重要的开创意义和指导作用。

四、我国流域横向生态补偿的实践进展

流域生态补偿已成为我国流域共同开展综合治理的重要手段。按照不同的方法，中国流域生态补偿实践可以进行相应的分类。按照流域生态系统要素，包括水质保护、水土品质和生态功能保护等类型；按照空间范围，包括省内和跨省生态补偿。由于水污染的治理和水源区保护问题直接影响到社会生产生活，因此在中国已经开展的流域生态补偿实践中，以水质保护为目标的生态补偿占大多数比例，水土保持和生态功能保护类型生态补偿的实践较少。

（一）省内流域生态补偿

省内流域生态补偿机制的运行步骤如下：（1）省级政府出台流域生态补偿政策。（2）省级政府对下辖各市县在流域生态补偿工作中的权责关系进行划分和界定。（3）省级财政部门根据流域生态环境的实际情况和各部门的管理情况，对生态补偿的资金进行核算和清算。在实际的运行过程中，我国部分地区的省内流域生态补偿机制由市县同级政府间自行签订。

省域内生态补偿政策内容涉及流域生态补偿的原则、目标、标准、措施和管理等，多以省人民政府规章或规范性文件的形式发布。从各省的实践来看，省域内流域生态补偿可分为两类。第一类的情况是，上游地区实施特殊的水生态环境保护措施，对下游地区的水源区等具有特定用水功能的区域形成了保护，但是，该方法会导致额外成本得我付出，也有较大可能会限制区域经济的发展，因此在该模式下，下游地区有责任对上游地区的生态保护成本进行补偿。第二类的情况是，上游地区的污染物排放量超过限制，污染和破坏下游地区的水环境、影响了下游地区的水资源利用，因此在该模式下，上游地区应该对下游地区承受的生态环境损失进行赔偿。目前各省的实践基本以上述两种情况为主，只是不同地区由于环境情况、经济发展情况等方面存在差异，出台的流域生态补偿政策的内容也存在差异。

到2019年年底，江西、浙江等20个省（区、市）建立了全流域生态补偿机制。贵州、陕西、内蒙古、湖南、黑龙江5省（区）针对区域内主要河流的重点流域建立了流域生态补偿机制。上海、广西、甘肃等省（区、市）的部分地方已经尝试自主开展流域生态补偿工作。另外，受多方面因素影响，西藏、新疆两个自治区以及港澳台地区尚未开展流域生态补偿工作。

（二）跨省流域上下游横向生态补偿

新安江流域水环境补偿试点与2010年正式启动，该试点工作是我国跨省流域生态补偿政策的首个实验项目。此后，该试点项目的经验，九洲江、汀江—韩江、东江、等多个跨省流域先后建立了上下游横向生态补偿试点，陆续开展流域生态补偿工作。

跨省流域横向补偿机制实施后，跨界断面水环境质量稳中有升，流域上下游协同能力明显提高，以生态补偿助推上游地区绿色发展的效果也初步显现。比如，新安江流域就设立了全国首个跨省流域绿色发展基金，安徽、浙江两省正在探索共同打造新安江流域绿色产业合作示范区。也就是说，不单纯是资金补偿，而且还要通过产业合作，形成一种"造血型"的生态补偿机制，这是有益的探索。严格意义上的流域生态补偿比较复杂，需要做好上下游生态产品的价值核算。对于生态补偿标准，由于不同地区实际情况存在较大差异，补偿标准因地而异，而且上下游往往对于执行什么补偿标准会存在争议，所以不大可能制定全国统一的补偿标准。目前的做法是从流域上下游比较容易接受的一些点上先作为补偿标准，比如说上下游交接断面的水环境质量目标，是否达到标准；还有上下游水源地的保护，一般是下游比较关心的问题，在水源地的保护方面开展一些补偿。先易后难，逐步完善，这样来推动横向生态补偿顺利开展。

五、中国流域水资源生态补偿存在的问题

总体上看，我国流域水资源生态补偿机制的建设工作取得了积极的进展，形成了初步的制度体系，国家和地方层面也都推动开展了丰富的实践。但另一方面我们也看到，我国流域水资源生态补偿的实践还存在一些有待解决的问题，制约了相关探索向深入发展。

（一）流域水资源生态补偿的法律体系不够健全

在国家法律法规的层面上，目前我国针对水资源生态补偿只在部分法律中以条文和条款的形式进行了规定，内容过于笼统，没有对生态补偿工作的责任划分、补偿标准、补偿范围和补偿主体、补偿对象等内容进行明确规定和细化，从而对生态补偿工作的实施产生消极影响。在地方政策层面，由于在国家法律法规层面，流域生态补偿机制的相关法律仍然存在内容尚不明确、体系尚不完善等问题，不同地方政府发布的政策文件存在较大差异，导致生态补偿工作的进行普遍存在缺乏统筹指导、工作推进情况不稳定等问题。

（二）流域水资源生态补偿的资金来源较为单一

流域水资源生态补偿资金是否充足，对于到生态补偿机制的运行效果会产生直接影响。目前，上下级政府之间的纵向财政转移支付是我国的生态补偿资金的主要来源。根据流域水资源的生态环境实际情况，上级政府向下级政府拨付财政资金，并承担相应的生态补偿义务。基于同一流域上下游政府和不同社会群体之间可能存在的经济利益冲突，横向转移支付往往难以实施，而上级政府纵向转移的资金数额通常是有限的。因此，面对我国目前流域水资源覆盖面广、补偿项目多、投入资金大的现状，仅仅依靠中央政府纵向转移支付的资金投入"输血"来推进流域水资源生态补偿工作，这不仅可能使补偿资金难以发挥预期的修复原有生态功能和弥补生态损失的作用，甚至可能导致生态补偿制度的建设难以有效推进。

（三）尚未建立专门的流域水资源生态补偿管理机构

流域水资源生态补偿管理机构方面，长江水利委员会、黄河水利委员会、辽河水利委员会等机构更多的是水利部下属的治水及主管水资源分配的机构，并没有环境协调、监督、执法等相关的权力，我国目前还没有跨行政区流域环境协调的管理机构。流域水资源生态系统的整体性和关联性是实施流域水资源生态补偿的重要遵循，为推进流域横向生态补偿工作走向纵向，应以自然水系统流域为单位，建立能够对流域横向生态补偿工作进行统一集中管理的行政部门。与此同时流域管理机构也要妥善处理和地方各部门、各利益主体的关系，注重将流域管理机构与国家职能部门和地方政府的监督、协调相结合，部门之间以及区域之间的合作与协调，集权与分权相结合，对支流与地方适当分权，以切实落实流域治理的相关职责。

（四）流域水资源生态补偿市场机制不健全

政府主导是目前我国流域水资源的生态补偿主要特点，市场化流域水资源生态补偿机制还没有完全建立起来，市场在流域水资源配置中的作用发挥还有很大空间，有待深入挖掘。以政府主导的补偿模式短期内见效快，但同时也存在购买主体单一、责权利不清、生态服务成本和利益分配不公平、补偿数额不能满足流域环境保护需要、各利益相关主体参与程度低下等矛盾，从而导致长期来看流域水资源生态补偿的实施缺乏稳定性和持久性。着眼于长期，要提高流域水资源配置效率，应该引入流域水资源生态服务市场补偿机制，寻求有效的流域生态管理模式，使各利益相关主体之间在享受其权利的同时也更好地承担相应责任。市场化的补偿机制有利于形成多元化生态补偿主体体系，培育上下游地区水资源获取与共享机制，有效解决流域水资源保护与利用的矛盾。

（五）流域水资源产权界定困难

水资源产权界定的难度主要在于水资源的流动性和开放性。现实来看，我国对水权的研究不仅落后于发达国家，也滞后于水资源配置制度改革的实际。这些现实的条件导致实践中与水资源相关的权益难以确定，这在根本上阻碍了生态补偿制度的建立。只有明晰水资源产权，才能明晰利益相关者，进而明晰市场交易的主体与内容。但是，水资源产权难以明晰，是我国目前流域水资源生态补偿工作面临的主要问题，流域水资源生态环境补偿缺乏相应的计量基础，流域中下游地区（受水地区）对上游地区（供水地区）生态环境补偿标准难以确定和核算。

第四章　三江源生态补偿的现状、政策与问题

本章首先简单回顾了三江源生态治理的历史进展，并对三江源生态补偿的相关政策进行了梳理。在试点的基础上 2021 年国务院正式批复同意设立"三江源国家公园"，无疑将为三江源区的生态保护和生态补偿增加了新的动力。本章最后进一步分析了三江源生态补偿存在的主要问题。

一、三江源及其生态治理

青海三江源区作为重要的水源涵养生态功能区，是长江、黄河、澜沧江三大河流的发源地，为全国乃至东亚地区提供淡水资源，被誉为"中华水塔"。三江源区是全球气候变化的敏感区，对全国乃至全球的大气、水量循环具有重大影响。三江源区还是我国唯一的国家级生态保护综合试验区，是中华民族的重要生态屏障，其生态战略地位极为重要；同时，该区域生态系统敏感脆弱，经济发展落后，藏族人口聚集，是全国乃至全世界关注的重点区域。

21 世纪初，三江源生态环境恶化。在三江源头生态告急、中华水塔面临危机、牧民沦为生态难民的危急时刻，国家、部委、研究所就三江源生态危机开展调研。在此基础上，2005 年，我国开始了三江源生态修复的行动，出台的《青海三江源自然保护区生态保护和建设总体规划》文件是三江源生态修复工作项目的标志，该规划项目内容涵盖了三江源地区的生态环境保护、基础设施建设、当地民众生活条件改善、生产布局规划发展等，项目预计总投资 75 亿元，当年度到位资金 7 亿元，实施面积 15.23 万平方公里。力度之大，前所未有。持续的生态恶化趋势在 2013 年底得到遏制，草原产草量整

体提高 30%，长江、黄河、澜沧江年均向下游多输出 58 亿立方米的优质清洁水资源。

如今，我们又可以在长江源看到一眼望不到边的广阔湿地，在黄河源看到青草没膝的大片草原，在澜沧江源看到茂密繁盛的森林。2016 年，我国首个国家公园体制试点经中央深改委审议。在前期试点探索的基础上，国务院于 2021 年 9 月正式批复同意设立"三江源国家公园"。

二、三江源生态补偿机制建设的相关政策

近二十年来，从建立国家级自然保护区，到纳入重点生态功能区、国家生态保护综合试验区，国家和青海省在三江源区逐步开展了形式多样的生态补偿与生态保护政策措施，为改善生态环境发挥了巨大的作用，对于三江源区生态环境的持续改善以及青海乃至全国的生态文明建设都具有十分重大的意义。在试点的基础上，2021 年国务院正式批复同意设立"三江源国家公园"。

三江源国家公园的设立是三江源生态保护进程中具有里程碑意义的事件，可以为国家公园的建设发挥示范作用。建立三江源国家公园有利于创新体制机制，其中也当然包括了生态补偿机制的创新。鉴于"三江源国家公园"的设立对于未来生态补偿机制创新的重大影响，我们将三江源生态补偿政策分为"三江源国家公园"设立前和设立后进行介绍。

（一）"三江源国家公园"设立前的生态补偿政策

三江源区已经实施的生态补偿属于政府主导型的生态补偿。2005 年以来，为保障三江源区机关、学校、医院等单位职工工资正常发放和机构稳定运转，中央财政每年向三江源区提供 1 亿元的增支减收补助。从 2008 年开始（《财政部关于下达 2008 年三江源等生态保护区转移支付资金的通知》），财政部向三江源区通过一般性转移支付、提高部分县区补助系数等方式给予生态补偿。转移支付由财政部直接拨付给青海省财政厅，以财政部三江源区的生态保护区转移支付所辖县名单和支付清单为依据，青海省财政厅再将转移支付下达给有关州（地）市。基层政府被要求及时将转移支付用于涉及基本公共服务领域特别是民生领域，同时加强监督和管理，切实提高公共服务水平。

三江源区生态补偿工作以 2008 年实施的生态补偿财政转移支付为重点，主要基于《财政部关于下达 2008 年三江源等生态保护区转移支付资金的通知》《国家重点生态功能区转移支付办法》《2012 年中央对地方国家重点生态功能区转移支付办法》等文件政策而实施的生态保护资金补偿以及基于财政转移支付的间接生态补偿。现有的三江源区生态补偿主要分为生态工程补偿、农牧民生产生活补偿以及公共服务能力补偿。根据何杰、黄侃（2015）的研究，日前出台的三江源生态补偿政策主要包括"1+9+3"教育经费保障机制，异地办学奖补，农牧民技能培训和转移就业补偿，对生态移民工程交通燃料费用的补助政策，扶持农牧区产业发展长期发展，地区生态环境日常监测工作的经费保障方法，草原日常管护机制，禁牧与草畜平衡，农牧民生产性补贴补偿政策，支持推进草场资源流转改革。

（二）国家公园阶段的生态补偿政策展望

对于国家公园阶段的生态补偿政策，2018 年出台的《三江源国家公园总体规划》（下称《规划》）提出，"建立以财政投入为主，社会积极参与的资金筹措保障机制"。国家公园的建设经费由青海省政府财政进行统筹规划，中央财政通过现有渠道加大资金支持力度。《规划》在财政资金、生态补偿、金融支持等方面提出了具体的政策措施，总体来看，《规划》勾画了未来三江源生态补偿基本的政策框架。

《规划》明确了未来财政资金的来源。提出三江源国家公园原则上属中央事权，国家公园的园区建设、管理和运行等工作所需的资金要逐步纳入中央财政支出的覆盖范围。现阶段，中央财政通过现有渠道对园区及为公园提供支撑服务的基础设施和公共服务设施建设予以支持。中央财政将在继续完善现有生态补偿制度基础上，以完善重点生态功能区转移支付制度、研究建立长江生态补偿机制和完善国家公园财政保障机制为切入点，加强对三江源地区生态补偿机制建设工作的财力保障。三江源国家公园正式设立后，核定的园区建设、管理和运营经费支出由中央财政出资提供保障。

《规划》还明确了未来生态补偿的基本结构。提出研究建立生态综合补偿制度，创新现有生态补偿机制落实办法。纵向补偿方面推动健全全省财政对省以下转移支付制度，同时引导建立流域生态补偿等横向补偿关系，并积极探索建立碳汇交易等市场化多元化生态补偿机制。以治多、曲麻莱、玛多、杂多4县和可可西里自然保护区为主体，对纵向补偿、横向补偿和多元化市场补偿的资金渠道进行全面整合，结合当地实际制定有针对性的综合性补偿办法。把生态补偿资金支付与生态保护成效紧密结合起来，构建科学有效的监测评估考核体系，让当地农牧民在参与生态保护中获得应有的补偿。

《规划》也强调了相关金融支撑政策。明确提出未来要充分发挥金融机构在项目开发和政策辅助方面的作用，鼓励金融机构在其业务范围内，向三江源国家公园推行的生态保护项目、生态旅游开发、基础设施建设工程提供信贷支持，协助促进三江源国家公园的进一步发展。积极构建和完善为国家公园服务的绿色金融体系，加大绿色信贷投放力度，鼓励金融机构设立绿色产业基金，以金融服务为工具，从资金角度为绿色产业提供发展保障。

三、当前三江源生态补偿机制存在的主要问题

（一）缺乏国家层面的顶层制度设计

2016 年 5 月发布的《关于健全生态保护补偿机制的意见》（下称《意见》）以及 2021 年发布的《关于深化生态保护补偿制度改革的意见》（下称《深化意见》）共同构成我国生态保护补偿机制建设主要的顶层设计文件，该两份文件也共同勾画了我国生态保护补偿机制的总体框架。《意见》和《深化意见》总体上明确了我国应在相关领域和区域采取纵横结合的综合补偿制度以及市场化、多元化生态补偿机制。就流域生态补偿来看，以上两项意见均提出要开展跨地区、跨流域特别是长江、黄河生态补偿工作，有关部门于 2016 年、2020 年和 2021 年先后出台了《关于加快建立流域上下游横向生态保护补偿机制的指导意见》《支持引导黄河全流域建立横向生态补偿机制试点实施方案》《支持长江全流域建立横向生态保护补偿机制的实施方案》。中央和国家层面出台的《意见》和《深化意见》均明确提出，要针对江河源头、重要水源地等重点区域开展水流生态保护补偿，但是在上述长江、黄河相关的两份横向生态保护补偿实施方案中，仅是对上下游相邻省份如何开展生态补偿作出了具体指导，并未设有针对江河源头生态补偿的具体要求和措施。随着三江源生态补偿进入国家公园阶段，缺少国家层面的顶层制度设计将是三江源国家公园在开展生态补偿工作时遇到的首要问题，目前国家层面没有专门针对国家公园的法律保障。日前出台的流域横向生态补偿相关制度，多是通过上下游协商的方式，处于长江、黄河补偿链条上游的三江源较为被动，没能充分体现三江源区对于生态全局的重要影响，及其在生态保护方面承担的更大责任。

（二）三江源生态补偿存在较大资金缺口

三江源区特殊的生态战略地位影响全国甚至全球范围，多年来，国家政府、当地政府和当地居民都为保护与恢复三江源区的生态环境付出了巨大努力并做出了贡献，通过国家重点生态功能区转移支付、草原生态保护专项转移支付、重点生态工程建设投资等渠道，三江源区生态保护恢复得到了国家各个部门的支持。但是，目前的补偿标准与三江源区生态保护与建设、发展的机会成本以及生态系统服务价值等实际情况相比还有较大差距，由于三江源区覆盖广阔的空间范围，生态问题十分艰巨，现有的生态补偿还不足以系统性地解决三江源区的生态保护与恢复问题。王宇飞（2020）认为，尽管三江源区的生态价值更高，全国八个牧区对草原生态保护奖补激励机制的标准完全一致，三江源并没有因为生态价值高而获得更高的补偿资金。

（三）生态补偿标准相关理论研究滞后

尽管对生态补偿的研究由来已久，但生态补偿标准的确定仍然是生态补偿机制的关键问题和难点，由于缺乏统一、权威的指标体系和测算方法，根据不同原则与方法确定的补偿标准往往存在数量级的差异。理论上生态补偿标准包括生态保护成本、发展机会成本以及生态系统服务价值，但由于生态服务类型具有复杂性且涉及价值较大，机会成本的核算存在较大争议，目前很难确定全口径的生态补偿标准。也正因为这一原因，由中国科学院十多位院士组成的《三江源区生态补偿长效机制研究》课题组认为，基于实际需求的生态保护成本的生态补偿标准更能真实、客观地反映出生态保护的实际费用，更容易被生态保护的利益相关者所接受。课题组从"人–草–畜"三配套建设角度，基于实际的生态保护与恢复的需求方面进行测算，从生态保护与建设、农牧民生产生活条件改善、基本公共服务能力提高等实际需求角度量化基于生态保护成本的生态补偿标准，得出三江源区16县（市）1乡2010—2030年生态补偿标准下限为4095.4亿元。事实上，不同的口径得出的生态补偿标准相去甚远。生态补偿标准不统一以及相关理论研究的滞后在较大程度上影响了生态补偿的实践。

（四）三江源区横向生态补偿推进缓慢

三江源自然保护区是我国最主要的水源地和全国生态安全的重要屏障，关系全国生态战略安全和长远发展。三江源区生态补偿既属于流域生态补偿，又属于自然保护区生态补偿类型，也是非常重要的江河源头水源涵养区生态补偿。目前国家层面主要通过重点生态功能区转移支付、草原生态保护专项转移支付、重点生态工程建设投资等开展纵向生态补偿，三江源区生态补偿仍然以中央和地方政府主导的纵向生态补偿为主，横向生态补偿方面，在长江和黄河流域横向生态补偿的实施办法中青海仅作为上下游横向补偿的一方，并没有充分考虑到三江源区既属于流域生态补偿又属于江河源头生态补偿的特殊性。

（五）市场化、多元化补偿机制尚未有效建立

2018年，国家发展改革委、财政部、自然 资源部、生态环境部、水利部、农业农村部、人民银行、市场监管总局、林草局九部门联合发布《建立市场化、多元化生态保护补偿机制行动计划》，进一步明确要建立市场化、多元化生态保护补偿机制。相对于三江源区生态补偿的巨大投入，以及纵向生态补偿财力受限、横向生态补偿机制尚不健全的情况，市场化、多元化的补偿机制将为三江源区的生态补偿提供可持续的资金和资源保障。总的来看，三江源初步建立

并形成了以生态保护为重点、以改善民生为核心的生态补偿机制，目前该机制已经实现了长效运行和发展，为其他地区的国家公园和自然保护区建设提供借鉴经验。但总体来说，我国在多元化、市场化的生态补偿机制建设方面仍需继续探索。

（六）国家公园阶段的生态补偿制度尚未建立

2021年9月，国务院批复同意在三江源建立国家公园。三江源国家公园正式成立后，同一区域不再保留其他自然保护地，未划入国家公园区域的管控要求通过自然保护地整合优化工作予以明确。三江源国家公园的设立意味着三江源地区将采用全新的生态保护体制，新的管理体制与已有的制度的关系如何、怎么衔接，特别是进入国家公园阶段的三江源地区生态补偿基本政策框架如何搭建，是目前急需解决的重要问题。当前应在已有政策体系和实践的基础上，结合国家公园建设的实际特点和需要，在国家层面出台一个纲领性的三江源国家公园生态补偿制度。

第五章　完善三江源水资源市场化横向生态补偿机制的政策建议

关于三江源生态补偿的代表性观点认为，目前三江源区的生态补偿以国家和地方纵向补偿为主，相对于包含生态保护成本、发展机会成本以及生态系统服务价值在内的生态成本，目前的纵向生态补偿规模与三江源区实际需要的补偿成本相去甚远，所以应当通过横向资金补偿弥补三江源生态补偿的缺口。补偿标准的确定是这一观点具有实际操作性的基础，而现实是理论界对于补偿标准的研究还存在较大争议，基于这样的现状，本课题建议三江源水资源生态补偿在现有中央和地方政府主导的纵向补偿体系以外，更应着眼于探讨其他具有现实可行性的间接型、市场化、多元化横向补偿方式。

一、积极发展间接型、市场化、多元化生态补偿方式

理论界一般认为生态补偿应包括生态保护成本、发展机会成本以及生态系统服务价值，但不同的研究者采取不同的口径、不同的方法计算得出的补偿标准千差万别，这也导致即使计算得出生态补偿标准，下游利益相关方对补偿金额也必然存在较大争议，从而影响现实操作性。未来如何更加有效估计三江源地区发展机会成本特别是生态系统服务价值并形成可操作的横向补偿机制，是三江源水资源横向生态补偿机制建设需要进行理论突破的重要方面。当前，应把发展水权交易、碳汇交易、飞地经济、绿色金融等间接型、市场化、多元化横向生态补偿方式作为完善横向生态补偿机制的突破方向。

二、基于水权交易建立三江源水资源市场化横向生态补偿长效机制

水权交易是建立三江源水资源市场化横向生态补偿机制的最直接有效的手段。近年来，我国出台了一系列推进水权交易的政策文件。2014年开始，我国相关省份陆续开展水权确权和交易试点。现有研究表明，各试点地区的水资源利用效率基本都呈现逐年递增的趋势，水权交易政策显著提高了试点地区水资源利用效率。未来在继续推动区域内水权交易试点的同时，应适时推动跨界地区之间实施水权交易，特别是三江源流域水权交易。在三江源流域水权交易确权环节，也就是通过水权初始配置、明确各用水主体可用水量指标的环节，应充分考虑三江源所在省份的特殊性，在初始水权方面进行适当倾斜，同时考虑采用基于生态补偿的完全成本法确定三江源所在省份水权交易基础价格。

三、充分利用碳汇交易完善市场化的生态补偿机制

碳汇交易是当前重要的生态产品价值实现途径，在推动实现碳中和、碳达峰的大背景下，通过加快碳汇交易发展，充分挖掘青海碳汇资源的巨大潜力，将为三江源乃至整个青海的生态补偿提供更可持续更加有效的资金来源。未来建议进一步加大国家层面的支持力度，优先将青海三江源等重点生态功能区的生态碳汇项目纳入全国碳市场，引导全国碳交易市场控排企业优先购买青海省具有多重效益的生态碳汇项目。帮助青海省引入碳汇交易领域国际机构和相关组织，为青海省参与碳汇市场国际交流与合作提供平台，深化与国际机构及国际跨国公司合作机制，利用现有碳汇交易渠道，持续开展与跨国企业间的碳汇交易　。

四、以内生激励机制更好发挥"飞地经济"在横向生态补偿中的作用

近年来，国内对飞地经济研究的关注主要出于精准扶贫、生态补偿体制改革等的现实需要。一般意义上讲的"飞地经济"都是"正向飞地"，也就是发达地区向欠发达地区转移。需要关注的是，正向飞地经济在内在激励机制方面具有天然的优势，更容易达到资源互补和互利共赢的目标。而作为横向生态补偿机制的反向飞地经济一般是欠发达地区在发达地区建立产业园区，尽管这一机制在国内已有实践案例，但从实际运作来看，这些合作的发生具有显著的政府主导性，未来设计出什么样的既能满足欠发达飞出地生态补偿需要、又能调动发达飞入地积极性的内生激励机制，对于"飞地经济"发挥横向生态补偿作用的可持续性至关重要。

五、积极争取入围国家绿色金融改革创新试验区

2021年央行多次表示国家绿色金融改革创新试验区正在酝酿扩容，青海省可积极争取将三江源地区列为新一轮的国家绿色金融改革创新试验区。在绿色金融政策体系引导下，加入试验区有利于推动绿色金融产品和服务方式创新发展，不断拓展绿色金融融资渠道，进而为三江源地区的生态保护与补偿提供可持续的资金来源。青海作为绿色生态大省，绿色金融实践场景丰富，在试点工作中形成的青海绿色金融实践也可以为全国的绿色金融发展提供有益的借鉴。

六、以设立国家公园为契机持续完善生态综合补偿制度

2021年9月国务院正式批复同意成立三江源国家公园。在中央财力有限的情况下，国家公园必须借助体制机制创新，拓展补偿的资金渠道、提高补偿的可持续性。建议加快构建多元化的融资渠道，包括建立门票、特许经营等资金来源渠道，仿效国际上的做法成立国家公园基金会，充分利用三次分配和共同富裕的有关政策性红利吸引国内捐赠，积极争取国际捐赠，开展项目化的捐赠筹资活动，以及探索依托信息化、情景化的大众公益筹资募资模式等等，充分利用"互联网＋公益慈善"，促进全社会共同建设、保护和治理国家公园，最终建立政府、市场与社会相结合、国内国际相结合、纵向与横向相结合的生态综合补偿制度。

七、持续完善三江源生态补偿法律法规体系

目前我国与生态补偿相关的法律法规制度体系主要包括三个层次，即宪法、法律与行政法规层次。十八大以来，随着生态文明进程的不断加速，我国的生态补偿机制相关的制度规则也在不断完善。但生态补偿专门的法律法规还停留在行政法规层面，还没有专门的生态补偿法律，同样关于三江源生态补偿也仅停留在省级行政法规

层面。当前国家发展改革委正在牵头制定"生态补偿条例"，在全国性生态补偿条例出台的基础上，未来应进一步推动国家和省级层面三江源生态补偿条例的出台，持续完善三江源生态补偿法律法规体系。

参考文献：

一、专著

[1] 郭辉军，施本植，华朝朗．自然保护地生态补偿机制研究——以云南省自然保护区为例 [M].北京：科学出版社，2021.

[2] 黄寰．区际生态补偿论 [M].北京：中国人民大学出版社，2012.

[3] 李浩，刘陶．长江流域生态补偿机制研究 [M].湖北：武汉大学出版社，2021.

[4] 刘桂环，张惠远．流域生态补偿理论与实践研究 [M].北京：中国环境出版社，2015.

[5] 李秋萍．流域水资源生态补偿制度及效率测度研究 [M].北京：经济管理出版社，2021.

[6] 鲁仕宝，魏明华，赵辰．流域生态补偿机制与管理方法研究 [M].北京：经济管理出版社，2020.

[7] 刘桂环，王夏晖，何军，文一惠等．中国生态补偿政策发展报告 2018[M].北京：中国环境出版集团，2019.

[8] 刘桂环，王夏晖，文一惠．中国生态补偿政策发展报告 2019[M].北京：中国环境出版集团，2020.

[9] 刘桂环，王夏晖，文一惠．中国生态补偿政策发展报告 2020[M].北京：中国环境出版集团，2021.

[10] 张文彬，周晨．中国生态补偿的产权制度与体制机制研究

[M].北京：经济科学出版社，2020.

[11]赖敏.三江源基于生态系统服务价值的生态补偿研究[D].2013.

[12]秦大河.三江源区生态保护与可持续发展[M].北京：科学出版社，2014.

[13]孙发平，曾贤刚.中国三江源区生态价值及补偿机制研究[M].北京：中国环境科学出版社，2008.

[14]《三江源区生态补偿长效机制研究》课题组.三江源区生态补偿长效机制研究[M].北京：科学出版社，2016.

[15]叶维丽，高涵，彭硕佳，张文静.生态产品价值实现路径与实践基地规划研究：湖州与安吉实践[M].北京：中国环境出版社，2021.

二、连续出版物

[16]陈艳萍，罗冬梅，程亚雄.考虑生态补偿的完全成本法区域水权交易基础价格研究[J].水利经济，2021(09):72-78.

[17]崔耀鹏.三江源地区生态补偿机制若干思考[J].柴达木开发研究，2015(06)：34-37.

[18]关小梅.三江源地区横向生态补偿机制的研究[J].青海师范大学学报，2008(06)：14-17.

[19]关小梅.建立生态补偿机制促进三江源地区可持续发展[J].特区经济，2009(04)：193-195.

[20]国家发展改革委国土开发与地区经济研究所课题组.青海三江源地区生态补偿的现状、问题及建议[J].宏观经济研究，2008(01)：24-28.

[21]高辉，姚顺波.中国三江源地区生态补偿标准研究[J].云南财经大学学报，2014(04)：10-14.

[22]高波.三江源地区绿色发展与绿色金融供给[J].青海金融，2016(10)：21-23.

[23]何杰，黄侃.完善财政政策 促进三江源生态保护[J].中国财政，2015(08)：62-64.

[24]黄丹晨.产业飞地的形成与发展[J].科协论坛，2010(01)：130-131.

[25]何杰，黄侃.完善财政政策 促进三江源生态保护[J].中国财政，2015(08)：62-64.

[26]黄炜.全流域生态补偿标准设计依据和横向补偿模式[J].生态经济，2013(06)：154-159,172.

[27]蒋凡，秦涛，田治威.生态脆弱地区生态产品价值实现研究——以三江源生态补偿为例[J].青海社会科学，2020(02)：99-104.

[28]李鑫城.三江源国家公园生态补偿机制现状研究[J].丝路经济，2021(12)：72-78.

[29]刘悦忆，郑航，赵建世，万文华.中国水权交易研究进展综述[J].水利水电技术，2021(08)：76-90.

[30]李基成，景芳.青海深度贫困地区发展飞地经济的对策探究[J].山西农经，2021(20)：15-17.

[31]李晓玉，张哲聪.三江源国家公园自然资源资产管理体制改革实践与经验研究[J].四川环境，2022(02)：184-188.

[32]李文华，刘某承.关于中国生态补偿机制建设的几点思考[J].资源科学，2010(05)：791-796.

[33]马洪波.建立和完善三江源生态补偿机制[J].国家行政学

院学报，2009(01)：42-44.

[34]马洪波,吴天荣.建立三江源生态补偿机制试验区的思考[J].开发研究，2008(05)：64-67.

[35]秦大河.三江源区生态保护与可持续发展[J].人民论坛，2021(09)：68-72.

[36]秦大河.三江源区生态保护与可持续发展[J].人民论坛，2021(09)：68-72.

[37]青海省财政厅.青海：完善财政政策措施 支持保护好三江源[J].中国财政，2020(03)：66-68.

[38]覃凤琴.构建生态扶贫的财政支持机制分析——以青海为例[J].地方财政研究，2021(11)：86-92.

[39]孙倩，王赛赛，邱守明，杨晓云.国外国家公园生态体验项目发展实践)——兼论对我国普达措国家公园的启示[J].世界林业研究，2012年2月网络首发.

[40]宋峰,刘中军.中国流域水资源生态补偿之法律机制探析[J].忻州师范学院学报，2021(06)：101-105.

[41]孙向前.三江源生态补偿的筹融资问题探索[J].青海金融，2009(06)：31-33.

[42]田旭，杨朝晖，霍炜洁.三江源地区流域生态补偿机制探讨[J].人民长江，2017(08)：15-18.

[43]王帅，陈文磊.水生态补偿理论及其在三江源国家公园中的实践[J].中国水利，2020(11)：10-12 .

[44]吴凤平，邱泽硕，邵志颖，季英雯，李梦珂.中国水权交易政策对提高水资源利用效率的地区差异性评估[J].经济与管理评论，2022(01)：23-32.

[45] 王宇飞.国家公园生态补偿的实践探索与改进建议——以三江源国家公园体制试点为例 [J].国土资源情报,2020(07):22-26.

[46] 王慧.水权交易的理论重塑与规则重构 [J].苏州大学学报,2018(06):73-84.

[47] 魏帮胜.三江源流域生态补偿横向转移支付制度研究 [J].黑龙江生态工程职业学院学报,2020(06):1-3,29.

[48] 徐翀.三江源自然保护区生态补偿政策评估 [J].黑龙江生态工程职业学院学报,2017(02):1-3.

[49] 杨皓然.生态补偿成本视角下政府间三江源水权交易价格研究 [J].攀登,2018(03):67-73.

[50] 姚红义.生态补偿理论的三江源生态补偿方式探索 [J].生产力研究,2011(08):17-18,41.

[51] 于代松,刘俊,赵佳伟,兰虹.飞地经济与横向生态补偿机制构建探索——以成都、甘孜共建成甘工业园区为例 [J].区域经济,2020(01):33-45.

[52] 张立群.对三江源地区生态补偿机制的法律探讨 [J].青海师范大学学报,2008(05):53-55.

[53] 张瑞萍,曾雨.国家公园生态补偿机制的实现——以利益相关者均衡为视角 [J].广西社会科学,2021(09):118-123.

[54] 中共青海省委党校人口资源环境研究中心.青海建设三江源碳汇功能区研究 [J].攀登,2016(05):101-104.

[55] 赵鹏飞.三江源国家公园生态补偿调研现状及对策研究 [J].法制与经济,2018(12):44-45.

[56] 张贵.飞地经济的发展逻辑及效能提升 [J].人民论坛,2021(09):68-72.

[57]周瑞原,宿海颖,秦涛.国家公园融资机制国际经验与启示——以美国、澳大利亚、日本、德国为例[J].世界林业研究,2022年2月网络首发.

[58]Engel S, Pagiola S, Wunder S.Designing payments for environmental services in theory and practive: an overview of the issues. Ecological Economics. 2008, 65:663-674.

[59]LiF, Zhang LB, Li DQ. 2015.Longterm ecological compensation policies and practices in China: Insights from the three rivers headwaters area. Ecological Economy.2015,11(2):175-184 Ecological Economics, 2008,65:712-724.

[61]Zbinden S, Lee D. Paying for environmental services: An analysis of participation in Costa Rica's PSA Program. World Development. 2005, 33(2):255-272.

三、政策性文件

[63] 水利部.水权交易管理暂行办法[Z].2016年4月.

[64] 国务院办公厅.关于健全生态保护补偿机制的意见[Z].2016年4月.

[65] 财政部,生态环境部,国家发展改革委,水利部.关于加快建立流域上下游横向生态保护补偿机制的指导意见[Z].2016年12月.

[66] 国家发展改革委,自然资源部,生态环境部,商务部,海关总署,工商总局,国家市场监督管理总局,统计局.关于支持"飞地经济"发展的指导意见[Z].2017年5月.

[67] 国家发展改革委,财政部,自然资源部,生态环境部,水利部,农业农村部,人民银行,市场监管总局,林草局.建立市场化、

多元化生态保护补偿机制行动计划 [Z].2018 年 12 月.

[68] 中共中央办公厅，国务院办公厅.关于深化生态保护补偿制度改革的意见 [Z].2021 年 9 月.

[69] 财政部，生态环境部，水利部，国家林草局.支持引导黄河全流域建立横向生态补偿机制试点实施方案 [Z].2020 年 5 月.

[70] 国家发展改革委,三江源国家公园总体规划.2021 年 1 月.

[71] 财政部，生态环境部，水利部，国家林草局。支持长江全流域建立横向生态保护补偿机制的实施方案 [Z].2021 年 4 月.

作者简介：张各兴，上海国家会计学院副教授。

青海省地方政府提供基本公共服务成本研究

位豪强

第一章 绪 论

一、研究背景

公共服务是政府的一项重要职能，在调节收入分配、促进社会公平、维系社会安定等方面扮演重要角色。党的十六大上提出"完善政府的经济调节、市场监管、社会管理和公共服务的职能"，公共服务首次出现在党的重要报告上。2012 年，国务院公布《国家基本公共服务体系"十二五"规划》（以下简称："十二五"规划）。该规划积极响应党的十八大的号召，以有效扩大供给、发展较为均衡、服务方便可及和群众比较满意为主要目标，加快完善基本公共服务体系建设，最终实现基本公共服务均等化。党的十九届四中全会提出要完善政府公共服务等职能，突出对基本公共服务制度体系完善的重视。党的十九届五中全会再次明确"基本公共服务实现均等化"的发展目标，为新时代发展和完善公共服务指明方向。经过 40 多年的改革开放和经济建设，我国的经济实力已成为全球第二，但本应与经济发展相适应的基本公共服务，由于地区之间经济、政治、地理、文化等方面的不均衡，在规模、结构、质量等方面出现差异，与国家确立的基本公共服务均等化的目标存在差距。

青海是我国西北腹地的内陆省份，其经济发展水平相对落后，尽管地方政府将大量的资金用于基本公共服务，但仍然无法满足社会经济的发展以及人们对基本公共服务的渴求，财政支出的不平衡，使这种矛盾更加突出。为此，需要对青海省目前的基本公共服务进行全面、深入的分析和研究，了解青海省基本公共服务的现状和均等化水平，分析青海省提供公共服务的成本效益情况。同时，还需构建合理恰当的基本公共服务评估指标体系，对青海省的基本公共服务成本效益进行合理的评估，进而科学统筹各项资源，为青海省更好优化基本公共服务的支出配置和提高效益提出相应建议。

二、研究意义

（一）理论意义

本文把青海省基本公共服务成本作为主要研究对象，将青海省基本公共服务分为公共交通、公共安全、公共住房、基础教育、社保就业、医疗卫生、城市环境、文化体育以及公共服务等九项，对青海省基本公共服务从细化层面展开成本分析，研究较为全面。同时，参考当前相关文献研究，结合相关政策以及可获取的数据，筛选出基本公共服务成本指标，构建基本公共服务成本的指标体系。在成本体系建立的基础上，采用数据包络分析法（DEA）对青海省公共服务成本投入有效性进行测算分析。随后从横向、纵向角度研究青海省基本公共服务成本，对比各地区成本计量和效益的差异程度，为青海省基本公共服务成本相关的研究提供相关借鉴和参考。

（二）现实意义

青海省近些年在基本公共服务领域投入力度较大，但仍无法满足经济的快速增长，也无法适应现阶段人民群众对基本公共服务的需要，财政支出的不匹配进一步加剧了这一问题。本文立足于青海省九大基本公共服务内容，将成本内容、成本计量及效益作为研究主题，通过架构合理的成本评价及计量的指标体系，度量青海省基本公共服务成本效益情况，进而提出相应建议。这有利于科学合理地规划人力、物力和财力，为优化青海省基本公共服务成本效益，解决地区发展不平衡提供一定的参考。

三、文献综述

基本公共服务引起国内外诸多学者的关注，国内外的专家学者也从不同的角度对基本公共服务展开了深入的讨论和研究

（一）国内外相关研究

1.关于基本公共服务均等化的研究

萨缪尔森（Samuelson，1954）在其研究中秉持这样的观点：公共产品都应是所有社会成员能够平等消费的产品，实际上蕴含了公共服务公平、均等的思想。布坎南（Buchanan，1959）在"财政剩余"理论的基础上，对公共服务均等化的观点进行了创新，认为财政盈余应当向状况相似的公民分配。地方财力公平的实现很大程度取决于财政剩余平等程度，只有通过这种方式，才能达到公共服务均等化。Tobin（1970）提出"特定的平均主义"，认为一些诸如医疗、保健、教育等资源相对匮乏的公共服务，应像其支付能力那样，被公平的平均分配。Rapp（1996）在研究中指出，处于公共服务均等化的社会，人民、组织、团体或其他主体，他们的权利是平等的，没有任何差别。Furceri（2010）认为，公共服务是公民在社会生产、生活中不可缺少的一部分，是每个公民的基本权利，不但能被公民平等地享受，还能促进社会经济的健康持续发展。谢芬和肖育才（2013）对中国式分权下地方政府行为进行分析，最后的研究

结果发现，影响基本公共服务均等化的主要原因有二：地方财政收入差距过大、晋升评价机制的设计。缪小林等（2020）认为有很长一段时间，我国基本公共服务均等化的重点是地区间的财政资源配置和调整，缺乏对基本公共服务的获得、满意度等方面的信息了解，难以适应不同人群的需要。辛冲冲和陈志勇（2019）基于2007—2016年中国31个省份数据构建基本公共服务供给水平评价指标体系，发现全国及东中西三大区域供给水平稳定上升，但绝对差异呈现扩大趋势。

2. 关于基本公共服务支出和成本的研究

Tobin（1970）提出"特定的平均主义"，认为一些诸如医疗、保健、教育等资源相对匮乏的公共服务，应像其支付能力那样，被公平地平均分配。Savas（1987）站在竞争的角度，认为随着第三方参与公共服务的供给，不但政府的财政支出能够显著降低，所提供的公共服务的质量也能得以提高。我国的胡德仁和刘亮（2010）认为，支出成本调整系数应该包括人口规模、人口密度、物价水平、地理环境及部分经济社会因素。伏润民等（2010）则从自然、经济和社会三方面，对我国30个省（市、自治区）和云南省129个县（市、区）进行了实证测算，得到我国各区域公共事业发展成本差异系数，这是实证研究我国基本公共服务成本较为系统的一篇文献。曹艺和贾亚男（2011）认为民族地区基本公共服务均等化投入成本相比于其他地区偏高，主要源于地理条件、经济条件和社会条件等诸多因素的制约。所以，在促进区域基本公共服务均等化时要综合考虑各个因素，而不单单考虑人均财力的均等化。李剑（2011）指出，在对基本公共服务影响较大的因素中成本更为突出。汪利锬（2014）利用Barro&Sala-i-Martin趋同（异）计量模型，发现1995—2012年间

120

我国地方政府公共服务支出差异在逐渐扩大。方元子（2014）认为客观环境差异是公共服务成本差异的主要因素，主要涉及人口、自然、经济和社会等四类因素。鲍曙光和姜永华（2016）依靠因子分析模型，成功建造基本公共服务成本指标体系，通过自然环境因素、投入价格差异和人口结构三方面的实证研究路径，发现了我国基本公共服务成本呈现东部沿海发达地区基本公共服务成本最低、发展相对落后的西部地区成本较高这一不均衡的现象。

（二）研究现状评述

总体来看，国内外目前关于基本公共服务的研究主要集中在公共服务的均等化、城乡基本公共服务差异等领域，对于基本公共服务成本的研究相对较少，或者仅集中在基本公共服务的个别方面，如卫生服务方面，缺乏对基本公共服务整体的研究。另外，大多数研究都没有对基本公共服务成本差异进行全面的定量研究，缺乏统计数据支撑，对成本指标选取原则也不够清晰，研究深度不够。因此关于我国基本公共服务成本的研究有待进一步深化和拓展。

第二章　理论分析与发展实践

一、基本公共服务内涵及其定义

（一）公共服务

公共服务是政府提供各类产品和服务以满足社会公共发展需要的一项核心职能，指由政府部门、事业单位、国有企业等相关机构，应社会群众、合法组织团体之要求，依照法律规定向其提供协助，或处理有关事项的行为。公共服务能够满足公民生活、生存或发展的需求，使公民从中获益，反映出政府的服务意识，这是构建服务型政府的必然要求。

（二）基本公共服务

基本公共服务应当体现三个最基本原则，一是应当保证人民群众的基本生存需求，主要是为人民提供基本生活、就业、养老保障，满足基本的生存条件；二是应当满足基本健康需求，主要体现在人民基本医疗做到全覆盖；三是满足基本能力和尊严，主要体现在提供和推广教育文化服务，弘扬社会主义核心价值观，提高全体公民的素质，建设社会主义文明社会。社会经济发展和人民生活质量的提升，将同时推动基本公共服务的范围和水平极大提高。

明确基本公共服务的内容是区域基本公共服务均等化目标实现的首要工作。根据国情来看，界定的标准可以分为基础性、广泛性、迫切性和可行性。基础性是指对人类的生存发展起决定性作用的公共服务必不可少，否则将成为人类长远发展的桎梏。广泛性是指影响范围广，能影响整个社会中所有社会群体和个人的公共服务供给。迫切性则关系到最现实、最直接、最紧迫的公共服务。可行性意味着所提供的公共服务需要，与社会经济发展水平和公共财政能力相匹配，不能不合实际。

按照上述标准来看，公共交通、公共安全、公共住房、基础教育、医疗卫生、城市环境、文化体育、社会保障和就业创业等，是广大人民群众最关注、最需要的公共服务，理所当然成为我国基本公共服务的主要内容。

二、基本公共服务成本的内容与计量

（一）基本公共服务成本的内容

根据国家统计局的数据，政府支出主要包括公共文化和体育、医药卫生、公共服务和公共安全等各种支出项目中的工资和福利、商品和服务的经常性支出，基本上囊括了公共服务支出。基本公共服务是建立在一定的社会共识基础之上的，社会服务的基本支出是根据一个国家的经济、社会发展以及总体水平确定的，因此其成本份额低于国家公共预算支出。

2018 年 1 月 27 日，国务院办公厅颁布了《基本公共服务领域地方与中央共同财政事权和支出责任划分改革方案》，基本公共服务问题与社会的发展需要、人民的日常生活需要、中央和地方支出的共同责任以及相对清晰的管理体制和政治制度相关。根据员工或家庭确定补贴价值，以及集中处理和关键改革的必要性，最先纳入中央政府和地方政府共同财政事权范围的，暂定为八大项和十八子项目，其中八大项为：义务教育、教育救助与资助、就业服务、养老保险、医疗保障、卫生计生、生活救助和住房保障。不属于上述领域规定的基本公共文化服务，但已在国发〔2016〕49 号和国发〔2017〕9 号文件中明确规定的内容，在不同领域的中央和地方财政权力和支出划分改革中，也明确界定为中央财政权力，地方财政分类为共同财政事权。根据相关领域的经济和社会发展以及管理制度的改革，也会对中央与地方基本公共服务的共同财政支出的范围进行调整。

上述八大项基本公共服务的内容可以总结为两项：义务教育、教育救助与资助两项可以归结为基本教育；其余各项属于社会保障与就业。因为前两项的财权与事权都归属于中央和地方共同事权，而其他几项公共服务则分别由中央或地方各自分担。但是，目前不同地区的一些基本公共服务标准的名称和定义并不统一，实际实施后各地区的影响也不尽相同，不同地区的人民基本上享受相同的基本公共服务，这并不利于不同地区的人民。为了促进基本公共服务的平衡并实现人民的生计，《指导方针》规定：由中央和地方政府的联合财政当局自身制定国家基本的安全标准，同时要考虑当前的财政担保政策或补贴标准。国家基本标准具有底线、强制性的特点，在全国适用且具有公平性。所有地方当局都应提供足够的资源，将实施国家基本标准放在优先地位。对于不能简单或暂时具备制定国家基本标准资格的项目，地方可以结合实际情况制定地方标准。对于地方中超出国家基本标准的地方标准，该部分所需超额资金由地方政府承担。符合条件后，中央政府采用国家基本标准。

值得注意的是，2021年3月国家发展和改革委员会联合发布了《国家公共服务基本标准（2021年版）》，涵盖了包括"七有"和"两个保障"在内等共9个方面、22个类别和80个服务项目，规定了每个项目的服务对象、标准、流程和事项、支出责任和担责单位。有许多项目对提高服务质量有影响。一共包括九个方面：交通运输、住房、公共安全、基础教育、社会保障、就业和创业、医疗保障、城市绿化、公共文化体育和公共服务。随后，各省和市的地方政府积极制定和推动基于该标准的地方公共服务标准的制定，并增加基本公共服务的成本，这必须持续进行监测。

（二）基本公共服务成本指标选择和体系构建

根据国内外相关研究，大部分学者认为基本公共服务受成本因素影响较大。Reschovsky（2007）总结出了导致公共服务成本差异的四个因素：投入数在数量和构成上的差异，区域中人口要素的差异，投入内容的价格差异以及物质特征（如经济因素、环境因素）的差别。伏润民等（2010）对我国三十多个省、自治区、直辖市和一百多个县进行了从自然、经济和社会三方面的实证测算，得到我国各区域公共事业发展成本差异系数，这是较系统地、从实证方面研究我国基本公共服务成本的一篇文献。胡德仁和刘亮（2010）则认为支出成本调整系数应该考虑如下因素：人口规模和密度、地理环境、通货膨胀和社会经济组成结构。曾红颖（2012）认为人口结构和密度、管理体制、劳动力价格、地理环境和交流成本等都是影响基本公共服务提供成本的重要因素。类似地，也有一些研究进一步提出新的成本指标体系。如方元子（2014）认为公共服务提供成本差异主要源于客观环境差异，有人口因素、地理、经济和社会等四个因素。

综合考虑已有研究以及量化可实现性，本课题认为指标筛选主要基于两方面考虑：一是以各省人均财政支出为因变量，以选择的所有项指标为自变量进行分组，采用计量经济学方法，筛选基本公共服务成本指标；二是结合理论分析和前人研究成果。同时考虑到公共安全、公共住房、公共服务3个项目的产出指标难以用数据较为准确地度量，最终选取了公共交通、城市环境、文化体育、基础教育、社会保障与就业、医疗卫生共六大维度作为一级指标，并选取较有代表性的相关指标，作为其二级指标进行具体分析。这也为本课题后续采用 DEA 分析法，对政府公共服务投入有效性进行测度奠定了研究基础。最终选取的指标如表 2–1 所示：

表 2-1 基本公共服务成本指标体系

一级指标	二级指标
公共交通	铁路营业里程
	公路通车里程
	民航航线里程
城市环境	人均水资源量
	森林覆盖率
	湿地面积
文化体育	文化事业机构数
	旅游合计人次
	青少年业余体校教练数
基础教育	初中毕业生升学率
	小学毕业生升学率
	学龄儿童入学率
社保就业	全部单位就业人数
	城镇登记失业率
	社保覆盖人数
医疗卫生	医疗卫生机构数
	病床数
	卫生技术人员

在选择成本指标之后,需要建立公共服务的基本成本体系。目前,最常见的二级指标有环境、人口结构和价格等,可以在因子分析的基础上进行全面评估和综合,然后,采用加权平均权法最终合成一级指标。根据原始变量矩阵的内在相关性和因子分析,将一些高度相关和复杂的变量组合在一起,并将其提取为包含大部分原始信息的多个综合变量,减少指标之间的相互作用,增加对因素变量的可解释性。最后,采用加权平均法来确定基本公共服务总量。

在成本体系建立的基础上,为了更好地衡量公共服务投资的有效性以及基本公共服务的成本效益,我们对当前相关研究进行了梳理,发现数据包络分析(DEA)和随机边界分析(SFA)是两种应用广泛的成本效益分析方法。在后续研究中,我们使用数据包络分析（DEA）对青海省公共服务投资的有效性进行了测量和分析。

三、青海省基本公共服务发展实践

（一）青海省基本公共服务概况

青海省受限于经济发展水平不高，基本公共服务发展起步晚，但增长迅速。根据最新调查结果显示青海省基本公共服务的满意程度在全国范围内靠前，这既得益于青海特定的区域特点，更是青海省政府对于政策的把控和使政策较好落地的结果。青海省一般公共服务支出由 2010 年的 55.2 亿增长到 2020 年的 141.4 亿元人民币，占青海省地方公共财政支出的比例近十年来稳定在 7% 左右。伴随着青海省财政总体支出的增长势头，地方财政应用在基本公共服务的资源越来越多。虽然如此，青海省基本公共服务的发展仍存在地区发展不平衡、供给主体单一等问题。

（二）青海省加强公共服务建设的有利条件

1. 公共服务基础设施建设获得快速优先发展

"十三五"期间青海省认真贯彻落实国家宏观政策，紧紧抓住新一轮西部大开发、推进新型城镇化、"一带一路"等政策机遇，进一步加大力度补齐基础设施短板，新增铁路运营里程 643 公里、总里程达到 3023 公里，高速公路通车里程突破 4000 公里，所有市州和三分之二的县通达高速，所有具备条件的乡镇、建制村通硬化路、通客车，民用机场形成"一主六辅"格局，大电网实现县县通，区域城乡发展更趋均衡协调。总之，一大批重大基础设施建设项目相继建成，全省基础设施保障水平进一步提升。

2. 政府高度重视

在党中央日益重视公共服务建设的背景下，青海省的公共服务政策法规建设也取得了实质性的突破。"十三五"期间，青海省深入践行与全国同步实现全面建成小康社会的目标要求，健全制度，强化公共服务供给，提高质量，促进基本公共服务体系更加完善，使得青海省的多元参与、水平适度、普惠可及的非基本公共服务孕育发展，全省各族群众多层次、多样化民生需求得到更好满足。此外，青海省政府不断优化公共服务市场环境。一是持续放宽市场准入。严格执行市场准入"全国一张清单"管理模式，推动"非禁即入"普遍落实。着力解决"准入不准营"难题。整合优化公共服务机构设置、执业许可等审批环节，提供更便利的一站式服务。二是优化市场发展环境。加大民间资本投资公共服务领域开放度，推进非基本公共服务市场化产业化、基本公共服务供给模式多元化。进一步贯彻实施《青海省优化营商环境条例》，打造市场化、法治化、国际化营商环境，鼓励拥有优质资源的公共服务提供者，通过合作、连锁经营等多种方式，积极参与服务供给，营造激励高品质多样化服务的宽松环境。

3.地域特色文化优势突出

青海省的文化呈现出多元化特点，文化的地域性特征明显。总体来说，由于青海地处西域伊斯兰文化、中原儒道文化、西藏佛教文化、北方草原萨满文化的交汇融合地带，宗教、现代和儒家文化相互交融，多个文明相互重叠，从不同角度展现出青海省文化的璀璨和兼容并包，彰显青海人文韵味与多元化发展特色。2011年，青海省地域文化被定位为"以昆仑文化为主导的多元一体文化格局"，即以昆仑文化为主导，民族文化、宗教文化、区域文化等多元文化和谐共存、和美共荣特有的局面。这种多元性、原生性的杰出特色文化，为青海省推动具有鲜明民族特色的文化交流和快速发展做出突出贡献，也为社会大众文化建设注入源源不断的活力。

4.智能化技术助力青海公共服务新势头

智能技术＋公共文化服务利用以互联网技术为核心的信息技术，包括大数据技术、移动互联网、RPA 等，对一系列的信息技术进行高度融合，将其应用于公共文化服务，从而全面提高公共文化服务的质量。在政策的支持和技术发展的驱动下，近年来青海省也在智能化技术方面积极跟进，成功打造"彩云青海"信息化平台，与中国移动合作，建成青藏高原地区最大的大数据中心。2017 年，青海省政府又与浪潮集团合作，建设一系列数据服务平台，如省级政务云平台、省级一体化大数据中心、政府大数据共享与开放平台、大数据创新中心等，全力打造属于青海省的大数据产业链。

（三）青海省建设公共服务体系存在的问题

1.基本公共服务供给成本高

影响基本公共服务均等化制约要素中，人口因素显得尤为突出。一方面，基本公共服务需求与人口规模、密度呈现正比例关系，对供给能力也提出了更高要求。另一方面，为了降低基本公共服务供给成本，可考虑扩大投资规模以实现规模经济，使一定区域内更多的人口享受基本公共服务。然而，青海省位于青藏高原地带，海拔高且生存环境恶劣，这导致了青海省绝大部分地区人口密度极低，并且人口分布极其不平衡的状况，势必给基本公共服务均等化发展带来极大挑战。据统计，青海省东部地区以 5% 的占比面积，容纳了全省 67% 的人口，而剩下的人口则居住在占全省 95% 的西部牧区，东西人口密度形成鲜明对比，这使得基本公共服务的服务范围及效果在西部地区大打折扣，很难实现规模经济，制约了青海省基本公共服务均等化的实现。

2. 多元供给参与机制不完善

截至当前，青海省基本文化服务的供给方仍然由政府单一主导，缺乏社会层面的参与，使得基本公共服务变为自上而下的任务式工作，很难真正详细地了解基层社会群体的迫切诉求；另一方面，政府单方面主导将极大增加政府的资金以及融资压力，对人民动态公共服务需求难以及时有效做出反应。究其原因，主要是由于缺乏以企业为代表的社会力量的参与，社会力量在基本公共服务供给方面严重不足，作用尚未发挥，相关体制机制也不成熟，而且缺乏相关方面的引导。尽管一些地方已经开始积极尝试政府主导、社会力量广泛参与的方式，但整体上处于初步的摸索阶段，仍具有这样那样的问题。因而，青海省目前存在着一个现实问题，即：在当前条件下，如何通过市场机制、社会机制等方式鼓励多方参与，实现多种资源的合作，以及通过相互监督、相互促进，进而提升政府公共服务供给的效率和质量。

3. 基本公共服务供给能力差异大

受限于青藏高原的恶劣环境，青海省区域的经济发展呈现极不平衡状态。物质基础决定上层建筑，这也就决定了青海省各区域基本公共服务供给能力的差异存在一定必然性。从国内生产总值来看，排在全省前三位的西宁市、海西州和海东市总共占青海省近九成的GDP，其中仅西宁市就占45%的全省生产总值；从财政收入方面看，仍是以上三个地区最多，总共占据全省的近六成；除此之外，青海省还存在较大的城乡差距。以上几点可以很好地解释地区间基本公共服务供给能力的极大差距，这些差距主要体现在基本公共服务的水平以及质量上。

4. 人才队伍建设短板突出

青海省与其他大多数省份相比，其人才吸引力显得"有心无力"，这主要与青海省经济社会发展缓慢，生存环境恶劣的客观条件相关。青海省在基本公共服务领域方面的专业人才匮乏，也势必会进一步影响基本公共服务的水平和质量。由此，一方面，很可能导致基本公共服务由其他公职人员代为履行，结果是由于精力以及知识储备的不足而不能很好地提供服务；另一方面，基层专业人才的匮乏将直接影响普通公民对于公共服务的感受，很可能产生不信任的心理。除此之外，青海省各地区人才的数量也不平衡，加剧了基本公共服务均等化的难度。因而，如何吸引专业青年人才到青海省就业成为当下需要解决的重要问题。

第三章　青海省基本公共服务成本分析

根据 2012 年以来国务院发布的《"十三五"国家基本公共服务清单》和近些年来社会科学文献出版社发布的蓝皮书系列之《公共服务蓝皮书：中国城市基本公共服务评价》中的相关规划和目标，结合青海省政府官网里列示的公共服务项目，本章节就公共交通、公共安全、公共住房、基础教育、社保就业、医疗卫生、城市环境、文化体育以及公共服务九项公共服务层面展开成本分析。

一、基本公共服务成本分析

一个地区公共服务投资的多少不仅反映了成本水平，也在某种程度上反映了地方政府对公共服务的重视程度。上述九种公共服务近年来一直受到青海省的高度关注。从青海省近年来公共服务的不断完善可以看出，青海省政府不断加大对九项关系民生切身利益的公共服务的投入，政府的投资效率有所提高。为了提高研究结果的参考价值，本文选取了过去五年，即 2016 年至 2020 年的数据作为分析对象。以下是青海省九项公共服务的财政投资（见表 3-1）、青海省政府过去五年的总支出（见表 3-2），九项公共服务在财政支出中的份额（见表 3-3）和九项公共投资的增加（见表 3-4 和图 3-1）。

表 3-1　2016—2020 年九大公共服务财政投入情况

单位：亿元

年份	公共交通	公共安全	公共住房	基础教育	社保就业	医疗卫生	城市环境	文化体育	公职服务
2016	178.72	70.98	69.93	171.36	196.18	103.06	73.41	33.31	121.42
2017	95.38	90.04	67.32	187.51	209.57	125.21	60.93	37.58	123.85
2018	154.63	87.19	66.53	199.10	230.80	141.60	63.51	35.49	132.58
2019	172.60	89.57	64.85	221.37	267.71	148.23	69.38	42.39	131.51
2020	237.00	85.28	64.29	218.14	317.96	172.09	73.51	45.93	141.39

数据来源：青海统计年鉴

表 3-2　财政支出总额

单位（亿元）

年份	2016	2017	2018	2019	2020
财政支出总额	1524.80	1530.44	1647.43	1863.67	1932.84

数据来源：青海统计年鉴

表 3-3　九项公共服务占财政支出比例

单位：万元

年份	公共交通	公共安全	公共住房	基础教育	社保就业	医疗卫生	城市环境	文化体育	公职服务
2016	11.72%	4.65%	4.59%	11.24%	12.87%	6.76%	4.81%	2.18%	7.96%
2017	6.23%	5.88%	4.40%	12.25%	13.69%	8.18%	3.98%	2.46%	8.09%
2018	9.39%	5.29%	4.04%	12.09%	14.01%	8.60%	3.86%	2.15%	8.05%
2019	9.26%	4.81%	3.48%	11.88%	14.36%	7.95%	3.72%	2.27%	7.06%
2020	12.26%	4.41%	3.33%	11.29%	16.45%	8.90%	3.80%	2.38%	7.32%

数据来源：根据青海统计年鉴数据测算

表 3-4　2016—2020 年九项公共服务投入增幅

	公共交通	公共安全	公共住房	基础教育	社保就业	医疗卫生	城市环境	文化体育	公职服务
2016	-13.03%	20.26%	7.17%	5.01%	3.61%	3.65%	-15.97%	-0.86%	3.49%
2017	-46.63%	26.85%	-3.73%	9.42%	6.83%	21.49%	-17.00%	12.82%	2.00%
2018	62.12%	-3.17%	-1.17%	6.18%	10.13%	13.09%	4.23%	-5.56%	7.05%
2019	11.62%	2.73%	-2.53%	11.19%	15.99%	4.68%	9.24%	19.44%	-0.81%
2020	37.31%	-4.79%	-0.86%	-1.46%	18.77%	16.10%	5.95%	8.35%	7.51%

数据来源：根据青海统计年鉴数据测算

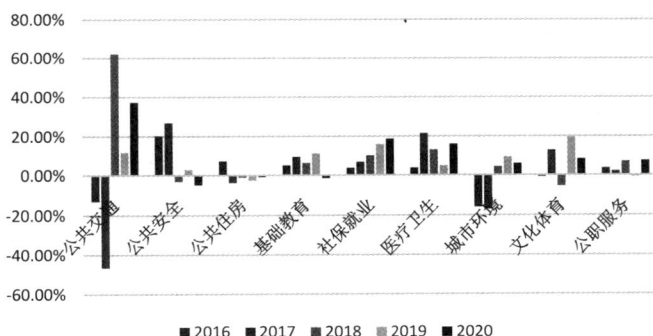

图 3-1　2016—2020 年九大层面公共服务投入增幅

根据上述数据，我们可以看出，在 2017 年，青海省的公共交通投入大幅下降，但财政总支出相比 2016 年却是上升趋势。其主要原因在于，在 2016 年和之前的年份，政府对运输与邮电的大幅投入可以基本满足青海省政府公共交通的正常运输要求。尽管 2017 年公共交通投资较 2016 年下降了约 47%，但青海省的铁路、高速公路和民航在 2017 年略有增长。同样，总客运量、总旅客周转量、总货物量和总货物周转量也有较大幅度的增长（见表 3-5）。2018 年，公共交通投资再次显著增加，主要源于前几年用于维修和维护交通基础设施的支出，这与今年预算支出的增加呈正相关。尽管 2016 年和 2017 年的城市环境支出有所下降，但其在预算支出中的份额高于其他年份，这表明城市环境支出在过去五年的支出结构中呈现出合理的发展。此外，其他七项公共服务的开支亦有稳步上升的趋势。

表 3-5　2014-2018 年公共交通基本情况

年份	客运量总计（万人）	旅客周转量总计（万人公里）	货运量总计（万吨）	货物周转量总计（万吨公里）	铁路营业里程（公里）	公路通车里程（公里）	民航航线里程（公里）
2014	5643	1324986	14846	5162956	2074	72703	92536
2015	5825	1506906	16173	4549272	2274	75593	92689
2016	6201	1602593	17090	4850751	2299	78585	120057
2017	6203	1790854	18140	5290860	2299	80895	124969
2018	6819	1916229	19120	5609583	2299	82137	145736

数据来源：青海统计年鉴

在分析和比较了几种不同的方法后，本课题组认为，在公共服务评价中，通常有两种较好的成本效益分析方法，即数据包络分析（DEA）或随机边界分析（SFA）。目前，大多数科学家使用 DEA 分析方法来测算地方政府公共服务，本课题组获得的大部分数据都可以支持 DEA 分析方法的实施。因此，本课题组采用数据包络分析方法 DEA 对青海省公共服务项目的成本效益进行分析。由于公共安全、公共住房和公共服务的产出指标无法用数据准确衡量，本部分内容选择了能够获取相关数据的六个综合指标，包括公共交通、城市环境、文化体育、基础教育、社会保障和就业、医疗卫生以及 18 个次级指标，如铁路服务公里数、公共交通、民航人均水资源、森林覆盖率、湿地、文化设施数量、游客总数、青少年业余体校教练数量、初中毕业生入学率、小学毕业生入学率、适龄儿童入学率、各单位就业率、城市登记失业率、社会保障、医疗和医院设施及床位卫生技术人员的数量等（见表 3-6）。所有数据均来自官方统计数据。

表 3-6 六大公共服务的产出指标

年份	公共交通			城市环境			文化体育		
	铁路营业里程（公里）	公路通车里程（公里）	民航航线里程（公里）	人均水资源量（立方米/人）	森林覆盖率（%）	湿地面积（万公顷）	文化事业机构数(个)	旅游合计人次（万人次）	青少年业余体校教练数（人）
2016	2299	78585	120057	10324	6.3	814.36	556	2876.9	106
2017	2299	80895	124969	13299	6.3	814.36	555	3484.1	149
2018	2299	82137	145736	15946	7.3	814.36	554	4204.4	110
2019	2354	83761	167104	15125	7.3	814.36	554	5080.2	106
2020	2854	85131	190116	17082	7.5	814.36	579	3311.8	133

年份	基础教育			社保就业			医疗卫生		
	初中毕业生升学率（%）	小学毕业生升学率（%）	学龄儿童入学率（%）	全部单位就业人数（人）	城镇登记失业率（%）	社保覆盖人数（万人）	医疗卫生机构数（个）	病床数（张）	卫生技术人员（人）
2016	87.7	96.2	99.8	952546	3.10	291.67	1766	35229	36917
2017	93.1	96.8	99.8	975918	3.10	295.42	1857	38348	40503
2018	98.3	102.4	99.8	1000832	3.00	317.54	1922	38422	44599
2019	97.0	99.2	99.8	1055810	2.30	339.34	6517	40062	46645
2020	96.2	99.1	99.8	1055810	2.13	358.42	6403	41246	48970

数据来源：青海统计年鉴

使用 DEAP2.1 软件进行 DEA 测试后，可以得到六个公共服务类型中 2016—2020 年的综合技术效率、纯技术效率、规模效率和规模报酬情况。综合技术效率是指对评估对象的资源位置、利用效率等综合能力的测量和评价；纯技术效率是指主要受管理、技术条件等因素影响的生产效率；规模效率是受投入规模因素影响的生产效率。如果综合技术效率为 1，则表示估价对象的投入产出是全面有效的，即 DEA 是有效的。如果纯技术效率和规模效率的指标两者中只有一方的值是 1，则 DEA 效率弱。纯技术效率为 1 表示在当前技术水平上使用输入资源是有效的，并且没有输入输出冗余。如果规模效率为1，则表示当前投资规模是最优的状态。分析结果见表3-7。

表3-7　2016-2020青海省公共服务DEA效益情况

公共服务类型	年份	综合技术效率	纯技术效率	规模效率	规模报酬
公共交通	2016	0.531	0.531	1.000	规模报酬不变
	2017	1.000	1.000	1.000	规模报酬不变
	2018	0.715	0.861	0.830	规模报酬递减
	2019	0.734	1.000	0.734	规模报酬递减
	2020	0.610	1.000	0.610	规模报酬递减
城市环境	2016	0.836	0.836	1.000	规模报酬不变
	2017	1.000	1.000	1.000	规模报酬不变
	2018	1.000	1.000	1.000	规模报酬不变
	2019	0.928	0.928	1.000	规模报酬不变
	2020	0.988	1.000	0.988	规模报酬递减
文化体育	2016	1.000	1.000	1.000	规模报酬不变
	2017	1.000	1.000	1.000	规模报酬不变
	2018	1.000	1.000	1.000	规模报酬不变
	2019	1.000	1.000	1.000	规模报酬不变
	2020	0.805	1.000	0.805	规模报酬递减
基础教育	2016	1.000	1.000	1.000	规模报酬不变
	2017	0.961	0.984	0.977	规模报酬递减
	2018	0.957	1.000	0.957	规模报酬递减
	2019	0.853	0.888	0.961	规模报酬递减
	2020	0.856	0.887	0.965	规模报酬递减
社保就业	2016	1.000	1.000	1.000	规模报酬不变
	2017	0.956	1.000	0.956	规模报酬递减
	2018	0.924	1.000	0.924	规模报酬递减
	2019	0.849	1.000	0.849	规模报酬递减
	2020	0.756	1.000	0.756	规模报酬递减
医疗卫生	2016	1.000	1.000	1.000	规模报酬不变
	2017	0.904	1.000	0.904	规模报酬递减
	2018	0.876	0.976	0.898	规模报酬递减
	2019	1.000	1.000	1.000	规模报酬不变
	2020	0.893	1.000	0.893	规模报酬递减
均值		0.898	0.963	0.934	

根据分析结果，我们可以看到，2016 年文化体育、基础教育、社会保障和就业以及医疗卫生的综合技术效率为 1，表明：财政投资当年有效，规模报酬保持不变，整体上的产出的效率处于最佳状态；2016 年，公共交通和城市环境的综合技术效率分别是 0.531、0.836，都小于 1，均为弱 DEA 有效，这表明存在投入 – 产出效率不足或投入规模不合理的情况；2017 年，公共交通、城市环境、文化体育三项公共服务的综合技术效率为 1，表明 DEA 有效；基础教育、社会保障和就业、医疗卫生都是弱 DEA 有效；2018 年，城市环境、文化体育的综合技术效率为 1，DEA 有效；公共交通、基础教育、社会保障和就业、医疗卫生都是弱 DEA 有效；2019 年，文化体育、医疗卫生综合技术效率为 1，DEA 有效；公共交通、城市环境、基础教育、社会保障和就业都是低效的 DEA；2020 年，所有六项公共服务都是弱 DEA。随着年份的增长，规模报酬逐渐变为递减，这也是 2020 年 DEA 有效性较弱的原因之一。同时，2020 年疫情的影响也可能对公共服务的成本效益产生影响，这需进一步分析研究。

二、整体层面的纵向与横向对比分析

（一）纵向分析

在前述章节分析中可以看出，青海省在 2016—2020 年的基本公共服务成本支出中有七项支出基本呈稳步上升的趋势，但其中公共交通投入 2017 年出现大幅下降，在 2018 年大幅上升；城市环境支出在 2016 年、2017 年也有小幅下降趋势。分析认为，2016 年公共交通成本下降的主要原因在于 2016 年及之前年份，政府对交通运输的大幅投入已可以基本满足青海省政府公共交通的正常运输要求。与 2016 年相比，青海省 2017 年对公共交通的投资减少了 47% 左右，但铁路、公路、民航的里程、总旅客量、总客运量、总运输量、总货物运输等指标有所增加。2018年，青海省的公共交通投资大幅增加，这与当年财政支出的增长有积极关系。另外，虽然城市的环境支出连续两年减少，但近年来财政支出的比例比其他年份都高，这说明城市环境支出在近几年的支出结构中趋于合理态势。

2020年，青海省公共预算收入为298.2亿元，排在全国30位。其中税收收入仅为公共预算收入的32%，说明财政收入的稳定性有进一步提高的空间。公共预算的支出达到1933.3亿元，同样位居全国30位。为落实"六保""六稳"政策，民生领域支出占比超过75%，达到1548.5亿元。财政平衡率为15.41%，居全国第30位，财政自给能力较弱，极度依赖转移支付和中央补贴。政府性基金预算收入1869亿元，居全国第29。土地使用权出让收入144.84万元，占77.5%。与2019年相比，自2020年变更以来，总公共预算收入的增速在全国各行政区域排名第一，达到了5.6%，比2019年增加15.86亿元；受疫情影响，企业税收收入减少了52.4%，非税收入增加了143.7%。

在2020年预算的实施中，青海省政府优化了支出结构，进一步提高了人民的生活保障水平。根据《青海省2021年公共支出总规定》以及《国家基本公共服务标准》（2021年版）的相应内容，可以看到，青海省基本公共服务支出较2020年同期大幅增长，公共服务的各个基本领域（公共交通、公共安全、公共住房、基础教育、社会保障与就业创业、医疗卫生、城市环境、公共文化体育、公共服务）得到显著改善。

（二）横向对比

2020年，青海省公共预算收入462亿元，同比增长1%；地方公共预算收入298亿元，同比增长5.6%。财政支出情况，全省公共预算支出 1933 亿元，同比增长 3.7%。详细的支出科目情况为：一般公共服务支出 141 亿元；教育支出 218 亿元；卫生健康支出 172 亿元；节能环保支出 72.6 亿元；农林水支出 280 亿元；文化旅游体育与传媒支出 46 亿元；交通运输支出 240 亿元；社会保障支出和就业支出 319 亿元；城乡社区支出 127.1 亿元；住房保障支出 64 亿元。将 2020 年与 2019 年两年的财政收入与支出数字进行比较可知，青海省公共预算收入较 2019 年增加 15.86 亿元，增长率为 5.6%，居全国首位。一般公共支出 1933.84 亿元，比 2019 年增长 3.7%。支出的增长率低于收入的增长率，且在全国的排名中处于较后的位置。可见，青海省公共服务支出较低，总体水平有进一步提高的空间。

从财政平衡能力看，青海省财政平衡率[①]在 2018 年至 2020 年间基本保持稳定，2020 年财政平衡率较上年同期略微上涨，但相较于西部其他省份，如甘肃、宁夏等仍处于落后水平，与全国平均水平、京津冀、长三角、珠三角等地区的水平差距更为明显。由此可以推测，青海省的财政收支不平衡，财政赤字较大，转移支付高，基本公共服务成本相对预算收入偏高。三、各地区基本公共服务成本差异及效益对比

1. 地区成本差异

鲍曙光、姜永华等学者曾对地区之间的基本公共服务成本差异进行研究，我们结合各地市政府工作报告进行分析，不难发现，我国基本公共服务成本呈阶梯分布。具体来看，北京、天津和上海等东部沿海发达省份和城市基本公共服务相对成本较低，成本控制水

---

① 财政平衡率也称财政自给率，是地方政府公共预算收入对公共预算支出覆盖程度的衡量指标，可以有效评价地方政府依靠自身财力对财政支出的平衡能力。其计算公式为：财政平衡率 = 一般公共预算收入 / 一般公共预算支出。

平在全国排名处在底层的位置。而西部省份相对成本相对较高，新疆和青海曾连续 4 年的成本得分都高于其他省份，其他民族自治区排名也都比较靠后。

环境因子也呈现出阶梯分布特征，西北地区各省都属于高水平地区，西南各省及其他西部省份大多属于中高水平地区，而东中部地区基本属于自然地理因素成本最低的地区，东中西部地区之间差异显著。从价格因素来看，经济落后地区的价格相对较高，而甘肃、青海、新疆、宁夏等经济欠发达地区的成本最高。从人口结构来看，新疆、青海、宁夏、云南和贵州的成本最高。这些地区在经济和社会发展方面都比较落后，这些地区大多数是边境地区或少数民族聚居地区。这表明，中国地区之间的成本差异仍然非常明显，在分配转移支付资金时应考虑成本因素。青海省作为西部地区基本公共服务成本较高的省份，迫切需要优化服务成本，提供公共服务。

2. 地区成本效益对比

相关学者的分析表明，我国各省的公共服务基本成本效率呈现出明显的离散状态。不同区域的成本效率差异极大，既有一些省份接近效率前沿，也有一些省份的效率标准差低到 0.067，趋向于 0。据相关分析结果，西部地区公共服务的平均成本效率在 1994 年还是 0.75，到 2009 年下降至 0.4，整体上的下降幅度较大，并且与东中部有较大差距。与此同时，西部地区效率的标准差也从 0.35 左右上升到 0.8 左右，并在该值附近波动。可以看出，我国公共服务平均效率的下降和分布的改善主要来自西部地区。

进一步的研究显示，除重庆外，西部地区 12 个省份的公共支出效率近些年都在呈下降趋势，远低于东部沿海地区和中部地区。主要原因在于：西部地区省份的自然环境相比而言更为恶劣，地理位置不占优。相对于东部地区以及中部地区，西部地区交通、农业基础设施以及教育、医疗服务的提供，都需要投入更高的成本，且难以达到很好的效率。另外，这些地区多为少数民族聚集地，政府还需要用投入的一部分来维护社会稳定。对于青海省来说，还应该继续提高基本公共服务的成本效益，提高基本公共服务的绩效水平和综合评估，以创建一个更加高效和完善的公共服务体系。

第四章　评价体系

建立评估指标，确定评估的方式，是绩效评价的关键。在基本公共服务中，如何制定一系列的科学的绩效评估指标与评估手段，已成为我国基本公共服务建设的一个重大课题。制定合理的评价体系有利于引导降低财政投入成本，提高提供基本公共服务的效率。在 2012 年国务院公布的《国家基本公共服务体系"十二五"规划》中，对基本公共服务规定了四个主要目标：供给有效扩大、发展较为均衡、服务方便可及和群众比较满意。围绕这四个目标可尝试建立如下评价体系。

结合规划要求，借鉴相关研究，我们认为，可将投资、平衡、便利和满意度作为评价公共服务九个基本领域的一级指标，然后再将一级指标进行细化。

（1）投资：主要涉及政府对资金、设施及人员的投资，分为三个二级指标：资金支出、设施投入、人员投入。

（2）平衡：仅考虑城乡之间的平衡，分为两个维度：资源配置和结果。第一个维度，资源配置分为三个次级指标：工作人员、设施及经费。第二个维度，列为一个二级指标单独列报，指的是在各种基本公共服务形式中在一段期间内取得的成绩，如医疗保险的覆盖率水平、社保覆盖率水平、教育中的升学率水平等。

（3）便利：有两层含义，一种是服务的可达性，根据服务的空间距离来度量；另一种是设备的规范化和信息化。设备的规范化可以通过制定统一的标准来衡量，信息化程度的度量可以从网络点击数量、网络访问次数、信息更新速度等方面进行。

（4）满意度：分为两个二级指标：一是总体满意度，二是服务成本的个人负担比率。其中，总体满意度是指对提供的公共服务产品及质量感到满意的所有受访者的百分比。服务成本的个人负担比率指的是个人承担的成本占到总投入成本的比重，以教育为例，个人负担的成本包括入学的赞助费、学杂费、教材费以及各种补习费用等。

以基本公共教育服务为例，具体指标如下表 4-1 所示。

表 4-1 基本公共教育服务具体指标

一级指标	二级指标	三级指标	
投入	经费	初中生均预算内教育事业费年增长比	初中教职工平均工资年增长比
		小学生均预算内教育事业费年增长比	义务教育拨款的年增长与经常性收入增长之比
		小学生均预算内公用经费年增长比	
	设施	初中生均普通教室面积	初中生均电子图书藏量
		小学生均普通教室面积	小学生均电子图书藏量
		初中生均体育运动场（馆）面积	初中教师人均办公室面积
		小学生均体育运动场（馆）面积	小学教师人均办公室面积
		初中生均图书藏量	初中生均仪器设备总值
		小学专任教师比	小学生均仪器设备总值
	师资	初中师生比	初中教师学历合格率
		小学师生比	小学教师学历合格率
		初中专任教师比	初中教师学历合格率以上比
		小学专任教师比	小学教师学历合格率以上比

续表：

一级指标	二级指标	三级指标	
均衡	经费	初中生均公用经费城乡差异	初中教职工平均工资城乡差异
		小学生均公用经费城乡差异	小学教职工平均工资城乡差异
	师资	初中师生比城乡差异	小学教师学历合格率城乡差异
		小学师生比城乡差异	初中教师学历合格率以上比例城乡差异
		初中专任教师比例城乡差异	小学教师学历合格率以上比例城乡差异
		小学专任教师比例城乡差异	初中高级职称教师比例城乡差异
		初中教师学历合格率城乡差异	小学高级职称教师比例城乡差异
	设施	初中生均教室面积城乡差异	小学生均图书藏量城乡差异
		小学生均教室面积城乡差异	初中生均计算机数量城乡差异
		初中生均体育场所面积城乡差异	小学生均计算机数量城乡差异
		小学生均体育场所面积城乡差异	初中生均仪器设备城乡差异
		初中合格房比例城乡差异	小学生均仪器设备城乡差异
		小学合格房比例城乡差异	
		初中生均图书藏量城乡差异	
	结果	初中三年级巩固率城乡差异	初中毕业升高中比率城乡差异
		小学五年级巩固率城乡差异	小学毕业升初中比率城乡差异
便捷	信息化	初中生均计算机台数	小学生均计算机台数

可以看出，上述指标体系的建立可以从投资、平衡、便利和满意度等方面全面评估公共服务的提供和分配情况。一方面，通过量化指标评估公共服务的相关方面，可以直观地评估公共服务的实施和分配情况。另一方面，它也可以更清楚和透明地看到当前公共服务中存在的不足和需要改进的领域，并指出政府今后改进公共服务的方向。因此，我们应该根据实际情况设计一个切合实际的评价体系，通过对评价体系的量化评价来引导公共服务的发展和完善。这也是提高公共服务质量和效率的重要方法之一。

第五章　结论与建议

一、研究结论

本文通过对青海省基本公共服务的发展现状进行梳理，总结了青海省基本公共服务的有利条件和存在问题。在此基础上，从九项基本公共服务层面，对青海省基本公共服务成效进行了分析。数据分析发现，青海省基本公共服务支出逐年稳步上升。本课题组选取了公共交通、城市环境、文化体育、基础教育、社会保障与就业与医疗卫生6个综合维度，对政府公共服务投入的有效性进行测度后，发现青海省公共服务投入成本效率不高，投入的有效性逐年下降，尤其在2020年，前述六项基本公共服务均为弱DEA有效，这意味着随着年份的增加，规模报酬逐渐变为递减，评估对象的资源配置能力、使用效率等各方面能力的效率都不高。

在此基础上，通过横向对比青海省整体层面的基本公共服务成本，可以发现青海省整体基本公共服务较其他发达地区省份、相似地区省份，成本较少，主要原因是财政支出规模较少，因此青海省的公共服务支出有进一步提升空间。通过纵向分析可以发现，青海省的财政收支不平衡，财政赤字较大，转移支付高，基本公共服务成本相对预算收入偏高。

通过各地区基本公共服务成本差异及效益对比来看，我国基本公共服务成本呈现出阶梯分布特征，即东部沿海发达省份基本公共服务成本较低，而西部省份包括青海省的成本相对较高，效率较低。此外，我国各省份的基本公共服务费用效率水平差异表现出显著的分散性，而整体上，公共服务平均效率的降低和分散程度的增加主要源于西部地区。因此有必要进一步加深对基本公共服务投入成本与产出效率的研究，以更好地优化基本公共服务支出配置及提高效益，更好地贯彻落实共同富裕的目标。

二、政策建议

1.进一步提升预算编制水平

提升预算编制水平是提高财政投入有效性的首要抓手。一是要科学编制预算。广泛征求各方意见，并及时吸收消化各部门提出的建议，规范整改各级审计部门提出的意见，大力促进财政收支管理质效提升。要做实收入来源，将有限的财政资金向重点领域倾斜。二是坚持"依法编制、量力而行、量入为出"原则。预算安排坚持依法编制，实际需求与各预算单位履行职能相结合。坚持以收定支，量力而行，留有余地，准确把握预算尺度。三是坚持"全面覆盖、规范统一"原则。实行全口径预算管理，须将财政收入与支出项目全部纳入项目库管理，重点推进预算管理一体化建设，进一步优化支出结构，充分发挥财政资金"杠杆"作用。

2.构建和完善成本效益评价体系，合理分配投入成本

一是构建和完善评价体系。根据"十二五"规划纲要中基本公共服务的四大目标，本课题组建议选取投入、均衡、便捷和满意度四大指标，构建和完善基本公共服务的绩效评价体系。在这一评价体系中，最为核心的是优化投入，即在有限财政资金的前提下，合理分配投入成本。例如，通过构建多层次、多途径的公共服务供应系统，实现"用最小的成本做最多的事"，最大限度地动员社会资金投入到民生项目中，减轻财政负担，实现资源的最优化配置。二是压实督导考评。按"花钱必问效、无效必问责"的要求，压实主体责任，推进绩效评价结果运用，促进提高预算管理绩效。

3. 增优补弱，重点提升短板领域

基于"木板效应"，在基本公共服务领域中，对居民整体满意度提升效果最显著的是弥补弱势公共服务，且若某项基本公共服务成本效益过于薄弱，可能会占用原有优势基本公共服务的资金，造成恶性循环。因此，本课题组认为，青海省需要进一步加大居民满意度较差基本公共服务的财政资金投入，例如公共住房和城市环境，补强"短板"。对于成本投入产出比例较低的公共交通、社保就业领域，相对于一味加大财政资金投入，更应当重点关注改善其成本投入效益，防止投入资金过大出现"沉没效应"。例如，在公共交通领域通过引入社会运营公司、合理规划公共交通投送量、强化交通系统监管等方式提高资金运用效率，从而在根本上避免资金投入越多，资源浪费越严重的现象发生。针对其他成本效益相对较高的领域，例如医疗卫生、公共安全和基础教育等，可以适当维持原有资金投入水平，将有限的财政资金和政府公共服务资源进行重点投放，弥补弱势领域，进一步提升公众满意度。最后，在短板领域快速、有效提升，全省基本公共服务成本效益不断提升的基础上，真正做到增优补弱、平衡发展。

4. 建立成本披露平台，加强基本公共服务信息透明化

可以利用云计算、物联网、大数据应用等新技术，打造基本公共服务成本信息化平台，将政府基本公共服务内容和成本信息进行披露，同时开辟畅通的居民意见反馈渠道，收集人民群众对于基本公共服务的各项意见和需求，促进解决信息不对称问题，避免基本公共服务成本不透明。随着信息技术的发展、云计算技术的不断完善，可借助原有的信息平台，实现全省基本公共服务的互动化、集成化和实时化。

5.积极调动各市县优化公共服务的主观能动性

市县是青海省地区最直接的基本公共服务的提供者，其在基本公共服务成本优化提升方面的作用不言而喻。更好发挥市县优化公共服务的作用，应做到如下几点。一是明确基本公共服务领域市级与县区共同财政事权范围。建议出台和完善事权和支出责任相关规定或办法，根据事权属性分别明确为市级财政事权、县区财政事权或市级与县区共同财政事权，并随着经济社会发展和相关领域管理体制改革，参照省调整情况相应进行调整。二是合理制定地区保障标准。按照"尽力而为、量力而行"的原则，合理确定基本公共服务保障标准，兜牢基本民生保障底线。对中央和省暂未明确标准的，市县在不超越当地经济社会发展水平、不超出各级财政承受能力的前提下，可结合实际制定市县标准。

6.建立政府、企业双向正循环发展机制，发挥企业参与基本公共服务的作用

相关研究发现，由于以市场为导向寻求发展，其成本效益较高且专业度较强，引入企业进入公共服务领域可以帮助降低成本。在实践中，可以采取购买公共服务的方式来补充基本公共服务，即政府出资，将市场管理手段、方法和技术引入到公共服务中，使营利和非营利机构参与到公共服务的供给中，并以购买的形式间接地将公共服务提供给大众。政府可以将竞争与协作机制引入到公共服务的生产环节，使之成为政府委托、分解、转移的一种形式，从而使政府从公共服务的生产环节中分开，并将之移交给其他企业，不再是传统的单一管理模式，有效避免原有方式造成的资源浪费和成本效益较低等情况。同时，政府可以通过建立一种新型的公共服务体系，从政府、社会、市场三方面进行整合，以市场为纽带，使政府

和社会机构之间有机结合。在构建责任分担、利益分享机制的基础上，政府与企业良性互动，实现社会公众需求的有效协调，从而以最有限成本寻求最优质的公共服务。

7. 积极争取相关政策支持和资金援助

青海省由于地理区位、基本公共服务投入价格、人口结构等因素影响，基本公共服务成本相对沿海发达省份较高，效率较低。近年来青海省基本公共服务均投入逐年增长，但相较于全国平均水平，投入资金水平仍处于相对落后位置。青海省地方政府应根据自身财政状况及基本公共服务成本投入水平，向中央申请相应财政补助及转移支付，同时利用多种渠道建言献策，推动中央政府在未来制定基本公共服务均等化、提高成本效益等政策时，考虑地方实际情况，给予政策支持和资金援助。

参考文献：

[1]BuchananM.TheTheoryofPublicFinance[J].Southern Economic Journal,1959,26(3):234-238.

[2]FurceriD.StabilizationEffectsofSocialSpending:EmpiricalEvidencefromaPanelofOECDCountries[J].NorthAmericanJournalofEconomicsandFinance,2010,21(1):34-48.

[3]RappL.Public Serviceor Universal Service[J].TelecommunicationsPolicy,1996, 20(6):391-397.

[4]SamuelsonP.A.The Pure TheoryofPublic Expenditure[J].TheReviewofEconomicandStatistics,1954,(36):387-389.

[5]TobinJ.OnLimitingtheDomainofInequality[J].JournalofLawandEconomics,1970:263-277.

[6]鲍曙光,姜永华.我国基本公共服务成本地区差异分析[J].财政研究,2016(01):75-82+103.

[7]曹艺,贾亚男.民族地区基本公共服务均等化内部差异的分析——以新疆维吾尔自治区为例[J].改革与战略,2011,27(09):123-126.

[8]方元子.均等化视角下的地区间公共服务提供成本差异评估研究[J].北京工商大学学报(社会科学版),2014,29(02):78-87.

[9]伏润民,王卫昆,常斌,缪小林.我国规范的省对县(市)一般性转移支付制度研究[C].中国财政学会2010年年会暨第十八次全国财政理论讨论会交流材料汇编(一),2010:460-475.

[10]胡德仁,刘亮.中国地区间财政能力差异及财政转移支付政策取向——以地区间公共支出成本差异为视角[J].审计与经济研究,2010,25(02):87-94.

[11]李剑.基本公共服务评价指标体系研究[J].商业研究,2011(05):48-56.

[12]李文军,唐兴霖.地方政府公共服务均等化研究——来自中国省级面板数据的分析[J].中州学刊,2012(04):38-43.

[13]缪小林,张蓉,于洋航.基本公共服务均等化治理:"从缩小地区间财力差距"到"提升人民群众获得感"[J].中国行政管理,2020(02):67-71.

[14]汪利锬.地方政府公共服务支出均等化测度与改革路径——来自1995-2012年省级面板数据的估计[J].公共管理学报,2014,11(04):29-37+140.

[15]王新民,南锐.基本公共服务均等化水平评价体系构建及应用——基于我国31个省域的实证研究[J].软科学,2011,25(07):21-26.

[16] 谢芬, 肖育才. 财政分权、地方政府行为与基本公共服务均等化 [J]. 财政研究, 2013(11):2-6.

[17] 辛冲冲, 陈志勇. 中国基本公共服务供给水平分布动态、地区差异及收敛性 [J]. 数量经济技术经济研究, 2019,36(08):52-71.

[18] 岳军. 公共服务均等化、财政分权与地方政府行为 [J]. 财政研究, 2009(05):37-39.

[19] 曾红颖. 我国基本公共服务均等化标准体系及转移支付效果评价 [J]. 经济研究, 2012,47(06):20-32+45.

[20] 翟秋阳, 崔光胜. 我国城乡基本公共服务均等化研究——基于东、中、西部若干省市的比较分析 [J]. 求实, 2015(07):49-56.

作者简介：位豪强，上海国家会计学院讲师。

青海省地方政府提供基本公共服务成本研究

唐大鹏

一、政策背景及基本研究框架

（一）政策背景

1. 基本公共服务均等化的政策发展背景

党中央一直以来都十分关注基本公共服务均等化问题。中共中央《关于制定"十一五"规划的建议》第一次原则性地提出了"公共服务均等化"要求，并在《关于构建社会主义和谐社会若干重大问题的决定》中明确强调提出要"完善公共财政制度，逐步实现基本公共服务均等化"。胡锦涛同志曾在 2008 年 2 月中央政治局第四次集体学习中说："建设服务型政府，要围绕逐步实现基本公共服务均等化的目标，形成更为明晰的惠及全民的基本公共服务体系。"2010年 10 月 18 日召开的党的十七届五中全会审议通过了《中共中央关于制定国民经济和社会发展第十二个五年规划的建议》，建议进一步聚焦基本公共服务，强调"通过完善公共财政制度"，"逐步完善符合国情、比较完整、覆盖城乡、可持续的基本公共服务体系，提高政府保障能力，推进基本公共服务均等化"。

党的十八大以来，随着我国逐步发展进入到全面建成小康社会决胜阶段，历年来党和政府对基本公共服务均等化的政策要求逐步提高。其中，党的十八大报告中明确提出应着力推动"基本公共服务均等化总体实现"，并在具体举措层面强调"加快改革财税体制，健全中央和地方财力与事权相匹配的体制，完善促进基本公共服务均等化和主体功能区建设的公共财政体系"。《中华人民共和国国民经济和社会发展第十三个五年规划纲要》则进一步强调"促进基本公共服务均等化"，并为落实"十三五"规划相关要求，国务院印发《"十三五"推进基本公共服务均等化规划的通知》，首次在明确意义上提出了国家基本公共服务清单。更进一步，针对新时期我国经济社会发展主要矛盾转变为人民日益增长的美好生活需要和不平衡不充分的战略性判断，党的十九大重点聚焦我国经济社会发展过程中突出表现出来的就业、教育、医疗、居住、养老等方面的不均衡问题，强调并具体提出我国应在 2035 年达到基本公共服务均等化基本实现的政策目标。党的十九届五中全会则在更高层次上要求：要追求实现"基本公共服务均等化水平明显提高"，同时强调应通过完善转移支付制度并加大对欠发达地区财力支持来逐步实现基本公共服务均等化。

更进一步，为明确基本公共服务供给的具体标准，国家又相继出台《国家基本公共服务标准（2021 年版）》（发改社会〔2021〕443号）等，针对基本公共服务的对象、内容、标准、支出责任以及牵头负责部门都做了明确的界定，明确幼有所育、学有所教、劳有所得、病有所医、老有所养、住有所居、弱有所扶、优军服务保障、文体服务保障等 9 个方面、22 大类、80 个服务项目都属于国家确定的基本公共服务范围。

可以看出，提升基本公共服务均等化是贯穿历届政府职能履职的重点，且在新时期高质量发展背景下面临更高的实现要求，成为提升民生福祉、推动区域协调发展的重要内容。

2.财政体制改革相关背景

同时，围绕建立健全中央和地方财力与事权相匹配的体制、完善转移支付制度等主要改革任务，基本公共服务均等化同时也涉及公共财政制度体系的改革问题。据此，针对基本公共服务领域的财政体制改革需求，党中央和国务院在 2018 年制定发布了《基本公共服务领域中央与地方共同财政事权和支出责任划分改革方案》，立足现代财政制度建设要求，对央地权责的科学划分、基本公共服务领域共同事权的范围确定、基本公共服务国家基础标准的及时制定以及央地间支出责任的有效划分都作出了明确规定。同时，将基本公共服务标准体系的建设作为基本公共服务领域中央与地方共同财政事权和支出责任划分改革的重要制度性支撑，并于 2018 年 7 月在中央全面深改委会议上，审议通过了《关于建立健全基本公共服务标准体系的指导意见》，意见明确强调要建立健全基本公共服务标准体系，以标准化促进基本公共服务均等化、普惠化、便捷化，并将"完善各级各类基本公共服务标准、明确国家基本公共服务质量要求、合理划分基本公共服务支出责任、创新基本公共服务标准实施机制"作为四个方面的重点任务。

3.政府会计改革相关背景

而基本公共服务标准体系的建设实施，必然避不开全面、真实、准确的基本公共服务的成本核算。幼有所育等 9 个方面的基本公共服务保障范围、质量水平以及区域之间的协同发展程度都会在基本公共服务成本上体现出来，并以基本公共服务成本核算、报告、分析、运用及实时动态反馈作为标准化的实施支撑。从根本上，基本公共服务领域标准体系建设、转移支付资金分配、财政事权和支出责任划分改革以至于基本公共服务均等化目标的实现最终都会落脚到基本公共服务成本的核算上。《建立现代财税体制》一文中就着重强调了基本公共服务成本在转移支付资金分配过程中的重要参考依据，围从基层公共服务保障能力提升角度出发，着重强调了完善地区间支出成本差异体系的任务要求，以及基本公共服务成本在提升转移支付资金分配科学、合理程度方面的重要参考作用。

随着政府会计改革的逐步推进，基本公共服务成本的核算基础越来越扎实，相关文件中也明确体现出对政府成本会计的政策要求。《国务院关于批转财政部权责发生制政府综合财务报告制度改革方案的通知》（国发〔2014〕63号）在制定的政府会计改革实施方案中就较早提出，应在条件成熟情况下，加快进度推行政府成本会计，明确政府运行成本具体核算方法，及时准确提供政府主体提供公共服务及行政运行的相关成本信息。同时，全面实施绩效管理要求的落实也对成本核算提出了相关要求，《中共中央 国务院关于全面实施预算绩效管理的意见》（中发〔2018〕34号）在总体要求中也明确提出在落实绩效管理理念及要求时应注重结果导向、强调成本效益并硬化责任约束。更进一步，为促进事业单位强化成本核算，提升内部管理效率、筑牢绩效管理信息基础，财政部制定发布了《事业单位成本核算基本指引》（财会〔2019〕25号）。但从整体上，当前关于政府成本的政策要求并未能就基本公共服务成本提出明确的概念界定、核算路径及分析要求，在支撑绩效管理、转移支付测算分配等功能发挥方面较为薄弱。

4.青海实际需求相关背景

就青海省的基本公共服务的实际发展水平来看，受地理环境、人口分布、资源禀赋、经济发展、文化观念等方面因素限制，青海省在基本公共服务供给方面存在较大财政压力，在较长时间内都较为依赖财政转移支付作为基本公共服务供给保障。随着中央与地方事权与财政支出责任划分改革的深入推进，包括转移支付制度在内的财政管理体制面临着深刻的变革与调整。同时，受国际发展环境、新冠疫情冲击、减税降费政策实施等多重因素叠加影响，各级政府普遍面临巨大财政压力及支出削减需求。在此背景下，考虑到基本公共服务基本实现均等化是摆在青海省等各地方政府履职面前的硬性要求，为有效避免财政管理体制改革及财政缺口压力给青海省基本公共服务均等化供给带来负面冲击影响，全面、真实、准确核算统计出基本公共服务成本、明确青海省基本公共服务供给与其他地区存在差距及面临的独特供给影响因素便成为重要议题，也成为下一步青海省有力争取充分的转移支付来保障基本公共服务供给质量的坚实保障。

（二）研究意图

1.理论层面

在与现行党中央和国务院政策关于基本公共服务政策含义及口径要求保持一致基础上，构建地方政府基本公共服务成本理论框架，为有效衡量地方政府基本公共服务提供可行的范围边界、核算路径、分析框架。

2.实践层面

立足青海省实际发展情况，依托地方政府基本公共服务成本核算、转移支付测算分配与公共财政制度体系改革的深层内在关联认识，通过将基本公共服务成本核算方法有效运用到青海省，分析明确当前青海省基本公共服务供给现状，并通过进行东中西部及全国基本公共服务供给水平的多维比较，挖掘分析出当前青海省基本公共服务供给水平距离实现全国均等化的现实差距及产生成因，从而为青海省争取转移支付提供依据，在保障现阶段85%的转移性支付比例基础上，力争进一步扩大比例份额。

（三）基本思路

本课题在实际研究过程中即注重基本公共服务成本相关的理论框架的严谨性、全面性，同时又充分考虑青海省实际经济社会禀赋特征，兼顾合理实践发展需求。

在明确地方政府基本公共服务成本基本概念、构建具体核算路径基础上，研究形成类似杜邦分析法的评价体系。在评价维度方面，主要考量两个目标导向：能够计算出人均提供基本公共服务成本。其中人均水平计算依据可以参考地区常住人口数量；在基本公共服务成本估算基础上，能够建立基本公共服务投入与产出的关系，明确基本公共服务供给水平及实际供给效率，并通过自身结构挖掘、全国地区间比较，充分认清基本公共服务供给现状及供给局限。

在对地方公共服务成本核算并加以应用分析过程中，应充分结合青海省情，并力求体现可及性，既要围绕人民为中心，体现出基本的人民需求，又要在实际供给能力上符合当前青海实际人财物基本配置现状。同时，在对青海基本公共服务成本现状及存在问题进行分析过程中，应充分挖掘青海自然条件、国家定位、发展战略、民族构成等方面因素所带来的内在影响。

二、基本公共服务成本的概念辨析及内涵界定

围绕基本公共服务的概念界定，应明确基本公共服务的实践演进及理论基础。

（一）基本公共服务成本的实践基础——基本公共服务范围演进

"基本公共服务"是在中国实践情境下被创造性提出的，反映出与现实经济社会发展阶段与总体水平相匹配，可以维持经济社会稳定、保证个人生存与发展的最基本社会条件。因此，明确基本公共服务概念内涵及范围边界，应充分结合我国政策演进现实，充分认清基本公共服务的内涵要求。作为专用名词，基本公共服务在21世纪初期被首次提出及运用，始终贯彻体现着均等化等发展要求，主要延续国家"十二五"规划中关于基本公共服务体系相关阐述要求，即基本公共服务是建立在社会共识基础上，以政府为主要供给主体，以保障民众基本生存与发展需求为基本宗旨，且在实际供给过程中需要基于经济社会发展进程不断调整加以适应的公共服务。其中，生存需求与社会保障、基本医疗服务、公共基础设施方面的低层次需求相对应。社会需求与教育、社会福利计划、文化和就业服务等方面的高层次需求相对应。

（二）基本公共服务成本的经济学基础——公共服务、基本公共服务

作为核心概念，经济学视角主要围绕公共服务或物品的基本属性加以展开。美国经济学家保罗·A.萨缪尔森（Paul A.Samuelson）对公共物品作出了代表性界定，他认为纯粹意义上的公共物品本质上是指每个个体消费但不会导致其他人对该物品消费减少的物品。公共物品的效用无论个人是否存在消费意愿，均会广泛地影响整个公众面。《科林斯经济学词典》也概括性界定提出公共物品是服务民众教育、卫生等方面利益需求的物品和服务，主要由国家作为供给主体。在与私人物品比较分析意义上，公共物品存在非竞争性和非排他性两个重点特点。其中，非排他性是指着公共物品难以排除不支付费用但收益的消费群体。而非竞争性则是指，公共物品提供过程中，消费者增加却并不会带来生产成本的提高。在构成类型方面，

依据非竞争性与非排他性属性特征为判定标准，公共物品可以划分为纯公共物品和混合公共物品。纯公共物品完全满足非排他性和非竞争性属性特征，而混合公共物品仅在部分意义上满足，对应为兼顾私人物品与纯公共物品双重属性特征的物品。

从基本范围上，公共服务与基本公共服务之间存在着集合包含关系，作为公共服务或公共物品的子集，经济学视角下相关研究就基本公共服务的属性特征及概念内涵进行了界定。立足基本公共服务属性特征，基本公共服务可以理解为难以单纯依靠市场机制供应的能够满足公众基本需求且可由公众公平共享的服务，其供给建立在社会共识基础上，具有非竞争性与非排他性特征（曾红颖，2012）；立足基本公共服务功能表现，基本公共服务是在维持公民基本生存和发展权利所必须提供的最小范围意义上的公共服务，主要发挥维持经济社会稳定发展与公平正义的重要作用（陈昌盛，2008）。

（三）基本公共服务成本的会计学基础——成本概念

成本是会计学的核心概念，因此，对基本公共服务成本的认识必然需要充分考虑会计学的理论基础。从会计学视角，尚未见到直接文献专门针对基本公共服务成本加以界定，相关概念主要包括政府成本、政府运行成本、政府行政成本、政府行政运行成本等。政府成本的概念相比含义较为丰富。从广义角度上，政府成本包括直接性的因政府组建、运作及发展所产生的相关费用及支出，也包括间接性的由当前或未来期间承担的负担性支出。狭义层面上政府成本仅对应财政支出项目中的行政管理费用（王玉明，2008）。政府运行成本与政府成本在概念内涵方面较为接近。从广义层次上，政府运行成本基本等同于规模成本即行政管理费用，包括人力、公务及设施成本等。从狭义层次上，政府运行成本主要对应公务成本部分（卓越，2009）。作为政府履行公共服务供给职能的必要投入，行政成本历来是各国政府治理改革的重要目标，也被我国政府治理改革所高度关注（顾昕和宁晶，2018）。立足国家发展时期及不同层次政府行政职能范围及目标特征，可以将政府行政成本界定为政府组织为履行行政职能、达成行政目标，在向社会提供公共产品过程中所发生的人财物投入（何晴，2014）。对比政府成本、政府运行成本、政府行政（运行）成本概念，相互之间并非界限清晰，但会计学视角下的成本概念则使得对成本问题的分析更为注重资源耗费目的及表现形式。

（四）基本公共服务成本的概念界定

实践基础明确了基本公共服务成本的供给范围，经济学视角明确了基本公共服务成本的属性特征，会计学视角则明确了基本公共服务成本的内容构成及责任、期间归属。综合实践基础、经济学分析基础、会计学分析基础，本课题将地方政府基本公共服务成本概念界定如下：

1.责任主体

责任主体对应为成本对象。在政府本会计中，成本对象可以是某个组织、某类职能、某项业务、某个项目以及成本中心或成本库。考虑到政府必须利用公共资金及资源为整个社会提供公平可及的服务，因此，基本公共服务供给是政府职能的核心与实质，基本公共服务成本的责任主体主要对应各级政府。本课题以青海省作为主要研究对象，因此将基本公共服务成本的成本对象设定为省级地方政府。

2.发生目的

基本公共服务成本的发生目的直接体现着一级地方政府供给基

本公共服务的职责范围。依据国务院"十三五"期间关于基本公共服务成本做出的政策要求，基本公共服务是公共服务的基础与核心，对应着最基本的民生需求与政府公共服务职能的底线，是由政府主导、保障全体公民生存和发展基本需要、与经济社会发展水平相适应的公共服务，包括基本生存权保障，包括为全体公民提供平等的公共就业服务、基本养老保险、基本生活保障和基本住房保障等；基本健康权保障，包括提供公共医疗卫生和基本医疗保险等基本公共服务；自我发展权保障，包括提供公共教育、文化体育、公共基础设施、环境保护和公共安全等。

3. 归属期间

基本公共服务成本的核算基础是权责发生制，需要有期间概念。即要以责任的发生来决定基本公共服务成本的归属期间。凡是本期已经发生或者应当负担的医疗卫生、公共教育、公共管理、文体传媒等相关费用支出，不论款项是否付出，均应作为本期的基本公共服务成本；凡是不属于本期的医疗卫生、公共教育、公共管理、文体传媒等相关费用支出，即使相关支出在本期支付，但也不将其纳入本期的基本公共服务成本中。

结合责任主体、发生目的及归属期间，本课题认为，可以将地方政府基本公共服务成本定位为：地方政府为履行社会保障和就业、医疗卫生、公共教育、公共管理、文体传媒、城乡社区、环境保护、公共安全、交通运输等领域的作为基本、核心的公共服务供给职责而在一定期间内发生可以规划到当期的各类支出形式的财政资金耗费。

（五）基本公共服务的成本－绩效分析框架

通过核算基本公共服务成本，可以提供一级地方政府在一定期间内为供给基本公共服务所耗费的财政资金规模及结构信息，但更为重要的，还应解决基本公共服务成本的信息运用问题。即应该充分运用基本公共服务成本信息来反馈、调节基本公共服务供给职责活动，进而逐步提高基本公共服务供给水平、供给效率。结合绩效管理及基本公共服务均等化的相关要求，基本公共服务成本的分析框架应重点关注如下内容：

一方面，应建立基本公共服务成本的投入与产出关系。基本公共服务成本反映着基本公共服务的实际供给情况，但基本公共服务成本并非越高越好，也非越低越好，而应依托绩效成本框架，建立起基本公共服务投入与产出关系，将相关财政资金耗费与基本公共服务产品的整体供给水平、实际供给效率紧密结合起来，力求实现既定基本公共服务投入水平上实现基本公共服务供给水平及供给质量最大化，或者在既定基本公共服务供给水平及供给质量目标前提下，达成基本公共服务投入最小化的目标。

另一方面，应明确基本公共服务均等化目标给基本公共服务成本带来的约束性要求。除了考虑地方政府基本公共服务成本发生合理性，明确基本公共服务供给水平及供给效率是否有进一步提升空间，还应充分考虑共同富裕的发展要求，明确基本公共服务成本发生情况与均等化目标实现要求的关系。从基本公共服务均等化的目标要求来看，需要政府致力于提供全体公民都能公平可及的，且实际获得大致均等的基本公共服务，其实际供给注重实现促进机会均等的核心要求，重点关注人民群众获取基本公共服务的机会，而非单纯的平均化。因此，在对地方政府基本公共服务成本进行分析过程中，还应密切关注不同地区之间的基本公共服务成本发生差异，充分结合地区经济社会发展现状、资源禀赋、人口结构、文化条件等，明确各地区当前基本公共服务实际供给水平及供给效率距离均等化目标的实现差距。同时值得注意的是，基本公共服务供给具有动态调整特征，需要逐步适应调节并进行多方位协调。

基于上述要求，本课题主要从三个层次对以青海省为代表的地方政府基本公共服务成本加以分析：

其一，投入层次。主要分析全国各地基本公共服务成本的实际发生规模、比例结构及其人均发生水平。

其二，产出层次。主要分析全国各地基本公共服务的实际供给效果水平，并基于基本公共服务均等化的相关要求，综合比较分析青海省当前与全国整体、东中西部地区基本公共服务供给水平的差异。

其三，效率层次。综合基本公共服务投入与产出的匹配关系，分析全国各地基本公共服务供给的综合技术效率、纯技术效率、规模效率等，着重挖掘青海省当前基本公共服务供给效率存在的局限，明确下一步提升方向。

三、投入层面：青海省基本公共服务的成本测算分析

（一）基本公共服务成本的测算思路

受数据来源限制，当前研究在对政府领域相关成本概念进行统计数据分析时普遍采取财政统计年鉴等数据来源，聚焦特定的政府收支分类科目加以近似估算。如在对政府运行成本进行核算研究中，相关研究就认为可以将政府收支分类科目中的"行政运行、事业运行、机关服务、一般行政管理事务、住房改革支出"作为基本核算口径（樊燕，2013）。同样，基本公共服务成本也缺乏足够准确的核算路径及公开、可靠的数据来源。相比于按照核算路径临时拼凑获取质量不高、期间不长的分析数据，依托基本公共服务范围，从各类统计年鉴中按照功能分类可以较为精确地获知地方政府在各领域基本公共服务

活动中所安排的财政资金支出，因此，以 2011—2020 年的《中国统计年鉴》《中国财政统计年鉴》作为主要数据来源，并以国泰安数据库、中经网数据库作为数据校验及补充来源，本课题主要针对青海省及全国各地区 2010—2019 年基本公共服务成本展开研究。其中，参照统计年鉴统计口径，本课题参照基本公共服务涉及领域，依次以青海省及各级地方政府的年度医疗卫生支出、社会保障和就业支出、文化体育和传媒支出、环境保护支出、交通运输支出、城乡社区事务支出、科学技术支出等领域的财政支出，来近似衡量对应各领域的基本公共服务成本。

（二）青海省基本公共服务成本的变动趋势分析

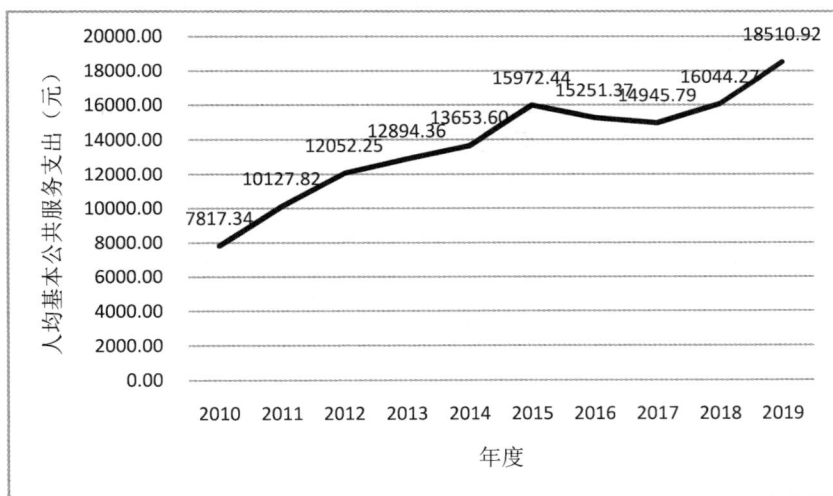

图 3-1　青海省人均基本公共服务成本变动趋势

图 3-1 展示了青海省人均整体基本公共服务成本的变动趋势。以医疗卫生支出、社会保障和就业支出、文化体育和传媒支出、环境保护支出、交通运输支出、城乡社区事务支出、科学技术支出财政支出之和来衡量基本公共服务成本整体发生额，基于常住人口数

量计算人均基本公共服务成本实际发生情况可知，2010—2019 年青海省人均基本公共服务成本由 7817.34 元 / 人提升到 18510.92 元 / 人，整体呈显著上升态势，且 10 年间增幅达 136.79%，反映出青海省地方政府在加大基本公共服务投入方面保障程度日益增强。

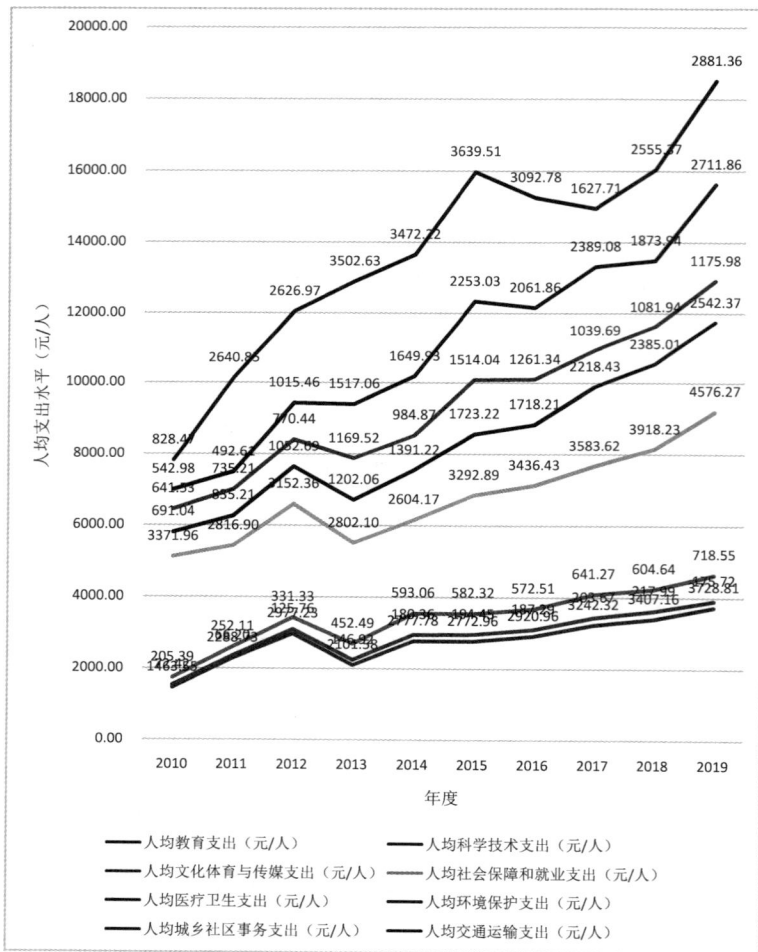

图 3-2　青海省人均基本公共服务成本细分类型变动趋势

细分基本公共服务成本类型，2010—2019 年青海省交通运输、城乡社会事务、环境保护、医疗卫生领域的人均基本公共服务成本依次由 828.47 元 / 人、542.98 元 / 人、641.53 元 / 人、691.04 元 / 人提升为 2881.36 元 / 人、2711.86 元 / 人、1175.98 元 / 人、2542.37 元 / 人，整体上升幅度较为突出。文化体育与传媒、科学技术及教育领域人均基本公共服务成本则分别由 205.39 元 / 人、74.21 元 / 人、1463.55 元 / 人增长到 718.55 元 / 人、175.72 元 / 人、3728.81 元 / 人，相比而言增幅较为平缓。

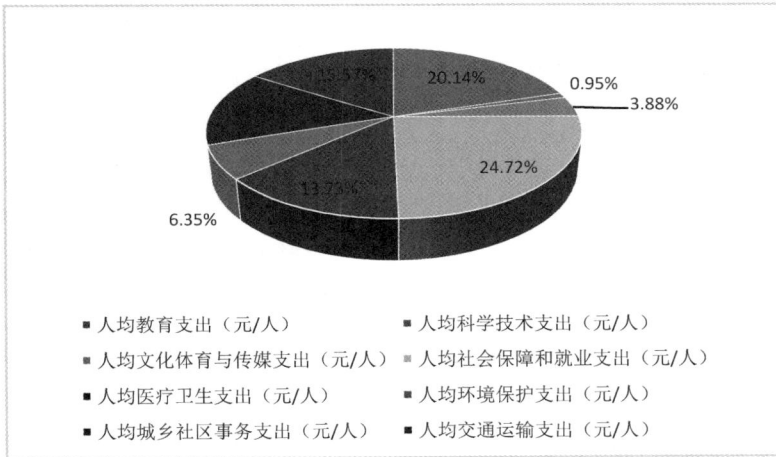

饼图中标注百分比：15.57%、20.14%、0.95%、3.88%、24.72%、13.73%、6.35%

图例：
- 人均教育支出（元/人）
- 人均科学技术支出（元/人）
- 人均文化体育与传媒支出（元/人）
- 人均社会保障和就业支出（元/人）
- 人均医疗卫生支出（元/人）
- 人均环境保护支出（元/人）
- 人均城乡社区事务支出（元/人）
- 人均交通运输支出（元/人）

图 3-3　2019 年青海省人均基本公共服务成本结构分析

分析基本公共服务成本的实际构成，以 2019 年为例，青海省教育、科学技术、文化体育和传媒、社会保障和就业、医疗卫生、环境保护、城乡社区事务、交通运输领域基本公共服务成本占整体人均基本公共服务成本的比例依次为 20.14%、0.95%、3.88%、24.72%、13.73%、6.35%、14.65%、15.57%。可以看出，青海省基本公共服务投入以教育、社会保障和就业、教育运输、城乡社会事务、医疗卫生为主，科学技术、文化体育与传媒、环境保护领域的基本公共服务成本占比相比较低，反映出青海省基本公共服务投入的侧重点。

表 3-1　2019 年青海省人均基本公共服务成结构分析

类别	人均教育支出（元/人）	人均科学技术支出(元/人)	人均文化体育与传媒支出（元/人）	人均社会保障和就业支出（元/人）	人均医疗卫生支出(元/人)	人均环境保护支出(元/人)	人均城乡社区事务支出（元/人）	人均交通运输支出（元/人）
金额	3728.81	175.72	718.55	4576.27	2542.37	1175.98	2711.86	2881.36
比例	20.14%	0.95%	3.88%	24.72%	13.73%	6.35%	14.65%	15.57%

（三）青海省与全国、地区基本公共服务成本的比较分析

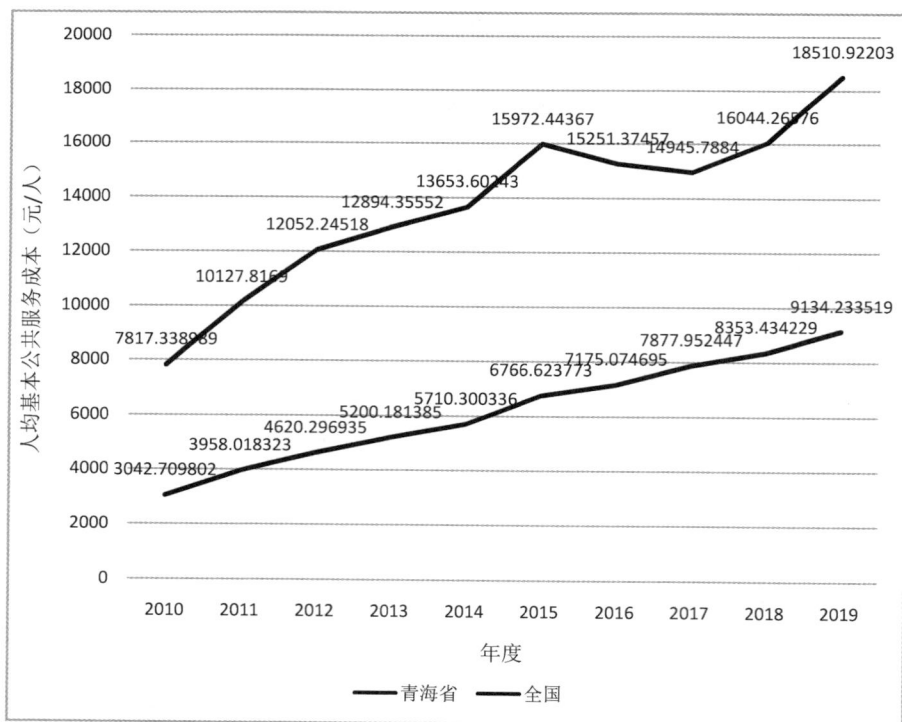

图 3-4　青海省与全国人均基本公共服务成本比较分析

2010—2019 年全国人均基本公共服务成本由 3042.71 元/人增长

为 9134.23 元 / 人，实际增幅为 200.20%。对比全国及青海省人均基本公共服务成本的实际发生水平，虽然全国人均基本公共服务成本增幅远超青海省增幅程度，但近 10 年青海省人均基本公共服务成本发生水平均远超全国人均基本公共服务成本发生水平，体现出国家财政对青海省基本公共服务供给较强的保障力度。

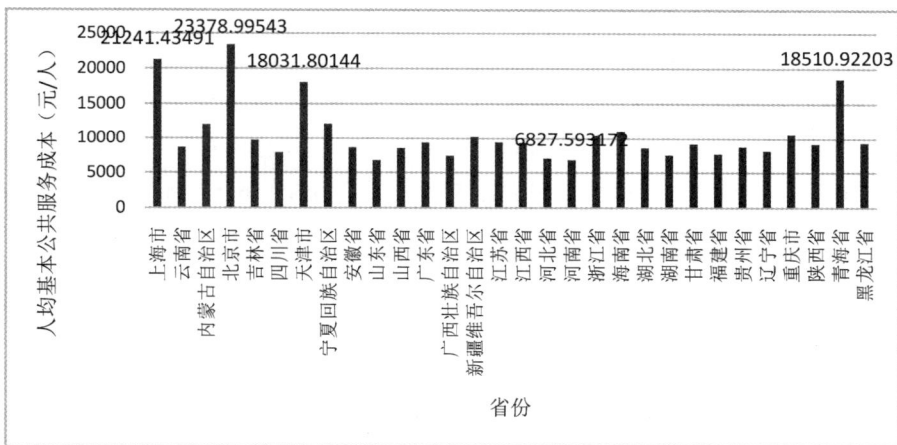

图 3-5　2019 年青海省与其他地区人均基本公共服务成本的比较分析

细分省级地区，以 2019 年为例，青海省人均基本公共服务成本发生水平为 18510.92 元 / 人，可以看出除上海市、北京市人均基本公共服务成本发生水平（实际发生水平为 21241.43 元 / 人、23378.99 元 / 人）超过青海省之外，其余省级地区的人均基本公共服务成本均低于青海省，比较可知，青海省人均基本公共服务成本发生水平不仅在全国平均水平之上，且在具体省级地区排名中也处于前位水平。

表 3-2 青海省及东、中、西部地区人均基本公共服务水平比较

（单位：元/人）

年度	东部地区	西部地区	中部地区	青海省
2010	4396.114408	3742.702709	2591.705869	7817.338989
2011	5445.16683	5083.751901	3450.017819	10127.8169
2012	6301.955294	5977.169035	4080.538986	12052.24518
2013	6987.886794	6605.200611	4614.666964	12894.35552
2014	7642.987386	7160.410947	5096.187363	13653.60243
2015	9137.571403	8248.651417	5935.854024	15972.44367
2016	10032.73682	8468.653029	6332.077077	15251.37457
2017	10656.8798	9030.161493	7074.251479	14945.7884
2018	11382.35542	9642.857159	7659.156157	16044.26576
2019	12055.64596	10417.73386	8566.232607	18510.92203

更进一步，将东、中、西部地区人均基本公共服务发生水平与青海省进行比较，2010—2019 年东部地区人均基本公共服务成本发生水平由 4396.11 元/人提升到 12055.65 元/人，西部地区人均基本公共服务成本发生水平由 3742.70 元/人增长为 10417.73 元/人，中

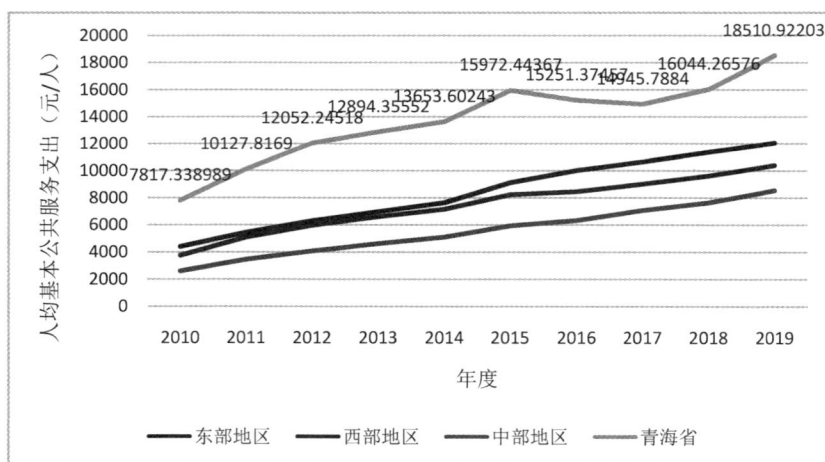

图 3-6 青海省与东、中、西部地区人均基本公共服务成本均值比较

部地区人均基本公共服务成本发生水平则由 2591.71 元 / 人上升为 8566.23 元 / 人，10 年间增幅依次达 174.23%、178.35%、230.52%。整体上，东北地区＞西部地区＞中部地区，但历年来青海省的人均基本公共服务成本水平始终处于东部、西部、中部人均基本公共服务成本水平之上。

那么，在基本公共服务成本实际发生水平方面，是否青海省各个领域的年度人均基本公共服务投入均高于全国平均水平呢？据此，本课题区分基本公共服务成本类型进行逐项分析。

表 3-3　区分基本公共服务成本类型的全国及青海省比较分析

类别	人均教育支出（元/人）	人均科学技术支出（元/人）	人均文化体育与传媒支出（元/人）	人均社会保障和就业支出（元/人）	人均医疗卫生支出（元/人）	人均环境保护支出（元/人）	人均城乡社区事务支出（元/人）	人均交通运输支出（元/人）
全国	2340.2927	425.5078	269.4883	1985.7029	1134.6874	496.4257	1772.9491	709.1796
青海省	3728.8136	175.7203	718.5475	4576.2712	2542.3729	1175.9763	2711.8644	2881.3559

以 2019 年为例，全国教育、科学技术、文化体育和传媒、社会保障和就业、医疗卫生、环境保护、城乡社区事务、交通运输领域人均基本公共服务成本发生水平分别为 2340.2927 元 / 人、425.5078 元 / 人、269.4883 元 / 人、1985.7029 元 / 人、1134.6874 元 / 人、496.4257 元 / 人、1772.9491 元 / 人、709.1796 元 / 人，而青海省各领域人均基本公共服务成本的发生水平依次为 3728.8136 元 / 人、175.7203 元 / 人、718.5475 元 / 人、4576.2712 元 / 人、2542.3729 元 / 人、1175.9763 元 / 人、2711.8644 元 / 人、2881.3559 元 / 人。比较分析可知，虽然青海省整体人均基本公共服务成本远超全国平均水平，但在细分类型上是存在局限的，并主要在科学技术领域体现出来，而在社会保障和就业领域的保障优势最为突出。

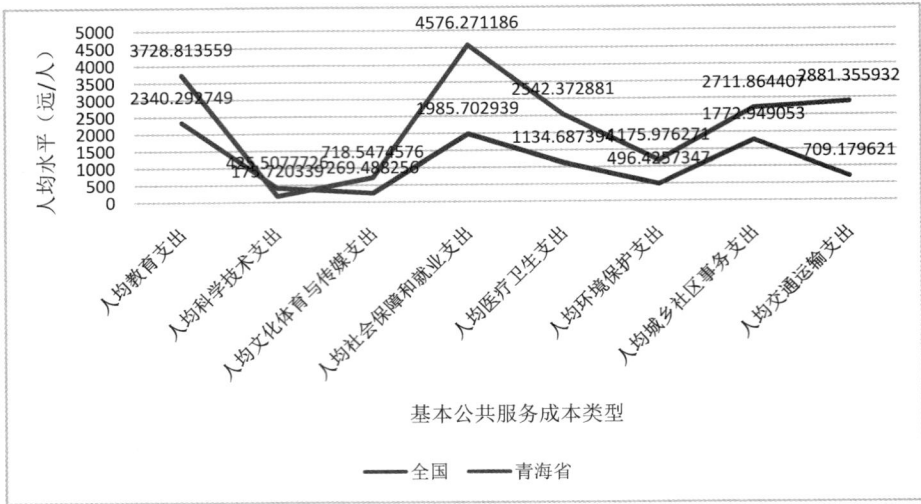

图 3-7　青海省与全国基本公共服务成本的具体类别比较

四、产出层面：青海省基本公共服务供给水平分析

基本公共服务成本体现着地方政府供给基本公共服务的投入力度，但相关财政投入是否取得理想的供给效果、是否达到基本公共服务均等化的供给要求，还应进一步从产出层面分析基本公共服务的供给水平。

（一）基本公共服务供给水平评价指标构建

依据基本公共服务均等化的目标导向，结合"十二五"和"十三五"《推进基本公共服务均等化规划的通知》等政策文件的相关要求，本课题从社会性服务和经济性服务两大层次，基于教育、基础设施、社保就业、医疗卫生、科学技术、公共安全、公共文化、环境保护八个维度构建了地方政府基本公共服务供给水平的评价指标体系。其中，教育维度基本公共服务供给水平指标包括小学师生比、初中师生比、高中师生比三个指标；医疗卫生领域基本公共服务供给水平指标包括人均卫生技术人员数、人均医疗机构床位数两个指标；社保就业领域基本公共服务供给水平主要包括养老保险参保率、医疗保险参保率、失业保险参保率、就业率四个指标；公共文化领域基本公共服务供给水平指标主要包括人均拥有公共图书馆数量、人均艺术表演团体机构数两个指标；公共安全领域基本公共服务供给水平指标主要包括交通事故发生频率一个指标；基础设施领域基本公共服务供给水平指标主要包括公路里程、邮政网点、公共交通三个指标；科学技术领域基本公共服务供给水平评价指标主要包括人均专利水平、技术市场成交规模两个指标；环境保护领域基本公共服务供给水平评价指标主要包括生活垃圾处理水平、公共厕所配置水平、公园绿地面积三个指标。

表 4-1　基本公共服务供给水平评价指标体系

一级指标	二级指标	三级指标	计算方式	指标权重
基本公共服务产出	教　育	小学师生比	教师人数/学生人数	0.02
		初中师生比	教师人数/学生人数	0.02
		高中师生比	教师人数/学生人数	0.02
	医疗卫生	人均卫生技术人员数	卫生技术人员数/年末常住人口	0.04
		人均医疗机构床位数	医疗机构床位数/年末常住人口	0.04
	社保就业	养老保险参保率	人均基本养老保险参保人数	0.04
		医疗保险参保率	人均基本医疗保险参保人数	0.07
		失业保险参保率	人均失业保险参保人数	0.06
		就业率	1-城镇登记失业率	0.04
	公共文化	人均拥有公共图书馆数量	公共图书馆数量/年末常住人口	0.05
		人均艺术表演团体机构数	艺术表演团体机构数/年末常住人口	0.05
	公共安全	交通事故发生频率	人均交通事故发生数	0.03
	基础设施	公路里程	人均公路里程	0.03
		邮政网点	人均邮政网点数	0.05
		公共交通	人均公共交通运营量	0.03
	科学技术	人均专利水平	人均国内专利申请授权量	0.10
		技术市场成交规模	人均技术市场成交额	0.23
	环境保护	生活垃圾处理水平	生活垃圾无害化处理率	0.02
		公共厕所配置水平	人均拥有公共厕所数	0.03
		公园绿地面积	人均公园绿地面积	0.04

与上述基本公共服务供给水平评价指标相对应，相关省级地区的数据收集主要来自 2011—2020 年的《中国统计年鉴》《中国财政统计年鉴》，并参考中经网数据库及国泰安数据库作为校验补充来源。考虑到西藏地区因"技术合同成交总额万元、生活垃圾无害化处理率_市辖区"两个指标存在缺失值，因此，本课题分析对象中不含西藏地区。最终，本课题获取 2010—2019 年度间 30 个省级地区的样本数据，共计 300 个。

（二）基本公共服务供给水平指数计算思路

为全面比较不同地区的基本公共服务供给水平差异，本课题首先构建了基本公共服务供给水平的评价指标体系，并采取熵值法[1]来计算指标权重，主要涉及标准化处理、熵值及熵权重计算。在熵权重计算基础上，就可以依据标准化处理后的各基本公共服务供给水平评价指标赋值情况及指标权重，综合计算得出青海省及各地方政府的基本公共服务供给水平指数情况。具体计算所得的指标权重见表 4-1 所示。其中，青海省综合及各领域基本公共服务供给水平指标计算结果如表 4-2 所示。

表 4-2　青海省基本公共服务供给水平指数

年度	综合指数	教育指数	医疗卫生指数	社保就业指数	公共文化指数	公共安全指数	基础设施指数	科学技术指数	环境保护指数
2010	23.5360	3.7179	1.7614	2.3243	6.5970	1.3888	3.8175	0.5523	3.3768
2011	24.7046	3.9115	2.0065	2.2362	5.8909	1.3464	3.5638	0.7144	5.0350
2012	27.0049	4.3494	2.0283	2.6559	6.6853	1.4749	4.1488	0.6380	5.0242
2013	28.1037	4.3998	2.5793	2.5272	6.2820	1.6763	5.3242	0.7933	4.5216
2014	30.8779	5.3451	3.1948	2.7075	7.7925	1.4188	5.6783	0.8120	3.9291
2015	28.0258	4.1719	3.1076	2.7551	6.6850	1.3657	5.2640	1.1411	3.5355
2016	28.0270	3.7049	3.0572	3.5392	6.5570	1.1270	5.3683	1.2737	3.3998
2017	25.9500	3.4787	3.3850	2.9992	5.8166	1.2735	5.0586	1.2814	2.6570
2018	27.4514	3.7019	2.7647	3.1174	6.8718	1.1647	5.6596	1.3524	2.8190
2019	27.2905	3.9215	2.5700	3.1721	7.2656	1.8063	5.6004	0.4199	2.5348

注：在原有计算结果基础上，为直观展现，乘以 100。

（三）青海省基本公共服务供给水平的变动趋势分析

图 4-1 展示了青海省基本公共服务供给水平综合指数的变动趋势。2010—2014 年青海省基本公共服务供给水平综合指数由 23.54 提升到 30.88，呈现显著上升趋势；2014—2017 年则由 30.88 下滑到 25.95，这一下滑趋势在 2018 年以后得到扭转，并逐步提升，到 2019 年青海省基本公共服务供给水平综合指数已达 27.90，虽然仍远低于 2014 年发生水平，但整体呈现较好发展态势，顺应了基本公共服务均等化目标的实现要求及共同服务的整体经济社会发展背景。整体上，2010—2019 年度间，青海省基本公共服务供给水平整体指数呈现先升后降的发展趋势，其实际基本公共服务供给水平呈现出明显的波动性。

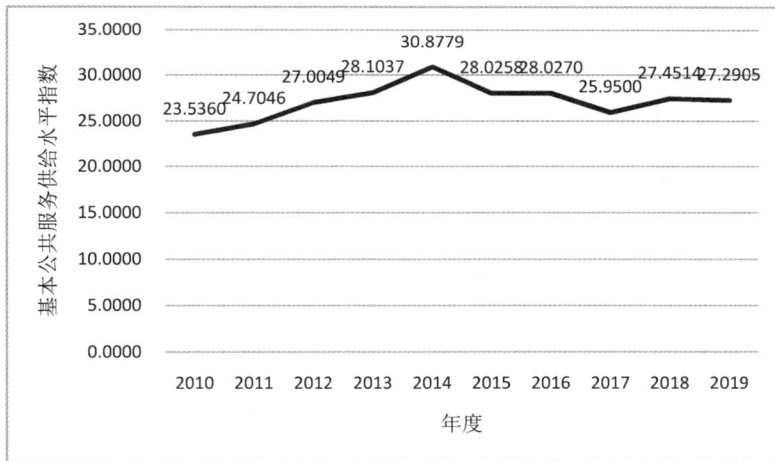

图 4-1　青海省基本公共服务供给水平整体指数变动趋势

细分基本公共服务不同的供给类型，公共文化领域基本公共服务供给水平指数水平最高，2010—2019 年由 6.60 变动为 7.27，波动幅度较大，但整体呈上升趋势；教育领域基本公共服务供给水平指数由 3.72 变动为 3.92，虽然整体变动幅度不大，但年度间波动性也较强；基础设施领域基本公共服务供给指数由 3.82 变动为 5.60，上涨态势明显；环境保护领域基本公共服务供给指数由 3.38 调整为 2.53，下滑态势突出；其余领域基本公共服务供给水平指标年度间变动趋势较为平缓，体现出较为稳定的供给水平。

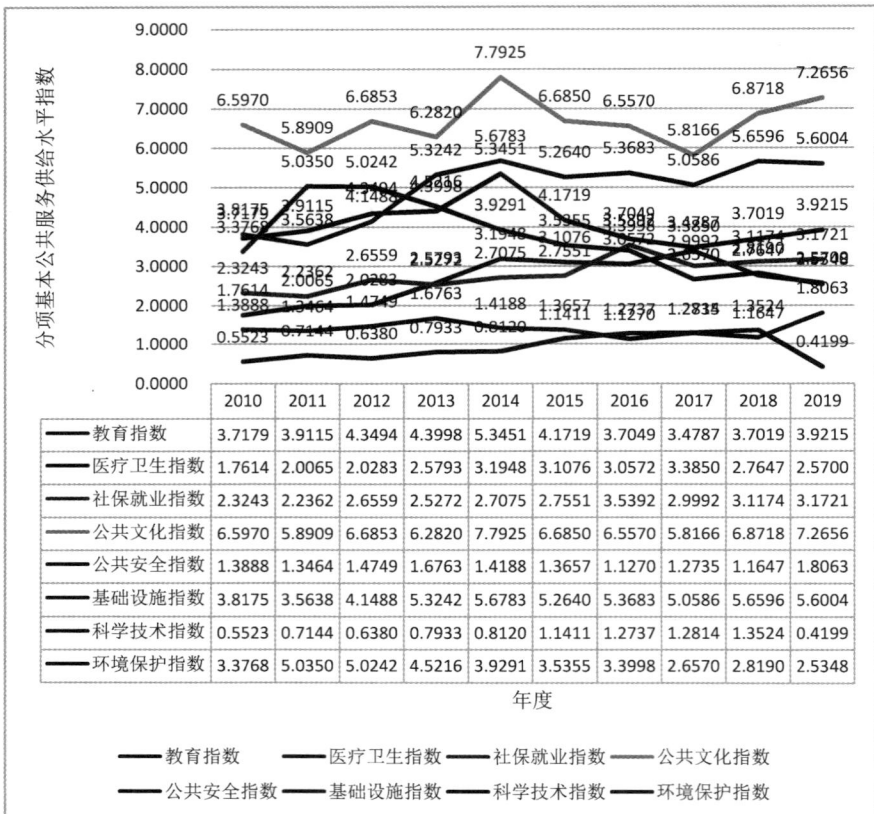

	2010	2011	2012	2013	2014	2015	2016	2017	2018	2019
教育指数	3.7179	3.9115	4.3494	4.3998	5.3451	4.1719	3.7049	3.4787	3.7019	3.9215
医疗卫生指数	1.7614	2.0065	2.0283	2.5793	3.1948	3.1076	3.0572	3.3850	2.7647	2.5700
社保就业指数	2.3243	2.2362	2.6559	2.5272	2.7075	2.7551	3.5392	2.9992	3.1174	3.1721
公共文化指数	6.5970	5.8909	6.6853	6.2820	7.7925	6.6850	6.5570	5.8166	6.8718	7.2656
公共安全指数	1.3888	1.3464	1.4749	1.6763	1.4188	1.3657	1.1270	1.2735	1.1647	1.8063
基础设施指数	3.8175	3.5638	4.1488	5.3242	5.6783	5.2640	5.3683	5.0586	5.6596	5.6004
科学技术指数	0.5523	0.7144	0.6380	0.7933	0.8120	1.1411	1.2737	1.2814	1.3524	0.4199
环境保护指数	3.3768	5.0350	5.0242	4.5216	3.9291	3.5355	3.3998	2.6570	2.8190	2.5348

年度

图 4-2 青海省不同类型基本公共服务供给水平指数变动趋势

（四）青海省与全国、地区基本公共服务供给水平的比较分析

表 4-3 展示了青海省、全国及东中西地区基本公共服务供给水平指数的平均值比较情况。2010—2019 年全国平均基本公共服务供给水平指数由 22.26 变动为 24.59，整体呈较为平稳的增长态势；东部、

西部、中部地区平均基本公共服务供给水平指数由 30.64、18.31、16.19 变动为 30.77、22.10、19.50，整体上也呈现缓步提升状态。

表 4-3　青海省、全国及东中西部地区供给水平指数比较

年度	全国平均	东部地区	西部地区	中部地区	青海省
2010	22.2647	30.6437	18.3060	16.1866	23.5360
2011	22.5572	31.4174	18.2246	16.3318	24.7046
2012	23.8914	31.8996	20.2157	17.9341	27.0049
2013	24.3323	31.8454	21.2665	18.2173	28.1037
2014	25.3803	32.5393	22.8378	19.0326	30.8779
2015	24.5236	31.7081	21.5355	18.7535	28.0258
2016	24.7766	31.4081	22.0385	19.4232	28.0270
2017	23.6815	29.6665	21.4599	18.5067	25.9500
2018	24.7874	30.8887	22.5351	19.4952	27.4514
2019	24.5865	30.7660	22.1038	19.5033	27.2905

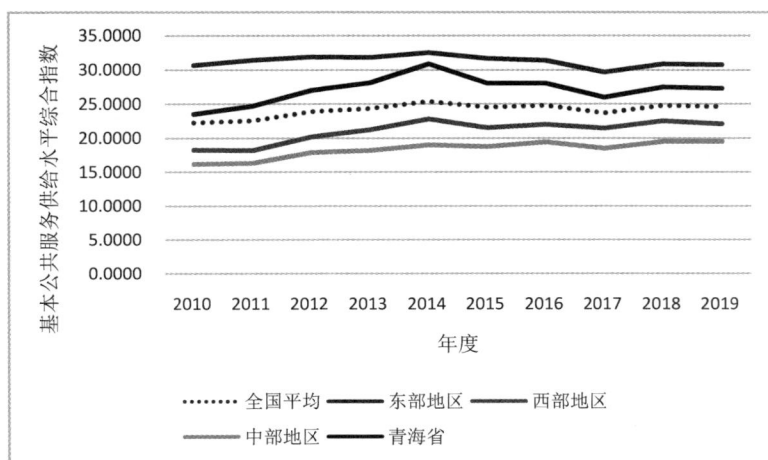

图 4-3　青海省、全国及东中西部地区供给水平指数比较

对比全国平均基本公共服务供给水平情况可知，相比于较为突出的基本公共服务成本表现或投入水平，在实际供给水平表现方面，

虽然青海省整体基本公共服务供给水平处于全国平均水平之上，但对比东中西部地区平均基本公共服务供给水平，青海省仍明显位于东部地区平均水平之下，高于中部及西部平均水平。考虑到基本公共服务供给水平的现实表现并非短期实现的，青海省持续的高水平基本公共服务投入，并不一定会在较短期间内就有效扭转原本较为滞后的基本公共服务发展起点。虽然青海省各年度人均基本公共服务成本（投入）逐年增加，但2014年以后其与东部地区的差距却呈现逐步扩大趋势，从均等化目标的实现要求来看，青海省基本公共服务投入保障力度仍需要得到逐步加强。

表4-4 青海、全国、东中部地区
各领域基本公共服务供给水平均值比较

指数类型	青海省	东部地区	西部地区	中部地区	全国平均
教育指数	4.0702	2.7795	3.9084	3.4718	3.3781
医疗卫生指数	2.6455	2.3751	2.2468	1.7569	2.1632
社保就业指数	2.8034	9.0410	2.8119	3.0282	5.1536
公共文化指数	6.6444	1.9367	3.0100	2.4105	2.4566
公共安全指数	1.4042	1.2777	1.0867	0.8895	1.1042
基础设施指数	4.9483	2.9520	3.5185	2.5603	3.0553
科学技术指数	0.8978	7.7567	1.0864	1.3208	3.5947
环境保护指数	3.6833	3.1595	3.3836	2.9004	3.1726

区分基本公共服务的不同供给类型，以2010—2019年度间各类指数的均值加以比较分析，青海省教育指数、医疗卫生指数、社保就业指数、公共文化指数、公共安全指数、基础设施指数、科学技术指数、环境保护指数的均值依次为4.0702、2.6455、2.8034、6.6444、1.4042、4.9483、0.8978、3.6833；东部地区的各类指数均值为2.7795、2.3751、9.0410、1.9367、1.2777、2.9520、7.7567、3.1595；西部

地区的各类指数均值为 3.9084、2.2468、2.8119、3.0100、1.0867、3.5185、1.0864、3.3836；中部地区的各类指数均值为 3.4718、1.7569、3.0282、2.4105、0.8895、2.5603、1.3208、2.9004。分析及比较可知，青海省的公共文化及基础设施领域基本公共服务供给水平指数相比较高，但在社保就业及科学技术领域基本公共服务供给水平方面，则处于远远落后状态，其中，科学技术领域基本公共服务供给水平甚至处于各地区最低水平，其他领域基本公共服务供给水平青海与全国、东中西部地区相比较为接近，但整体也存在较大提升空间。

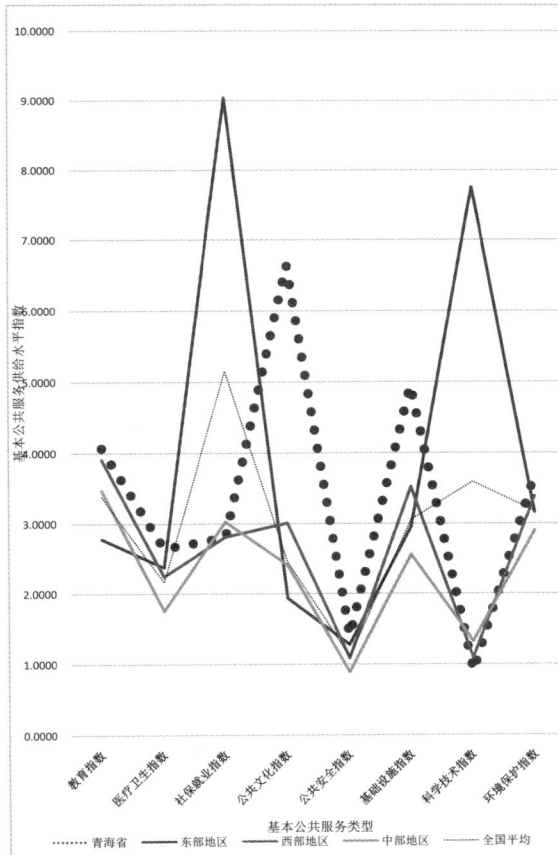

图 4-4　青海、全国、东中部地区各领域基本公共服务供给水平均值比较

五、效率层面：青海省基本公共服务供给效率分析

青海省基本公共服务成本（投入）处于全国前列，但实际基本公共服务供给水平却差强人意。其原因何在？除了与各领域基本公共服务供给基础相关，是否与实际财政资金的使用效率也存在紧密关联？为深入挖掘成因，本课题继续运用 DEA 模型就青海省及全国各地区基本公共服务供给效率加以比较分析。

（一）基本公共服务供给效率的计算思路

基于投入产出视角，效率的基本含义可以理解为某一生产单位投入最小化或产出最大化的实现程度，体现着生产单位资源配置、技术运用和成本控制等多维度的有效评价，可以进一步区分为技术效率和规模效率（Farrell，1957）。其中，技术效率体现着既定要素投入前提下产出最大化的实现程度，或者既定产出前提下投入最小化的实现水平（Lovell，1993）；规模效率则体现着既定要素价格下实现最优投入组成的能力水平。对地方政府基本公共服务供给效率的分析需要在基本公共服务供给有效性评估框架下，全面分析各维度基本公共服务供给的技术效率及配置效率的发生情况。数据包络分析模型（DEA）[2] 为衡量基本公共服务供给效率提供了有效的实现途径。考虑到本文主要衡量政府投入财政资金以实现经济、社会、生态等维度的基本公共服务供给效果，并基于度量结果对基本公共服务投入结构及运用质量进行改善，因此，本文选择投入导向的 DEA 模型对地方政府基本公共服务的综合技术效率（TE）、纯技术效率（PTE）与规模效率（SE）进行全面、透彻分析。

在实际分析过程中，本课题以 2010—2019 年为分析区间，以除西藏地区以外的 30 个省级地区作为分析对象，将人均财政医疗卫生支出、人均财政社会保障和就业支出、人均财政文化体育和传媒支

出、人均财政环境保护支出、人均财政交通运输支出、人均财政城乡社区事务支出、人均财政科学技术支出作为基本公共服务投入指标，将各领域基本公共服务供给水平评价指标作为产出指标（具体指标设置情况参见表5-1），据此计算包括青海省在内的各地方政府基本公共服务综合供给效率及分项效率。其中，基本公共服务效率值对应为综合技术效率，又可以进一步区分为纯技术效率和规模效率。数据来源与第三、四部分保持一致，均为《中国统计年鉴》《中国财政统计年鉴》。

表 5-1 基本公共服务投入与产出指标体系

一级指标	二级指标	三级指标	计算方式
基本公共服务投入（基本公共服务成本）	人均基本公共服务财政支出水平	人均财政医疗卫生支出	财政医疗卫生支出 / 年末常住人口
		人均财政社会保障和就业支出	财政社会保障和就业支出 / 年末常住人口
		人均财政文化体育和传媒支出	财政文化体育和传媒支出 / 年末常住人口
		人均财政环境保护支出	财政环境保护支出 / 年末常住人口
		人均财政交通运输支出	财政交通运输支出 / 年末常住人口
		人均财政城乡社区事务支出	财政城乡社区事务支出 / 年末常住人口
		人均财政科学技术支出	财政科学技术支出 / 年末常住人口
基本公共服务产出	教育	小学师生比	教师人数 / 学生人数
		初中师生比	教师人数 / 学生人数
		高中师生比	教师人数 / 学生人数

续表：

一级指标	二级指标	三级指标	计算方式
基本公共服务产出	医疗卫生	人均卫生技术人员数	卫生技术人员数/年末常住人口
		人均医疗机构床位数	医疗机构床位数/年末常住人口
	社保就业	养老保险参保率	人均基本养老保险参保人数
		医疗保险参保率	人均基本医疗保险参保人数
		失业保险参保率	人均失业保险参保人数
		就业率	1－城镇登记失业率
	公共文化	人均拥有公共图书馆数量	公共图书馆数量/年末常住人口
		人均艺术表演团体机构数	艺术表演团体机构数/年末常住人口
	公共安全	交通事故发生频率	人均交通事故发生数
	基础设施	公路里程	人均公路里程
		邮政网点	人均邮政网点数
		公共交通	人均公共交通运营量
	科学技术	人均专利水平	人均国内专利申请授权量
		技术市场成交规模	人均技术市场成交额
	环境保护	生活垃圾处理水平	生活垃圾无害化处理率
		公共厕所配置水平	人均拥有公共厕所数
		公园绿地面积	人均公园绿地面积

基于上述计算思路，2010—2019 年青海省基本公共服务供给效率值如表 5-2 所示：

表 5-2　青海省基本公共服务供给效率值情况

年度		2010	2011	2012	2013	2014	2015	2016	2017	2018	2019	均值
整体指数	综合技术效率(TE)	0.82	0.93	0.85	0.94	0.97	1	1	1	1	1	0.95
	纯技术效率(PTE)	1	1	1	1	1	1	1	1	1	1	1
	规模效率（SE）	0.82	0.93	0.85	0.94	0.97	1	1	1	1	1	0.95
教育指数	综合技术效率(TE)	0.4	0.36	0.34	0.54	0.44	0.45	0.41	0.43	0.49	0.48	0.43
	纯技术效率(PTE)	0.43	0.37	0.39	0.56	0.44	0.48	0.46	0.47	0.5	0.48	0.46
	规模效率（SE）	0.92	0.97	0.88	0.97	0.99	0.93	0.91	0.92	0.99	0.99	0.95
医疗卫生指数	综合技术效率(TE)	0.36	0.43	0.38	0.41	0.44	0.37	0.41	0.37	0.36	0.36	0.39
	纯技术效率(PTE)	0.38	0.45	0.41	0.42	0.45	0.37	0.42	0.37	0.36	0.37	0.4
	规模效率（SE）	0.96	0.97	0.93	0.97	0.99	1	0.98	1	1	0.97	0.98
社保就业指数	综合技术效率(TE)	0.11	0.17	0.17	0.22	0.25	0.26	0.26	0.27	0.29	0.27	0.23
	纯技术效率(PTE)	0.11	0.17	0.17	0.22	0.26	0.27	0.26	0.3	0.3	0.3	0.24
	规模效率(SE)	0.99	1	1	0.99	0.99	0.97	0.98	0.9	0.97	0.9	0.97
公共文化指数	综合技术效率(TE)	0.85	1	0.91	0.78	0.61	0.61	0.7	0.62	0.69	0.69	0.75

续表：

年度		2010	2011	2012	2013	2014	2015	2016	2017	2018	2019	均值
	纯技术效率(PTE)	1	1	1	1	1	1	1	1	1	1	1
	规模效率(SE)	0.85	1	0.91	0.78	0.61	0.61	0.7	0.62	0.69	0.69	0.75
公共安全指数	综合技术效率(TE)	0.34	0.54	0.3	0.22	0.25	0.27	0.09	0.11	0.24	0.3	0.27
	纯技术效率(PTE)	0.43	0.63	0.38	0.26	0.26	0.27	0.17	0.22	0.35	0.38	0.33
	规模效率(SE)	0.79	0.86	0.8	0.87	0.94	1	0.53	0.5	0.68	0.79	0.78
基础设施指数	综合技术效率(TE)	0.75	0.48	0.42	0.45	0.44	0.49	0.57	0.95	0.57	0.52	0.56
	纯技术效率(PTE)	1	1	1	1	1	1	1	1	1	1	1
	规模效率(SE)	0.75	0.48	0.42	0.45	0.44	0.49	0.57	0.95	0.57	0.52	0.56
科学技术指数	综合技术效率(TE)	0.32	0.47	0.23	0.23	0.2	0.33	0.39	0.45	0.49	0.39	0.35
	纯技术效率(PTE)	0.64	0.87	0.52	0.53	0.46	0.51	0.63	0.65	0.64	0.67	0.61
	规模效率(SE)	0.5	0.54	0.44	0.43	0.42	0.66	0.61	0.7	0.77	0.59	0.57
环境保护指数	综合技术效率(TE)	0.22	0.19	0.18	0.13	0.17	0.15	0.19	0.25	0.23	0.28	0.2
	纯技术效率(PTE)	0.25	0.42	0.2	0.15	0.21	0.18	0.2	0.25	0.23	0.28	0.24
	规模效率(SE)	0.91	0.46	0.91	0.88	0.79	0.82	0.92	1	0.99	0.99	0.87

（二）青海省基本公共服务供给效率分析

图 5-1 和 5-2 展示了青海省基本公共服务供给效率的变动趋势。从综合技术效率的发生值来看，2010—2019 年青海省基本公共服务供给效率由 0.8170 提升到 1.000，提升效果明显，且自 2016 年就始终处于最优状态。可以看出，青海省在加强基本公共服务财政资金使用效率、提升基本公共服务供给效率方面取得良好的实施成效。

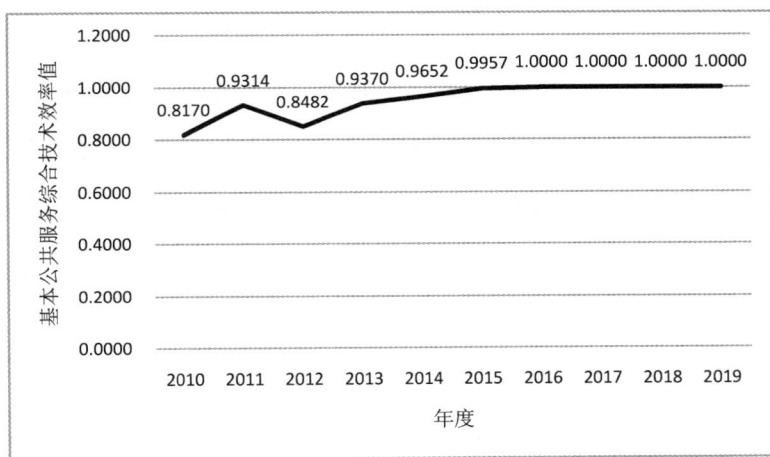

图 5-1　青海省基本公共服务综合技术效率变动趋势

从纯技术效率的实际发生情况来看，2010—2019 年青海省基本公共服务供给效率由 0.9314 提升到 1.0000，始终维持较高效率水平。从规模效率的实际发生情况来看，2010—2019 年青海省基本公共服务效率由 0.8170 调整为 1.000，提升效果也较为显著。

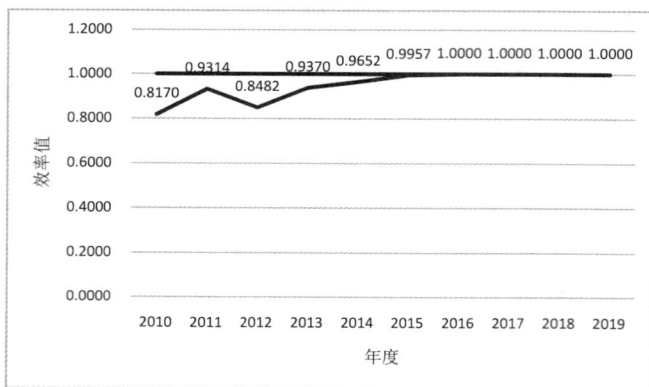

图 5-2　青海省基本公共服务纯技术效率与规模效率变动趋势

细分基本公共服务类型，依据 2010—2019 年综合技术效率的实际发生值平均情况，青海省基本公共服务教育指数、医疗卫生指数、社保就业指数、公共文化指数、公共安全指数、基础设施指数、科学技术指数、环境保护指数均值依次为 0.4348 、0.3904 、0.2285 、0.7451 、0.2658 、0.5643 、0.3502 、0.1988 。可以看出，相比于整体基本公共服务综合效率所处的最优发生水平，在细分领域上，除公共文化指数、基础设施指数相比水平较高外，青海省其余领域基本公共服务供给效率仍距离最优效率发生水平存在较大差距。

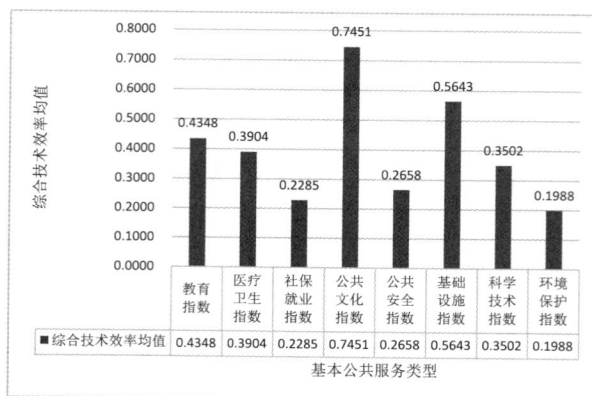

图 5-3　青海省各类型基本公共服务综合技术效率均值比较

184

更进一步，从青海省各类基本公共服务供给综合技术效率的历年变动趋势来看，2010—2019 年公共文化领域基本公共服务供给效率发生值由 0.8511 变动为 0.69，虽然效率水平相比较高，但整体却呈下降趋势；基础设施领域基本公共服务供给效率发生值由 0.746 变动为 0.4791，整体呈下降态势，且波动性较为明显；比较而言，其他领域基本公共服务供给效率所处实际发生水平不一，但相对来讲，年度间变动较为平稳。

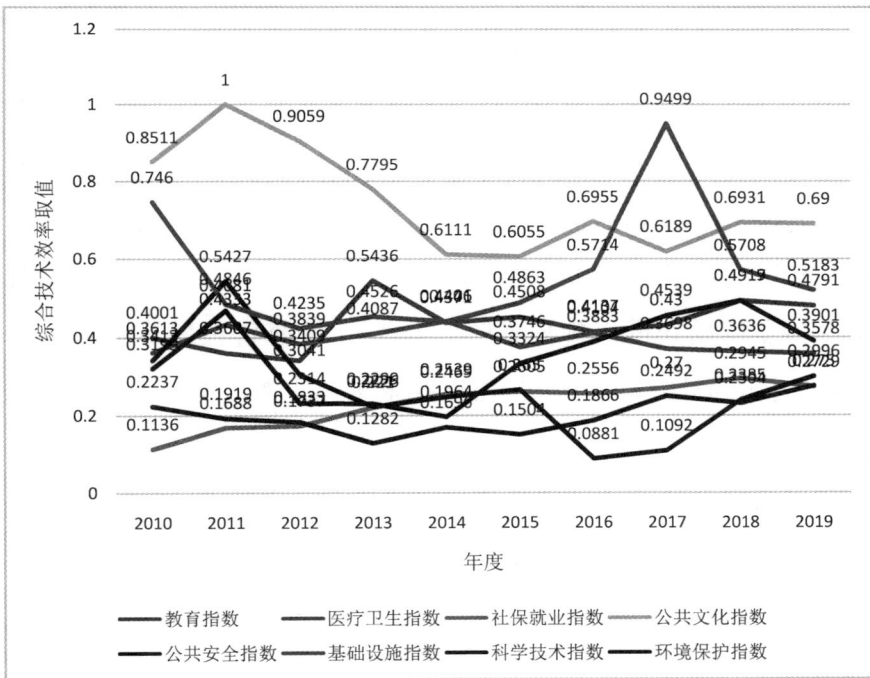

图 5-4　各类型基本公共服务供给综合技术效率变动趋势

（三）青海省与全国、地区基本公共服务供给效率的比较分析

对比青海省与全国、地区基本公共服务综合技术效率的实际发生情况，可以看出，青海省基本公共服务综合技术效率整体呈现波动提升。

表 5-3　青海、全国及度综合技术效率的比较分析

综合技术效率比较				
年度	东部地区	西部地区	中部地区	全国平均	青海省
2010	0.9486	0.9269	0.9838	0.9500	0.8170
2011	0.9514	0.9463	0.9765	0.9562	0.9314
2012	0.9079	0.9327	0.9775	0.9356	0.8482
2013	0.8960	0.9510	0.9782	0.9381	0.9370
2014	0.9149	0.9615	0.9745	0.9479	0.9652
2015	0.9439	0.9665	0.9793	0.9616	0.9957
2016	0.9202	0.9626	0.9785	0.9513	1.0000
2017	0.9302	0.9712	0.9780	0.9580	1.0000
2018	0.9499	0.9779	0.9821	0.9688	1.0000
2019	0.9539	0.9873	0.9886	0.9754	1.0000

　　2013 年以前青海省基本公共服务供给综合技术效率处于全国、地区最低水平，2013 年超过东部地区到全国平均水平，2014 年超过西部地区、2015 年超过中部地区，并最终在 2015 年度之后综合技术效率实际发生值始终高于全国及地区平均水平。可以看出，随着人均基本公共服务投入规模的逐步提高，青海省在基本公共服务供给效率水平也是日益提升，并在近年来整体上处于全国领先水平。

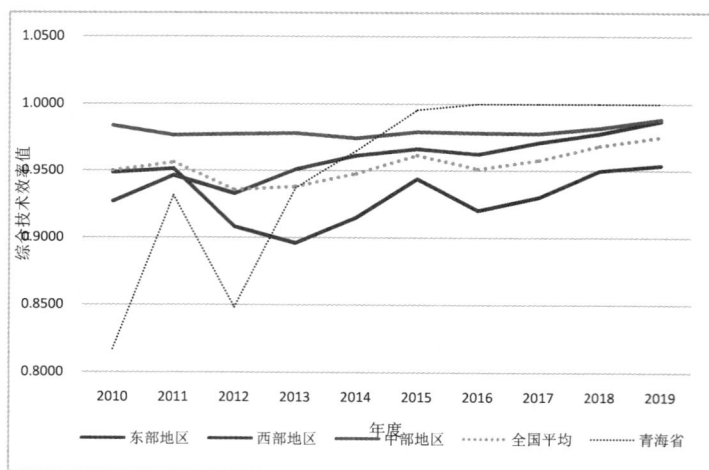

图 5-5　青海省与全国及地区基本公共服务综合技术效率比较

对比青海省与全国、地区基本公共服务纯技术效率的实际发生情况，可以看出，青海省基本公共服务纯技术效率始终处于最优效率水平，表明青海省始终注重完善基本公共服务供给制度约束、优化基本公共服务财政资金运用效果。

表5-4 青海省与全国及地区基本公共服务纯技术效率比较

纯技术效率比较					
年度	东部地区	西部地区	中部地区	全国平均	青海省
2010	1.0000	1.0000	1.0000	1.0000	1.0000
2011	1.0000	1.0000	1.0000	1.0000	1.0000
2012	1.0000	1.0000	1.0000	1.0000	1.0000
2013	1.0000	1.0000	1.0000	1.0000	1.0000
2014	1.0000	1.0000	0.9772	0.9939	1.0000
2015	0.9996	1.0000	0.9852	0.9959	1.0000
2016	1.0000	1.0000	0.9857	0.9962	1.0000
2017	1.0000	1.0000	0.9785	0.9943	1.0000
2018	1.0000	1.0000	0.9881	0.9968	1.0000
2019	0.9995	1.0000	0.9916	0.9976	1.0000

对比全国及东中部地区纯技术效率的实际发生情况，西部地区的纯技术效率与青海省较为接近，各年度基本处于最优效率状态。2010—2019全国平均纯技术效率的实际发生值由1.000变动为0.9976，呈现一定程度的下滑趋势。中部地区平均纯技术效率的实际发生值则由1.000调整为0.9916，相比而言下降幅度较为明显，表明整体地区的基本公共服务财政资金运用效果、管控效率存在相对较大的改进空间。同时，也凸显出当前青海省在充分挖掘、持续维持基本公共服务财政资金运用效率效果方面所付出的努力及取得的良好效果。

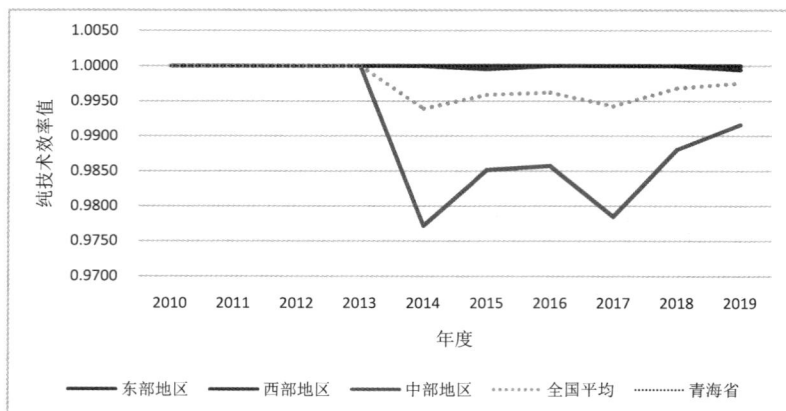

图 5-6 青海省与全国及地区基本公共服务纯技术效率比较

对比全国及东中部地区规模效率的实际发生情况，青海省规模效率表现出与综合技术效率相似的实际变动趋势，同时也看出当前制约青海省基本公共服务供给效率的只要因素在规模效率，涉及基本公共服务财政资金的投入规模及配置结构。

表 5-5　青海省与全国及地区基本公共服务规模效率比较

规模效率比较				
年度	东部地区	西部地区	中部地区	全国平均	青海省
2010	0.9486	0.9269	0.9838	0.9500	0.8170
2011	0.9514	0.9463	0.9765	0.9562	0.9314
2012	0.9079	0.9327	0.9775	0.9356	0.8482
2013	0.8960	0.9510	0.9782	0.9381	0.9370
2014	0.9149	0.9615	0.9967	0.9538	0.9652
2015	0.9443	0.9665	0.9934	0.9655	0.9957
2016	0.9202	0.9626	0.9918	0.9548	1.0000
2017	0.9302	0.9712	0.9995	0.9637	1.0000
2018	0.9499	0.9779	0.9940	0.9719	1.0000
2019	0.9545	0.9873	0.9968	0.9778	1.0000

同样，2013 年以前青海省基本公共服务供给规模效率处于全国、地区最低水平，2013 年超过东部地区到全国平均水平，2014 年超过西部地区、2015 年超过中部地区，并最终在 2015 年度之后规模效率实际发生值始终高于全国及地区平均水平。可以看出，为有效维持较高规模效率，青海省在优化基本公共服务财政资金配置规模、投入结构方面付出了不懈努力，也体现出国家财政保障青海省基本公共服务供给水平所给予的充分保障。

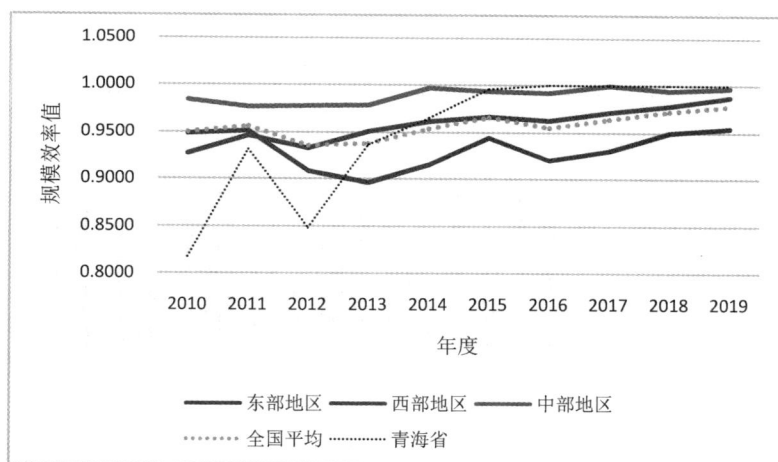

图 5-7　青海省与全国及地区基本公共服务规模效率比较

区分基本公共服务类型，依据 2019 年各领域基本公共服务供给综合技术效率均值，对比青海省及全国、东中西部地区实际发生情况可知，除公共文化领域基本公共服务供给综合技术效率高于全国、东西部地区外，青海省其余各领域基本公共服务供给效率均处于全国及东中西地区均值以下，表明在投入规模、配置结构等方面所存在的制约，使得青海省绝大部分领域的基本公共服务供给效率都有待优化提升。

表 5-6　细分基本服务类型的综合技术效率均值比较分析

指数类型	青海省	东部地区	西部地区	中部地区	全国平均
教育指数	0.4348	0.5868	0.6704	0.8218	0.6801
医疗卫生指数	0.3904	0.7772	0.6428	0.7457	0.7195
社保就业指数	0.2285	0.7322	0.5278	0.6141	0.6258
公共文化指数	0.7451	0.4092	0.6788	0.7841	0.6080
公共安全指数	0.2658	0.3150	0.3572	0.3434	0.3380
基础设施指数	0.5643	0.7116	0.6880	0.8444	0.7383
科学技术指数	0.3502	0.6172	0.4444	0.4335	0.5048
环境保护指数	0.1988	0.6222	0.5766	0.6965	0.6253

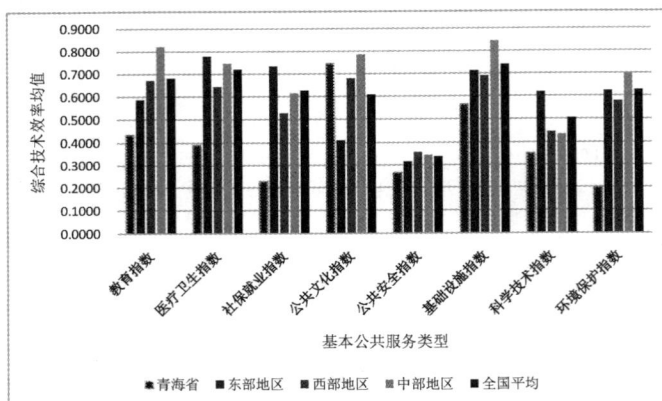

图 5-8　青海及全国各地区各类型基本公共服务综合技术效率均值比较

六、改善青海省基本公共服务成本及供给质量的政策建议

综合基本公共服务投入、产出及效率层面的分析可知，本课题提出政策建议如下：

（一）制定长期供给发展规划，助推均等化发展目标

建议基于基本公共服务供给水平的区域、城乡及群体间比较，明确青海省基本公共服务供给现状与全国其他地区、基本公共服务均等化标准与目标的现实差距，结合财政中长期规划的制定实施，

匹配制定基本公共服务供给发展规划，持续、稳健提升地区基本公共服务供给水平，协同实现基本公共服务均等化与地方财政可持续性，有效助推基本公共服务均等化目标落实。

（二）挖掘内部供给结构优化空间，改善重点领域供给质量

建议在继续扩大基本公共服务财政投入总量的同时，注重基本公共服务成本结构的持续优化，在既定财政资源约束前提下，充分挖掘基本公共服务供给的内部结构性优化空间，逐步改善基本公共服务供给质量，减小地区间基本公共服务供给差异。同时，结合当前青海省基本公共服务供给在重点领域存在的供给短板，持续加大科学技术、社会保障和就业、环境保护等重点领域的基本公共服务财政资金投入保障。

（三）立足地区资源禀赋条件，完善区域转移支付机制

在央地关系方面，建议立足青海省受地理环境、人口分布、资源禀赋、经济发展、文化观念等现实因素，充分把握青海省在基本公共服务供给方面存在较大财政压力，在较长时间内都较为依赖财政转移支付作为基本公共服务供给保障的现实状况，致力于推动中央财政在调配转移支付过程中加大地区资源禀赋特征、人口结构、环境发展等制约性因素的影响权重设置，通过建立地方基本公共服务发展需求与转移支付力度的合理匹配关系，加快缩小青海省与全国层面基本公共服务供给水平存在的差距空间。同时，在青海省地方内部供给结构方面，充分考虑地区人口密度、民族构成等个性化因素，进行全局财政统筹，合理安排转移支付结构，促进区域间的基本公共服务均等化水平逐步提升。

（四）结合生态优化高质量发展路径，加强供给的收入来源保障

建议充分结合青海省"三个最大"的国家战略定位，即"青海

最大的价值在生态、最大的责任在生态、最大的潜力也在生态",在经济社会发展过程中加快推进生态优先发展战略的基础上,充分利用生态环境资源,通过构建碳排放交易市场等途径,创造新的收入来源,将生态环境、生态资源价值转换成为财政收入,为更高水平的基本公共服务供给提供资金资源保障。

(五)灵活引入社会资本参与,持续优化供给市场环境

建议探索以引入社会资本的方式来改善基本公共服务供给效率。实践证明,市场机制的充分运用能够有效提升资源配置效率。面临较大的财政压力,青海省可以考虑在确保政府投入的基础上充分运用市场机制发挥作用,建立政府与社会资本的稳定合作关系,推动基本公共服务供给方式的持续创新,并不断拓展基本公共服务供给的多元化资金来源保障。

(六)加快配置财税制度建设,系统改善供给制度环境

建议创新制度供给,切实加强医疗卫生、社会保障和就业等领域的财政支出管控的制度体系建设,以基本公共服务均等化为导向,切实强化财政支出绩效要求,有效解决相关财政支出领域制度体系缺失、滞后及衔接不畅等问题,以财政支出标准化来持续推动基本公共服务供给效率的逐步提升,并最终致力于实现区域间及区域内部的基本公共服务均等化。

(七)加大数字化手段运用,有效塑造供给技术环境

建议充分利用"大智移云物区"等新兴数字化技术,加大基本公共服务供给主管部门之间的信息基础设施建设,整合基本公共服务大数据资源,依托基本公共服务成本等方面的大数据分析,持续跟踪基本公共服务供给现状,并基于信息反馈调整优化基本公共服务财政资金的使用结构、提升基本公共服务供给效率。

参考文献：

[1] 曾红颖.我国基本公共服务均等化标准体系及转移支付效果评价 [J].经济研究 ,2012,47(06):20-32+45.

[2] 陈昌盛 ,2008:《基本公共服务均等化：中国行动路线图》,《财会研究》(02)。

[3] 王玉明.政府绩效与政府成本的相关性分析 [J].湖北社会科学 ,2008(02):46-49.

[4] 郝东洋 ,张冉.服务国家治理的政府成本会计：功能特征、概念框架与实现路径 [J].中国行政管理 ,2016,371(05):19-25.

[5] 何翔舟 ,韩斌.中国政府成本测度与治理：行政支出视角 [J].中国行政管理 ,2009,289(07):112-116.

[6] 李吉雄.政府成本的财政约束机制研究 [J].求实 ,2008,322(02):35-38.

[7] 姜宏青 ,王翔.预算绩效管理与政府成本会计信息体系的融合研究 [J].会计与经济研究 ,2020,34(03): 36-49.

[8] 常丽.绩效预算改革与政府成本会计的构建 [J].财政研究 ,2009,311(01):22-25.

[9] 樊燕.政府运行成本绩效优化研究 [D].天津：天津大学 ,2013:19.

[10] 叶战备 ,姚鹏.论政府成本过高的原因及控制路径——以安徽省 Z 市为例 [J].中国行政管理 ,2007,260(02):45-48.

[11] 卓越.政府成本的内涵设定与构成要素 [J].厦门大学学报 (哲学社会科学版),2009,195(05):14-21.

[12] 王敬尧.地方政府运行成本及其财政能力分析——以中部 Y 区为例 [J].当代世界与社会主义 ,2009(04):137-139.

[13] 顾昕,宁晶.政府治理改革下的行政成本上涨研究——基于鲍莫尔成本病理论的分析 [J].国家行政学院学报,2018(05):16-22+187.

[14] 徐振华,秦浩.政府行政成本概念研究的多维述评 [J].领导科学,2015,601(08):13-17.

[15] 何晴.中国行政成本经验研究文献综述 [J].首都经济贸易大学学报,2014(02):123-128.

[16] 刘玉廷,武威,任少波.政府成本会计改革影响因素及概念框架研究 [J].财经问题研究,2018(04):77-83.

1.熵值法是一种客观赋权法，其获取指标权重的方式是根据各指标的变异程度、利用信息熵计算出各指标的熵权，再通过熵权对各指标进行修正。指标熵值越小，变异程度就越明显，可提供信息含量就越高，对应的指标权重就会越大。相比于得尔菲法和层次分析法等主观赋值法，熵值法能够有效反映出指标信息熵值的效用价值，具有较高的可信度，但同时在实际应用过程中也存在一定限制，包括难以实现指标间的横向比较，同时实际分析需要严格保持完整样本。

由于不同指标对应数据具有不同的量纲，为建立不同评价指标的比较基础，本文首先对各基本公共服务供给水平评价指标的相应数据进行无量纲化处理，消除其对分析结果的影响。另外，针对负向指标，本文将其调整成正向指标后再进行处理。如将失业率调整为就业率指标。具体标准化处理方法如下：

$$r_{ij} = \frac{r_{ij} - min\{r_{ij}\}}{max\left\{r_{ij}^{'}\right\} - min\{r_{ij}^{'}\}}$$

其中，i 对应为第 i 个评价对象，i=1、2、3……m；j 对应为第 j 个评价指标，j=1、2、3……n。

进而通过计算 $P_{ij} = r_{ij}/\sum_{i=1}^{m} r_{ij}$ 对特征矩阵加以归一化，得到标准化的特征矩阵 $\mathbf{P} = (P)_{i \times j}$，且 $p_{ij} \leq 1$，$\sum_{j=1}^{n} p_{ij} = 1$。

其次，在标准化处理基础上，本文采取如下公式计算第 j 项评价指标的对应熵值：

$$e_j = -k \sum_{i=1}^{m} P_{ij} Ln P_{ij}$$

其中 $k = \frac{1}{Ln\,m}$。某项指标的信息效用价值取决于该指标的信息熵 e_j 与 1 之间的差值 $d_j = 1 - e_j$。

最后，计算各指标的熵权重。指标 r_j 的权重计算公式如下：

$$w_j = (1 - e_j)/\sum_{j=1}^{n} (1 - e_j)$$

2. 数据包络分析模型（Data Envelopment Analysis, DEA）为衡量基本公共服务供给效率提供了有效的实现途径，其最早是 1978 年由运筹学家和经济学家 Charnes 和 Cooper（1978）等人以相对效率为基础发展起来的效率评价方法，在公共部门和非营利部门效率评估方面应用较为广泛。该模型综合利用多项投入与产出指标，基于线性规划方法，构建出一个包含若干 DMU 的效率前沿面，DMU 如果处于前沿面则被视为有效率，且取评价值为 1，否则其实际发生效率存在一定缺陷及提升空间，其评价值小于 1。同时，基于规模报酬是否可变的前提假设，DEA 模型可以分为 CCR 模型与 BCC 模型。CCR 模型对应固定规模报酬，主要用于评价技术效率，BCC 模型基于规模报酬可变，将技术效率分解为纯技术效率和规模效率。另外，依据不同效率的测量路径，DEA模型可以区分不同导向，包括投入、产出导向等。

考虑到本文主要衡量政府投入财政资金以实现经济、社会、生态等维度的基本公共服务供给效果，并基于度量结果对基本公共服务投入结构及运用质量进行改善，因此，本文选择投入导向的DEA模型对地方政府基本公共服务的综合技术效率（TE）、纯技术效率（PTE）与规模效率（SE）进行全面、透彻分析。其模型如下：

$$\max \sum_{r=1}^{q} \mu_r y_{rk} - \mu_0 \quad \dots\dots\dots\dots\dots\dots\dots\dots\dots \quad (1)$$

$$s.t. \sum_{r=1}^{q} \mu_r y_{rj} - \sum_{i=1}^{m} v_i x_{ij} - \mu_0 \leq 0 \quad \dots\dots\dots\dots\dots\dots \quad (2)$$

$$\sum_{i=1}^{m} v_i x_{ik} = 1 \quad \dots\dots\dots\dots\dots\dots\dots\dots\dots\dots\dots\dots\dots \quad (3)$$

其中，$v \geq 0$，$\mu \geq 0$。j为DMU个数，记为DMU_j（$j=1,2,\cdots,n$）；每个DMU有m种投入，记为x_i（$i=1,2,\cdots,m$）；投入权重则表示为v_i（$i=1,2,\cdots,m$）；q种产出，记为y_r（$r=1,2,\cdots,q$），产出的权重表示为u_r（$r=1,2,\cdots,q$）。μ_0为自由变量，取值范围为（$-\infty$，$+\infty$）。

作者简介：唐大鹏，东北财经大学教授。

支持青海生态经济发展的
财税政策研究

郑洪涛

青海地处地球第三极的青藏高原，被誉为"三江之源""中华水塔"，是国家重要生态安全屏障。2016 年 8 月，习近平总书记视察青海时强调，"生态环境保护和生态文明建设，是我国持续发展最为重要的基础。青海最大的价值在生态、最大的责任在生态、最大的潜力也在生态，必须把生态文明建设放在突出位置来抓，尊重自然、顺应自然、保护自然，筑牢国家生态安全屏障，实现经济效益、社会效益、生态效益相统一。"

当前在国家生态文明建设的事业中，青海省有着特殊的自然与经济社会条件，青海省多数地区生态系统的自我维持能力和受到外界干扰后的修复能力较差，生态环境的敏感性和不稳定性比较突出，青海省生态环境保护形势与任务依然严峻。青海省经济发展近几年处于总体平稳、稳中有进态势，青海省需要运用精准灵活的财税政策，实现青海省生态经济的快速发展，支撑生态保护与经济社会发展。

一、青海省生态经济发展的内涵及意义

生态经济是一种尊重生态原理和经济规律的经济，它要求将人类经济社会发展和依托的生态环境统一起来，在生态系统承载能力范围内，运用生态经济学原理和系统工程方法改变生产和消费方式，

挖掘一切可以利用的资源潜力，发展一些经济效益与生态效益高的产业，建设体制合理、社会和谐的文化以及生态健康、景观适宜的环境。生态经济的本质，就是把经济发展建立在生态环境可承受的基础之上，实现经济发展和生态保护的"双赢"，建立经济、社会、自然良性循环的复合型生态系统。

生态经济既包括物质代谢关系，能量转换关系及信息反馈关系，又包括结构、功能和过程的关系，具有生产、生活、供给、接纳、控制和缓冲功能。它强调了生态与经济的密切关系与协调发展，这种密切关联性表现为经济的生态化、生态的经济化，生态与经济的密切联动最终促使生态经济一体化。产业生态化是以生态系统承载能力为阈值的产业绿色转型升级的发展过程，提升生态系统质量和稳定性，全面提高资源利用效率，促进人与自然和谐共生，其过程即为推动循环经济发展的过程。生态产业化是恪守自然生态系统承载能力，按照产业化规律推进生态文明建设，促进生态资源在实现其经济价值的同时，也能更好体现其生态价值和社会价值，目的在于促进生态资源的保值增值和生态经济的良性发展。

生态经济体系的建设需要因地制宜，因产业而异。不仅需要国家的宏观把控和引导，也需要地方、企业在"生产者—消费者—分解者"的产业链条中合理清晰地做好定位，遵循经济、自然的客观规律，依托自身优势推动生态经济高质量发展。

在我国，为实现经济的生态化转型，合理调节人与自然之间的物质转化，党的十八大以来，以习近平同志为核心的党中央在面对新时代经济社会发展的新机遇与新挑战时，果断做出了要协调好生态环境保护与经济发展的决策，并形成了关于生态经济的重要论述。为此，党和国家通过建立与完善"保护生态环境就是保护生产力"、"绿水青山就是金山银山"及包含生态之美与发展之美的"美丽中国"论等绿色发展理论，建立健全严格的生态法制体系，大力宣传，将高质量发展与生态经济紧密结合起来，最终实现生态优化与经济增长、物质文明与精神文明、自然生态与人类生态的高度统一和可持续发展。

二、国内外生态经济发展中财税支持政策的经验总结

随着经济社会环境的发展，在生态环境日益严峻和经济发展不能停滞的背景下，各个省份通过财税政策的激励调节作用，逐步对原本依赖高耗能高污染的产业结构和经济结构进行升级转型，并取得了一定的成果。其中，许多的经济政策值得青海省借鉴与学习。

（一）国内财税支持生态经济方式

第一产业是国民经济的基石，也是生态经济的重要组成部分。国内各省份以农业的绿色发展、生态发展为目标，制定出台了一系列有益的财税政策支持农业生态经济的发展。

江苏省作为农业大省，通过对农产品限制开发区域的设立，经过科学规划后的将农产品的生产规划到具体的乡镇，通过相对的开发和限制开发确保江苏地区农业区的主体功能定位，保障农产品供给安全，更好地顺应区域的自然资源禀赋，更好地遵从区域农业经济发展规律。同时，江苏省还对农作物秸秆综合利用项目和农作物秸秆机械化还田项目进行财政扶持，同时对耕地质量检查和测土配方施肥进行财税补助，进一步科学规范了生产的上下游流程，减少了农民种田中用轻养的现象，进一步提高了耕地的综合生产力。

黑龙江省针对天然林地通过直接财政投资和间接财政补贴的财政政策，直接或间接地对林地保护、森林管护人员、林业单位所负担的费用、林业工程社会保险和生态补偿等方面进行了专项的投资和补助，提高林地保护相关单位和人员的待遇，有力促进了林业区的保护和发展。在税收方面，黑龙江省通过流转税减免、企业所得税减免、重点项目税收优惠等税收优惠政策促进了整个林业保护、绿色经济和国家级重大工程以及相关配套产业的发展。财政与税收的政策对黑龙江省的现代林业保护产生了极大的促进作用，中药材种植、林下经济、生态旅游等相关产业发展势头良好。

内蒙古生态环境优良，饲草和牛羊养殖资源丰富，是我国重要的绿色畜产业供应基地，近几年内蒙古在国家的支持下，通过民生补贴与减税手段，对使用良种精液的人工授精肉牛养殖场和存栏能繁母羊 30 只以上，牦牛能繁母牛 25 头以上的养殖户进行补贴，提高繁殖率，提升后代的生产性能和产品质量；同时安排专项资金对购买优质肉牛精液及公羊进行补贴，降低农户配种成本，提升生产质量。此外，内蒙古自治区还在中央的支持下开展耕地轮作制度试点，在中央财政的扶持下大力推进蛋白类饲料原料种植的补贴。近年来，内蒙古肉牛产量、质量不断提升，农牧民增收明显，大豆扩种趋势明显，极大地促进了绿色农业可持续发展，实现了科学种地和养地。

第二产业是国民经济的支柱，同时也对生态资源与自然环境造成了大量的消耗与影响，且产业类型多样、门类繁杂，是发展生态经济的重中之重。国家通过制定产业规划、出台财政补贴与税收补贴等财税政策，积极引导国内产业实现由粗放型发展模式向生态友好型模式的转变，实现产业升级。

以广东省对于新能源汽车行业的财税政策支持为例，作为未来国家汽车行业发展的主力产业，也是生态经济的支柱产业，承担着满足大众出行需求和减少碳排放的需求。因此，新能源汽车行业也受到国家和地方大力支持。比亚迪作为国产新能源汽车的龙头企业，自其在深交所上市后就受到了广东省和深圳市政府大力的财税政策支持，这些支持不仅仅在新能源汽车的购买，还有新能源汽车的生产、相关产品的研发、研发生产基地建造、对于特定检查项目的检测和对于相关产业发展配套产业的补助等，近几年，比亚迪汽车受到的财税优惠政策逐年增加，到 2018 年，其税收优惠占利润比为 15.29%，财政补贴占利润比例为 74.57%，直接带动了其创新和生产能力的增长。财税政策有力地支持了比亚迪公司的创新，其研发的新技术也带动了整个本土新能源汽车产业的发展，推动了相关产业的发展，也有效地提升了当地的国内生产总值，提供了大量的劳动岗位。

光伏产业作为生态产业的一大支柱产业，也是国家一直以来大力补贴的产业，有着前期投入大、经济成效周期长的特点。据此，河北省通过财税政策对光伏产业进行补贴，对光伏电站项目发电进行分类补贴，对相关产业贷款审批、抵押担保等方面手续的简化以及对相关光伏生产，运维阶段进行补助和税务减免，大力推动了河北省光伏产业的发展。江苏省在支持光伏产业发展方面设立光伏发电专项资金；促进现有资金对新能源产业自主创新和科技成果转化的支持；积极争取国债资金和中央预算内补助资金的支持，对国家重大产业化专项、科技重大专项给予地方财税的扶持和优惠，促进相关产业和产业链的发展；加大国家和省已出台税费减免优惠政策的落实力度，加快将符合条件的新能源企业认定为高新技术企业，更好地带领企业享受国家和省政府对光伏产业的扶持力度。

黑龙江省作为中国老工业基地，其过去的粗放式发展造成了大量的污染和资源的浪费。近年来，为了重振老工业基地，实现制造业的升级与转型，并实现高质量发展和可持续发展，黑龙江省对其省内制造业推行了一系列的财税政策，并取得了一定的成就。首先，对于制造业的创新方面，黑龙江省通过对企业重大技术装备直接进行补贴，对部分省级技术创新实验室进行财政补贴以及对购买科技成果的企业进行直接补助的方式等财政措施对制造业进行补贴。同时，黑龙江省还对符合条件的亏损企业的亏损给予收税结转，对高新技术企业进行减税、符合条件的科技园免征土地使用税以及对部分先进制造业也退还增量留抵税额等税收优惠支持制造业创新的发展。其次，为了刺激制造业的出口，黑龙江省对省内出口企业的研发、技术更新和项目升级改造给予财政资金的支持，对符合条件的小微企业的相关出口保费进行补贴。在税收政策方面，黑龙江省普遍提高制造业出口的退税率，对部分高新技术产业施行免税等政策。最后，在创新人才培养方面，黑龙江省对到省内企事业单位工作的高层次人才予以直接财政补助，对在重点产业工作的人才给予补贴，对人才创业与科技创新予以资金支持，并对相关高技能人才重点培养，培养基地建设进行现金补助。在税收方面，黑龙江省对高层次人才取得奖金施行免税政策。通过这些制造业相关财税政策的实施，黑龙江省不同地区产业集群初具规模，城市与城市之间形成了"产业转型带"与"工业支撑带"，黑龙江省的制造业产业聚集逐渐形成并慢慢有了竞争力。

第三产业作为中国经济的新增长点，在国民经济的比例正在逐渐提高，并且作为提高人民生活幸福度的产业，其发展愈加收到国家的重视，第三产业是发展生态经济的重点与亮点，国内也出台了一系列的财税支持政策以支持第三产业生态经济的发展。

海南省在国家的规划下设立海南自贸区，依托着国家、海南省政府和各级政府的财政投资逐步建立起了生态旅游经济体系，在注重保护环境的同时大力发展旅游业和贸易，并形成了支柱产业。尤其是实施了离岛免税政策后，免税驱动力海南省旅游和销售行业进一步发展，同时也带动了酒店行业、餐饮行业等相关产业的发展。

黑龙江省依托冰雪资源，充分将冰雪产业列入东北振兴的规划中，并对冰雪产业进行了大量的财政投资和税收优惠政策。首先，2019年黑龙江省通过财政投资政策，对新建旅游、文化和体育项目投资180.9亿元，并同时对相关支持产业进行奖补，推行了十六项支持产业发展的财政政策。其次是财政补贴政策，黑龙江省通过各种政策文件，统筹利用现有资金引导各类冰雪产业建设，对营业额度达到一定规模的冰雪企业进行奖励和贷款贴息政策等相应支持。最后，在税收政策方面，黑龙江省通过对冰雪企业顶格减税政策、对冰雪小微企业免减税政策、对部分困难冰雪企业减免土地使用税和房产税政策以及对冰雪政策相关服务社会组织施行税收优惠政策四个方面通过推动税收优惠对冰雪企业和相关产业组织进行产业扶持。到目前为止，黑龙江省冰雪旅游业发展迅速，旅游收入明显增加，并逐年增加，旅客人数不断增加，冰雪＋文化模式的旅游产业已经初具规模，相关配套的服务业和冰雪装备产业也借机得到了大力的发展。

以旅游业为支柱产业的贵州省，通过以财政支出为主的投资政策带动对旅游业的投资，推动对贵州省尤其是少数民族地区和边远贫困地区的专业支付力度，通过财政投资扶持旅游扶贫的方式大力发展贵州省的旅游产业，并同时对经济结构进行调整，通过旅游业发展推动贵州集中连片地区扶贫开发，最终推动贵州社会经济的发展。在财政税收方面，贵州省主要以对国家鼓励类开发项目企业进行企业所得税优惠，并同时对旅游类企业创新和生产、旅游商品加工类企业的创新和生产进行纳税抵扣，还对符合条件的小微企业和环保节能创新型企业给予税收优惠和免税政策。通过对旅游区整个产业链的财政资金投入和税收优惠支持，实现贵州省旅游产业的发展和升级，形成特色产业，进一步促进了贵州省经济结构转型，向生态经济发展，推动了全省的脱贫工作和经济发展。

（二）国外财税支持生态经济方式

第一个是瑞士生态循环发展的财税支持政策。瑞士作为一个位于高原区的国家，生态环境较为脆弱，资源有限。为实现长期的发展，瑞士建立了完善的绿色循环经济发展体系。在维持经济稳定增长的同时有效地保护了环境并实现了可持续发展。首先，瑞士根据自身情况制定了一套完整的绿色经济发展模式，通过对主要产业的精确把握，组建产业链群，加大力度对科技创新和人才进行投入并大力发展可再生能源技术。在产业链群中的企业都参与到生态工程的建设中，利用相关的生态补偿机制来规范生态生产建设，使得绿色发展理念与企业的发展规划深度融合。其次，瑞士政府通过建立中长远发展目标并科学推进战略实施，通过合适的财税政策不断调整农业产业结构，积极引入绿色环保利润率较高的农业项目。并从长期角度，瑞士立足于远期规划和可持续发展，推动生态农业和生态旅游相结合，实现国家绿色经济健康可持续发展。最后，瑞士通过建立自上而下的财税政策，从国家到地级政府多层次从经济政策、生态政策和社会政策三个方面促进经济发展和生态补偿协调推进。同时瑞士政府设立专项资金，建立一套完善的惩罚奖励机制，不断推动生态经济发展。

第二个是日本促进制造业和循环发展的财税支持政策。在制造业方面，日本以政府主导的方式推动先进制造业的发展。在财政投资方面，日本政府采用直接补贴和间接补贴对方式，通过国家稳定大量的投资带动产业的创新，最终实现产品创新，大型产业链形成、人才聚集和资源的合理协调。并且，日本政府以补贴的方式对中小企业按创新阶段实施补助，进而推动中小企业的创新。在税收方面，日本政府针对行业的不同施行差别税率，对有战略需求的产业进行税收倾向，例如：日本政府通过对新能源汽车及低排放的汽车实施税收优惠政策，减免车辆的购置税、重量税等来扶持新能源汽车产业的发展。通过税收优惠政策，日本政府对有战略需求的产业和需要保护的产业进行有倾向性的扶持，实现了产业的高质量发展和并与国家发展相结合，实现了双促进的格局。此外，日本政府还通过政府采购倾向引导有战略需求和需要扶持的产业发展，并通过政府采购法规对政府采购的低碳、环保标准进行规范，从而引导企业提升生产标准，满足可持续发展需求。

在生态经济循环发展方面，日本政府根据其本国国情，将循环型社会确立为基本国策。其生态经济的财税支持政策主要体现在三个方面：一、法制层面，日本地少人多，资源匮乏，大部分能源需要进口，因此对国外市场有极大的依赖性，因此，为解决经济增长带来的浪费等突出问题，日本出台了针对废弃物处理、资源有效利用、容器包装回收利用、家电、食品回收利用等法律法规，引导社会构建生态经济；二、财税政策层面，日本通过财政补贴、奖励政策、液化气税、机动车车辆吨位税、车辆税以及二氧化碳税等财税措施，引导生态经济的建设；三、资金投入层面，日本重视环境的治理，自 20 世纪 70 年代以来，日本各级政府在环境方面的预算占GDP 比例激增，这些预算主要用于环境预算的制定、环境保护检查强化、对公害防治项目的资助、公害防治相关公共事业支出、公害防止调研支出、公害被害者保护对策及自然环境保护对策等方面。

从效果来看，以日本九州，通过：一、渐进式政策调整煤炭等资源型产业、大力发展高科技等替代产业；二、高度重视环境保护，推广生态工业园建设，发展循环型经济；三、完善社会保障，重视失业者的培训与安置；四、财政资助政策及其税收、金融等优惠政策；五、基础设施建设方面的优惠政策等措施，因地制宜，从一个煤炭、钢铁为主的经济结构成功完成向生态经济转型。

第三个是德国生态经济发展的财税支持政策。德国整体经济发展的财税政策与日本基本相似，主要也是在三个方面：一、法制层面，和日本一样出台针对各种废弃物重新利用的法律法规，引导社会构建可循环的生态经济；二、财税政策上，通过财政补贴、设立专项资金，优惠贷款、施行严格的税收政策和针对部分企业的税收优惠政策，积极调控，鼓励发展生态经济；三、资金投入方面，不仅政府用于环境污染削减的专项资金在 GDP 中占比不断增加，还设立专项农业环保基金，加强农业生态耕作。

以德国鲁尔区为例，通过：一、发挥政府主导作用，建立完善的工作机制和政策法规保障体系；二、发挥规划引领作用，明确各阶段重点任务；三、加强软硬环境建设，尤其重视教育和人才培养；四、大力治理污染，有效改善生态环境，优化城市区域规划和生产力布局，大力发展文化和工业旅游产业等有效措施，通过四十多年的发展，将鲁尔区从以煤炭和钢铁传统产业为中心发展成为以煤炭和钢铁为基础，以信息技术等高新技术产业为龙头，多种行业多元均衡发展的综合新经济区。

（三）国内外生态经济和产业发展中财税政策改革经验

第一，政策体系建设与多手段结合。对政策覆盖对象精准定位。首先因地制宜，选择合适的生态经济发展模式；其次，解决因发展而导致的失业人口再就业等社会问题；最后有针对地进行治理，构建长效机制，精准把握不同产业发展阶段，保证政策覆盖无死角。

各种政策手段相结合，增强整体效果。首先要保证稳定的政府投入机制，确保政府在生态经济建设中的引导性地位。其次要优化税收政策，重视税收的调节作用，实行税率差别，将税收与其他调节手段相结合，实施渐进式的生态税制改革。重视政府采购对产业发展的引领作用。政府采购作为政府促进产业发展的一种手段，通过对政府采购政策的高标准、严要求从而达到对整个行业的生产规范要求。通过政府采购推动产业的规范化、低碳化、可持续发展。

第二，政策精准支持生态经济产业。从供给方进行改革，实现结构变革和高效发展。对于供给方效率低下、生产要素质量不高的现象，统筹规划，通过财税政策引导供给方改革，提升产业结构质量和生产质量。在不影响供应量的情况下逐步实现生产方式改革，从而达到促进生态经济产业链的发展。

第三，明确生态经济发展所需要长期发展的产业，并对相关产业链进行精确扶持。对于生态经济，尤其是需要长期扶持发展的制造业，为了达到产业落地并良性发展，提升自身竞争力，就需要进行产业链的建设并将生态循环发展的理念融入产业链每一环节的建设，通过产业链带动产业聚集，提升区域经济优势并吸引人才资金，最终实现生态经济长期高效发展。重视对于人才引进与教育的投资。针对当地生态经济发展需求建立重点实验室，对相关产业的项目进行直接投资。同时通过税收和投资鼓励有条件的高校进行"产、学、研"融合，鼓励企业与高校直接对接，高校提供最新的研究成果，企业提供资金、生产、销售，政府进行财税政策引导，从而实现促进高校研发、企业发展和地区发展多重效应。

三、青海财税支持生态经济现状和挑战分析

（一）新能源产业财税支持与产出不匹配

新能源产业发展投入与产出不匹配。近年来，青海大力发展太阳能和风力发电等新能源产业，已形成较为完整的产业链，受行业特点和产业政策影响，未产生与之相匹配的经济和社会效果。2015年，全省光伏发电企业销售收入达到33亿元，其税收收入不过1000万元。一方面，光伏发电属于投资密集型和基础设施建设行业，固定资产进项税额较大且国家对光伏发电实行即征即退50%增值税和"三免三减半"企业所得税的优惠政策，预计投产6年内没有税收贡献。加之，国家光伏电价补贴资金的补贴对象为电网企业，补贴资金政策不属于增值税应税收入，不征收增值税，电网企业购销新能源电量时，产生价格倒挂，造成电网企业的增值税税收收入明显减少，甚至无法实现增值税。因此，有必要完善现行光伏发电的价格补贴政策，制定新能源行业对减少石化能源消耗和生态保护的补偿政策。

（二）区域间税收政策不平衡

青海省按照行政区域被划分为六州一地一市，即西宁市、海东市、海北藏族自治州、海南藏族自治州、黄南藏族自治州、果洛藏族自治州、玉树藏族自治州、海西蒙古族藏族自治州。青海省近一半人口为少数民族，98%的面积为民族地区，青海除西宁、海东两个市外，六个州均为民族自治州，但是青海缺少与民族自治区相类似的省级层面税收政策支持。西宁的常住人口和地区生产总值指标在青海领先，但在西北五省区省会城市中排名倒数第一。原因是多方面的，就税收政策差异性比较，乌鲁木齐和银川属于自治区，可享受民族自治地方政策（如减征或免征企业所得税地方留成部分）；就区位、资金、人才等禀赋比较，其差距不言而喻。因此，西宁实际上

已成为政策和禀赋上的高地。而六个州的税收收入主要来源于采掘业、矿产品粗加工业和水电业等三大行业，占比平均达到86%，税源结构单一且集中于高耗能行业，不利于生态经济的发展。

（三）普惠性政策效应逐步弱化

改革开放以来，青海省经济持续快速增长，经济运行质量不断提高。市场化改革以来，虽然全省经济发展取得了一定的成就，但在经济发展过程中，其内部各区域之间的经济发展水平也呈现了极大的不均衡性，区域经济差异问题日益凸显，严重影响了青海省整体经济的发展。青海地处西部偏远地区，目前经济总量整体还是偏低的，主要集中在原材料生产、能源开采、初级农业加工等产业，如果提升青海区域生态经济发展协调性需要构建生态产业群、发展特色农牧业、特色旅游业和物流业、建立良好的生态补偿机制、实施对口支援政策，而现行的优惠政策主要是体现为地区、产业的扶持及保护性方面的税收优惠措施。这些税收优惠遍及各行各业，项目繁多，许多优惠政策无法单独针对西部偏远地区进行制定，导致青海省税收优惠效果弱化。例如：近年来，西部大开发所得税政策是青海省减免税金额最大的税收优惠政策，主要是享受15%的优惠税率。由于经济发展滞后，企业普遍效益不佳，与全国统一的高新技术企业享受15%税率的所得税政策相比，其政策效应正在逐步弱化。

四、青海财税支持生态经济对策和建议

（一）突出和压实青海生态经济的目标和责任

根据青海省二○三五年远景目标纲要，青海省在生态经济方面主要包括两项内容：一是生态文明建设水平进一步提升。生态文明建设实现由体系建设向融合发展深化，生态优势不断转化为竞争优势，国土空间开发保护制度基本建立，生态文明领域治理体系和治理能力现代化走在全国前列，能源资源利用效率大幅提高，碳达峰目标、路径基本建立，主要污染物排放持续减少，绿色环保节约的文明消费模式和生活方式普遍推行，"中华水塔"全面有效保护，生态产品价值实现机制基本建立，国家公园示范省基本建成，生态环境质量持续保持全国一流水平。二是经济发展质量进一步提升。经济持续健康发展，增长潜力充分发挥，经济结构更加优化，创新能力明显提升。国家清洁能源示范省全面建成，绿色有机农畜产品示范省影响力显著增强，产业基础高级化、产业链现代化攻坚成效明显。

为完成上述目标，青海省要不断增强"四个意识"、坚定"四个自信"、做到"两个维护"，坚持以习近平生态文明思想为指导，深入贯彻落实习近平总书记重要讲话和重要指示批示精神，始终保持加强生态文明建设的战略定力，全力落实"扎扎实实推进生态环境保护"和"三个最大"重大要求，坚定不移贯彻新发展理念，坚持稳中求进工作总基调，以推动高质量发展为主题，以深化供给侧结构性改革为主线，以改革创新为根本动力，统筹经济发展和生态环境，坚决扛起保护生态环境、筑牢国家生态安全屏障的政治责任，坚定走好西部地区、民族地区、高原地区和欠发达地区生态优先、绿色发展之路。青海省的生态经济发展要深度融入新发展格局中，推进地方治理体系和能力现代化建设，努力为建设创新引领、绿色导向、开放带动、协调融合、共享普惠的现代化开好局、起好步，奋力谱写富裕文明绿色和谐美丽新青海建设新篇章。

1.压实权责一致的生态政绩观

坚持权责一致的生态政绩观围绕构建目标责任体系，层层压实生态环境保护主体责任。把各地各部门生态环境保护责任落实及工作成效，作为检验其是否增强"四个意识"、坚定"四个自信"、做到"两个维护"的重要标尺。以"木里矿区非法采矿事件"为镜鉴，谨记"国之大者、民之关切"，守土有责、守土担责、守土尽责，严守生态环境只能变好、不能变坏的底线。

开展生态环境保护例行督察和专项督察，全方位落实生态环境保护责任清单。完善领导干部任期资源消耗、环境损害、生态效益责任制、问责制、离任审计制和生态环境保护目标责任制，实施绿色政绩考核，夯实生态环保"党政责""一岗双责"。把打造生态环境保护铁军要求，从生态环境部门延伸到负有生态环境保护职责的各部门，加强干部队伍思想政治、业务能力、工作作风建设，大力发扬斗争精神、强化政治担当，用心用情用力抓实抓好生态环境保护工作。

2.健全生态文明建设考核评价机制

修订生态文明建设目标评价考核办法和细则，完善政府内部考核与公众评议、社会组织和专家评价相结合的评价工作机制，强化考核结果运用。严明生态环境

保护责任制度，健全生态环境损害赔偿制度和责任终身追究制度，以精准问责倒逼生态保护责任落实。构建生态安全监管体系，健全环境治理政务失信记录，加快推进生态环境领域企业信用评价制度建设，监督上市公司和发债企业等市场主体落实强制性环境治理信息披露制度，建立生态环境保护第三方评估制度。探索推进跨流域生态环境监管执法，推动监测监管协调联动。

（二）市场引领与政府导向相结合的财税机制

1.政府采购与社会资本相结合

在国家"双碳"目标的背景下，政府绿色采购作为调控宏观经

济运行、保护环境的一项重要手段，有利于引导青海更多资源支持生态绿色发展，引领和带动全社会进一步增强低碳消费和清洁生产的理念。

第一，扩大政府绿色采购占采购支出的比重。规定最小绿色采购比例，扩大绿色采购规模，优先采购经统一绿色产品认证、绿色能源制造认证的产品，细化绿色评标政策，扩大绿色产品加分权重，同时创新政府采购方式，推行政府采购合同融资贷款，选定相关金融机构作为试点单位，着力缓解绿色中小微企业融资难、融资贵问题，加大绿色政府采购的可执行性。以做大做强锂电产业为重点，推进盐湖产业向新材料领域拓展；加大对培育高原特色绿色有机农畜产品的政府采购力度，创建全国绿色食品原料标准化生产基地，逐步壮大青海牦牛、藏羊、青稞、冷水鱼、枸杞等优势主导特色产业；加大对生态旅游政府采购力度，统筹推进旅游发展"五三"新布局，建设祁连、互助、门源、民和等一批全域旅游示范区，打造精品旅游线路，建成特色文化旅游目的地、国家生态旅游目的地，推动景区提档升级，确保景区生态环境容量、承载力和环境保护措施达到国家标准。

第二，加大对于新能源产业的政府采购规模。提高对发展光伏、风电、光热、地热等新能源产业采购比例较高的部门财政预算水平。助力打造青海具有规模优势、效率优势、市场优势的重要支柱产业。支持对重大创新产品、服务和关键核心技术首购订购，用税收减免、补贴以及绿色金融等多种经济手段，促进生态产业技术创新，提升生态工业的竞争力，扶持生态产业。着重发展节能和环境服务业，推行合同能源管理、合同节水管理，建立吸引社会资本投入生态环境保护的市场机制，推广政府和社会资本合作模式；注重清洁能源发展的政府采购机制，建成全国重要的新型能源产业基地，打造可再生能源基地，适时开发光伏光热资源，加快推进"青电入豫"工程建设和青海海西至中东部特高压直流外送工程。

2.健全政府补贴政策

立足青海省高原优势和独特的资源优势，健全政府补贴政策可从以下几个方面入手。

第一，农业方面完善以绿色生态为导向的农业补贴政策体系。加大生态农牧业生产方式的补贴力度，拨出专项资金以发展生态农业，对玉树牦牛、柴达木枸杞等青海特色绿色农牧业促进项目给予一定补助，对实施生态发展的企业、农户给予生产补贴、价格补贴、收入补贴、灾害补贴等资金支持，同时增加绿色信贷及专业化担保补贴，有效利用绿色金融激励机制，探索绿色金融服务和农业绿色发展有效方式，加大绿色信贷及专业化担保支持力度，创新绿色生态农牧业保险产品。

第二，工业方面制定与工业循环经济体系发展相匹配的财政补贴体系。通过间接地干预副产品交易价格来缓解链间企业的利益冲突，推动其协调发展，通过价格补贴等方式补贴生态工业以降低其成本和市场价，推进传统产业焕发活力，完善生态产业链，同税收返还等补贴方式结合起来，改变资源配置结构、供给结构和需求结构，同时利用财政贴息、企业亏损补贴，税收返还等方式打造基本原料下游产品，布局发展油气化工、金属冶炼、新能源、新材料等产业相互融合、联动发展、循环闭合的循环经济产业体系。

第三，旅游与消费方面打造青海特色旅游，促进生态产品消费。加大财政补贴力度，聚力打造具有青海地理标志的系列特色轻工品牌和文旅，促进高端化特色化品牌化发展，促进生态产品的消费。

一方面，完善青海生态保护专项补助政策，争取将我省草原、湿地全部纳入补助范围。另一方面，强化生态产品消费的财税政策引导。扩大相关消费补贴政策覆盖范围，进一步加大相关消费的补贴措施，通过对消费者、生产者、经营者进行价格补贴，扩大生态产品消费市场，助力生态经济发展。

3.加强生态补偿体系建设

第一，建立具有青海特色的生态补偿体系。目前，青海共有以禁牧、休牧、轮牧和协议保护为主要措施的高原沼泽湿地封育修复补偿模式；因候鸟迁飞、保护野生动物给农牧民生产生活造成损失的鸟类迁飞耕地补偿模式；因青海湖等重要湖泊水位上涨淹没草场给农牧民生产生活造成损失的补偿模式；补助草原禁牧、休牧和草畜平衡奖励为主的草畜平衡补偿模式；重要湿地区域内搬迁补偿模式；以及三江源国家生态保护综合试验区内设立的湿地生态管护员制度管护生态模式6种补偿模式。"十四五"期间，青海省将探索建立湿地生态效益补偿机制政策，完善退牧还湿政策措施和湿地生态效益补偿政策措施，积极打造小微湿地保护小区建设，持续打造一批国家湿地公园。在此基础上青海政府应不断完善生态补偿体系，坚持政府主导，充分发挥社会和市场机制作用和公众参与的原则的生态补偿机制。

第二，加强生态补偿制度体系的建立与立法。健全生态补偿配套制度体系和创新政策协同机制，加快建立生态保护补偿标准体系，以生态产品产出能力为基础，完善测算方法，分别制定补偿标准。加强生态监测能力建设，完善重点监控点位布局和自动监测网络，完善监测评估指标体系。加强生态保护补偿效益评估，积极培育生态服务价值评估机构，建立生态服务价值评估体系。健全自然资源资产产权制度，建立统一的确权登记系统和权责明确的产权体系。强化科技支撑，深化生态保护补偿理论和生态服务价值等评估研究。稳妥有序开展生态环境损害赔偿制度改革试点，加快形成损害生态者赔偿的运行机制。加快推行第三方环境治理。完善生态产品价格形成机制,使保护者通过生态产品交易获得收益。建立用水权、排污权、碳排放权初始分配制度，完善有偿使用、预算管理、投融资等机制，培育和发展交易平台。

充分发挥青海地方立法自主性，及时将青海比较成熟的生态补偿政策上升为法律规范，将本地区生态补偿规范化，从法律上明确生态补偿责任和各生态主体的义务，为生态补偿机制的规范化运作提供法律依据，从而建立适合本地区的生态补偿长效机制，也更好地为全国生态补偿立法提供参考经验。

第三,完善生态补偿转移支付体系。完善生态补偿转移支付体系，健全均衡性转移支付稳定增长机制，加大重点生态功能区转移支付力度，完善中央对青海重点生态功能区转移支付办法，逐步增加资金规模，进一步明确生态补偿的对象，将生态保护补偿与实施主体功能区规划、西部大开发和集中连片特困地区脱贫攻坚等战略有机结合，重点在三江源草原草甸湿地生态功能区屏障、青海湖草原湿地生态带、祁连山地水源涵养生态带等"一屏两带"重点生态功能区开展生态保护补偿，应建立健全野生动物伤害补偿常态化机制，建成具有青海特色的自然保护地模式，争取将青海省生态脆弱区域纳入中央财政森林生态效益补偿基金范围，促进绿色转型发展；第三,建立以政府投入为主、全社会支持生态环境建设的投资融资体制。建立健全生态补偿投融资体制，既要坚持政府主导，努力增加公共财政对生态补偿的投入，又要积极引导社会各方参与，探索多渠道多形式的生态补偿方式，拓宽生态补偿市场化、社会化运作的路子，形成多方并举，合力推进。首先应按照青海"十四五"规划《建议》提出的要求，逐步完善以国家公园为主体的自然保护地体系，高水平建设三江源、祁连山国家公园，推动创建青海湖、昆仑山国家公园，建立统一分级管理新体制，率先在国家公园所在县域开展自然资源经营管理活动、自然保护地现代化社区建设试点，充分利用碳市场机制建立完善多元化的生态补偿机制，通过以三江源国家公园为载体支持青海发展碳汇经济，优先将青海省林业、新能源等自愿减排项目优先纳入全国碳市场，引导鼓励碳交易企业优先购买青海项目，促进三江源地区多元化生态补偿机制完善和优良雄厚的生态价值转化变现；

第四，加快开展生态补偿试点工作。结合青海省实际，在青海省部分跨流域河流开展横向生态保护补偿试点工作。支持通过资金补偿、对口协作、产业转移、人才培训、共建园区等方式建立横向补偿关系，完善青海省区域之间、流域上下游之间、不同社会群体之间的横向转移支付体系，调动更多主体参与到生态经济建设中来，由中央政府推动建立科学、合理的青海省区域横向生态补偿制度，探索区域间经济合作的利益补偿机制，最大程度保障生态保护区合理的经济利益诉求。加强财政预算与同级发展规划实施的衔接协调，打造水污染、土壤污染、矿区生态环境综合治理工程，推动设立黄河流域生态保护和高质量发展科技专项，健全以政府购买为主的公益林管护机制，同时财政资金支持重点行业大型企业开展生产线智能化改造，发展高原特色农牧业、生态旅游、清洁能源、服务经济等产业，促进区域生态保护协同创新、产业发展合作共赢。

（三）精准运用税收政策支持生态经济发展

1. 深化环境保护税改革

第一，完善专门为环境保护而设立的绿色税种。将环境保护税的征收范围逐渐延伸至更多高耗能产品及造成环境污染、生态破坏的行为领域，如开征二氧化碳税、垃圾税等。一方面，为促进企业积极开展低碳技术革新，降低温室气体排放，青海省可依照二氧化碳污染排放量征收二氧化碳税。另一方面，考虑到垃圾污染已成为阻碍绿色发展的一大公害，且不恰当的垃圾填埋或焚烧处理，又会带来严重的二次污染和资源浪费，青海省可依据垃圾重量征收垃圾税，同时按可回收垃圾、可燃垃圾、有害垃圾、可堆肥垃圾等不同类别垃圾，设计差别税率，并将征税所得用于研发垃圾分类处理技术，既可从源头抑制垃圾污染，又为后期垃圾治理提供资金支持。依据不同污染程度采用差别税率，坚持"多排多征，少排少征，不排不征"的原则。青海省对应税大气或水污染物低于国家和地方规定标准30%的企业，减按75%征收环境保护税，对低于国家和地方规定标准50%的企业，减按50%征收环境保护税。

第二，解决税率设计偏低问题。考虑到费改税后企业面临的税负压力，我国目前环境保护税税率的设计，基本保持了排污费原有标准。但较低的税率很可能导致企业污染环境所需承担的税负远低于企业治污减排所需花费的成本，如二氧化硫每污染当量（0.95千克）的税额为1.2元至12元，远低于企业脱硫的成本，结果可能使得企业主动节能减排的积极性不高，对于青海省而言，应当将税率制定的权限下放到地方，青海省政府建立一套完善的监督体系，纳入相关专家每年对地方税收情况进行评估，提出意见并改进。

2.推进资源税改革

第一，立足于生态环境保护优先和资源节约集约利用，加强生态环境保护的立法宗旨，体现资源税绿色功能，扩大资源税征税范围。目前青海省资源税税目种类较少，主要包括能源、矿产和盐类，首先可以考虑将尚未纳入资源税的不可再生资源以及存量水平已接近临界值，如果继续消耗会影响其再生能力和存量的资源纳入资源税征税范围，如水资源、土地资源、森林资源等；其次再考虑将所有需要进行保护和开采利用的资源全部纳入资源税征收范围应涵盖更多资源税种包括矿藏资源、土地资源、水资源、动植物资源、森林资源、草场资源、海洋资源，以及地热资源等多种青海自有的丰富资源，抑制资源浪费和低效使用。

第二，制定综合利用税收优惠政策实施办法，鼓励企业绿色转型，注重资源综合开发和循环利用，引导企业把更多的资金投入到绿色生产和资源综合利用上，形成资源利用良性循环，助力青海经济健康发展。完善对低品位矿、尾矿、废石、废渣、废水、废气等提取的矿产品进行相应减免税政策，增加可以免征或者减征资源税的情形，根据税种特质对个别税目税率还适当进行调低，如钠盐、锂盐、地热等。如对共生矿产品和伴生矿产品占当期全部应税矿产品销售额比例区分，规定更高的减征比例的税收优惠政策，对纳税人回收利用尾矿的免征资源税，充分彰显政策导向和引领作用。

3.税收优惠激发市场潜力

第一，制定专项优惠政策。通过专项优惠政策来优先支持具有市场潜力和投资价值的重点生态产业，单独制定适用青海省的生态经济特色建设项目企业所得税优惠目录，鼓励节能环保投资，扩大青海企业用于环境保护、节能节水、安全生产等专用设备投资额的税额抵免比例，对企业购置并使用环保专用设备，研究推行加速折旧政策，对防治污染的设备和设施、特定基础材料、废弃物再生处理设备等，允许加速折旧等。支持地方特色企业在青海延长产业链，促进青海省鼓励类产业发展，对在青海进行生态产品深加工的企业实行增值税和所得税优惠政策。在推进西部大开发方面，进一步降低政策准入门槛，扩大受惠企业的范围，将青藏高原重点特色优势产业、支柱产业，如生物医药藏药、优质酿酒青稞种植与酿造、枸杞制品加工与生产纳入西部大开发优惠范围。

第二，整合相似优惠政策，构建可充分发挥作用的税收优惠体系。首先，降低政策准入门槛，扩大受惠企业的范围和程度。比如车辆购置税，可按照车辆的性能和排气量等确定车辆购置税的税率，体现车辆购置税的绿色功能，在目前标准税率10%的基础上，按照车辆的排气量制定多级税率。同时针对新能源汽车的项目和企业，可以施行减税和免税政策。其次，形成覆盖技术产品研发、生态服务提供和环境产品生产、生态产品消费等环节的完整优惠链条；同时针对第三方研发和推广环境污染治理新技术、新工艺，给予更加优惠的税收优惠政策，培育第三方治理新模式。此外还可以将青海省民族地区增值税、所得税收入的中央级部分全额返还给民族地区，专项用于支持民族特色产业发展，尽快打造一批全国性的民族特色产业孵化中心、具有全国影响力的民族特色产业基地。

4.以消费税增强市场生态引领性

消费税在税收体系中的作用主要包括调整消费结构，引导消费方向，在市场经济条件下，消费需求可以引导企业产品供给。消费税可以通过消费需求的信息影响企业的生产，然后由商品生产信息传递到资源开采的企业，进而影响到资源的开采环节。

扩大消费税征税范围。青海省政府一方面将在使用过程中产生严重环境污染的产品纳入征税范围，对造成"白色污染"的塑料制品、排放大量二氧化碳和二氧化硫的有害物品、破坏臭氧层的消费品等高污染产品征收消费税，可以降低消费者消费此类商品的意愿，促进资源化利用和无害化处置，从而达到减少温室气体排放的目的，对青海天然气等不可再生能源征收消费税，可以抑制对此类资源消费品的消费和使用，促进能源节约，同时促进可再生能源资源开发与利用，提高消费者的消费成本，抑制对这些品类消费品的消费需求，从而可以起到保护生态环境，促进清洁能源开发利用，推动生态经济发展的作用；另一方面将三江源地区汉藏药材植物等特色地域产业的初级产品和产业链延伸产品列入消费税征税范围，通过制定与之相关的消费税征税标准，同时进行消费税差别征税，给予相应税收优惠，推动其产业链的延长，促进与之相关的文旅、农牧等生态产业链的拓展与完善。

突出消费税绿色功能。一方面统筹推进后移消费税征收环节，增加消费税的调节功能，一定程度上降低企业的生产负担，使企业更好地投入到清洁和循环生产中去；一方面实行差别税率，根据产品不同的环境污染程度和其不同的能源消耗的程度实行不同的税率，并且适当的增大其级别差异。对利用新能源、新技术、低排放的消费品，如新能源汽车、高效用电技术产品、绿色农牧产品等适当降低其税率实行低税率，而对高排放、高污染的消费品提高一定的税率；一方面逐步将消费税从价内税调整为价外税，使消费者能够直观掌握购买商品所支付的税款，通过价格的杠杆作用影响消费者的消费行为，引导消费者建立保护环境、生态优先的消费习惯，推动生态经济发展。

5.低碳化关税提升市场竞争力

在全球化背景下，青海关税低碳化对于其外贸而言是必要的。关税低碳化有效地保障了可持续发展，控制了碳排放，弥补了政府和市场的失效和缺陷，支持钢铁、煤炭等行业化解过剩产能，鼓励企业淘汰落后产能，推进全省产业结构调整优化，加快与国际义务接轨。对于高消耗、高污染、低科技含量的出口商品，应加倍征收关税；同时对于低能耗、低污染、高科技含量的出口商品，应给予出口全额退税或部分退税的税收优惠以优化贸易结构。扩大出口关税征收范围，相关部门应在深入研究之后，制定出具体的关税征收清单，清单的制定需要综合考虑发展经济和保护环境的双重需要，并随着经济形势、生态环境状况的改变及时修正征税清单。从而推动青海低技术高能耗行业逐渐转向依靠高技术低耗能型行业，发展新能源、新材料等新碳减排技术，不断提升青海出口产品质量，增强出口产品的国际市场竞争力。此外，政府应强化自身的环境保护管理职能，对于在对外贸易中违法出口、交易清单禁止类产品的行为要予以严厉惩罚，同时积极应对、打击发达国家的故意制造事端行为。

（四）确保财税支持生态经济持续性和稳定性

青海省"十三五"确定的生态环境保护11项约束性指标已全部提前完成。"十四五"时期是青海省谱写美丽中国建设青海新篇章、实现生态文明建设新进步的关键五年。"十四五"期间青海省需要围绕"聚焦守护好国家生态安全屏障、打好升级版污染防治攻坚战、优化绿色发展方式、创新治理体制机制"四大战略，推进落实"绿色发展、生态保护、污染防治与城乡共治、适应气候变化与碳达峰、风险防控、健全治理体系"等六方面任务措施，实现环境风险得到全面管控，主要污染物排放总量持续减少，生态环境质量持续改善，推动实现全社会生产生活方式绿色转型。因此在生态经济发展的财税政策支持方面，要加强财政资金对生态经济的支持力度，把生态经济和环境保护投入作为公共财政支出的重点，增强青海省"十四五"规划总体布局效应，坚持生态保护优先，推动高质量发展，培育发展生态经济。

1. 增强财政预算对于生态经济的支持力度

提升预算编制的科学合理和预算执行的规范有效性，增加对生态环境保护资金的投入比例。青海政府现行的财政支出预算体系践行着创新、协调、绿色、开放、共享的新发展理念，但在生态保护和生态产业方面的政府预算编制和执行离全面系统的现代财政预算还存在较大的距离。

一方面政府可以落实零基预算和工作量预算法，根据自身的财力状况和环境保护的任务，将财政资金具体分解到生态产业和环境保护建设项目中去，加强项目预算与支出政策的衔接，建立健全能增能减、有保有压、以绩效为导向的预算分配机制，优化生态经济财税支出结构。

另一方面政府可以健全青海资产管理和生态经济预算管理相衔接工作机制，再加大对"中华水塔"基础设施投资支出，强化江河正源保护，为建立青藏高原国家公园群、加强矿山地质环境治理和生态修复提供经费保障的同时，全面反映预算资金形成基础设施、政府投资基金、政府和社会资本合作项目等相关国有资产情况。扎实推进分领域省以下财政事权和支出责任划分改革，完善省对下转移支付制度，明晰落实分级支出责任。

最后要加强绩效监控和评价结果应用，加快推进预算管理一体化系统建设，以信息化支撑预算管理现代化，使青海生态经济预算合理有序推进，从而形成稳定的财税投入机制。

2.整合专项资金以形成合力

青海生态环境保护责任重大，实施生态环境保护项目和发展生态产业能够有效提升生态环境质量，助力打赢污染防治攻坚战，推动生态环境质量持续改善。青海是经济欠发达地区，生态经济发展对投资拉动依赖较强，项目投资工作仍是青海省生态经济稳增长的重要支撑。青海省各级财政性资金应优先投向同级发展规划确定的重大任务和重大工程项目，在推动绿色制造、国家重大科技基础设施和科学装置落户、推进特色产业、保护自然资源和生态环境、发展清洁能源和循环经济方面设计更多专项资金进行针对性的经济扶持。将投资项目化、项目责任化、责任具体化，结合生态环境部专项资金监督检查反馈意见，举一反三，全面梳理排查历年项目实施存在的问题，采取有效措施，认真进行整改；此外还需要发挥督察体系作用，把项目执行情况作为我厅即将开展专项督察的重要内容，同时纳入厅领导分片包干推动中央生态环境保护督察整改工作督查范围，由各厅领导牵头督办，强势推进项目实施，使专项资金实现高效整合和利用，形成推动青海生态经济发展的重要力量。

3.改善财政资金的投入方式

提高财政资金聚合效应的同时，坚持以市场为导向，优化财政支出结构，增强市场主体活力，提高资金使用效率。青海政府应不断改善财政资金单纯无偿投入的模式，以股权投入、基金投入、债权投入等方式支持青海生态经济领域、行业、项目、企业的发展，强化发展类资金的吸附放大作用，支持和培育清洁能源、绿色生产方式、生态旅游、绿色农牧产品这几方面的市场主体做大做强，如强化拨付各类股权投资资金，对生态工业项目、重大生态技术进步项目、地区重点生态发展项目等企业给予重点支持；利用PPP模式、设立专项基金、购买企业或特定事项发行的债券，放大财政资金使用效果，如设立青海省生态产业引导基金，支持发展退役光伏组件、储能电池、光热熔盐等综合利用和无害化产业，进一步促进经济结构调整和产业升级。以此激发市场活力，充分发挥政府财税资金效用，发挥市场主体作用，增加绿色产品和服务供给，发展分享生态经济，提高闲置资产利用效率，发展节能环保产业，规范发展再制造服务等。

4.建立财税政策评估监督机制

一要对现行生态经济财税政策定期进行评估，采取多指标综合测评、税费改革前后对比分析等方法，对政策方案执行情况跟踪分析并及时反馈。构建科学合理的财政预算绩效指标评价体系，健全预算监督公开透明的现代预算管理制度，确保资金使用效率最大化。同时探索多元评估主体有序参与机制，引入有资质的中介机构开展第三方评估，提高决策评估的科学水平。二要公开财税政策制定过程，提高政策信息披露的充分性和完整性，增强社会各界对财税政策相关报告的可获得性，同时建立第三方公共支出监督制度，提高政策公开透明的质量及公众知晓度。强化财政预算执行过程中的监督和审计，严格按照预算制定的规范开展财政资金使用过程监督及公开问责，细化考核监督机制。三要规范地方政府债务管理，依法建立管理规范、责任清晰、公开透明、风险可控的政府融资机制，严控地方政府债务风险。

（五）利用财税支持政策推进青海新型基础设施建设

充分利用财税支持政策积极推进青海新型基础设施建设，加快补齐面向现代化的基础设施短板，加快融入国内国际双循环的发展格局。青海省"十四五"规划提出要深度融入新发展格局，具体有三大方面的重点任务：一是牢牢把握扩内需战略基点；二是全方位深层次融入国内大循环，积极对接强大国内市场，形成需求牵引供给、供给创造需求的更高水平动态平衡；三是积极参与国际循环，充分利用两个市场、两种资源，促进内需和外需、进口和出口、引进外资和对外投资协调发展，而青海此种新发展格局离不开财税政策对于新基建的重要支持。

利用财税支持政策精准发力新基建不仅是立足当前，应对疫情冲击和经济下行的有效手段，更是面向长远，代表着经济社会高质量发展的新方向，作为创新驱动经济发展的重要支撑，"新基建"是兼顾短期刺激有效需求和长期增加有效供给的最佳结合点。要利用好新基建的价值，使其为生态产业发展、城市绿色转型等提供助力，为青海省构建新发展格局奠定基础。

青海要结合新基建思路和方法，妥善运用国家在发行特别国债和增加地方专项债等方面的财税政策机遇，加快落实青海省"新基建"年内投资计划，完善财税金融政策扶持。依据青海省财政能力，加大对于"新基建"创新应用于生态经济的财政资金扶持力度。

1. 注重产业绿色化、数字化升级

在绿色产业、生态旅游、农牧产品发展上注重产业升级和新经济发展，以数字化、智能化赋能，加速推进产业数字化和供给侧结构性改革，打造安全可控的基础网络体系，建造通用化支撑平台，提升软硬网络连接数量与速度，对传统产业进行全方位、全角度、全链条的基础改造，运用大数据、区块链技术畅通产业链数据循环，共享产业链数据资源，匹配上下游供需信息，为生态产业优化决策铺平数字道路。趁势推动新生态产业快速发展，创新生态经济增长模式，有效构筑新的生态经济增长点，加快打造盐湖等资源综合利用、先进储能技术等重点领域的生态产业，完善生态旅游配套体系，统筹"通道＋景区＋城镇＋营地"全域旅游要素建设，加快农牧产业数字化建设，开展农牧产品质量追溯平台和基础数据平台、市场信息平台等基础数据平台建设，通过数字化技术、劳动、资本等生产要素，提升覆盖范围内数据资源、人才流动速度和参与程度，推进生态旅游和农牧产业生产要素的整合，从数字产业链角度向下引进数据采集、数据标注等人才门槛较低的信息产业，向上开发集数据存储、云计算、终端应用等各类数字服务，加快完成数字经济产业链的聚集，提升生态这些产业数字经济黏性，从而增加生态产业发展潜力。

2. 大力发展清洁能源产业数字化、智慧化

在清洁能源产业上布局智慧能源基础设施，持续提升清洁能源发展优势，近年来，青海省新型能源行业发展迅速，可再生能源装机、发电量占比稳居全国前列，清洁能源消费比重持续领跑全国，新通道建设、可再生能源参与电力市场化交易等重大项目有序推进。依托现有新型能源发展基础，紧抓国家发展"新基建"机遇，推进智慧电厂建设，打造智慧能源应用平台，提高清洁能源就地消纳比重，大力推动智慧能源基础设施布局。保持清洁能源新兴产业发展强劲势头，围绕比亚迪、泰丰先行、亚洲硅业等行业龙头企业延伸上下游产业链条，加快实现新能源、新材料、电动汽车等行业聚集，重点发展光伏、储能电池、铁电池等项目，构建具有特色和竞争力的新能源新材料产业产品体系，以青海省能源大数据中心为依托，积极推动能源互联网应用，建设可融合电能、石油、天然气、热能等多种能源互相补充、互相转换的综合能源系统。在不断推进国家清洁能源示范省建设的过程中，积极融入国家"新基建"规划，争取一系列智慧能源项目，使青海新型能源的比较优势转化为智慧能源

的规模优势。

（六）借力国家重大战略增强财税支持力度

2020 年 5 月 17 日，中共中央、国务院发布《关于新时代推进西部大开发形成新格局的指导意见》，提出打好三大攻坚战、推动形成现代化产业体系、加强政策支持和组织保障等 36 条具体意见。其中明确提出要加强财税政策对于生态经济发展的支持，考虑重点生态功能区占西部地区比例较大的实际，加大了中央财政对重点生态功能区转移支付力度，完善资金测算分配办法。青海省应当积极响应落实国家西部大开发战略中的财税支持政策，完善生态功能区转移支付体系，搭建科学、合理、精准的生态补偿资金测算分配方法，实现财税政策全面、精准地帮助生态补偿地区的发展。

考虑到西部地区普遍财力较为薄弱的实际，文件中提出加大地方政府债券对基础设施建设的支持力度，将中央财政一般性转移支付收入纳入地方政府财政承受能力计算范畴。青海省应充分利用地方债额度，加大对于生态环境保护、清洁能源等绿色发展领域基础设施的投资力度，运用财政支持青海省生态经济发展。

在税收优惠与减免方面，对设在西部地区的鼓励类产业企业所得税优惠等政策到期后继续执行。赋予西部地区具备条件且有需求的海关特殊监管区域内企业增值税一般纳税人资格。对西部地区鼓励类产业项目在投资总额内进口的自用设备，在政策规定范围内免征关税。青海省应继续落实"减税降费"工作，将税收优惠政策继续落实在清洁能源等环保、节能、新基建等产业的企业，并运用设备免关税等政策，鼓励企业加大投资力度，实现生态经济的进一步发展。

作者简介：郑洪涛，北京国家会计学院教授。

支持青海的生态经济发展
财税政策研究

马长峰

一、关于生态经济学[①]

（一）关于生态经济学

根据同济大学诸大建教授，我们应该重视可持续发展的经济学和管理学，在此过程中，反思主流经济学偏重经济增长，忽视社会公平和生态环境、资源和人口等因素对于单纯经济增长的约束的缺陷，重建全面发展理论，用于指导经济社会和环境、资源以及人口协调发展。

在主流经济学理论指导下，经过100多年的工业化发展，20世纪60年代开始，环境污染和资源短缺日益成为经济发展的硬约束，因此环境经济学应运而生。环境经济学有两种思路，一是用庇谷税和科斯定理对传统经济学进行修正（并未对传统经济学进行彻底反思），二是生态经济学对传统经济学理论进行彻底反思。修正视角并不从根本上改变经济增长理论，而生态经济学则是对生产要素进行彻底改变。这些改变包括，将研究对象从单纯的经济系统扩展到生

---

① 生态经济的另一种定义是产业生态。李海舰和李燕（2020）认为，生态经济源于平台经济，构建多方参与、共创共享、动态演化的商业生态系统。因此该种观点实际上是商业形式的生态，而非自然资源的生态。

态系统和经济系统并重，将自然资源（土地、能源、环境等）作为生产要素和传统要素（劳动和资本）并重，将发展目标从单纯的经济增长扩展到福利增加。

1. 生态经济学的研究视角不同于传统经济学

生态经济学纠正新古典经济学将经济系统从生态系统割裂开来的逻辑范式。一旦将经济系统纳入生态系统，经济增长的可持续性就自然依赖于生态系统对经济系统的约束。由于资源（能源和粮食等）、物质、污染物排放，甚至是气候等都源于生态系统，而这些因素也影响到经济发展，因此经济增长必然依赖于生态系统。经济增长必须依赖物质，而物质受到生态系统的制约，这就会产生经济增长的极限。经济能否可持续发展必然依赖生态系统，自然要求经济发展要考虑资源环境承载能力。这会产生最大规模和生态门槛问题。同时，生态系统的机会成本也是经济发展的代价，这也是生态经济学自然推论。这些都是对传统经济增长等理论的彻底反思和变革。这会产生最佳规模和福利门槛问题。

生态经济学重视"自然资本"，这与传统经济学只看人造资本差异很大。工业化时代初期，自然资本无比充裕，而人造资本非常匮乏，因此传统经济学重视人造资本而忽视自然资本。经过200多年的工业化时代的发展，人类活动大大丰富了物质财富，人造资本和自然资本相比，前者变得空前充裕，而后者却变得十分稀缺。这就是生态经济学家戴利所说的从"空的世界"步入"满的世界"。我们可以把机器厂房设备等资本理解为人造资本，而土地、水、能源、环境和气候等理解为自然资本。随着西方资本主义国家疯狂的工业化以及不够节制的消费行为，长期的经济利益至上同时忽视资源环境承载能力的发展方式消耗了太多的资源，破坏了环境，减少了物种，极大破坏了生态平衡，这对全人类的整体发展和生存带来极大威胁，这正是习近平总书记提出发展生态文明的原因。未来经济发展要从更大更快转为更好，中国要从要素驱动转为创新驱动。其中创新驱动的一个视角可以是经济增长模式的创新，不能再以要素数量驱动经济，不能像以前那样粗放式发展。粗放式发展忽略人口、资源、环境以及气候等约束因素，只关注经济利益，导致环境污染、资源枯竭、气候危机、人口危机、健康危机、生态失去平衡、社会更加动荡（各种不平等日益加剧，是未来发展巨大隐患。不平等会加剧各种矛盾的冲突，有可能引发战争），经济社会可持续发展前景愈加晦暗不明。为了避免人类生存危机，必须转变发展理念，认真贯彻党中央提出的"创新、协调、绿色、开放、共享"的新发展理念。

生态经济学的研究内容和传统经济学存在根本差异。第一是目标的差异：传统经济学重视经济增长，而生态经济学重视福利发展。新古典经济学追求经济增长和市场目标，兼顾社会公平分配，不考虑生态平衡。随着人口、环境和资源约束日渐硬化，这种发展理念必然引发经济增长但幸福感却下降的悖论、各种不平等以及经济增长对于生态平衡的破坏引发自然和社会的各种灾难后果，导致经济社会难以可持续发展。生态经济学并不以经济利益为单一目标，而是以经济增长、社会福利和生态平衡为多目标的平衡。生态经济学认为经济增长不应局限于市场价值量增加，而应该是"规模数量或物质吞吐量的增加"。在这种理论中，经济发展必须表现出服务和物质的品质方面的提升。在增长有限还是无限、发展有限还是无限方面，新古典经济学和生态经济学观点完全对立：前者认为增长可以无限，但后者认为增长有限而发展可以无限。经济增长手段差异是新古典经济学和生态经济学之间的第二大分歧：新古典经济学认为财富来源于劳动、资本和技术等形式的物质资本，这些物质资本之间是替代关系而非互补关系。例如自然资源的稀缺可以被技术进步替代，或者说技术进步完全能够克服自然资源短缺困难。与此截然不同的生态经济学认为财富来源不仅包括物质资本，还包括前台形态的资本，例如社会资本、人力资本和自然资本等，并且这些资本只能互补而不能互相替代。这就意味着物质资本、自然资本、人力资本和社会资本中的任何一项短缺都会导致发展不可持续。第三是政策的差异。新古典经济学的核心是必须有效配置人造资本从而实现经济增长这一根本目标，强调市场决定价格水平从而达到有效的资源配置。在政策方面生态经济学同样和古典经济学相去甚远，与古典经济学强调市场机制不同，重视非市场资本的生态经济学提倡市场机制和政府制度并重、社会信托等政策体系。

2. 生态经济学的微观观点

生态经济学的微观观点最重要的特点是将自然资本引入生产函数，并以此为基础提出不同于传统经济学的配置策略。

（1）自然资本。生态经济学认为生产要素可分为物质原料（例如原材料）和加工这些原料的工具。工具和原料是互补而非替代关系，因此原料短缺无法用工具替代。生态经济学主张市场无法有效配置非排他、竞争性的公共资源物品和非排他非竞争的纯公共物品，因此应该重点研究这些资源对于经济社会和自然之间的和谐关系以及全面可持续发展的意义。排他性指的是没有所有权无法使用，竞争性指的是一些人使用会减少其他人的使用。

基于工具和原料、排他性和竞争性、替代性和互补性，生态经济学特别强调自然资本的价值。按照来源，自然资源主要有非生物资源和生物资源两种类型。生物资源包括可更新系统、生态系统服务和废物吸收三个类型，非生物资源包括化石燃料、矿物、水、土地、太阳能五个类型。生态成本不仅包括不可再生能源的耗费，还包括环境吸收废物的能力、气候变化和生态平衡。

（2）生态经济学生产函数和效用函数不同于传统经济学。传统经济学认为产出来源于资本和劳动，忽视自然资源。这隐含了劳动和资本能转化为物质的假设，这种假设错误将劳动和资本等媒介视作对象。事实上，没有物质，资本和劳动就"难为无米之炊"。例如，没有洁净的空气、水和土壤，人的生存问题都难以解决，就没有劳动提供者；没有安全的食材，再好的厨师劳动和机器资本也做不出好的食品。即使将自然资源放入生产函数，传统经济学也认为技术可以替代自然资源。

与传统经济学不同，生态经济学认为自然资源和劳动、资本之间是互补而非替代关系。这就体现了自然资源对产出的影响是不可替代的，同时要求政策制定者不能忽视资源、环境和人口等因素。

其次，生态经济学将自然物品和服务放入效用函数，认为自然物品和服务影响效用，和人造物品（和服务）具有不可替代性。例如，旅游依赖于安全优美的旅游风景、自行车的效用严重依赖洁净空气、食品的效用严重依赖生产食材的土壤、空气和水。这些都表明，自然物品和服务虽然不是人类劳动创造出来的，但和人类劳动产出的产品和服务同样影响效用。

（3）生态经济学重视资源生产率。除了劳动生产率和资本生产率，生态经济学同样重视资源生产率。生态经济学效率 = 福利 / GDP × GDP/ 生态足迹，也就是单位生态足迹的福利。生态经济学是要用最小的自然消耗产生最大的社会福利，即社会福利最大化、自然消耗最小化。生态经济学提倡经济增长和自然消耗脱钩，就是说资源节约和环境友好的生产和消费方式。同时生态经济学重视生活品质，强调在人造资本存量不发生巨变和经济增长规模适度的前提下实现这一目标。

3. 生态经济学宏观观点

（1）生态经济学更重视社会福利。传统经济学以 GNP 为目标，认为 GNP 就是社会福利。生态经济学则认为这是不够的，GNP 的增长会减少社会福利。例如劳动力的流动虽然增加了 GNP，但是减少了家人团聚，因此 GNP 增长不一定总是能增加社会福利，也就是说经济福利会减少非经济福利。另一个例子是 GNP 增加污染，减少了非经济福利。生态经济学家认为，20 世纪 70 年代之前经济增长促进福利水平，而此后就不再如此。也就是说经济增长对福利促进存在门限。与此对应，我们也可以假设，穷国在变成富国之后，单纯经济增长不会增加社会福利。或者说，不同的经济发展阶段增加社会福利的手段不同。传统经济学认为非经济福利退化前提下社会总福利可以增加，而生态经济学认为应该追求自然资本提供的福利不退化的可持续发展。

（2）经济增长的生态规模约束。传统经济学适应工业文明，起源于工业化时代早期的"空的世界"，忽视生态系统对经济增长规模的制约。而生态经济学适应生态文明，起源于工业化时代晚期的"满的世界"，强调经济增长面临生态系统的制约。随着公共卫生事件全球大流行、社会矛盾日益加剧、逆全球化、全球变暖等趋势日益明显，生态经济学的观点得到越来越多验证和认可。

4. 生态经济学的全球化观点

传统经济学认为全球化促进贸易、增加资本和技术的自由流动，包治百病。但生态经济学认为这样的假设存在严重缺陷。

（1）全球化是否有效配置资源。传统经济学认为全球范围的竞争提高经济增长效率，提高资源配置效率。然而生态经济学认为并非如此：第一、跨国公司的中央规划并不一定优于国家的中央计划；第二、全球化为了促进国际贸易打破国家边界，但是这种竞争降低了国家管制经济增长的负外部性的能力。第三、全球贸易增加了成本与物质消耗。第四、全球化促进专业分工，但这也导致人们职业选择范围变窄，降低了福利水平。

（2）全球化与生态规模。传统经济学认为，全球化导致的国际贸易空前繁荣能够解决人口爆炸问题以及随之而来的更高物质消耗问题。与此预测截然相反，生态经济学认为，国家贸易引发更多的负外部性、由此带来的经济增长以及各个国家应对这些挑战的能力降低，危及地球整体可持续发展的根基——生态系统，从而危及全球可持续发展。这是因为，国际贸易促进各个国家和地区争相发展和增长，这可能导致物质规模的扩大失控，最终全球经济增长超出地球总体生态系统承载能力，而这会产生人类生存危机，这无疑是本末倒置。同时，全球化的产业转移虽然提高了发达国家的福利，但是污染了发展中国家的环境，消耗了大量资源。"铁锈"地带、占领华尔街运动说明发达国家的中低阶层同样受到全球化的负面影响。

（3）公平分配。传统经济学认为全球化有利于减少国家贫富差距，但实际上发展中国家并未因此而致富，一方面发展中国家只能依靠廉价劳动力赚取微薄收入，另一方面发展中国家处于产业链低端，只能从事采矿等低附加值产业。因此发展中国家并未因为全球化而缩小和发达国家之间的差距。事实上，全球化也可以说是发达国家对发展中国家的一次高层次掠夺：发展中国家以劳动力、资源枯竭、环境恶化、生态失衡等代价换取了微薄的收入，这种情况只是让资本赚取丰厚利润，发展中国家和发达国家的中低层并未享受到任何好处。

基于对全球化在资源配置、和生态规模之间的关系和公平等方面的分析，生态经济学主张国内消费和生产才是一个国家或者经济体实现可持续发展的首要问题，参与全球化的前提是效率明显提高，这样既可以保证本国经济发展和福利水平，同时又能促进全世界生态环境保护。

5. 生态经济学具有不同于古典经济学的政策原则

生态经济学指出市场机制存在重大缺陷。单纯依赖市场并不能解决生态规模和社会公平等问题；市场机制和原则对于依赖非市场物品的福利水平力不从心。因此，生态经济学的政策原则不同于传统经济学。

（1）要有独立的政策手段才能实现独立的政策目标。生态经济学将资源的有效配置、公平分配和可持续发展规模视为三个相互独立的政策目标，因此必须有独立的政策手段来分别实现这些政策目标，而不能将这三个独立目标都依靠市场价格这种单一政策手段实现。对于能源问题，不能只通过加税的价格手段提高效率，也要通过补贴穷人的手段减小不平等从而促进公平。

（2）为了实现宏观上的大目标，应该通过代价较小的微观政策。根据生态经济学的政策视角，决策者应该尽量利用微观限制最小的政策，用以实现宏观目标。市场容易实现微小变化，但宏观调控作用不足。例如，依靠市场本身解决碳排放问题不够，就需要制定碳排放总目标，要求人均排放配额，但不要求每个人都必须满足人均水平，只要总量达到目标即可。

（3）政策应该为错误预留一定的缓冲空间。由于生态环境因素的不确定性和不可逆性,政策应该从"可以忍受的影响多大"转向"让政策可能的影响最小化"。例如应对气候问题的化石能源问题,传统经济学家一般先采用价格机制,然后采用总量控制。考虑到气候的不可逆转性,这种策略是不安全的。因为碳排放总量一旦超过临界点,气候就不可逆转,这样的后果是人类生存不可承受的。而生态经济学的原则是先进行总量控制,然后进行价格控制,这样就安全多了。

（4）政策必须从历史给定的初始状态开始。生态经济学认为我们应该重塑和再造,而不是废除当前的制度。从现实出发,政策应该从市场、公有制和政府管制等现行制度开始设计。

（5）政策必须适应实际情况的变化。这有点类似于相机抉择,而不是将政策固定不变。也就是说适应性管理必须是政策设计的指导性原则。这与传统经济学是不同的。

（6）政策设计范围最小化。生态经济学主张在最小范围内解决问题,因而政策约束在影响最小的范围内设计。对于局部问题用局部手段解决,避免用全局政策,只有全局问题才能用全局手段解决。

（二）生态经济学符合习近平新时代中国特色社会主义思想

1.习近平总书记提出生态文明建设思想

习近平总书记要求中国科研人员加强气候变化和人类健康等问题的研究,但在科研中必须研判科技发展带来的伦理挑战、规则冲突和社会风险等新问题,这一论断在哲学高度上指明了科学发展的方向,体现了生态文明建设的哲学思想。

习近平总书记深刻指出,世界各国应该坚持绿色共识,着眼绿色发展,推进应对气候变化,深化绿色经济发展,推动绿色能源革命。

习近平总书记高度重视"守护地球",强调应对气候变化,在《联合国气候变化框架公约》指导下，推动《巴黎协定》的全面实施，并在国际会议上郑重宣布了中国碳排放 2030 年达峰、2060 年净零排放的雄伟目标。中国还将积极推进清洁能源转型。中国将在保护土地、保护珊瑚礁、应对海洋垃圾和生物多样性等方面构筑尊重自然的生态系统。

中华民族的文化传统天生具备生态文明的基因，例如中国古人特别重视"天人合一"体现中国历来重视人与自然和谐共处的文明基因。因此生态文明建设是中国文化的内在传统。习近平总书记深刻洞察我国生态系统脆弱的基本国情：环境污染严重、生态系统脆弱、生态系统恶化局面尚未根本扭转；生态环境资源和人口分布严重不均衡。

习近平总书记讲话中提到"气候变化、人类健康、绿色发展、绿色经济、清洁能源、生物多样性、《联合国气候变化框架公约》、碳中和、清洁能源转型"等生态文明建设主题。这都表明，总书记特别重视生态文明建设，特别重视生态经济发展。

2.习近平总书记提出人类命运共同体思想

由于人类是命运共同体，保护生态平衡是全球共同责任。更重要的是，做好生态文明建设体现出中国特色社会主义的制度优势。要深刻反思最近几百年的重经济利益轻生态环境的发展思路，及时纠正对于自然资源过度攫取的错误发展方式，大力减少环境公害事件，在美好生活环境方面提高人民生活福祉。习近平总书记的人类命运共同体思想绝对是高屋建瓴，占领 21 世纪思想制高点。这也是中国为世界的巨大思想贡献。

二、青海省生态经济发展现状及研究现状

（一）研究现状

2020 年青海日报社和青海省社会科学界联合会号召大家深入学

习《习近平谈治国理政》第三卷，并发起"以习近平生态文明思想引领新青海建设"为主题的征文活动，引起了青海省广大专家学者热烈响应，大家认真领会习近平生态文明思想，深入交流学习、产生学术思想碰撞，取得了丰富的研究成果。

青海大学财经学院院长李双元教授论述坚决如何扛起生态文明建设政治责任，青海省社会科学院经济研究所魏珍研究员论述了如何为人民群众打造高品质生活，青海省委党校才吉卓玛教授论述了深入践行"绿水青山就是金山银山"理念，青海省委党校教授徐格明和王腾茜论述了用制度法规保护生态环境，青海省社会科学院经济研究所杨军教授论述了生态对文明的重大意义，青海大学省情中心主任李臣玲从中华民族伟大复兴的角度论述了生态保护的意义，青海省委党校生态文明教研部严勇教授提出了许多保护生态环境的具体措施，青海大学研究生院党委书记、院长张爱儒教授主张运用系统工程思路寻求生态治理之道，青海大学财经学院院长曲波教授从法治角度论述保护青海生态环境。这些研究深化了大家对习近平生态文明思想的认识，有利于促进青海省进行生态文明建设，帮助大家树立生态经济发展理念。

（二）青海生态经济发展现状

习近平总书记视察青海时做出"青海最大的价值、最大的责任和最大的潜力"都在生态的科学论断，这是最根本的青海省情实际。

青海省凭借地球"第三极"腹地的位置、广阔而独特的草原生态气系统、大面积天然湿地、大面积雪山冰川、中华水塔和三江之源等方面成为我国重要的生态屏障和战略资源基地，具有极其重要的生态战略地位，类似于地球的"冰箱"能够为地球提供"冷源"，能够胜任调节全球气候变化、全球生态系统的功能，因此对于全国乃至全世界的生态平衡和安全、为全球提供气候屏障具有无可替代的地位和作用，生态价值无可替代，生态地位极高。

青海省凭借青海湖、三江源、湟水流域、柴达木盆地和祁连山等生态功能区，是天然的高原物种基因库，拥有丰富碳汇盈余，因此对于我国的生态安全意义重大。正因如此，青海约90%的面积被限制和禁止开发，这证明政府高度重视青海省独特而重要的生态地位。

近年来青海省有序实施三江源、祁连山地区生态综合治理工程，推进河湟地区、柴达木和青海湖综合治理，推动三江源建设工程。为了实现美好生态环境，青海省实施大气、水、土壤污染防治行动计划，全面落实推进城乡环境综合治理，完善城镇污水垃圾处理设施，大力治理农牧业面源污染。

这些成就的取得都是落实习近平总书记"青海最大的价值在生态，青海最大的责任在生态，青海最大的潜力在生态"的指示，也是执行省委"两优一高"的成果。深刻落实"绿水青山就是金山银山"的发展理念不仅是对青海一省负责，更是对全国乃至全世界负责，同时也是中国共产党全心全意为人民服务宗旨的最好体现。

（三）青海省自然资源禀赋的数据分析

图2-1显示，青海省经济在过去21年中快速增长，但是近年来增速放缓，这与全国总体经济走势一致。这种一致的经济走势表明过去青海省经济增长模式并无鲜明特色，因此今后应该重点生态经济，甚至以生态经济发展为核心，以此形成发展特色，走出一条独具特色的发展道路，既能体现自身特色并保持持续性增长，同时也能为全国其他省份，甚至世界其他国家做出榜样。

图2-2显示，2020年青海省人均国内生产总值在全国各省排名第24位，如果从小到大则排在第8位。这表明青海省人均经济发展仍处于第三梯队，这对未来的发展提出了较高的发展要求，这

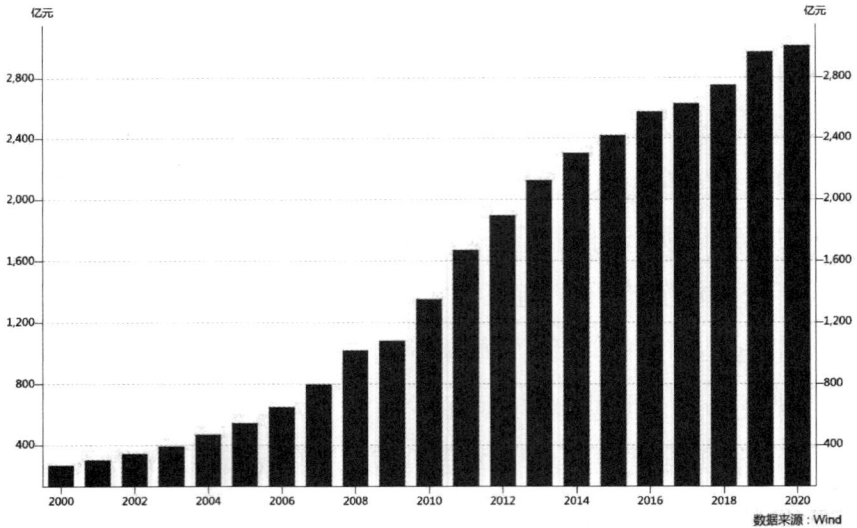

图 2-1 青海国内生产总值：2000-2020

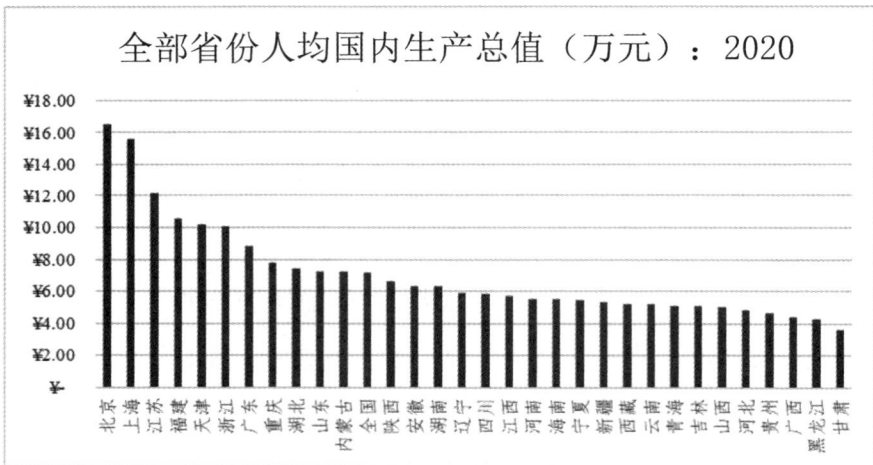

全部省份人均国内生产总值（万元）：2020

图 2-2 2020年各省人均国内生产总值

可能对生态经济发展提出挑战，因为这会导致青海省面临经济发展和生态保护的双重压力。可能的思路是用生态经济学思想，将生态资源保护和经济发展结合起来，在生态环境保护中实现经济水平的提高。

图 2-3 是青海、新疆、西藏、甘肃、宁夏西部 5 省自治区从 2000 年到 2020 年之间的国内生产总值总量变化情况。从中可以看出，国内生产总值总量排名在过去 21 年里基本上没有变化，青海省略低于宁夏回族自治区，但近年来青海省生产总值增速低于宁夏。一个可能的解释是，由于将生态环境保护作为发展重心，经济发展速度则有所放缓，因此近年的青海省经济发展方式可能需要调整。青海省需要更好地将生态环保效益转化为经济效益。图 2-3 再次显示，如何实现生态经济发展方式是一个重要课题。这个问题没有前人经验可以借鉴，因此难度不小。

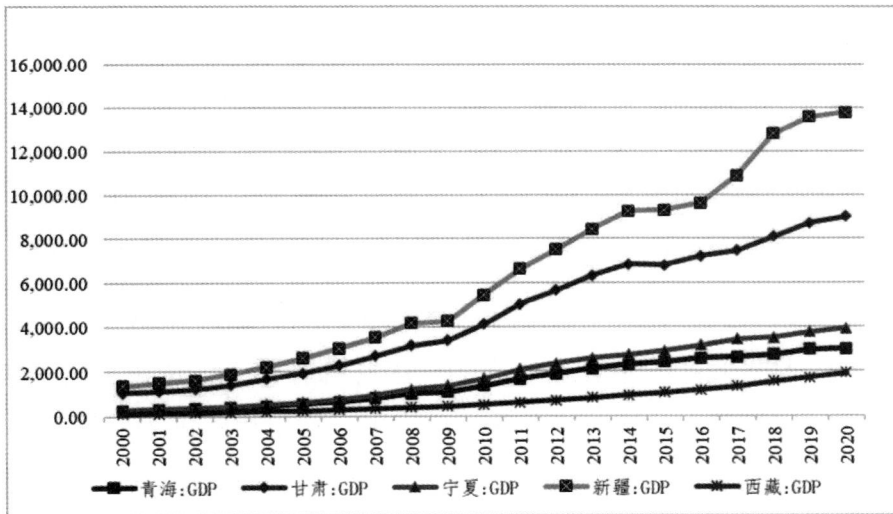

图 2-3　青海周边 5 省国内生产总值

前面三幅图说明青海省面临经济增长的压力，因此需要平衡经济增长和生态环境保护。因为自然资源是生态经济学的核心变量，所以我们进一步分析青海省的自然资源。

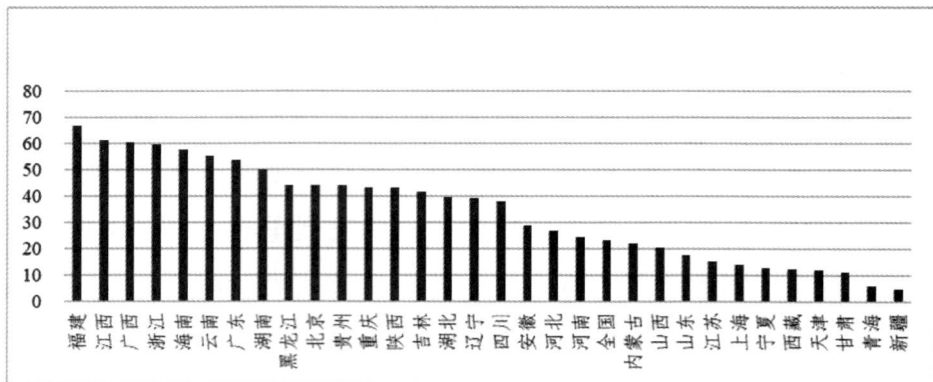

图 2-4　2020 年各省森林覆盖率

图 2-4 给出了 2020 年全国所有省、自治区、直辖市森林覆盖率。从图 2-4 可以看出，福建省森林覆盖率全国第一，而江西、广西和浙江三省的覆盖率也大致到了 60%。福建、江西、广西和浙江四省的森林覆盖率很高，这为这些省份大力发展生态经济奠定了基础。在中国 30-60 和碳达峰碳中和的双碳目标的前提下，森林覆盖率高的省份未来的经济发展无疑会居于优势地位，因为森林是生态经济发展的基础资源，有可能会成为未来的"石油、煤炭和天然气"。在碳排放约束下，由于森林具有吸收二氧化碳的能力，因此森林是碳汇最重要的来源。凭借森林碳汇，森林覆盖率高的省份未来只靠出售碳排放配额就能获取收入。

反观青海省，森林覆盖率在全国倒数第二，这表明青海省森林资源匮乏，因此可以认为青海省的生态平衡非常脆弱。青海省的森林覆盖率水平是 5.82%，因此青海省的自然环境从森林覆盖率角度来看，是非常不容乐观的。可以说，从森林覆盖率这一自然资源禀赋来看，青海省资源匮乏，因此经济发展必须抛弃过去的资源消耗发展方式，不能粗放式发展。资源驱动的发展方式不适合青海省这样的资源匮乏省份，因此，深刻落实"创新、协调、绿色、开放、共享"
的新发展理念对青海省发展尤其重要。

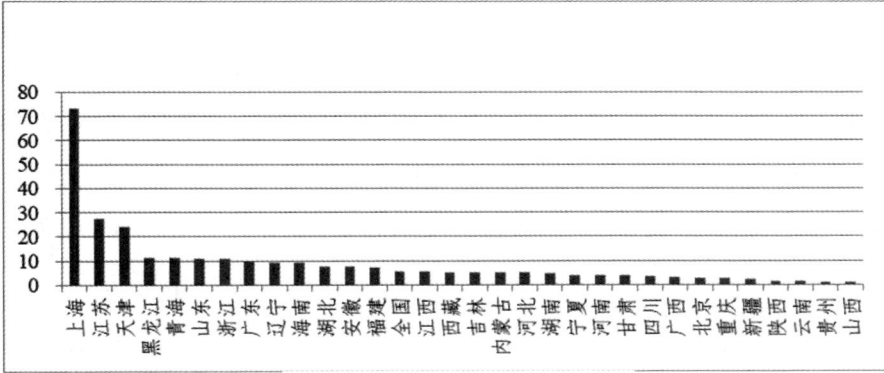

图 2-5　2020 年各省湿地面积占比

图 2-5 是各省、自治区、直辖市湿地面积占比，从中可以看出，
湿地面积占比最高的 5 个省级行政区依次是上海、江苏、天津、黑
龙江、青海。从图 2-5 来看，青海省的湿地面积占比在全国排名很
靠前。但是我们也要注意，青海省的湿地面积占比和其他省份相比
并不具有显著优势。同时，湿地面积占比绝对值水平并不高。具体

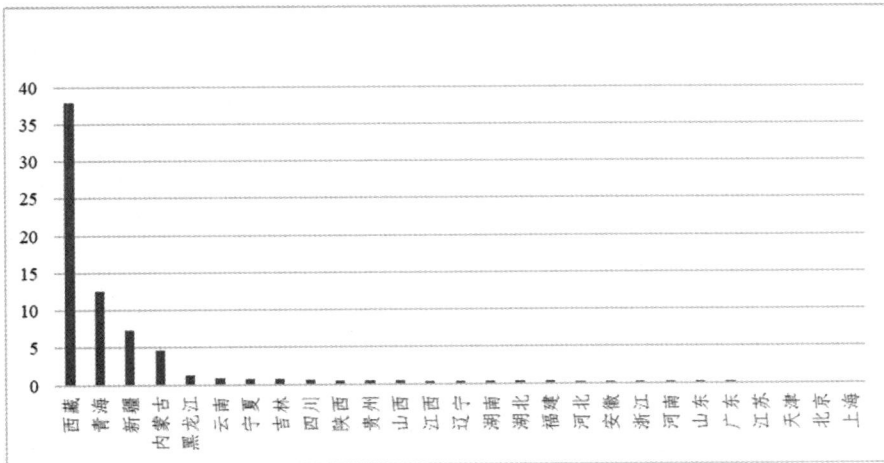

图 2-6　各省人均调查土地面积

而言，青海省湿地面积占比水平为 11.27%。也就是说刚刚超过 11% 的国土面积是湿地，因此湿地资源并不丰富。

图 2-6 是各省、自治区、直辖市人均调查土地面积，由于有些省份数据不全，因此删除了这些省份。图 2-6 显示，青海省的人均土地面积为 12.56 公顷，在全国排名第 2，这表明青海省土地资源极为丰富。但是考虑到青海省的地形地貌，因此土地资源并非青海省的优势。图 2-6 也显示，人均土地面积最低的是上海、北京、江苏、广东等东部发达地区，这表明人均土地面积并非经济发达程度的重要因素。

简单来说，目前的经济数据表明，青海省面临经济发展的压力，同时，青海省的资源禀赋并无优势。因此，青海省未来需要转换发展思路和发展理念。这些都要求青海省发展生态经济。发展生态经济是青海省需要真正遵循的发展思路和发展理念。

（四）生态足迹的分析

表 2-1 全球生态赤字率排名

ga=2.71952723.1509833211.1648169245−1743863541.1648169245"）

国家	生态赤字率	国家	生态赤字率	国家	生态赤字率	国家	生态赤字率
Singapore	10,400%	Saudi Arabia	1,110%	Martinique	756%	Egypt	402%
Réunion	2,540%	State of Palestine	1,090%	Japan	678%	Trinidad and Tobago	397%
Israel	2,440%	Lebanon	1,070%	Netherlands	630%	Mauritius	383%
Barbados	2,030%	Jordan	1,070%	Saint Lucia	606%	Iran, Islamic Republic of	349%
Cyprus	1,770%	Iraq	1,030%	Guadeloupe	602%	Oman	341%
Bahrain	1,660%	Malta	1,020%	Cook Islands	493%	Switzerland	337%
Kuwait	1,480%	Luxembourg	972%	Libyan Arab Jamahiriya	448%	Algeria	311%
United Arab Emirates	1,470%	Korea, Republic of	881%	Antigua and Barbuda	443%	China	311%
Qatar	1,450%	Belgium	801%	Italy	425%	United Kingdom	307%

上一部分仅仅是对总量数据的分析，为了更进一步分析，本节进行生态足迹的分析。生态足迹是生态学家提出，用来度量一个国家或者地区生态需求的。或者说，生态足迹能够度量一个国家或者地区为了生产或者消费对于生态环境资源（例如土地、水等资源）的消耗。而生态承载能力表明一个国家或者地区为生产或者消费能够提供多少生态资本，因此可视作生态供给能力。生态足迹超过生态承载能力就是生态赤字，反之就是生态盈余。表 2–1 是来自 York University 的人均生态赤字率全球排名（我们只保留前 36 个国家），其中显示中国的生态赤字率在全球排名 35，而且生态赤字率表明我们的生态需求超出生态供给的三倍多（生态足迹是承载能力的 4.11 倍），这表明中国总体上对生态环境的索取远超生态承载能力，因此数据表明我国面临巨大的生态平衡压力。

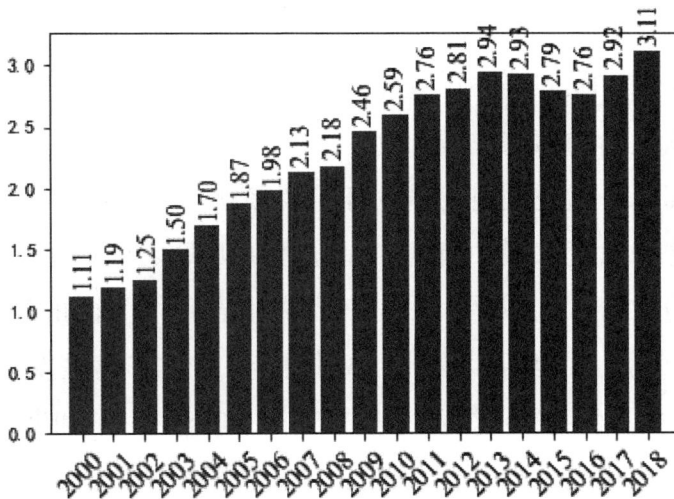

图 2–7　中国生态赤字率：2000—2018

图 2–7 是中国生态赤字率从 2000 年到 2018 年的变化情况，数据来源同样是 York 大学的数据。图 2–7 显示，2000 年我国就是较高的生态赤字率，图中显示 2000 年我国的生态足迹超过生态承载能力

的 1.11 倍（生态需求是生态供给的 2.11 倍）。随后随着我国经济发展，生态赤字率一路走高，仅仅在 2014 年和 2015 年有所放缓回落。但随后生态赤字率重回升势，到了 2018 年我国的生态赤字率达到 3.11 倍。图 7 显示我国社会经济发展面临严峻的生态环境约束，并且这一约束存在日渐上升的趋势。

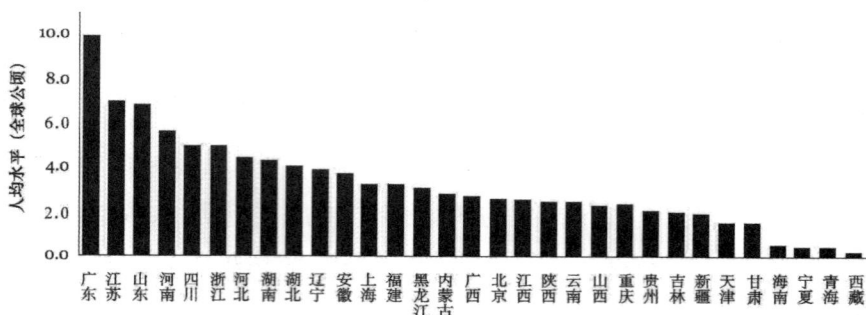

图 2-8　2012 年全国省份生态足迹

　　图 2-8 是 2012 年全国各省份人均生态足迹之间的比较，图片来源于《地球生命力报告 中国 2015》。从图 2-8 中可以看出，青海省排名倒数第二，这说明青海省对于自然资源的索取远小于全国其他省份。从这个角度来说，青海省是全国除西藏之外，对于自然资源需求最小的省份，这似乎表明青海省在生态环境方面的约束远小于其他省份。图 2-8 也可以看出，总体而言，经济越是发达的省份，对于自然资源的要求会越高，例如广东、江苏、山东和浙江等省份。但是，上海市和北京却不然。因此，在生态环境方面，上海和北京更值得借鉴。

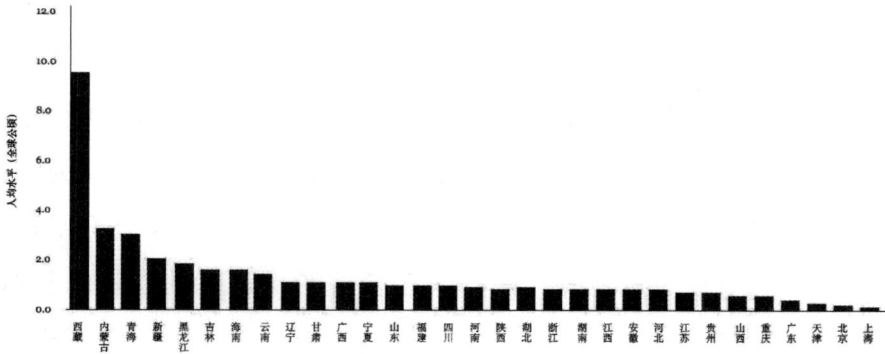

图 2-9　2012 年全国省份生态承载能力

图 2-9 是 2012 年全国各省份人均生态承载力之间的比较，图片来源于《地球生命力报告 中国 2015》。从图 2-9 中可以看出，青海省排名第三，这说明青海省对于生产和消费的承载能力在全国名列前茅。从这个角度来说，青海省是全国除西藏和内蒙古之外，对于自然资源供给最大的省份，这表明青海省在生态环境方面的约束远小于其他省份。图 2-8 和图 2-9 是针对生态足迹和生态承载能力的单独分析，但是更有价值的是看二者之差，就像图 2-7 那样，要看生态足迹相对于生态承载能力是盈余（生态资源供给大于需求）还是赤字（生态资源供不应求，对应生态环境约束）。

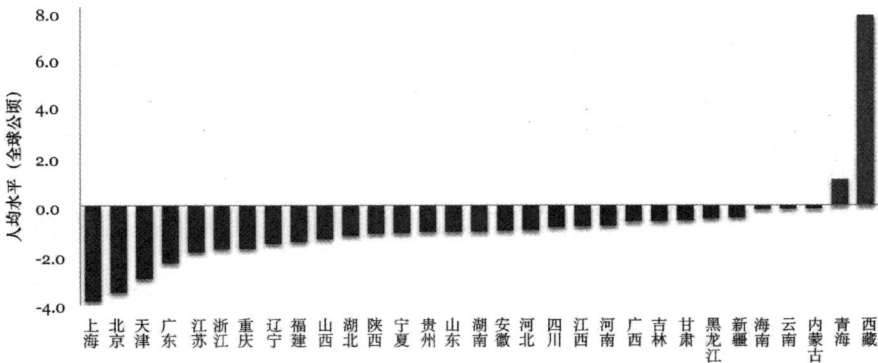

图 2-10　2012 年全国省份生态赤字盈余

图 2-10 是 2012 年全国各省份人均生态赤字（盈余）的比较，图片来源于《地球生命力报告 中国 2015》。从图 2-10 中可以看出，全国大部分省份表现出生态赤字，表明大多数省份面临严峻的生态资源约束，这与图 2-7 中全国生态赤字存在一致性，可以互为印证。其中只有西藏和青海两个省份表现出生态盈余，从这个角度来说，青海省是全国除西藏之外，面临生态资源约束最少的省份。青海省的生态盈余为发展生态经济奠定了基础，但也要注意，青海省的生态盈余并不像西藏那么显著，因此必须在社会经济发展中做到生态环境保护和经济发展之间的平衡，否则青海省容易失去生态盈余。

（五）研究思路的提出

现有的研究从法治、理念、政治高度等视角给出了青海省发展生态经济的思路方法，同时也深刻阐明了青海省发展生态经济的必要性。然而，生态经济的发展不仅需要理念、思路，更需要具体政策措施，尤其是资金和技术，以及发展模式的具体探索和具体抓手。同时，青海省面临资金、技术和人才匮乏的约束，自然资源虽然丰富但是大部分限制开发的约束。

青海省今后的发展主要面临如下的权衡取舍：

第一，发展速度和发展品质之间的平衡。发展速度太快就会损害发展品质，同时这种发展不可持续。发展速度太慢也不行，发展速度太慢无法维持必要的生活水平，社会无法安定平稳。因此青海省的发展应该注重发展速度和发展品质的平衡。

第二，发展生态经济和其他经济之间的平衡。生态经济在一定程度上会影响其他行业发展，因为资源毕竟是有限的。这需要严格按照习近平生态文明思想理念，保持定力，牢记"三个最大"。

第三，青海省人口较少，如何协调新兴行业和生态经济是一个问题。新兴行业,例如人工智能、元宇宙、区块链、大数据、云计算等,应该融入生态经济发展,为生态经济服务。如果青海省能够像安徽省尤其是合肥那样在集成电路、量子计算和语音识别等行业成功上车的话,那么青海省未来经济发展必将大有作为。但是青海省在人才、资金和区位方面的优势不明显,还需要仔细斟酌发展方向。

第四,青海省和其他省份之间的协同发展。一方面是和其他省份,例如西藏和甘肃等省域协同保护青藏高原、祁连山等生态保护区。另一方面还要和其他省份错位竞争,形成自身优势。同时要考虑争取东部沿海地区,尤其是长三角和珠三角发达省份的支持。

三、青海省生态经济发展必要性可行性分析

(一)发展生态经济符合习近平新时代中国特色社会主义思想

表 3-1　习近平新时代关于生态讲话列表(来源于人民网)

标题	来源	日期
习近平:在中国科学院第二十次院士大会、中国工程院第十五次院士大会、中国科协第十次全国代表大会上的讲话	来源:新华网	2021-05-28
凝心聚力,继往开来 携手共谱合作新篇章	来源:人民网—人民日报	2021-02-10
完整准确全面贯彻新发展理念确保"十四五"时期我国发展开好局起好步	来源:人民网—人民日报	2021-01-30
习近平在中共中央政治局第二十七次集体学习时强调 完整准确全面贯彻新发展理念 确保"十四五"时期我国发展开好局起好步	来源:新华网	2021-01-29
习近平在二十国集团领导人利雅得峰会"守护地球"主题边会上的致辞	来源:人民网—人民日报	2020-11-23
习近平在联合国生物多样性峰会上的讲话	来源:人民网—人民日报	2020-10-01
习近平:在黄河流域生态保护和高质量发展座谈会上的讲话	来源:求是网	2019-10-15
习近平:共谋绿色生活,共建美丽家园	来源:人民网—人民日报	2019-04-29

续表：

标题	来源	日期
习近平：推动我国生态文明建设迈上新台阶		2019-01-31
在庆祝海南建省办经济特区30周年大会上的讲话	来源：人民网—人民日报	2018-04-14
习近平在第十三届全国人民代表大会第一次会议上的讲话	来源：人民网—人民日报	2018-03-21
习近平：决胜全面建成小康社会 夺取新时代中国特色社会主义伟大胜利	来源：新华网	2017-10-27
习近平：在庆祝中华人民共和国成立65周年招待会上的讲话	来源：人民网—人民日报	2014-10-01

来自人民网"习近平重要讲话"数据库的表3-1显示，习近平总书记涉及生态方面的讲话多大13次。特别需要注意，习近平总书记涉及生态方面的讲话近年来频率显著提高，这表明党和国家领导人对生态文明建设越来越重视，以维持生态平衡和资源保护为主要内容的生态文明建设从现在开始已经成为转变经济增长模式，实现中国经济社会可持续发展的必由之路，关乎国家发展长远大计，关乎中华民族伟大复兴。

（二）政策基础

1.国家层面

正如习近平总书记指出，我国相继出台《关于加快推进生态文明建设的意见》《生态文明体制改革总体方案》，制定了40多项涉及生态文明建设的改革方案。我国推进了生态文明建设目标评价考核、自然资源资产离任审计、生态环境损害责任追究等制度的实施，逐步健全主体功能区制度，推动省以下环保机构监测监察执法垂直管理等环境治理制度，推进实施绿色金融改革、自然资源资产负债表编制、环境保护税开征、生态保护补偿等措施。在健全相关法律方面，我国还推动环境保护法、环境保护税法等立法工作。

从习近平总书记的上述讲话中可以看出，我们不仅在立法层面制定了一系列法律法规，还在行政、金融、财税等方面打出"组合拳"，这充分表明了党和国家对生态文明建设的高度重视。不仅是高度重视，还有充足的一系列实际行动。最高领导人的重要指示、对生态文明建设的重视，国家层面的立法行政金融措施为青海省发展生态经济奠定了坚实基础。

2. 青海省层面

与国家层面的立法相适应，青海省在大气污染防治、水资源保护、城乡规划建设、绿色建筑等方面制定了地方性法规和政府规章：

日期	法律法规
2015 年 3 月 1 日起施行	《青海省生态文明建设促进条例》
2017 年 8 月 1 日起施行	《三江源国家公园条例（试行）》
2020 年 4 月 1 日起施行	《青海省节约用水管理办法》

（三）发展生态经济符合青海省自然禀赋

2016 年习近平总书记视察青海时指出的"青海最大的价值、最大的责任、最大的潜力""在生态"的省情定位，是青海省最大的省情，是青海省对全国乃至全世界重要地位的科学判断。青海是三江之源、中华水塔，因此青海省生态文明建设对于青海乃至全国生态文明建设和全世界生态平衡、应对气候变化都是至关重要的。另一方面，青海省的自然资源尤其是森林资源并不丰富，生态平衡脆弱。这些实际自然条件注定了青海省只能转变经济增长方式，不能继续要素驱动的发展方式，必须转到创新、绿色的可持续发展方式上来。

近年来，青海在大气、水、土壤等方面的污染防治、恢复"山水林田湖草"自然系统、推动重点生态综合治理工程等生态文明建设方面取得重大进展。

（四）符合新发展理念

青海省发展生态经济，符合"创新、协调、绿色、开放、共享"的新发展理念。青海省不能依赖要素驱动，因此必须坚持创新驱动的发展模式。生态经济的发展一定是绿色发展，因此符合绿色新发展理念。青海省应该保持开放和共享，以此作为和其他省份合作的理念和原则。发展生态经济不仅符合新发展理念，更是贯彻新发展理念的具体行动，不仅是经济责任，更是政治使命。

四、政策建议

本课题主要从资金和人才两个方面提出一些想法和建议，供有关部门参考。

（一）彻底转变发展理念

中国从 2001 年加入世界贸易组织到 2007 年，保持快速经济增长，表现出强劲的快速增长，主要是抓住了全球化机遇，享受了要素红利（劳动力低廉、资源价格偏低、利率偏低）。2008 年爆发全球金融危机，外需大幅下降，我国被迫启动四万亿投资，使我们的基建水平大幅度提高。投资和出口达到极限后，消费短期无法飞跃，因此中央提出"供给侧结构性改革"。我们一定要明白，依靠要素投入驱动经济发展的时代已经过去。要素驱动发展方式污染了环境，消耗了资源，加上劳动力价格上升的现实，今天中国已经不能继续依靠要素驱动。并且，人口、资源、环境和气候等问题决定了要素驱动是不可持续的，我们只能转到创新驱动发展的轨道上来。创新驱动可以大力发展数字经济、大力发展高端制造业、大力发展服务业，但是这些都与青海省情不吻合。在这种情况下，发展生态经济，走出一条绿色发展的道路，几乎成了青海省唯一的选择。因此，青海省全省上下应该彻底转变发展理念。经济发展，理念先行。没有生态经济发展、绿色发展、创新驱动发展的理念，生态经济发展的工作很难做好。尤其是高层领导，更应该把握好新发展理念，尤其是"创新、绿色"这两大理念。政治上来说，这是落实新发展理念；经济上来说，树立创新和绿色的新发展理念是青海省经济可持续发展的必要前提。没有创新和绿色的新发展理念，青海省不可能实现经济、生态和社会协调持续发展。

（二）资金

正如要素驱动经济增长模式需要资金支持，生态经济的发展也需要资金支持。某种角度上来说，保护和维持生态平衡、保护环境更需要资金支持。据不完全测算，中国未来绿色发展需要百万亿级的投资。青海省发展生态经济也需要资金。满足资金需求可以考虑如下方面：

1. 争取国际组织的援助

由于近年来联合国、世界银行、国际气候组织等国际组织都对生态平衡、可持续发展等问题特别重视。考虑到青海省对全国乃至全世界的生态具有重要意义，建议青海省向国际组织申请应对气候项目支持。例如，向世界银行深刻阐明青海省的生态地位、对于中国整体生态平衡的重要意义，对于世界生态平衡的重要意义，然后据此向世界银行申请资金支持。特别是，要说明青海省生态情况对全球气候变化的重要性，这样容易打动国际组织，争取到项目支持。

2. 争取中央专项经费支持

青海省生态资源和环境的保护惠及全国乃至全世界，不能仅由青海一省独自承担。可以考虑联合周边省份，争取中央财政专项经费支持。可以重点两个方面考虑，一是青藏高原，二是祁连山。

实际上，祁连山生态功能修复已经获得中央专项经费支持。甘肃省"祁连山自然保护区生态环境评估、预警与监控关键技术研究"项目获科技部批复立项，将构建"天—空—地"一体化监控体系，形成示范区，为加强该地区生态保护，加快建立祁连山国家公园体制提供科学有效的技术支撑。对于祁连山生态功能区的修复已经初见成效，今后应该考虑由青海省联合周边省份，组团争取中央专项财政经费，用于支持祁连山生态经济发展。这是本项目的设想，今后本项目研究团队也希望能参与到新的课题中来。

生态经济、生态安全、生态平衡等问题不仅需要科学技术专家解决技术难题，也需要经济金融专业人员参与到规划设计。科技人员和财经人士协同努力，促进生态平衡产业化，最终实现自我造血能力，唯有如此才能实现可持续生态、社会和经济全面发展。

另一个可以考虑的方面是，青海省和西藏自治区联合申请青藏高原生态保护专项项目。2021年习近平总书记主持召开中央全面深化改革委员会第二十次会议，这次会议审议通过了《青藏高原生态环境保护和可持续发展方案》，强调：要因地制宜，根据自身所在青藏高原独有的资源禀赋，大力发展独具高原特色的绿色产业，既要保护好生态平衡、绿色低碳，又能保证经济增长。在这个基础上，可以考虑向中央申请青藏高原生态经济发展专项支持资金。

基于《青藏高原生态环境保护和可持续发展方案》，申请发起青藏高原生态经济发展规划项目，不仅有利于发展青海省经济，而且对于固疆治藏具有重要意义。一方面可以为新疆和西藏的治理和边疆安全提供经济和社会发展做出示范，另一方面可以为巩固边疆国土安全，凝聚各民族团结具有重要意义。

3. 引入东部沿海发达省份资金，尤其是东部沿海省份的民营资本

充分利用东部沿海省份的资金是一个可以考虑的解决资金问题的方向。青海省可以通过利用自然资源入股的方式，吸引东部沿海省份的资金投入到青海省的生态旅游、新能源等绿色产业中。制定出明确的合资方式、经营管理方案，明确资本如何退出，营造平等互利、来去自由的营商环境，一定能吸引到东部资金到青海投资。这个过程中，一定要保证各级政府的招商引资必须严格依照法律法规，遵守市场原则，坚决避免出现妨碍企业家信心的事情，坚决避免失信于资本的事情。当然，更重要的是，在生产经营活动中避免用生态产业之名行破坏生态之实的经济活动。

4. 接洽国家绿色发展基金

国家绿色发展基金的定位是引导社会资本投资到污染治理、绿色发展和生态修复等绿色产业发展，促进经济和生态协调发展。根据这个定位，青海省发展生态经济完全符合国家投资在基金的定位，因此应该接洽国家绿色发展基金，争取该基金对青海省进行相关投资，用以解决部分资金投入问题。

国家绿色发展基金的第二和第三聚焦分别是"引导社会资本投向大气、水、土壤、固体废物污染治理等外部性强的生态环境领域"和"聚焦推动形成绿色发展方式和生活方式，推动传统产业智能化、清洁化改造，加快发展节能环保产业，促进生态修复、国土空间绿化等绿色产业发展和经济高质量发展"。从这两个聚焦点来看，青海省发展生态经济都满足国家绿色发展基金的投资目标。虽然国家绿色发展基金目前主要聚焦长江经济带，但是青海省是三江之源，也应该积极支持该基金的支持。

（三）人才

1. 推动可持续发展高等教育

借助教育部在中西部高校布局建设一批新学院的契机，邀请教育部大力支持青海省创建生态经济学院、绿色发展学院或者可持续发展学院（碳中和学院）。以此为基础，吸引中东部人才为青海省服务，为青海省可持续发展建言献策。可采取柔性引进的政策吸引东部人才到青海省不定期、季节性工作服务。

根据最新消息，教育部将在西北、西南、中部地区建设人才等资源共享的高等教育创新综合平台；将现代产业学院、未来技术学院、智慧农业学院、高水平公共卫生学院等在中西部高校建设一批。青海省可以考虑结合自身实际情况，申报水土保持与荒漠化防治、草业科学、非物质文化遗产保护、藏药学、资源勘查工程等生态文明建设和生态经济发展相关的专业。这样有利于吸引国家对青海省的投资，有利于吸引东部人才为青海省服务，大力促进青海省经济发展。

2. 吸引东部人才为青海省服务

积极对接东部高校和科研院所，吸引毕业生扎根青海，为青海省发展生态经济做出贡献。大力推动青海省科研项目向东部科研机构开放，充分利用东部智力资源。利用国家推动乡村振兴战略的机会，吸引优秀毕业生到青海省参与生态经济建设、生态保护和生态发展。

吸引人才到青海省工作需要考虑如何节约成本。就像当年中央对广东省不给钱只给政策一样，可以请中央有关部委对青海省推出具体扶持政策。例如，东部科研机构科研人员到青海省连续工作两年，可允许其子女不用在青海省读书的情况下到青海省参加高考。再如，选调上海、浙江、广东省基层干部到青海省支持生态经济发展。这些选调人员人事关系仍在原单位，工资由原单位发放，青海省只需要给予生活补助即可。

3.本地人才培养

本地人才对于青海省是最有感情的，因此培养本地人才对于青海省经济可持续发展才是最根本的保障。这方面可以考虑向中央申请财政专项资金，用于本地基层公务员培训。利用专项资金，和上海国家会计学院展开定向定期培训，用东部知识储备武装青海省主要经济发展相关部门的公务员的技能培训，这些培训可以包括：数字技术技能、绿色发展（可持续）知识、金融专业知识等技能和知识。对公务员进行可持续发展知识培训是为了让青海省各级公务员在日常工作中深入贯彻创新和绿色发展理念，防止偏离生态经济发展理念。数字技术技能的培训有利于关于深刻理解数字化转型，执行新发展理念，发展新经济新业态和新模式。金融专业知识培训有利于公务员充分利用金融工具为经济发展寻求资金支持。

（四）针对生态经济的财税政策建议

1.碳税

近年来，如何控制二氧化碳排放是世界各国都特别重视的国际性问题。世界银行行长认为，当前世界面临三大问题，包括债务、不平等和全球变暖。为了应对气候变化，开征碳税是一个重要选项。开征碳税一是有利于控制二氧化碳排放，促进中国实现碳达峰碳中和目标；二是增加财政收入。另一个是碳排放配额交易。青海省应该积极参与到相关政策的制定，凭借自身生态地位在碳排放额的分配中争取有利位置。

2.争取国家财税支持

建议对于在青海省注册的绿色金融、绿色制造、绿色交通、绿色能源、绿色建筑等绿色发展行业给予税率优惠，千方百计吸引外地企业、金融机构在青海省开设生态经济实体公司。但一定要注意甄别，避免漂绿等假冒绿色行业之名实际上却是棕色甚至黑色行业之实的企业钻空子。

3. 青海省主动推动绿色产业发展

大力推动生态友好、不依赖化石能源和水等资源的行业发展，可对这些行业的企业推出税收优惠措施。例如，推动文旅产业充分体现青海省自然风貌、民族特色，对这些企业实施税收优惠。

给出青海省大力发展生态经济优惠支持行业清单。例如，绿色评级的企业到青海省注册，应该考虑给予多方面政策支持。可以考虑的政策包括缩短注册流程、税收减免、税收返还、降低税率。

为了发展生态经济，青海省应该大力发展生态旅游和绿色交通。推动旅游和交通出行使用绿色能源，减少对化石能源的消耗，这有利于保护环境、维护生态平衡，为发展生态经济奠定基础。推动形成绿色生活方式，不仅有利于生态修复和环境保护，更有利于全社会形成可持续发展理念，有利于吸引绿色资金和技术和人才汇聚到青海省，这将有利于青海省经济社会持续健康稳定发展。

4. 大力发展博览会和国际论坛

举办生态经济（可持续发展）国际论坛，对标昆明的"生态多样性"国际论坛。举办国际生态经济论坛，可以考虑和世界经济论坛合作。在论坛举办过程中，可以宣传青海省的生态地位，青海省对中国和全球生态安全、应对气候变化的重要价值。举办国际论坛能够促进生态经济可持续发展各方面资源，尤其是智力资源向青海集中。同时可以考虑争取国家在青海省建立生态经济博览会，对标上海的国际进口博览会。如果能在青海省同时实现全球生态经济论坛和生态经济博览会，必然能够促进青海省生态经济发展，同时能够扩大青海省在全国甚至全世界的影响力，争取到更多国内外资源为青海省发展生态经济贡献力量。

五、研究不足及展望

由于疫情的原因，项目组未能到青海省实地调研，因此本项目的政策建议可能不切实际。未来项目组计划进一步到青海省实地调研，深入了解青海省的生态、资源、环境、气候、文化、宗教、人口等方面，继续深入研究生态经济发展模式、实现路径、政策设计等方面的问题。

党的十八大提出让市场在资源配置发挥决定性作用，实际上，中国越来越重视市场作用和位。从之前的计划经济转向商品经济，到社会主义而市场经济，到发挥市场在资源配置中的基础性作用，到今天市场在资源配置中的决定性作用，都表明中国日益重视市场对于配置资源的功能。但是，市场并非万能，而且市场不是不会失灵。市场通常强调效率，弱化公平，强调发展，弱化资源环境气候问题。单纯依赖市场配置资源可能并非最优选择，尤其是今天我们面临全球变暖、公共卫生事件的形势，如何实现全球社会政治稳定、经济繁荣、人民生活幸福恐怕还要发挥市场之外的因素的作用。从这种角度来说，产业政策是需要的。未来如何制定整体性的生态经济发展的产业政策是一个需要深入探讨的问题。

如何设计适合青海生态经济发展的产业政策？有以下内容可以考虑：第一，明确青海省的自然资源。从生态经济学角度来看，自然资源特别重要，是经济发展的约束力，也是经济发展的新要素。这需要自然资源的评估，需要进行大量的量化研究，因为如果不能给出自然资源的数量，自然资源相关的分析无法进行，当然无法给出合适的政策分析和政策措施。第二,以自然资源为基础,制定优先发展产业名单。第三,对于优先发展产业给予政策优惠支持。第四、在优先发展的产业目录中考虑就业,尤其是如何将青海省各族人民融入生态产业发展中。例如,将农民和牧民转变成为生态旅游服务人员,不仅能解决就业问题,还能促进本地人群增加收入,促进共同富裕,同时能够提升生态旅游的民族特色。

限于数据和时间,本次研究并未给出青海省最新的生态足迹、承载能力和生态赤字,只能借助于《地球生命力报告 中国2015》中2012年的数据。这是10年前的数据,现在情况可能发生较大变化,未来的研究将会尝试用最新的数据计算青海省的生态足迹、生态承载能力和生态盈余(赤字),为生态经济乃至社会经济全面发展提供决策支持。

如果数据可得,还可以考虑计算青海省每个地级市(州)的生态足迹、生态承载能力和生态盈余(赤字),有利于根据每个地市的生态足迹情况制定相应的产业发展政策,以及对于财税政策进行适当倾斜。本课题会实时寻找数据,进一步跟踪计算,为相应政策制定提供数据支撑。

作者简介:马长峰,上海国家会计学院副教授。

青海省生态文明建设财税政策研究

QINGHAISHENG SHENGTAI WENMING JIANSHE CAISHUI ZHENGCE YANJIU

——财税政策重大课题研究报告文集

（下）

青海省财政厅　青海省社会科学界联合会　编

青海人民出版社

支持青海循环经济发展的财税政策研究

黄波涛

第一章　青海循环经济发展现状及存在的问题

一、青海循环经济发展现状及问题

青海省位于青藏高原的东北部，境内地形多样，长江、黄河、澜沧江的源头均位于青海，中国最大的内陆咸水湖——青海湖也是青海对外的"中国名片"。青海三江源有着"江河源头""中华水塔"之称。青海省 2020 年《政府工作报告》显示，2020 年全省绿色低碳循环经济发展水平基于原基础不断上升，战略性新兴产业增加值的占比提高 3.1 个百分点，预测会达到 6.5% 的占比；三大工业园区（西宁经济技术开发区、海东工业园区、柴达木循环经济试验区）循环经济占比超过 60%。

青海可开发能源量不容小觑，不仅太阳能资源丰富，风能可开发量也是打造清洁能源高地的独特优势。习近平总书记在两会期间参加青海代表团审议时表示："不同地区要根据各自地区独有的发展优势，因地制宜，不断开发属于自己的特色可持续发展产业和道路，创造出属于自己的高质量发展之路。"在青海，从柴达木盆地到三江源头，风力发电机和太阳能光伏矗立在高原大地，成为一道独特亮丽风景线，风力发电机不分昼夜地运转，持续不断将清洁能源努力发展为驱动创新发展的动力，青海也正在结合本地优势和独有生态资源摸索出属于自己的生态良好高质量发展道路。国网青海省电力公司的数据显示，2021年2月青海省内总发电量65.54亿千瓦时，其中水电发电量23.12亿千瓦时，占比35.27%；新能源发电量26.27亿千瓦时，占比40.09%，且同比增长43.99%。新能源发电量不仅同比实现增长，而且在2021年2月是首次实现发电量超过水电。

青海省不仅追求循环促发展，更是努力将创新促循环融入发展。"十三五"时期，位于青海省海南藏族自治州共和县的龙羊峡水电站为我国水电工程增添新活力，在距离水电站50公里的地方，运用创新先进的水光互补调节技术，输送光伏电到龙羊峡水电站，创造稳定电源。截至目前这个水光互补光伏水电站的发电量，已经是龙羊峡水电站发电量的四分之一。青海省清洁能源示范省的建立也是点亮绿色发展的推手。海西蒙古族藏族自治州、海南藏族自治州内建成两个千万千瓦级的可再生能源基地；2020年底，青海—河南的青豫高压直流工程建成启动，这是世界首条新能源输送通道，每年以400亿千瓦时的清洁电"低碳绿电"促进青海绿色经济发展。

（一）循环经济战略地位日益凸显

2005年10月，国务院六部委正式批准柴达木循环经济试验区成为全国首批13个循环经济试点园区之一，由此青海循环经济发展的序幕正式拉开。2008年1月，西宁市经济技术开发区被列为国家第二批循环经济试点产业园区，全省循环经济发展的思路进一步明确，步伐进一步加快。2010年3月，《青海省柴达木循环经济试验区总体规划》获国务院批复，标志着柴达木循环经济发展已从地方战略上升为国家战略，对于资源赋存丰富、生态环境脆弱地区走出一条通过发展循环经济、实现科学发展的可持续发展路子，具有十分重要的示范意义。全省十二次党代会提出了建设国家循环经济发展先行区的战略部署，进一步提升了循环经济在青海的战略地位。随后，相关政策和全省的"十三五"规划等都将发展循环经济列入经济社会发展的重大战略任务进行部署。循环经济在青海，已经不仅仅是产业发展的方向和重点，已经充分上升为统领全省经济社会发展的重大战略之一。

（二）循环经济支撑体系逐步健全

经过不断探索和实践，青海省促进循环经济发展的规划、政策、体制机制、技术、人才等支撑体系日趋健全。2013 年 12 月，省委、省政府印发了《青海省建设国家循环经济发展先行区行动方案》，确定了"三年强基础、八年创先行"的目标任务。全省"十三五"发展规划纲要，将建设循环经济先行区作为"131"布局的重要战略目标之一，强化了循环经济规划的引领作用。近年来，省委省政府及相关部门制定和推出了价格和收费、财税、信贷等一系列相关配套政策和措施，形成了较为完备的促进循环经济发展的政策体系和体制机制。一直以来，全省坚持把科技创新作为推进循环经济发展的重要支撑，加大了投入和攻关力度，在清洁生产、矿产资源综合利用、固体废弃物综合利用、资源再生利用、再制造、垃圾资源化、农林废弃物资源化再利用等领域研发、推广和应用了一大批先进技术。

（三）循环型产业体系基本形成

经过多年的不懈努力，通过产业间的横向耦合和产业链的纵向延伸，基本构建起了工业、农业和服务业领域的循环型产业体系。在工业领域初步形成了盐湖化工、金属冶金、油气化工、煤炭及新型煤化工、可再生能源、节能环保、装备制造、生物医药等循环型工业体系，能源资源的消耗和废弃物的排放明显减少，资源综合利用水平大幅提高。在农业领域，大力推进农村沼气的发展，逐步形成了以沼气为纽带的农业循环经济模式，农作物秸秆、农田残膜、畜禽污粪等农林废弃物资源化利用快速推进。通过绿色消费理念和模式的宣传推广，全省服务业发展正在向服务主体绿色化、服务过程清洁化迈进，绿色交通、绿色出行、绿色装修等绿色消费逐渐成为主流，现代、绿色、高效、便捷和循环的现代服务业体系加快形成。

（四）园区循环化改造步伐加快

为不断优化全省产业布局，推进园区循环经济发展，按照国家发展改革委、财政部要求，先后组织申报了4批符合条件的工业园区开展国家园区循环化改造。青海省柴达木循环经济试验区格尔木、德令哈、大柴旦、乌兰工业园区及西宁经济技术开发区甘河、东川工业园区先后被国家确定为循环化改造示范试点园区。这些园区不断优化空间布局，调整产业结构，突破循环经济关键链接技术，合理延伸产业链并循环链接，搭建基础设施和公共服务平台，创新组织形式和管理机制，基本形成了各具优势、关联互动、错位发展的产业格局，示范带动作用显著。通过循环化改造项目的实施，园区主要资源产出率、土地产出率、固体废物资源利用率、水循环利用率不断提升，循环经济发展水平不断提高，资源、产业间的循环特征进一步凸显，园区间、上下游产业间、企业间的循环链条进一步搭建，固废、污水等静脉产业进一步发展。

（五）循环经济理念深入人心

自2005年以来，青海省加大了对循环经济理论研究和实践探索的力度，并强化了宣传和培训工作。尤其是随着对青海在生态上、发展上以及资源开发和综合利用等方面战略地位认识的不断深化，把循环经济理念转化到发展的重大战略，细化到了具体工作实践中，不仅用循环经济的理念指导产业结构的优化调整和转型升级，更是将这种理念拓展到了流通、消费及服务等社会发展的各个领域，使得循环经济的理念深入到了广大干部职工和城乡居民的工作生活中。如，充分利用报纸、电视台、电台、门户网站等宣传媒体以及开展节能宣传周、低碳日等活动，广泛宣传发展循环经济的方针政策、法律法规和先进典型，引导全民培养绿色消费、文明消费、节约使用、循环利用的消费模式和生活方式，激发和调动各类企业、社会各阶层参与循环经济工作的积极性、主动性和自觉性。

二、存在的困难和问题

青海省循环经济发展虽然取得了明显成效，但是由于受客观条件、科技人才支撑、政策落实等因素的制约，加之随着国家全面深化改革、产业转型升级和经济社会的不断发展，一些工作的调整跟进还不够及时。目前，青海省循环经济发展面临着诸多困难和挑战，主要有：

（一）产业间耦合发展和产业链条延伸不够

工业结构初级化明显，循环经济发展所依赖的环保产业发展比较缓慢，而原料工业和初加工工业的产值比重大，工业增长主要依靠资源的初级开发和粗放经营。全省企业规模普遍偏小，对资源综合利用效率低，产业关联度不高，产品附加值不高，大量副产物和废弃物无法利用，企业负担大、负债重，既不利于推行清洁生产，又不利于以行业或企业群为单元，实现资源在企业之间的循环。

（二）创新能力严重不足

这是青海很大的短板，发展循环经济最关键的开采技术、环保产品技术、节能技术和综合利用技术水平不高，要素利用率低，产品质量普遍不高，效益低。青海省矿产资源具有共生矿、伴生矿多的特点，分离技术、工艺要求高，缺乏在国家级层面的研发机构的技术支持。总体上看，资源的利用率不高。新能源、节能环保等高新技术产业虽然保持了持续较快增长的态势，但具有较大规模和较强实力的龙头骨干高新技术企业仍然偏少。企业自主创新能力普遍不强，关键技术、设备主要靠引进，拥有自主知识产权的产品少。

（三）企业发展循环经济的动力机制不健全

企业是发展循环经济的主力军，作为市场主体，企业是以效益最大化为目的的，发展循环经济如果科技攻关上不去，势必会一定程度影响到企业的利益。因此，由于内在动力缺失，国家层面帮助支持不够，再加上缺乏在市场价格方面的扶持，一些企业缺乏对循环经济的认同感和责任感；同时，由于青海大中型企业经济实力普遍不强，导致企业发展循环经济缺乏强有力的技术支撑和资金投入，严重制约循环经济的发展和提升。

（四）人才要素支撑不强

人才问题是青海最大的短板，青海人才数量不足，结构也不合理，大部分企业既缺乏科技研发人才，又缺乏技能型人才，员工整体素质不高。人才难以留得住，且分布不够均衡。人才资源与产业结构匹配性不强，在循环经济产业链条上的各环节经常出现人才断链的现象，复合型人才短缺问题更加突出。人才队伍整体创新能力不强，高层次创新型科技人才较少。人才自主培养能力不足，特别是现有专业技术人才和技能人才本土化率偏低，企业与院校之间在人才培训的结合和对接方面做得还不够，人才发展环境还需不断优化。

第二章 青海循环经济发展的财政政策分析

一、青海循环经济发展的财政政策现状

2021 年《政府工作报告》提出，构筑绿色低碳循环发展的经济体系。因此，坚持生态优先、绿色发展导向，加快构建具有青海特色的现代经济体系，不仅是经济社会全面绿色转型的现实需要，也是构建绿色低碳循环发展经济体系的必要环节。近年来，经过各地区各部门的共同努力，绿色低碳循环发展已取得重大进展。青海省充分利用自然禀赋和产业基础优势，通过协调共建平台经济，不断培育壮大生态经济，持续推进循环经济。但是，青海省绿色循环经济建设水平与形成健全的绿色低碳循环发展经济体系还存在较大差距。因此，进一步加快建立健全绿色低碳循环经济体系建设，深入践行人与自然的生命共同体理念，培育绿色新动能，是实现经济循环发展的重要内容。

财税政策与循环经济外部性。在市场经济中，经济活动的参与主体倾向于利用现存资源和环境获取最大利润，将经济活动引起的负向环境影响置于经营决策之外，导致短期对自然资源的疯狂掠夺，形成经济不可持续、不可循环的恶性发展。本质上，由于生态环境与自然资源是共享资源，具有典型的公共物品属性，因此在缺乏明晰产权的情况下，环境问题往往作为经济活动中的外部因素，不在经济活动参与者考虑的成本范围之内。因此，要解决环境与资源领域的外部性问题，需要政府更多、更积极地干预、调节市场。财税作为政策调节产业经济发展的重要举措，是引导企业将自然资源和环境成本纳入企业经营成本、促进循环经济发展的重要举措。

（一）循环经济发展专项资金

2014 年《中华人民共和国预算法》第二十七条将"国有资源（资产）有偿使用收入"纳为"一般公共预算收入"，将"环境保护支出"内含于"一般公共服务支出"，都表明了国家对生态环保资金的重视。《排污费资金收缴使用管理办法》专章规定排污费资金的收缴管理、环境保护专项资金的支出范围、环境保护专项资金使用的管理、排污费资金收缴使用的违规处理等，并且第二条明确"排污费资金纳入财政预算，作为环境保护专项资金管理，全部专项用于环境污染防治"，坚持"量入为出和专款专用"的环境保护专项资金使用原则等。

2010 年财政部《关于加强财政监督基础工作和基层建设的若干意见》要求进一步推进财政监督机制建设，推进中央基层预算单位综合监管，建立健全县乡财政监管机制等；《财政部门内部监督检查办法》第五条专门规定内部监督工作为主要领导负责制，并规定了检查内容，全方位监督所有政府性资金和财政运行全过程。2013 年《经济建设项目资金预算绩效管理规则》第三条第二款规定"由财政部会同发展改革、环保、水利、农业等主管部门负责分配的项目资金"，主要包括"中小河流治理、农村环境保护、节能减排综合奖励示范等与经济建设相关、由中央财政专项转移支付地方财政的专项资金"；2015 年《排污权出让收入管理暂行办法》第七条将"排污权出让收入纳入地方财政预算管理"，规范排污权出让收入管理，2019 年《森林法》第五条也规定国家采取财政、税收方式支持森林资源保护发展。凡此种种，皆聚焦生态环保资金的使用与监督管理，并以此强化生态文明建设和保护生态环境。

青海省财政厅等部门《青海省循环经济发展专项资金管理办法》指出，省级财政通过整合原生矿产品生态补偿费、资源税增量部分以及中央和省级财政安排的支持循环经济发展的专项资金，主要用于支持柴达木和西宁经济技术开发区两个循环经济试验区发展。支持的范围包括：循环经济科技研究开发、应用推广；循环经济项目前期工作；循环经济工业园区基础设施建设；具有示范性、导向性的资源综合利用，节水节能、污染防治、技术应用推广、产业升级等项目实施；支持试验区进口适用技术和产品；对太阳能、风能等新能源价格进行临时补贴和二次补贴以及发展循环经济信息服务等的专项资金。

为持续优化政府投资安排方式，充分发挥政府资金的引导作用和放大效应。截至目前，青海省已经按照市场化模式完成了循环经济发展基金设立工作，专项资金用于重点支持循环经济试验区建设项目和一般项目。具体地，经青海省政府批准，由青海省发展改革委代表省政府出资设立的国有独资有限责任公司青海省公共设施建设投资有限责任公司，成立循环经济发展基金，基金首期募集规模80亿元，用于支持加快循环经济重大基础设施建设、扶持特色优势产业发展。

青海省循环经济发展基金由该公司与国家开发银行青海分行等金融机构及社会资本共同发起设立。公司和基金成立后，采取以项目股权投资为主、债权融资为辅的融资新模式，主要开展青海省重大基础设施、公共服务、脱贫攻坚、生态环保、循环经济及特色产业发展、新材料新能源技术等方面的投融资业务，重点支持投资规模较大、回收周期较长、有一定合理回报或循环经济发展急需的公益性、准公益性及市场化项目建设，全力推动全省循环经济持续健康发展。

2011年，青海启动专项资金支持循环经济发展计划，先后分3

批下达循环经济发展专项资金 24.16 亿元，支持融资平台、基础设施、园区循环化改造和矿产资源综合利用示范基地建设等项目建设，引导和落实各类企业投资规模超过 400 亿元。其中，在融资平台建设方面，2011 至 2012 年期间，青海省投入专项资金 11.3 亿元，引导西宁经济技术开发区和柴达木循环经济试验区以及海东工业园区、热水工业园区成立投融资公司。新成立的投融资公司注册资本金 40.55 亿元，撬动融资总额逾 116 亿元。在基础设施建设方面，青海省投入专项资金 7.3 亿元，用于建设格尔木金属镁工业园区至 109 国道进场道路、格尔木光伏产业园区光伏电站送出工程等一大批水、电、路基础设施项目，明显改善了柴达木循环经济试验区园区基础条件，推动了一大批产业项目的实施，提高了资源综合利用效率，节约了能源，减少了废弃物排放。与此同时，在园区循环化改造、矿产资源综合利用示范基地建设过程中，青海省将获得的 4.66 亿元中央补助资金，用于引导企业、地方总投资，以支持柴达木循环经济试验区格尔木、德令哈、大柴旦工业园的产业项目升级及配套设施建设，累计投资总额高达 216.85 亿元。

在加快建设投融资平台和工业园区基础设施的同时，青海循环经济发展专项资金向产业和科技平台建设倾斜，实施了金属镁一体化、海西州工业废渣综合利用研发测试公共服务平台建设、东川工业园区太阳能光伏产品公共检测平台建设等一批科技项目。2016 年 12 月 30 日，青海省循环经济发展基金首批项目投放签约工作在西宁完成，共投放基金 5.2 亿元，用于重点支持柴达木循环经济产业促进中心、柴达木绿色产业园创业基地、德令哈工业园综合产业区供水管网工程、柴达木绿色产业园二区污水处理厂建设工程等 5 项柴达木循环经济试验区重大项目。首批基金的投放落地，标志着省循环经济发展基金启动了"股权投资＋政府购买服务"的政府融资建设新模式，对推进青海省投融资改革创新，利用市场化手段破解投融资难题，支持重点领域建设具有十分重要的意义。

2019 年 7 月 16 日，青海省发展改革委员会与海西蒙古族藏族自治州政府共同发起设立海西鑫沅文化旅游循环经济产业基金。基金总规模 22.7 亿元，其中，省循环经济发展基金出资 2 亿元，青海银行出资 15 亿元，海西州国有资本投资运营（集团）有限公司出资 5.7 亿元。基金存续期限为 5 年。项目自启动以来，循环基金积极配合各方做好设立工作，于 6 月底前完成海西州市场监督管理局相关审批手续，基金正式落地。循环基金此次和海西国投、青海银行合作，将进一步提高基金投放力度，加大财政资金引导放大效应，解决循环经济领域关键要素和环节，推动海西循环经济发展先行区建设，在省内有明显的示范带头作用。

在推动形成循环产业体系的基础上，青海省下达资金支持已通过国家循环化中期验收的资源再利用重点项目、柴达木循环经济试验区等三个工业园区循环化改造建设项目，加快形成了科技创新驱动、上下游对接、废弃物综合利用的循环经济产业发展格局。其中，下达资金 18.5 亿元，用于支持传统产业转型升级，支持钢铁、煤炭等行业化解过剩产能，促进电力直接交易和"气字头"生产企业发展；下达资金 24 亿元，用于支持农业生产发展，并下达 22.8 亿元，用于支持畜禽粪污资源化利用、种养业循环一体化、标准化规模养殖场、规模化大型沼气工程等各类农牧业发展基础设施建设，减少农牧业种养殖废弃物，提高资源循环利用价值；下达资金 12 亿元，用于支持商贸流通、电子商务、冷链物流、公共服务平台等生产性和生活性服务业加快发展，支持推广绿色交通和应用新能源汽车，为新能源公交车提供运营补助。

近年来，省财政下达城市管网资金 19 亿元，支持青海西宁海绵城市、海东综合管廊建设，促进城市生态系统更加科学合理，以解决城镇化过程中能源资源消耗大、废弃物处理处置难等问题。其中，下达资金 4 亿元，用于支持青海海东、西宁两市工业园区道路、供水、污水垃圾处理等基础设施建设；下达资金 1.9 亿元，用于支持对既有居住建筑外围结构、供热采暖系统及其辅助设施进行供热计量与节能改造；下达资金 5.5 亿元，用于支持城镇污水垃圾收集、处理，并选择部分村庄开展生活污水治理试点。

对循环经济的重点工作，专项资金采取不同的方式予以支持。例如，支持国家"城市矿产"示范基地建设的专项资金，采取预拨与清算相结合的综合财政补助方式；支持再制造的专项资金，在构建完善质量保证体系的前提下，主要采取补贴的方式支持旧件回收和再制造产品的推广及产业化发展；支持清洁生产技术示范推广的专项资金，对于成熟的先进且适用清洁生产的技术，在组织专家论证的基础上，通过政府购买技术的形式，在全行业免费推广。

（二）政府采购政策

可持续发展有赖于在全社会形成绿色消费的理念，政府在带动全体公民一致行动上具有不可替代的作用。立足于绿色循环经济发展，青海省认真贯彻落实政府采购绿色、节能产品的相关规定，通过制定采购需求标准、预留采购份额、价格评审优惠、优先采购等措施，强制或者优先采购节能、环保产品。具体地，政府通过制定优惠政策引领绿色消费，或是政府通过采购对循环经济发展有利的产品，如将环境保护、生态平衡、资源节约和合理开发利用等特定政策目标纳入政府采购来考虑，通过政府的绿色购买行为，优先采购具有绿色标志、通过 ISO14000 体系认证、非一次性、包装简化、用标准化配件生产的产品，以此影响消费者消费方向和企业的生产方向，从而促进循环经济的发展。

政策采购有助于通过扩大对环保产品的需求来提高资源再生产品企业的知名度，以促进企业扩大生产量，降低成本及价格，最终形成资源再生产品的良性循环，从而有力推动国家实施绿色经济战略。因此，绿色政府采购政策对于促进青海省循环经济发展具有重大意义。

（三）生态补偿机制

生态补偿机制是指自然资源使用人或生态受益人在合法利用自然资源过程中，对自然资源所有权人或对生态保护付出代价者支付相应费用的固定做法。该机制以保护生态环境、促进人与自然和谐为目的，根据生态系统服务价值、生态保护成本、发展机会成本，综合运用行政和市场手段，调整生态环境保护和建设相关各方之间利益关系的环境经济政策，用以支持和鼓励生态脆弱地区更多承担保护生态而非经济发展的责任。主要用于区域性生态保护和环境污染防治领域，具有经济激励与"污染者付费"原则并存特征，是基于"受益者付费和破坏者付费"原则的环境经济政策。

建立生态补偿机制是贯彻落实科学发展观的重要举措，有利于推动环境保护工作实现从以行政手段为主向综合运用法律、经济、技术和行政手段转变，有利于推进资源的可持续利用，加快环境友好型社会建设，实现不同地区、不同利益群体的和谐发展。其中，按照循环经济理论，自然资源取于生态系统，用以支撑社会子系统、经济子系统和环境子系统的发展。各系统之间相互作用、相互影响，取得动态平衡，以达到人、自然与社会经济相和谐。经济子系统的发展依赖于自然资源，也就是生态系统；反过来经济子系统的发展又对自然资源和生态系统起到了制约作用；对生态系统的破坏，稀缺自然资源的耗竭，反过来又制约了经济子系统的发展。因此，循环经济理论要求在经济发展的同时，保持生态的良性循环。而生态补偿制度作为一种有效的调和剂，正是人类的生存权、发展权与环境权之间协调发展的有效途径，说明生态补充机制对发展循环经济的重要意义。

针对资源开发对生态环境造成的不同影响，以循环经济理论为指导，以提高区域的经济实力、减少区域的污染负荷、改善区域的生态环境质量、提高农民的生活水平为目标，大力推进零排放型污水和垃圾的资源化处理项目建设，从各个方面提高区域人民的生活水平，建立起国家、地方、地域、行业多层次的生态补偿系统。其中，生态补偿方式包括政策补偿、资金补偿、实物补偿、项目补偿、教育补偿、技术补偿、生态移民等。根据国内外生态补偿的实践，补偿的方式应当灵活多样、因地制宜。因此，可以对上述 7 种补偿方式进行多重组合和派生。

以柴达木循环经济试验区为例，作为青海省循环经济重要试验地之一，在资源开发的过程中伴随着生态补偿。目前，柴达木循环经济试验区内有大型矿山企业 12 家、中型矿山企业 7 家、小型矿山企业 137 家，共计 156 家。其中，国有矿山企业 31 个，集体矿山企业 10 个，其他类型矿山企业 115 个。试验区已经建立了东、西部两地特色工业区。大柴旦至格尔木一线以西，是以石油、盐湖化工、有色金属为主的工业区，以东是以制盐、盐碱化工、煤炭加工、建材加工为主的工业区。随着《青海省鼓励矿产资源勘查开发的若干规定》《青海省盐湖资源开发与保护条例》《青海省鼓励外商投资勘查开采矿产资源若干规定》的颁布实施，柴达木循环经济试验区矿产资源的循环利用加快推进。如柴达木循环经济试验区通过利用产业高度融合的特点，形成"油气——盐化工""煤——焦——盐化工""煤化工——盐化工——建材""有色金属——天然气——盐化工"和"铁矿——焦炭——钢铁"等五大循环产业链，促进循环经济发展。同时柴达木循环经济试验区积极鼓励矿业企业采用先进的生产工艺、技术设备开发盐湖资源；鼓励采用成熟工艺对具有工业价值的共、伴生矿产进行综合回收利用；鼓励企业运用新技术、新方法开采低品位、难选冶的矿产资源；鼓励回收利用尾矿资源，开发利用闭坑后的残余矿产资源等。试验区各类企业积极开展矿产资源的循环综合利用工作。特别是西部矿业锡铁山分公司在铅锌矿石综合利用方面初步形成产业链，基本达到废弃物"零排放"的标准；还有已投产的万吨氯化钾项目的副产盐可作为生产碱的原料，生产纯碱时产生的废液可生产氯化钠，这不仅延伸了矿产资源开发利用的产业链，也为日后矿产资源进一步循环利用奠定了良好的基础。

（四）积极落实国家的排污收费政策

节能降耗减排是指采取技术上可行、经济上合理以及环境和社会可以承受的措施，减少从能源生产到消费各个环节的损失和浪费，降低消耗水平，更加合理、有效地利用能源。循环经济是以资源的高效利用和循环利用为核心，以减量化、再利用、资源化为原则，以低消耗、低排放、高效率为基本特征，是对"大量生产、大量消费、大量废弃"的传统增长模式的根本变革。基于循环经济视角研究节能降耗减排的途径和政策研究，在宏观层面上就是要对产业结构和布局进行调整，建立和完善全社会的资源利用体系；在微观层面上要求企业提高资源利用效率，实现减量化，对生产过程中产生的废弃物进行综合利用，根据资源条件和产业布局，延长和拓宽生产链条，推动产业循环组合，促进产业间的共生耦合。

目前，青海省节能减排工作在各级政府的大力推动下取得了一定进展，积极落实国家的排污收费政策。具体如下，积极推进排污收费制度改革，实行"环保部门核定、税务部门征收、财政部门监管"的征收体制；加大排污费征收稽查力度，坚决杜绝"协议收费""定额收费"和擅自减、免排污费的现象；对逾期不缴纳排污费的排污单位，根据国家有关规定加收滞纳金；确保排污费依法、足额、全面、及时征收。

对超过定额标准用能的企业实行加价管理。超定额标准耗能加价费以能源基准价为基础，按照单位产品实际消耗能源量与定额标准的差额以及相应的加价倍数计征。工业产品能源消耗定额由省节能行政主管部门依据青海省实际制定，加价标准由省价格主管部门确定，超定额标准电费加价由省电力公司代征，其他能源超定额标准耗能加价费由节能监察机构负责征收。所征收费用全额上缴财政，作为省政府节能减排专项资金的组成部分，用于支持节能技术产品的研发、节能技术改造和节能奖励。

金融机构要加大对节能环保企业和项目的信贷支持力度。对节能减排技术改造项目贷款，经相应主管部门认定后实行利率差别定价。节能、环保部门与金融部门要建立能耗水平和环境信息通报制度，将企业能耗和环境信息纳入人民银行企业征信系统。

对经相关主管部门认可的重点节能减排技术改造项目，由省财政或省级预算安排的节能减排专项资金给予贷款贴息。加大财政基本建设资金向节能减排领域的倾斜力度。

企业从事符合条件的环境保护、节能、节水等项目的所得，免征或减征企业所得税。企业购置环境保护、节能、节水等专用设备的投资额，可以按一定比例实行增值税税额抵免。企业节约能源、资源综合利用和"三废"治理等符合国家产业政策的技术改造项目，其所需国产设备投资的40%，可从企业技术改造项目设备购置当年比前一年新增的企业所得税中抵免。对生产节能、节水等资源节约型产品的关键设备，政府鼓励发展的资源节约型重点产品生产企业的关键设备以及循环经济示范企业使用的资源循环型关键设备，允许实行加速折旧。

二、制约青海循环经济发展的财政政策因素

（一）产业结构有待优化

发展循环经济，本质上是遵循生态规律和经济规律安排经济活动，生态规律可概括为"整体、协调、循环、再生"。按照循环经济的"3R"原则（减量化、再利用和资源化）的内在要求，参考自然生态系统的有机构成和循环原理，在不同产业之间构建类似于自然生态系统相互依存的产业生态体系，以达到资源充分循环利用，减少废物和污染产生，消除对环境的破坏，逐步将整个产业结构对环境的负外部效益降低到最低限度。

因此，发展循环经济要求产业结构不断优化。过去产业结构优化的出发点和落脚点都仅仅着眼于宏观经济效益水平的提高。而循环经济下的产业结构优化，应从发展循环经济的理念出发，不仅要考虑经济效益的提高，更要协调生态安全。产业结构优化过程就是通过有关产业政策调整影响产业结构变化的供给结构和需求结构，实行资源优化配置与再配置，来推进产业结构的合理化和高度化发展。发展循环经济和产业结构调整相结合，不仅要淘汰技术水平低、能耗高、效益差的产业，还要积极利用高新技术发展绿色产业、环

保产业和再生资源产业。

近年来，青海随着经济的迅速发展，其产业结构也逐渐优化，第二、三产业的竞争力得到加强，青海经济的自主增长能力同样得到了提高。但要与发展循环经济的要求相适应，无论在社会层面的大循环、产业层面的中循环，还是在企业层面的小循环，青海都还存在不少问题。首先，地区发展不平衡，难以实现社会层面上的大循环；其次，产业结构偏重型，万元地区生产总值能耗偏高，而高能耗必然带来环境污染的进一步恶化，对发展循环经济造成了很大的压力；再者，产业结构发展不完整，环保产业发展不足，如表 2-1 所示。

表 2-1 2020 年青海省各市州生态文明建设年度评价结果排序

地区	绿色发展							公众满意度
	指数	资源利用指数	环境治理指数	环境质量指数	生态保护指数	增长质量指数	绿色生活指数	
西宁市	1	3	1	7	4	1	1	4
海东市	2	1	2	8	1	5	5	8
黄南州	3	2	4	3	2	6	3	6
海南州	4	6	3	5	3	2	2	3
海北州	5	5	6	4	5	3	6	1
海西州	6	4	5	6	8	4	4	7
玉树州	7	7	7	1	7	8	7	2
果洛州	8	8	8	2	6	7	8	5

注：本表中各市州按照绿色发展指数数值从高到低排序

因此，要从根本上改善环境状况，实现经济与社会可持续发展，必须加快发展环保产业。环保产业是保护环境、发展循环经济的重要物质基础和技术保障，是国民经济的重要组成部分及未来经济发展中最具有潜力的新增长点之一。发展环保产业，一方面可以为防治污染提供先进的技术、装备和产品，另一方面可以有效地拉动国内市场需求，促进经济的快速发展。

此外，青海省还面临产业整体技术水平低、高新技术产业发展不足的制约。目前，青海省资源开发多处于"单打一"局面，精深加工不够，与发展循环经济的要求有相当大的差距。一方面，资源总量潜在价值比较大，特别是有较丰富的矿产资源，但技术开发不足。截至2002年底，仅海西柴达木盆地矿产资源的潜在价值就达16万亿元。但是，如果对其开采利用方式没有发生革命性的变化，继续以现行方法进行，这些潜在价值仅能变成1万亿元左右的工业增加值，以海西州规划的2010年工业增加值175亿元测算，仅可供开采60年。这就要求加快资源开发方式转型，大力发展循环经济。另一方面，青海省矿产资源开发暴露出的资源有限、成分单一，开发、综合利用水平低，循环利用率低，高投入、低产出，高消耗、低收益，高排放、低循环，高产值、低技术，高速度、低效益的问题比较严重，资源组合的优势基本没有得到有效发挥。造成这一问题的根本原因主要是由于关键技术和核心技术的制约，最终导致青海省矿产资源开发以扩大初级产品产量的粗放方式发展，无法充分利用尾矿中的各种有效成分及开发中的副产品，同时给生态环境带来了极大的隐患。

（二）投融资机制有待创新

循环经济旨在解决经济增长与资源和环境之间的矛盾，在非传统市场经济条件下能够实现的动态均衡。具体解释为，以从源头预防污染产生为目标的资源和废弃物的循环利用，并不总能保证企业可以因此而获得市场均衡下的经济效益。而如果没有经济效益作基础，对作为以利润最大化为目标的企业来说，就没有动力以循环经济模式进行生产和经营，循环经济就失去了可持续发展的基础。当前循环经济投融资机制有待创新，主要表现在以下几个方面：

一是，单一企业变为一个企业集团，投资规模扩大，投资性质改变。在传统经济模式下，企业是以一种产品或一个可以为其带来利润的主产品体系为基本产出进行生产经营的。它并不需要考虑主产品以外的废弃物的处理问题。即使是有环境标准的约束，只要其排放的废弃物符合排放标准，它就可以直接排放或经过一定处理排放。因此，企业的投资规模是由生产和经营主产品的规模来确定的。但是，按照循环经济模式要求，企业不仅要考虑以上因素，还必须考虑对其产生的所有废弃物进行回收利用和无害化处理。

二是，需要建立连接不同企业的专门的循环经济企业，其投资带有公益性。企业规模不同，对废弃物的回收利用能力不同，对于单个企业无能力自己回收与循环利用的废弃物，必须有一种组织或企业，对上述企业的废弃物进行回收与综合循环利用。倘若这类废弃物的回收与循环利用在市场条件下并不能盈利，那么该类企业面临经营和投资问题。

三是，对于居民生活和社会分散消费产生的废弃物的综合回收与循环利用如何组织，尤其是在不能实现盈利的情况下，怎样解决其投资来源？如果不能解决上述三个投融资来源及其在市场经济体制下的盈利问题，仅仅靠政府来解决投资来源，则循环经济只能处于一种理想的生态经济模式试点状态，无法成为一种在全社会普遍推进的经济发展模式。

虽然资源节约本身是企业微观的效率提高和成本最小化问题，但对于能源和一些重要的战略资源来说，其可持续供给也具有一定的外部性，因为它涉及国家的经济安全。这就要求对循环经济产业进行投融资机制创新。这种创新是一种复杂的系统工程。因此，需要创新循环经济的投融资模式，解决市场经济下，循环经济的低经济效益引发的市场投融资机制不畅问题。

（三）财税利益分配格局有待优化

财税政策作为重要宏观经济调控手段，对循环经济发展的促进作用是不可替代的。这种促进作用主要表现在两个方面：一是财税政策与货币政策是政府对经济进行宏观调控的两方面手段，循环经济作为新兴经济发展模式，财税政策对其具有最为直接的激励作用；二是财税政策对循环经济的促进作用体现为手段多样，可以采用直接投资、采购政策倾斜、财政资金奖励、税收政策优惠等方式，可综合施策、多处用力，形成较为完善、配合密切、效果显著的激励制度体系。从目前财税政策对青海省循环经济的支持效果来看，财税政策作用效果有待进一步挖掘，财税利益分配格局有待进一步优化。主要表现为以下几个方面：

从财政政策层面看，一是财政资金使用缺乏连贯性。尽管中央已经设立了支持循环经济发展的专项资金，但从资金使用方向来看，与其他奖励政策有重合之处，导致财政资金对循环经济发展的支持保障作用发挥不充分。另外从地方情况看，多数省市未设立独立基金，政府对循环经济产业的投入大多处于"一事一议"的状态，使得资金投入缺乏连贯性。二是消费补贴体系有待健全。企业产品在市场竞争中具有优势是其能够健康持续发展的最重要一环，因此对循环经济产品进行消费补贴是财税扶持政策的题中之义。尽管我国受惠范围较广、支持效果较好的主要是家电产品的"以旧换新"试点，但是面向清洁能源、节能产品的消费补贴体系尚未建立起来。三是支出结构有待调整。政策的受惠范围局限于部分企业和项目，缺乏对关键行业、关键环节强而有效的刺激，杠杆效应发挥不明显，不利于打通整个循环经济的脉络，激发循环经济产业本身的活力。

从税收政策层面看，一是税收优惠政策范围较窄。目前，我国的税制并未设计针对循环经济的优惠政策，也不符合税制设计的基本要求。其中，增值税对相关节能环保产品的优惠政策较为单一，多数循环链原料及产品未列入优惠范围；多种消耗品和自然资源未列入消费税和资源税征税范围。二是优惠政策期限较短。现行企业所得税法对相关企业的优惠期限为一至五年，但循环经济企业从投入到产出往往具有长期性，较短期限内的优惠政策使得企业由于未实现利润指标而无法享受，不利于鼓励企业长期坚持资源节约循环利用的生产模式。三是税率结构不尽合理。如资源税的征税方式和税率设计与开采给环境带来的负效应无关，只是针对自然资源的价值属性进行征税，削弱了资源税在节约与防污染方面的作用。

第三章　青海循环经济发展的税收政策分析

一、青海循环经济发展的税收政策现状

（一）税收规模

从税收总额上看，2015 年至 2020 年，青海省税收总量呈现波动态势，2016 年税收收入下降，2017—2018 年由降转升。从税收同比增幅来看，税收的增长幅度波动性大，波动趋势明显，不存在一个固定的趋势，相比其他年份，2016 年和 2019 年出现负增长，其中2016 年税收收入同比增幅最小，为 –14.25%，如图 3–1 所示。

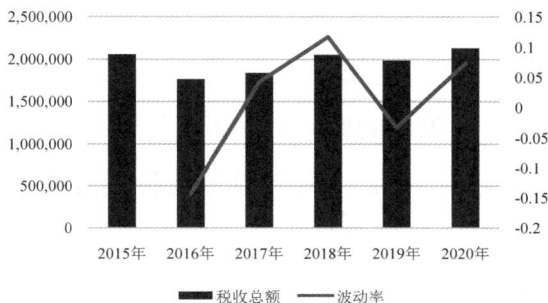

图 3-1　2015—2020 年青海省税收收入及波动率（单位：万元）

从税种结构来看，增值税、企业所得税、资源税三个税种是构成青海省税收的重要组成部分，占青海省总税收收入的 70% 以上。具体地，一是增值税在总税收中占比最高，是税收收入的主力军；二是企业所得税的规模在不断扩大，在税收收入中所占比重较为平稳；三是资源税收入基本上呈平稳上升趋势，如表 3-1 所示。

表 3-1　青海省 2015—2020 年税收收入

（单位：万元）

	2015 年	2016 年	2017 年	2018 年	2019 年	2020 年
增值税	229,512	468,213	893,554	926,987	929,900	380,907
营业税	896,136	503,032	7,200	2,547		
企业所得税	202,302	170,720	232,450	250,281	244,429	288,073
个人所得税	57,015	64,075	89,597	111,666	68,467	77,015
资源税	219,214	148,438	185,721	202,828	183,115	247,466
城市维护建设税	118,340	115,913	121,915	129,267	133,266	139,624
房产税	55,214	56,738	65,281	73,452	74,555	77,387
印花税	27,264	29,668	35,687	41,296	34,114	40,233
城镇土地使用税	41,897	56,981	45,782	41,742	36,191	36,148
土地增值税	35,288	32,569	46,047	92,624	81,840	81,150
车船税	22,615	25,239	27,301	31,030	36,815	39,969
耕地占用税	92,444	56,363	50,335	58,854	49,314	26,828
契　税	60,676	36,821	45,951	88,654	105,149	118,622
税收总额	2,058,050	1,764,775	1,839,621	2,054,871	1,987,000	2,132,748

总体来看，增值税、企业所得税、资源税这三个税种是构成青海省税收的重要组成部分，其他税种占比不高。因此，除了应加强对增值税、企业所得税、资源税的监管外，还应该注重平衡税种及其比重，如促进个人所得税、车船税、房产税等税种的发展，借鉴美国的超额累进税率制度，促进税收制度更为合理。

（二）财税体制

青海省召开的《关于进一步深化税收征管改革的实施方案》（以下简称《实施方案》）新闻发布会，就《实施方案》出台背景、重大意义、工作目标和主要内容进行介绍。《实施方案》规定了6大类27项主要任务，明确到2025年，深化税收征管制度改革取得显著成效，基本建成功能强大的智慧税务，形成国内一流的智能化行政应用系统，全方位提高税务执法、服务、监管能力。主要任务涉及6个方面，包括全面推进税收征管数字化升级和智能化改造、进一步优化税务执法方式、提供高效智能税费服务、精准有效实施税务监管、深化拓展税收共治格局、切实强化税务组织保障。

《实施方案》指出，落实法人税费信息"一户式"、自然人税费信息"一人式"、税务机关信息"一局式"、税务人员信息"一员式"智能归集，实现税务执法、服务、监管与大数据智能化应用深度融合、高效联动、全面升级。推进电子发票与财政支付、金融支付和各类财务核算系统、电子档案管理系统的有效衔接，逐步实现发票申领、开具、交付、报销、入账、存档等全领域、全环节、全要素电子化。落实青海省政务数据共享协调机制，推进税务部门与相关部门之间的数据汇聚贯通。

同时，落实行政执法"三项制度"，全面推进行政执法信息网上录入、执法程序网上流转、执法活动网上监督、执法结果网上查询。

推广应用税务执法质量智能控制体系。制定"兰西城市群"区域统一的税务行政处罚裁量权执行基准；运用大数据，以"信用＋风险"为基础，坚决防止粗放式、"一刀切"执法，涉税案件处理做到依法依规、公平公正、罚当其责，在税务执法领域推广应用全国统一的"首违不罚"清单；简化企业涉税事项跨省迁移办理程序基本实现资质异地共认。

在精准有效实施税务监管方面，实行纳税人缴费人动态信用等级分类和智能化风险管理，对低风险提示提醒，对高风险阻断化解，完善税收风险管理机制。健全以信用评价、监控预警、风险应对为核心的新型税收监管机制，持续拓展税费服务监管内容，不断提高对高收入高净值人员的税费服务与监管水平；对隐瞒收入、虚列成本、转移利润以及利用"税收洼地""阴阳合同"和关联交易等逃避税行为，加强预防性制度建设，加大依法防控和监督检查力度；依托国家"互联网＋监管"系统多元数据汇聚功能，依法联合打击"假企业""假出口""假申报"等涉税违法犯罪行为。

《实施方案》还对深化拓展税收共治格局作了规定，要求规范深入开展"银税互动"，助力解决小微企业融资难融资贵问题；加强税务多部门在联合办案、联动执法、税费管理、信息共享等方面的协作，共同做好地方税征收管理及非税收入征管职责划转，增强地方公共财力可持续性；支持涉税专业服务机构按市场化原则为纳税人提供个性化服务，加强对涉税中介组织的执业监管和行业监管。

（三）税收政策

《环境保护税法》以应税污染物（包括大气污染物、水污染物、固体废物和噪声）为课征对象（第三条），比如向"超过国家和地方规定的排放标准向环境排放应税污染物"的"依法设立的城乡污水集中处理、生活垃圾集中处理场所"（第五条）征缴环境保护税，且规定了环境损害责任（第二十六条），同时也专章规定"税收减免"，将"环境保护确定为环境税法的首位立法目的"。《资源税法》既有规定免征、减征、免税或者减税等调整工具（第六至第八条），也规定了违反规定的法律责任（第十三条）。与此同时，2018年《消费税暂行条例》和2019年《消费税法（征求意见稿）》将鞭炮、焰火、成品油、摩托车、小汽车、木制一次性筷子、实木地板、电池、涂料等消费品列入征收范围，实行从价计税、从量计税和复合计税办法，辅之不同的定额税率和比例税率，践行生态消费税理念，达到引导理性消费和保护生态环境的特定目的。同样地，在增值税领域，《增值税暂行条例》将"无形资产"作为征收对象，《销售服务、无形资产、不动产注释》具体将"自然资源使用权"归于无形资产类中，且自然资源使用权则包括海域使用权、探矿权、采矿权、取水权和其他自然资源使用权，转让自然资源使用权要缴纳增值税，以此意在调节和保护生态环境。此外，不仅企业所得税有减征、免征、减计收入、加速折旧等措施支持资源综合利用的企业，而且还有生态资源补偿费、排污费等收入方式。

2018年《关于生态环境领域进一步深化"放管服"改革，推动经济高质量发展的指导意见》要求"配合有关部门制定有利于生态环境保护的相关税收优惠和补贴政策"，2019年生态环境部全国工商联《关于支持服务民营企业绿色发展的意见》要求"实施财税优惠政策"，2019年《关于进一步深化生态环境监管服务推动经济高质量发展的意见》不仅提出"加强经济政策激励引导"，"积极推动落实环境保护税、环境保护专用设备企业所得税、第三方治理企业所得税、污水垃圾与污泥处理及再生水产品增值税返还等优惠政策"，还要求

"提供必要财政资金支持"，"建立常态化、稳定的财政资金投入机制"，"持续优化财政专项资金分配方式，积极争取地方政府专项债券"，"加快推动设立国家绿色发展基金"等。2020年《关于统筹做好疫情防控和经济社会发展生态环保工作的指导意见》要求"设立区域性绿色发展基金，对受疫情影响严重且符合污染治理条件的复工复产企业，依法核准延期缴纳环境保护税"。凡此种种，皆表征了财政收入维度生态环境保护财税政策工具的多样性，不仅有税收优惠措施，也有不少税收重课措施，宜在财税收入目的外重视利用财税政策工具来保护生态环境。

青海省国税局通过简政放权、放管结合，持续释放优惠红利。如青海省国税部门对于月销售额 ≤ 10 万元的小规模纳税人，直接免征相应的增值税；对于年缴纳 ≤ 100 万元所得税的小微企业，直接免征 25% 的部分，并且剩下的按 20% 来缴纳所得税；对于营业收入在 100—300 万的应纳税部分，直接免征 50% 的部分，剩下的按 20% 来缴纳所得税等规定。对在国务院确定的国家高新技术产业开发区设立的、被认定为高新技术企业的外商投资企业自被认定之日所属的纳税年度起，减按 15% 的税率缴纳企业所得税，对被认定为高新技术企业的外商投资企业经营期在 10 以上的经企业申请当地税务机关批准从开始获利的年度起，第 1 和第 2 年免征所得税，第 3 至 5 年减半征收所得税等高科技产业的税收优惠政策规定，都在很大程度上增强了企业的发展动力。

二、青海发展循环经济的税制困境

（一）循环经济中税收政策在保护资源方面存在的问题

我国在 1984 年就开始开征资源税，距今已有 30 多年，经过这些年的发展，资源税的征收仍存在一些问题。资源税征收的主要目的是调节资源开发所引起的收入差距，而忽略了环境的污染和资源的浪费，这使得我国在资源税和循环经济的发展方面无法协调，从而达不到节约资源、保护资源的目的。具体而言，我国资源税的征收仅仅是针对原油、天然气、煤炭、一些金属制品以及盐，征收的范围很窄，并没有将其他的资源列入其中，如森林、水、草场。这就形成了税法政策设计的不足引发政府在资源监管时出现漏洞，从而导致资源浪费、生态破坏，如水土流失、土地荒漠化、森林乱砍滥伐等。

此外，资源税中的土地使用税在征收过程中也存在一些问题。首先是关于收费的问题，我国就土地而言，各级政府都会对其收取很多费用，来实现政府的收入，主要包括土地使用费、开发费等，这些都是由相关的土地部门收取，并不是由税收部门征收，这就使得政府在土地方面征收的税款少于收取的费用，并且土地部门收取的费用不需要进行预算，额度巨大，降低了税收的执行力度；其次，土地使用税的税率设置存在一定的问题，税率的设置是根据各个地区、土地使用的面积以及土地所处的位置来设定的，这种设置使土地资源被搁置，很难得到合理的运用。

（二）增值税在循环经济发展过程中存在的问题

增值税是我国特别重要的流转税之一，它的征税对象是销售货物或者提供加工、修理修配劳务过程中实现的增值额。尽管增值税对于废旧物品给予一定的税收优惠，但是从根源上并没有促进循环经济的发展，某种程度上还会抑制循环经济的发展，这主要是由于循环经济发展立足于生产商品环节，而非消费环节，从而导致了企业合理运用废旧物可能增加企业的税负。例如，当生产商品的企业利用废旧物品为原料，通过节省重新购买新原料的成本以提高利润，同时也会带来商品增值额提升,进而导致企业上缴增值税增加。同时,对于废旧物使用很难获得增值税专用发票,使企业无法进行税费抵扣,最终抑制企业对废旧物品加工的动力。

另外,增值税在鼓励环境保护、资源保护上所规定的范围比较窄,其他一些低污染、低消耗的企业没有规定在优惠政策当中,如太阳能发电、废水的治理及分离,从而导致企业对于减少污染和浪费的积极性变弱。因此,增值税在发展循环经济方面的作用是不尽如人意的。

针对上述问题,从消费税角度可以解释为:一是我国消费税征收范围有待扩大。我国于1994年开始征收消费税,现行消费税征收范围主要包括烟、酒、化妆品、珠宝首饰、小汽车、游艇等,消费税征收的范围过窄,2015年2月将对环境有危害的电池、涂料列为征税对象,但塑料袋还未被列入其中,造成了对环境的潜在威胁。二是我国消费税征收税率设置有待优化。消费税规定木制一次性筷子征收税率为5%,铅蓄电池征收的税率为4%,消费税税率设立较低,使得企业生产过程中的成本较低,就造成资源过度浪费。三是消费税体系有待完善。消费税通过对小汽车排气量的大小进行差额征税,但对于其他商品的消费税并未考虑环境保护问题,导致消费税在发展循环经济方面的作用被极大地削弱。

第四章　青海循环经济发展的财税政策建议

一、青海循环经济发展的财政政策建议

为了环保事业的较好发展、提高财政政策效力,将环境支出纳入财政管理之中是必要的举措。财政管理是资金有效分配的重要前

提，是贯彻实施国家财政政策和财政规章制度，有效组织财政收入，合理调剂资金，实现国家职能的重要手段。财政支出对于环境保护影响更为直接，甚至决定财政对于环境保护、生态治理的成效。

（一）优化财政支出结构

循环经济具有建设规模大、投入资金多、建设周期长和投资风险高等天然属性，这就决定了循环经济的培育和建设主体需要依赖政府引导，政府财政资金投入成为引导市场积极性的重要举措。环境污染治理投资是我国环保支出的重要内容，2020 年中共中央办公厅、国务院办公厅《关于构建现代环境治理体系的指导意见》不仅要求"明确中央和地方财政支出责任"，还表明要"加强财税支持"，"建立健全常态化、稳定的中央和地方环境治理财政资金投入机制"。

一是完善生态补偿财政转移支付制度。结合发达国家的经验，我国在转移性支出财政方面可以予以大力支持。比如，对从事资源综合利用与开发的企业进行直接和间接的财政补贴；对有能力开展循环经济研究和建设的相关单位进行财政补贴，包括企业亏损补贴、物价补贴、财政贴息、税前还贷等多方面的直接间接补贴。另外，要从财政支出上加大力度淘汰一些高消耗、高污染的企业，鼓励无污染的企业，对这些企业在生产经营过程中使用的无污染或减少污染的机器设备实行加速折旧制度。财政补贴之于生态环保领域也意义重大，体现为生态保护补偿，具体有生态保护补偿机制奖励资金、有机肥替代补贴等名目，如 2018 年中央财政对每个秸秆项目补贴 1000 万—2000 万元。再如，2018 年财政部《关于调整完善新能源汽车推广应用财政补贴政策的通知》明确"调整完善推广应用补贴政策，完善新能源汽车补贴标准"，皆在于通过加大财政补贴力度等方式进行环境保护。

二是加大有利于循环经济发展的公共配套设施建设的投入，如大型水利工程、城市绿地建设、城市下水道铺建和公路修建等建设性工程。政府通过投资性的支出，鼓励承建公共基础设施建设企业加快技术创新。另一方面，加大对污染治理、废旧物品回收处理和再利用技术的研究与开发等公用性事业的投入力度。在购买性支出的消费性支出方面，政府可制定相关的采购政策来鼓励市场再循环利用。以青海省循环经济试验区为例，中央财政支持为其发展循环经济夯实了基础。青海省地区生产总量从 2000 年的 263 亿元增长到 2018 年的 2865.23 亿元，19 年内增长了近 11 倍。从 2000—2018 年青海省地区生产总量增量变化情况来看，青海省经济处于持续增长状态，期间受 2008 年、2012 年金融危机影响，增长幅度下降明显，但青海省经济总体还是呈"稳中有进、稳中向好"态势。

三是针对市场环境培育和政府配套支持的平衡，还需要做到处理好市场和政府的关系，以确保能够充分发挥市场机制促进企业创新可持续发展，同时能够充分发挥政府引导支持职能。青海省地方财政加大对循环经济试验区支持力度。从近年财政生态环保资金分配和使用情况来看，财政支出项目包含大气污染防治资金、工业企业结构调整专项资金、节能减排专项资金、水污染防治资金、海岛及海域保护专项资金、土壤污染防治专项资金、农村环境整治专项资金等。青海省可以进一步优化财政支出结构，在开源节流的基础上进一步支持循环经济。

（二）健全产业投资基金制度

由于产业投资基金制度的运行，不仅取决于资金市场化运作的顺畅程度，还取决于政府相关配套措施的保障程度。产业投资基金制度的运作应当以市场机制作为基础，尊重市场的主导作用。但是环保产业的发展具有明显的外部性、公益性。当前，我国环保产业投资基金的运作呈现出"政府强势主导，市场力量单薄"的特点。然而，产业投资基金毕竟不同于政府直接拨付的专项资金，它具有市场化投融资的功能，以发现市场、追逐利润作为目标。过于强调政府扶持或者政府干预，不利于其优势的发挥。坚持"政府制定规则、进行风险监控、获取投资收益"的基础上，确立"政府退出市场充分竞争领域""政府参股但不控股、政府引导但不主导""政府不直接参与投资管理决策"等来制约政府的过度作为。只有处理好"政府"与"市场"的关系，才能很好地利用产业投资基金制度来促进我国环保和循环经济的发展。

一是配套财政引导资金支持。由于环保和循环经济相关的产业具有明显的公益性、外部性，因此政府应当根据环保和循环经济具体领域的特点，提供适当扶持。在必要的情况下，政府可以通过财政、税收、信用担保方面的优惠和扶持等支持手段，以发挥杠杆作用，引导社会金融资本进入。尤其对于市场基础较为薄弱，而外部性和公益性明显、需要扶持的重点领域，政府通过注入财政资金可以实现对该领域的扶持，确保其可持续经营。因此，为了更好地利用产业投资基金的投融资机制促进环保产业和循环经济的发展，需要在充分发挥市场机制的基础上发挥政府引导职能。

二是完善环保产业目录制度。通过制定"产业指导目录"引导基金投资的方向。国家发改委在前些年公布的《产业投资基金管理暂行办法》（草稿）中就拟规定，产业投资基金所投资总额的60%以上必须限定于基金名称所体现的领域，比如"循环经济投资基金"至少应当有60%的资金投入至循环经济领域。但是，由于目前我国立法仍然缺失，现实中具体产业投资基金对自身所投资产业领域的设定仍然具有任意性。因此，尽快出台循环经济领域相关产业指导目录，对发展循环经济具有风向标的作用。基于此，建议在政府对产业基金予以引导、扶持的情况下，未来我国在出台《环保产业投资基金管理办法》等文件时，应当通过配套性"环保产业目录"的方式来对政府所引导发展的节能环保、循环经济"产业"领域加以界定，并分清轻重缓急——对重点领域加以重点扶持，按规划性的周期对其内容进行动态调整。

三是培育产业基金良性运行的环境。我国环保产业创新能力不强、结构不合理、市场不规范、服务体系不健全仍然是常态，这必然会制约产业基金作用的发挥。因此市场的培育很重要，既要鼓励循环经济等环保产业分工的专业化、精细化，又要促使各企业在技术创新、管理水平各方面的升级。结合环保和循环经济领域需求出台专门的《环保产业投资基金管理办法》。唯有通过制度化的保障，提高环境违法成本，促进环境成本内部化，方可使产业投资基金制度在市场化融资、产业导向、政府扶持的优势在环保和循环经济领域获得充分利用，整个环保产业的发展才有市场，环保产业投资基金制度的运行才能具备良好的外部环境。

（三）丰富政府绿色采购制度

政府采购是风向标，能有力推动节能减排，引导企业转型升级、向绿而行，促进全社会形成绿色消费的风尚。绿色政府采购是引导和激励环保行为的财政手段，如国家持续调整环境标志产品和节能产品政府采购清单，加大政府绿色采购力度。

一是充分运用国家各部门的政策。财政部、发展改革委、生态环境部市场监管总局《关于调整优化节能产品、环境标志产品政府采购执行机制的通知》要求"加大政府绿色采购力度"，"对于已列入品目清单的产品类别，采购人可在采购需求中提出更高的节约资源和环境保护的要求，对符合条件的获证产品给予优先待遇"。基于环境治理目的，予以正面的税收鼓励或间接的财政援助，鼓励节能减排，引导绿色消费，从而助力"绿色经济"的可持续发展。2020年10月份，财政部、住房和城乡建设部联合发布《关于政府采购支持绿色建材促进建筑品质提升试点工作的通知》，选择一批绿色发展基础较好的城市，在政府采购工程中探索支持绿色建筑和绿色建材推广应用的有效模式，形成可复制、可推广的经验。南京、青岛、杭州、绍兴、湖州、佛山6地作为首批试点城市，近一年来多措并举、稳妥推进，综合运用政府采购政策支持绿色建材应用，促进建筑品质提升，取得了积极成效。

二是要充分发挥政府采购的示范效应，未来还可以进一步完善政府绿色采购政策体系，形成更加统一的标准、更加规范的程序，加强供应商绿色产品认证、节能环保等方面检查，推动绿色采购落地落实，助力实现碳达峰、碳中和目标。我国政府采购发展空间还很大，随着财政支出规模的持续扩张，政府采购规模还会不断增长，大有潜力可挖。未来应进一步提升政府采购的公平公正性及公开透明度，确保竞争充分、机会均等，打破区域封锁和地方本位主义，促进全国公平竞争。同时，政府采购的商品和服务价格要科学合理，不能秉持价格越低越好的原则，既要保量也要保质，提升公共产品的供给质量。

三是进一步提升政府采购效能，一是提高采购预算人员预算管理水平，提升预算人员专业技能，加强采购预算管理，使采购预算更具计划性；二是强化政府采购动态监督管理，对政府采购建立绩效评价和激励约束机制，着力提高政府采购资金绩效。虽然政府采购功能在不断升级，但实践中也还存在采购交易管理较为粗放、政策传导机制不畅、采购代理机构和评审专家履职水平有待提升等问题，还不能完全适应国家治理能力和治理体系现代化的要求。

二、青海循环经济发展的税收政策建议

总体而言，我国现行税收政策客观上支持着循环经济的发展，而且是有一定成效的。尤其是在鼓励资源综合利用、减轻或消除污染、促进废旧物资的有效利用、加强环境保护等方面，发挥了积极的作用。但是，我国税收政策对发展循环经济的作用不够明显，调节的范围和力度还远远不够；对资源节约利用和环境保护的引导作用仍存在很大不足。我国目前循环经济发展的税收政策主要有：对资源综合利用的税收优惠政策，对废旧物资回收利用的税收优惠政策，对环境保护的税收优惠政策，以及对技术进步、成果转让的税收优惠政策。与国外相对完善的生态税收和循环经济税收制度相比，我国缺少针对性专门税种的同时，现行税制中为贯彻循环经济思想而采取的税收优惠措施比较单一，主要是减税和免税，缺乏针对性和灵活性，缺乏加速折旧、再投资退税、税收抵免、延期纳税等国际上通用税种。针对上述不足，提出以下建议。

（一）完善支持发展循环经济的相关税制

未来的方向是以生态环保税费类为中心统筹现有财税法律规范，形成了以环境保护税、资源税为核心，辅之以消费税、增值税、城镇土地使用税等的生态环保财税法制体系。在资源税方面，将促进资源节约和减轻污染功能纳入税制体系，调节税率过低、征收范围过窄、征收环境不合理、税收级次之间的差距过小的问题，充分调动税收对资源合理利用的激励作用。

一是扩大征税范围。目前我国只对一些矿产品和盐进行征税，征税范围的狭窄使得资源税效果不突出。随着资源需求的日益增长，一些非可再生资源以及稀缺资源应纳入征税范围内，这不仅是保护生态环境的要求也是可持续发展战略的具体体现。因此，在现行资源税的基础上，将土地、海洋、森林、草原、滩涂、淡水和地热等自然资源列入征税范围；另一方面可将现行资源性收费改为税收，如矿产资源管理费林业补偿费、育林基金、林政保护费、电力基金、水资源费、渔业资源费等改为税收项目，增加政府财政收入的同时提高对资源的保护。最后，合理提高资源税税率，征收二氧化碳排放税。现行资源税税率偏低，应适当提高资源税的征收标准，特别是对一些比较稀缺的不可再生资源或对环境污染较大的资源应课以较重的税负，以提高对资源的利用程度和保护力度。过量排放二氧化碳是造成地球温室效应的最主要原因，目前青海能源利用效率较低，征收二氧化碳税可以鼓励青海企业提高能源利用效率，减少二氧化碳的排放。

二是实行累进课征制。由于资源税的征收较其他税收产品而言比较特殊，是对企业滥用自然资源实行的一种惩罚性税收，这种区别征收应采用累进制原则。根据使用自然资源量的不同划分不同的征税档次，需要消耗较多自然资源的税收则高一些，反之则征低一些。按照累进制原则征税，有助于某些耗量大的企业为了减少负担，改进生产技术研发环保型产品，真正起到环保作用。

三是在税收优惠力度方面要精准施策。一方面是对企业进口环保资源产品和设备，在进口关税的征收上对其进行减免；其次，制定鼓励低油耗、小排量车辆的税收政策。低油耗、小排量车辆是现今较为环保的一种新型产品。我们可以对其在设计、生产、销售、消费、报废这一系列的环节上进行税收优惠或者减免策，以扩大环保产品在使用范围，真正起到节能的作用。

（二）逐步开征促进循环经济发展的新税种

一是开征生态新税，促进环境保护和资源节约。在具体进行税收政策设计时，应按照"谁污染、谁缴税"的原则，以在中国境内的企事业单位、个体经营者及城镇居民所排放的污染物和从事有害环境应税行为为课税对象，以排放污染物和从事有害环境应税产品生产的单位和个人为纳税人，对企业与居民个人分别采取不同的征收办法。根据对环境的危害程度大小规定有差别的税率，对环境危害程度大的污染物及其有害成分的税率应高于对环境危害程度小的污染物及其有害成分的税率，以遏制污染排放，促进资源综合利用和循环利用，实现工业废弃物"零排放"。对城镇排放的生活废水、生活垃圾等，以居民废弃物排放量为计税依据，采用无差别的定额税率。

二是开征新材料税。由于新材料是对原生物的直接获取，并不利于生态环保，因此可加强新材料税收的征收。另外，对垃圾填埋和焚烧进行征税。由于填埋和焚烧是处理垃圾最廉价的方式，对此进行征收有助于企业不得不放弃低成本的处理垃圾做法，从而更加关注环保的资源处理方法。此做法最先在美国实施，随后英法等国也开始呼应，我国也可借鉴过来国家的优秀经验。

（三）探索改革税费分配体制

循环经济下的税制改革，还须充分考虑如何在中央与地方之间合理地分配收入的问题。完善分配机制，保护资源原产地的利益，提高发展循环经济的积极性是一个重要方向。因此，可以将改革后的资源税划分为中央与地方共享收入，由国税部门负责征收；将新开征的生态税划分为青海地方政府收入由地税机关征收。根据"专款专用"的原则，环境保护收入应作为政府的专项资金，全部用于环境保护和循环经济的发展，并加强对其用途的审计监督，防止被挤占挪用。保护原产地产品，减少对原产地产品征税，提高原产地产品在全国范围内的知名度和品牌竞争力，促进原产地产品产业化，提高农民收入，让原产地产品优先获得国家相关政策补贴以及金融机构的配套资金。

作者简介：黄波涛，北京国家会计学院副教授。

支持青海循环经济发展的财税政策研究

邓秋云

第一章 我国循环经济发展概况

一、循环经济的内涵与外延

循环经济的概念是由英国环境经济学家大卫·皮尔斯和凯利·特纳于 1990 年最早提出的。德国是最早推出相关立法的国家，1996 年制定了《循环经济和废物处理法》。随后，法国和英国等欧洲国家效仿，发展循环经济逐渐成为全球共识（Geng et al, 2019）。作为一种新兴的科学的经济发展模式，循环经济改变了传统"开采—生产—废弃"的线性经济模式，实现了经济发展和资源开发脱钩（Stahel,2016），能够以更少的投入创造出更多的经济社会价值，对实现碳中和目标意义重大。英国艾伦·麦克阿瑟基金会的相关研究表明，循环经济可以有效地减少温室气体排放，并提出实施循环经济可以在 2050 年减少全球关键工业材料（水泥、钢铁、塑料等）生产过程中 40% 的碳排放，减少全球食物系统中 49% 的碳排放。对欧洲国家的其他研究也同样表明，循环经济转型将使有关国家的温室气体排放直接减少 70%（Ellen,2019 年）。

目前，我国对循环经济的普遍定义可以追溯到 2004 年，时任国家发展和改革委员会主任马曾在全国循环经济工作会议的讲话中提道：“循环经济是一种以资源的高效利用和循环利用为核心，以‘减量化（reduce）、再利用（reuse）和资源化（recycle）’为原则，以低消耗、低排放、高效率为基本特征，符合可持续发展理念的经济增长模式，是对‘大量生产、大量消费、大量废弃’的传统增长模式的根本变革。”

二、我国循环经济发展概况

在过去的几十年当中，我国经济的高速发展往往是以资源的大量消耗和环境的严重污染为代价的。如今脆弱的生态环境和有限的资源承担着巨大的发展压力，传统的经济模式难以为继。根据循环经济的“3R”原则，它将从源头减量到生产端，再到最后末端的全过程实现改造和转型从而实现经济发展方式的转型。其次，循环经济废物的资源化创造了很多的再生资源，替代了原生资源，提供资源保障，确保经济的持续发展。所以，党的十八大明确将“绿色”作为五大发展理念之一，我国发展循环经济，既是推进可持续发展战略的重要途径，也是保障国家资源安全的重要手段，还是实现“双碳”目标的有效方式。

（一）“十三五”时期取得的成绩

根据国家发改委 2021 年 2 月发布的《“十四五”循环经济发展规划》中的有关数据显示，我国的循环经济发展在这五年之间卓有成效，2020 年与 2015 年相比，主要资源产出率①实现了约 26% 的增长，单位地区生产总值水耗也呈现出 28% 的大幅下降，单位地区生产总值能

---

① 主要资源产出率（元/吨）＝国内生产总值（1 亿元，不变价）÷主要资源实物消耗（亿吨）。主要资源包括：化石能源（煤炭、石油、天然气）、钢铁资源、有色金属资源（铜、铝、铅、锌、镍）、非金属资源（石灰石、磷、硫黄）、生物质资源（木材、谷物）。

耗持续显著降低。资源循环利用已成为保障我国资源安全的重要途径。

表 1-1　2012—2020 年我国主要再生资源类别回收利用情况

	名称	单位	2012	2013	2014	2015	2016	2017	2018	2019	2020
1	废钢铁①	万吨	8400	8570	15230	14380	15130	17391	21277	23400	25000
	大型钢铁企业	万吨			8830	8330	9010	14791	18777	20300	
	其他行业	万吨			6400	6050	6120	2600	2500	2550	
2	废有色金属②	万吨	530	562	798	876	937	1065	1110	1200	1300
3	废塑料	万吨	1600	1366	2000	1800	1878	1693	1830	1900	2000
4	废纸	万吨	4472	4377	4419	4832	4963	5285	4964	5000	6000
	废轮胎	万吨	370	375	430	501.6	504.8	507	512	520	530
5	翻新	万吨	45	50	50	28.6	28.8	27	27		
	再利用	万吨	325	325	380	473	476	480	485		
	废弃电器电子产品							9234	6931	8129	8100
6	数量	万台	13583	11430	13583	15274	16055	16370	16550	17000	
	重量	万吨	190	263	313.5	348	366	373.5	380	390	
	报废机动车③										
7	数量	万辆	132	187	220	277.5	179.8	174.1	199.1	210	237
	重量	万吨	249	274	322	871.9	491.6	453.6	478.79	490	500
8	废旧纺织品	万吨				260	270	350	380	400	410
9	废玻璃	万吨			855	850	860	1070	1040	1020	1100
10	废电池（铅酸除外）	万吨			9.5	10	12	17.6	18.9	20	22
11	合计（重量）	万吨	16067	16038	24470.6	24729.5	25412.4	28205.7	32218.2	34550	37800

数据来源：商务部流通业发展司。

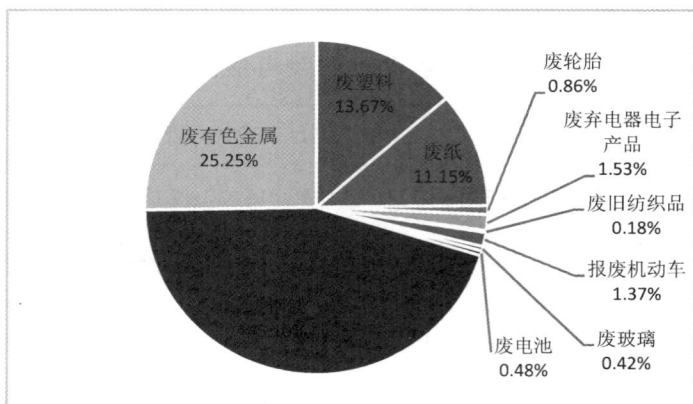

废塑料 13.67%
废轮胎 0.86%
废弃电器电子产品 1.53%
废有色金属 25.25%
废纸 11.15%
废旧纺织品 0.18%
报废机动车 1.37%
废电池 0.48%
废玻璃 0.42%

资料来源：《中国再生资源回收行业发展报告2019》

图1-1　2018年主要再生资源回收价值占比

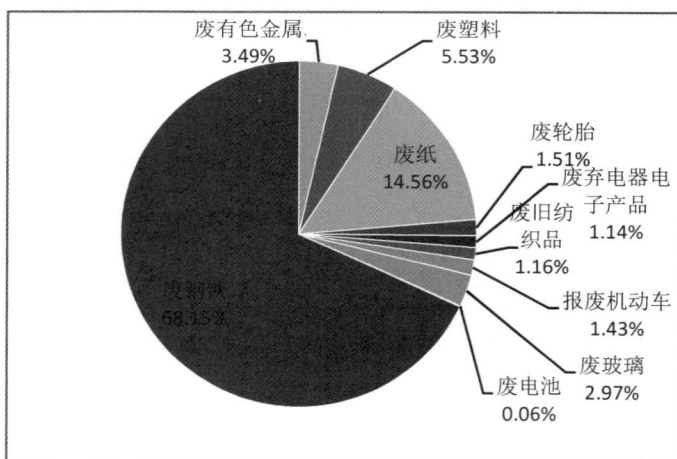

废有色金属 3.49%
废塑料 5.53%
废轮胎 1.51%
废纸 14.56%
废弃电器电子产品 1.14%
废旧纺织品 1.16%
报废机动车 1.43%
废钢铁 68.15%
废玻璃 2.97%
废电池 0.06%

资料来源：再生资源信息网

图1-2　2019年主要再生资源回收量占比

（二）制度建设

以2005年《关于加快发展循环经济的若干意见》的发布为起点，我们循环经济发展拉开了体制机制全面建设的大幕。文件的出台为建立和完善促进循环经济发展的激励政策机制指明了方向，循环经济法制化进程全面加速。自 2009 年 1 月 1 日起,《循环经济促进法》的正式实施,标志着中国的循环经济发展已进入法制化阶段,循环经济法规体系已初步建立。2013 年国家发布《循环经济发展战略和近期行动计划》,制定了实施步骤,全面开启推动循环经济各方面发展的新阶段。此外,随着 2009 年、2012 年陆续出台《废弃电器电子产品回收处理管理条例》《循环经济发展战略和近期行动计划》,以及 2015 年年初实施的《环境保护法》,再加上部分地区制定的相关产业协同发展行动计划等法律法规和国家标准的逐步完善,我国的循环经济领域已经初步形成了由国家法律、行政法规和地方法规组成的法制体系。自进入"十四五"时期以来,国家着重发力加速推进有关制度建设的步伐,2021 年《关于加快建立健全绿色低碳循环发展经济体系的指导意见》的出台细化了"十四五"时期的循环经济高质量发展的要求和路径,国家发改委联合九个部门共同制定了《关于"十四五"大宗固体废弃物综合利用的指导意见》,具体明确了废弃物综合利用的发展原则和方向,财政部也会同多个部门更新了《环境保护、节能节水项目企业所得税优惠目录(2021 年版)》《资源综合利用企业所得税优惠目录(2021 年版)》和《资源综合利用产品和劳务增值税优惠目录(2022 年版)》,为财税政策的精准调控、有效激励添砖加瓦。

(三)体系建设

国家在综合分析"十三五"以来我国循环经济发展取得的成效和"十四五"时期所将面临的国际国内新形势的基础上,秉持突出重点、问题导向、市场主导和创新驱动的基本原则,制定了《"十四五"循环经济发展规划》(发改环资〔2021〕969 号,以下简称《规划》)。《规划》明确提出在"十四五"期间,中国循环经济发展的总体思想和主要目标集中在"建设资源循环产业体系""建设废物循环利用系统"和"深化农业循环经济的发展"三大方面。《规划》围绕这三大方面，在具体部署了 12 项重点任务、11 个重点项目和行动的同时，还明确了每个重点项目的组织实施部门，并从四个方面提出政策保障机制，即完善法律法规、完善统计评价体系、加强财税金融支持和强化行业监督。《规划》描绘了"十四五"时期中国循环经济发展的路线图，对加快循环经济发展的重点和方向进行了明确和细化，现实意义突出，可操作性强。此外，《规划》还在以下几方面充分展现了中国特色和勇于创新精神：第一，基于新的发展阶段，全面、系统地部署了循环经济的发展。《规划》从工业生产、农业生产和社会生活三个方面提出了具体的发展方向和工作安排。第二，着重强调重点地区（人口多的城市和城市群），重点品种（尾矿、共伴生矿、农作物秸秆、林业三剩物、粉煤灰、煤矸石、冶金渣、工业副产石膏等），重点行业（钢铁、装备制造、冶金、石化、有色金属、轻工业等）以及重点领域（航空发动机、屏蔽机、工业机器人等）的资源循环利用。第三，坚持问题导向，努力解决本阶段制约循环经济发展的突出矛盾和问题，如完善法律政策、标准体系，制定长期激励约束措施、完善循环经济统计体系、提高如土地利用保障等相关综合保障能力。

第二章　我国支持循环经济发展的有关政策分析

一、国家层面支持循环经济发展的政策分析

如上所述，自 20 世纪 90 年代末我国引入"循环经济"概念以来，得到了社会各界的广泛认可，并进一步提升为国家发展战略。

自 2005 年《关于加快发展循环经济的若干意见》发布以来，国家制定了一系列法律和政策，不断明确和完善循环经济发展的时间表和路线图，逐步完善对循环经济的支持政策。本部分将系统地梳理国内现有的循环经济相关扶持政策，为青海省进一步发展循环经济提供参考。

（一）2005 年《关于加快发展循环经济的若干意见》

2005 年国务院出台《关于加快发展循环经济的若干意见》，从加大对循环经济投资的支持力度、利用价格杠杆促进循环经济发展和制定支持循环经济发展的财税和收费政策三个方面，对建立和完善促进循环经济发展的激励政策机制提出了具体的要求。

（二）2009 年《中华人民共和国循环经济促进法》

2009 年正式施行的《中华人民共和国循环经济促进法》专设"激励措施"章节，为发展循环经济的支持政策指明了方向。具体激励措施包含财政政策、税收政策、金融政策和其他政策。

（三）2013 年《循环经济发展战略及近期行动计划》

2013 年颁布的《循环经济发展战略及近期行动计划》在保障措施篇章中，从产业政策、投资政策、价格和收费政策、财政政策、税收政策和金融政策等方面对完善循环经济的经济政策提出了具体要求。

（四）2017 年《循环发展引领行动》

2017 年印发的《循环发展引领行动》从理顺价格税费政策和优化财政金融政策两个角度为发展循环经济的经济政策指明了方向，具体指明了深化价格改革、加强税收调节、创新财政资金支持方式、创新融资方式的改革方向。

（五）2021 年《"十四五"循环经济发展规划》

2021 年印发的《"十四五"循环经济发展规划》为推动实现碳达

峰和碳中和，贯彻落实循环经济促进法要求，深入推进循环经济发展，明确和细化了"十四五"循环经济发展的时间表和路线图，并在政策保障部分对加强财税金融政策支持提出了要求。

总体而言，财政、税收和金融政策作为宏观调控手段，不仅对循环经济的发展和促进起到了非常重要的作用，而且其运用还具有相对广阔的空间。

二、福建省支持循环经济发展的政策分析

福建省生态文明建设和循环经济发展起步较早，绿色发展理念普及较广，政策扶持力度较大。时任福建省省长的习近平同志，早在 2000 年就高瞻远瞩地提出建设"生态省"的总体构想，并亲自指导编制了《福建生态省建设总体规划纲要》，在全省范围内推动实施。2014 年 3 月，随着国务院《关于支持福建省深入实施生态省战略加快生态文明先行示范区建设的若干意见》一文的发布，福建"生态省"建设决策由地方级决策正式升级为国家战略，福建省还被赋予了创建全国生态文明先行示范区的重任。随着福建省生态建设战略的逐步实施、循环经济发展战略和近期行动计划的逐步落实，一批国家级、省级循环经济示范试点项目顺利推进，"清新福建"已成为一张靓丽的名片。

继国家 2005 年发布《国务院关于加快发展循环经济的若干意见》之后，福建省迅速出台《2005—2006 年全省加快发展循环经济工作方案》，根据国家要求具体制定了行动方案，明确 50 家企业进行试点。紧随其后，《福建省"十一五"循环经济发展专项规划》于 2006 年推出，再进一步确定了重点产业、重点企业、重点示范园区等内容。与此同时，有关部门还对循环经济的试点企业给予了减税和财政资金支持，用财税政策发力直接推动循环经济的发展。此后，福建省先后发布了有关循环经济的意见和专项计划，2010 年发布《福建省人民政府关于加快循环经济发展的意见》，2011 年发布《福建省"十二五"节能和循环经济发展专项规划》，2016 年发布《福建省"十三五"能源发展专项规划》，次年发布《福建省"十三五"节能减排综合工作方案》，2021 年发布了《福建省"十四五"生态环境保护专项规划》和《福建省省级节能和循环经济专项资金管理暂行办法》。本报告将对福建省循环经济发展的支持政策进行具体的整理和分析。

（一）福建省发展循环经济的财政政策分析

1. 设立节能循环经济专项资金

由省级财政统筹负责设立安排节能和循环经济专项资金，专项用于支持福建省节能循环经济发展。专项资金由财政部门和工信部门共同管理：省财政厅负责组织专项资金预算的编制和执行，会同省工信厅拨付下达资金，监督专项资金支出活动；省工信厅研究提出专项资金支持重点，提出专项资金的分配方案并监督专项资金的使用。

2. 加大循环经济资金投入

福建省致力于建立健全常态化、稳定的循环经济资金投入机制。各级地方财政多管齐下、共同发力。一方面，要求省级财政加大预算内节能和循环经济专项资金的投入；另一方面，市、县（区）财政也要在预算中增加对循环经济发展的其他方面投入。

3. 积极争取国家财政资金支持

福建省积极响应国家的号召，重点组织符合中央预算内投资补助、国家节能财政奖励、循环经济技术改造财政奖励要求的示范项目，从而最大限度争取国家财政资金对地方循环经济发展的支持。多管齐下，有效创新财政资金支持循环经济项目的方式和渠道，充分发挥财政资金的杠杆作用。

4.建立循环经济奖励制度

福建省不断完善循环经济奖励制度。为有效激发各方发展循环经济的主观能动性，省政府要求下属各级政府及有关部门及时表彰并奖励在循环经济管理、科学技术研究、产品开发、示范推广、宣传培训工作中做出显著成绩的单位和个人，相应的企事业单位也应当对在发展循环经济中做出突出贡献的集体和个人给予表彰和奖励。福建省实行鼓励性财税政策，组合配置各类政府鼓励性财政政策和优惠性税收政策，支持重点项目、重点行业和重点企业发展循环经济。

5.推行政府绿色采购

福建省积极推行政府绿色采购，建立政府优先采购节能、节水和环保产品制度。此外，还明确要求严格依据国家有关部门发布的《节能产品政府采购清单》和《环保标志产品政府采购清单》进行产品筛选，对清单内的节能环保产品实行强制采购和优先采购。

（二）福建省发展循环经济的税收政策分析

福建省重在认真落实和宣传国家对节能服务产业的各项税收扶持政策。在节能节水项目方面，对企业从事符合条件的环境保护、节能节水项目的所得，按照国家规定减免企业所得税；对购置并实际使用《环境保护专用设备企业所得税优惠目录》《节能节水专用设备企业所得税优惠目录》《资源综合利用企业所得税优惠目录》中规定的环境保护、节能节水等专用设备的企业，依法抵免企业所得税。

在资源综合利用方面，经认定的资源综合利用企业，按《关于资源综合利用及其他产品增值税政策的通知》和《关于公布资源综合利用企业所得税优惠目录的通知》等规定享受相关税收优惠政策。福建省着重在落实国家鼓励的资源综合利用税收优惠政策方面下功夫，针对符合相关政策的企业施行所得税优惠和关税减免政策。

第三章 青海省循环经济发展现状及优势分析

一、青海省循环经济发展现状

（一）青海省经济发展现状

虽然青海省第一产业具有独特的特点，但比例不高，增长相对缓慢，第二产业长期以来是青海省的支柱性产业，工业增加值比重较高，是典型的以重工业为主、轻工业为辅的资源开发型产业结构。青海的第三产业的比例近年来不断上升，自 2017 年起，第三产业已超过第一产业和第二产业，成为青海经济体量中占比最大的产业。但到 2020 年，受国内外宏观形势的影响，青海第三产业对青海省生产总值增长的贡献率显著下降，在三大产业中排名最低。可以看出，第二产业、第三产业依然是青海经济发展的关键产业，对青海经济社会发展意义重大。青海的四大支柱产业是油气、水电、盐湖化工和有色金属冶炼，其中油气盐湖化工和有色金属冶炼非常依赖于能源的发展。青海省的资源依赖型产业结构决定了青海省循环经济发展的必要性。

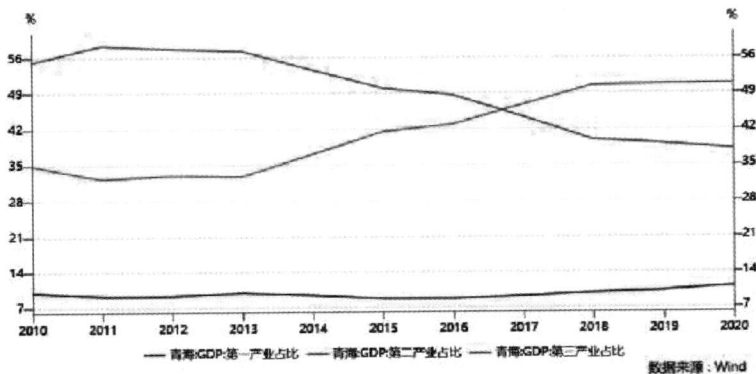

图 3-1 2010—2020 年青海省生产者总值（GDP）三大产业占比情况

309

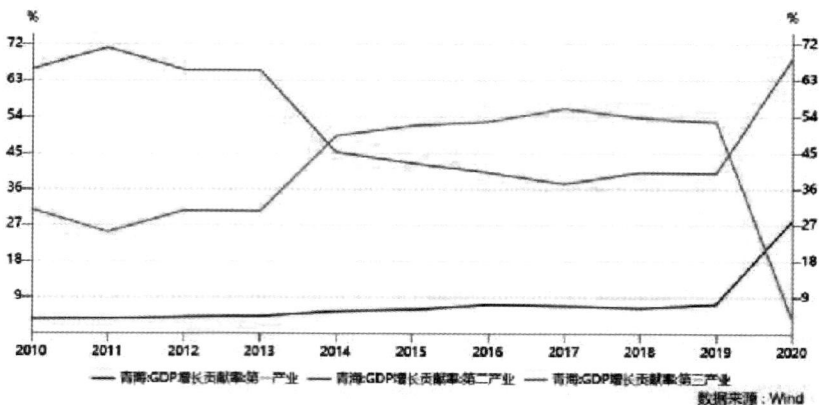

图 3-2　2010—2020 年青海省三大产业对青海省生产总值（GDP）增长的贡献率

（二）青海省循环经济的发展现状

根据青海省人民政府办公厅 2021 年 12 月 7 日发布的《青海省"十四五"循环经济发展行动方案》的数据显示，"十三五"期间青海省循环经济规模不断扩大，资源综合利用和产出效率显著提高，发展基础更加稳定。

虽然"十三五"期间青海省资源综合利用和产出效率指标有显著提高，但青海省循环经济发展仍处于较低的水平。单位地区生产总值的能耗是反映能源消费水平和节能降消费情况的主要指标，它是由总能源消费和国内（区域）国内生产总值两个指标计算出来的。该指标可以直接反映经济发展对能源的依赖，也可以间接反映各种节能政策和措施所取得的效果，并在测试节能降耗的有效性中发挥作用，从而直观地衡量循环经济发展的水平。根据《中国统计年鉴》中的总能耗数据和区域生产总值，可计算出全国各省、市的单位能耗，如下图所示。

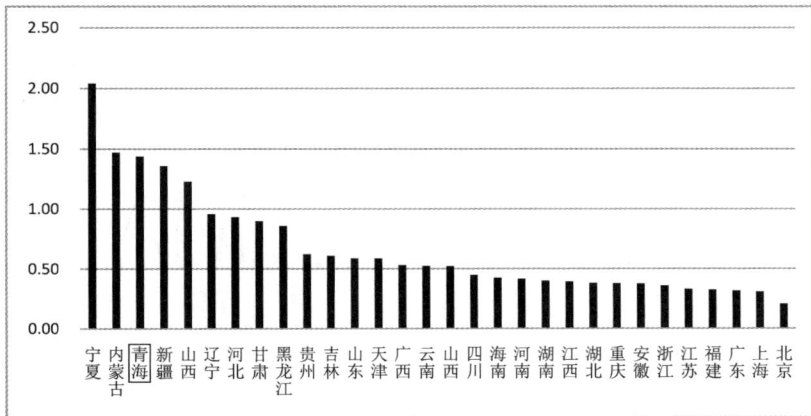

数据来源：中国统计年鉴

图 3-3　2019 年我国部分省（区、市）地区生产总值能耗

　　青海省过去五年单位地区生产总值能耗位居前三名，2019 年标准煤每吨为 1.44 万元，是一些经济较发达地区的几倍，位居全国第三。这一数据直接反映了青海经济发展对能源的高度依赖性。可以说，青海的整体能源利用效率并不高，循环经济发展水平相对较低。

　　资源的综合利用率可以更直观地反映循环经济发展的水平。以青海省当前循环经济主要领域的工业经济为例，根据《中国统计年鉴》中一般工业固体废物产生量与一般工业固体废物综合利用情况，可以看出青海省工业固体废物利用率很低，如下图所示。这进一步证实了青海循环经济发展的低水平，凸显了其大力发展的必要性。

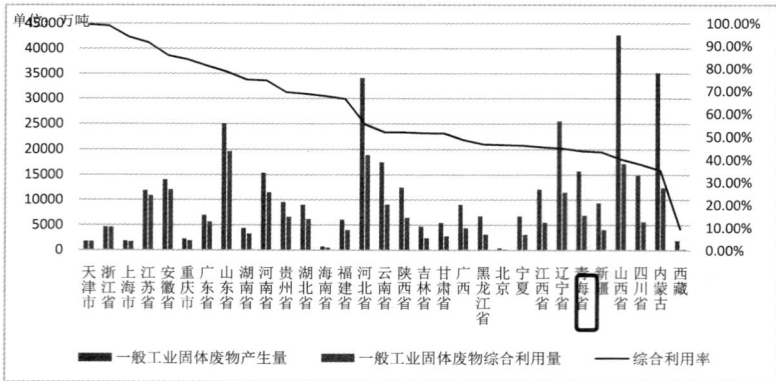

数据来源：中国统计年鉴

图 3-4　2019 年全国部分省（区、市）一般工业固体废物综合利用情况

（三）青海省开展循环经济的实践探索

2005 年 10 月，国务院六部委正式批准设立柴达木循环经济试点园区，正式拉开了青海循环经济发展的序幕。作为中国首批的 13 个循环经济试点园区之一，柴达木循环经济试点园区一直承载着青海循环经济发展的龙头重任。2008 年 1 月，西宁经济技术开发区被列为全国第二批循环经济试点产业园区，全省循环经济发展又添助力，省政府以此为契机，进一步明确发展思路，加快前进步伐。2010 年 3 月，《青海柴达木循环经济试点总体规划》经国务院批准通过，标志着柴达木循环经济发展由地方决策上升为国家战略。同年，青海省循环经济领导小组成立，并由省委常委会担任领导。2015 年，省委、省政府发布了《青海省建设国家循环经济发展试点行动计划》，进一步提高了青海发展循环经济的战略地位，紧随其后，发展循环经济就作为经济和社会发展的重大战略任务，被明确写入了相关政策和省十三五规划。当前，发展循环经济不仅仅是青海省产业发展的方向和重点，而且已经成为主导全省经济社会方方面面发展的核心战略。

根据国家统计局、国家发展改革委员会和国家能源管理局联合发布的《省（区、市）国内总产值降幅等指标公报》，青海省近年来大幅下降，2019年下降8.67%，是全国总产值降幅最大的省份。青海省近年来通过制定多项政策，实施节能技术改造，严格控制高能耗、高污染产业的扩张，在大力发展循环经济试点区域方面取得了一定的成果。但相比于其他省份，由于缺乏对循环经济、生态环境约束、产业结构不合理、科技整体落后的认识，青海省当前的循环经济发展仍然相对滞后。由于青海位于三江源头，受国家战略调整和生态优先政策的影响，90%以上的青海国工是禁忌开发区和限制开发区。截至2019年，先后被纳入国家生态建设重点保护区的区域占全省面积的39%，生态环境保护压力相对较大，工业承载能力相对有限。省内一、二、三产业都遇到了不同程度的政策限制，特别是在矿产资源开发、工业制造业、基础设施建设等方面，发展门槛较高，要实现新能源、新材料等新兴产业的发展也需要考虑当地的实际生态情况。此外，青海以资源为主，"高能耗、高污染、低效率"特征的广泛产业发展模式的传统产业结构，增加了循环经济发展的难度。由于青海工业化发展主要依靠当地资源提取和初级加工，大部分产业仍处于初级产品生产阶段，符合循环经济发展方向的高附加值、高新技术密集型新兴产业体量较小。

（四）青海省"十四五"循环经济发展目标

随着"十四五"的开始，2021年6月，习近平总书记在青海视察时着重强调了青海的生态安全地位、国土安全地位、资源能源安全地位。[1]

青海省为贯彻习近平总书记的重要指示精神，践行新发展理念，

---

[1] 资料来源：中国人大网 http://www.npc.gov.cn/npc/kgfb/202106/721840a79abe4be2a49a16812cc389af.shtml

2021 年颁布了《青海省循环经济促进条例》，把多年来地方循环经济工作中行之有效的好经验和好方法，以及国家和本省最新的政策文件精神等规范化、法制化。2021 年 12 月，省政府办公厅发布《青海省"十四五"循环经济发展行动方案》（以下简称《行动方案》），对青海省促进生态文明建设、促进高质量发展、实现碳达峰和碳中和具有重要意义。

《行动方案》指出，青海省循环经济规模不断扩大，产业体系初步建设，基本形成盐湖资源、锂电池综合利用等循环经济产业链，现代农牧养殖、深加工、废弃物综合利用体系基本建立，生态旅游、绿色物流等新兴形式出现，资源综合利用和产出效率显著提高，循环经济已成为全省绿色、优质发展的重要引擎。

《行动方案》提出，到 2025 年，循环生产模式将全面实施，绿色设计和清洁生产将被广泛推广，资源的综合利用和可再生资源的回收能力将显著提高，绿色和低碳循环产业体系将更加健全。预计到 2025 年，水资源产量将达到 141 元 / 立方米，建设用地产量将达到 84 万元 / 公顷，能源产量将达到 0.65 万元 / 标准煤，城市生活污水处理率达到 96% 等。

《行动方案》明确要重点加强产业支持，基于独特的资源禀赋和产业发展基础，重点推进"四地"建设，重点推进原生资源的开发利用、绿色低碳相关产业的开发、可再生资源循环利用三个方面，构建盐湖资源综合利用、清洁能源发展等七条循环经济发展产业链，做优做强特色优势产业，建立产业链"链长制"，加快资源循环产业体系的建设。

《行动方案》以青海省循环经济发展为重点，提出有针对性的措施，规划了建设世界级盐湖产业基地行动、建设全国清洁能源产业高地行动、实施快递包装绿色转型计划等九个重点专项行动，以此为突破，支持产业链发展壮大，促进循环经济全面发展。

二、青海省发展循环经济的优势

（一）资源优势

青海拥有独特的资源禀赋，面积约 72 万多平方公里，湖泊 5000 多个，4200 多条河流纵横交错，每年向下游输送 600 多亿立方米的生活水源。高海拔地区生物多样性、物种多样性、基因多样性和遗传多样性最集中，是高山生物的自然物种资源库。青海生态资源总值 18.39 万亿元，年生态服务价值 7300 亿元。①

就矿产资源而言，截至 2007 年底，全省共发现矿产 132 种，发现各类矿床、矿点及各种矿化点 3921 种。青海省有 59 种矿产的储量位居全国前十位。其中，有锂矿、锶矿、冶金石英岩等 11 种位居第一。铌钽、盐矿、天然气、锡等矿产资源储量居全国前十名，锌、铜、银、钼等矿产资源储量居全国前二十名。青海已成为我国重要的石油、天然气、铅、锌、钾肥、石棉资源的原料供应基地。根据青海省国土资源部 2017 年 1 月披露的数据，青海省矿产资源潜在价值为 104.56 万亿元。

（二）能源优势

青海"富光丰水风好"的资源禀赋为能源绿色发展带来了独特的优势。青海省除了矿产资源丰富外，也是全国太阳能、水电、风能等清洁能源资源最丰富的地区之一。2016 年，习总书记视察青海时指出，有必要进一步做好规划和布局，将光伏发电建设成为具有规模优势、效率优势和市场优势的特色支柱产业，使青海成为重要

---

① 资料来源：学习强国网站 https://www.xuexi.cn/lgpage/detail/index.html?id=11162104433307044038.

的国家新能源产业基地。2018年，国家能源总局批准青海为国家清洁能源示范省。近年来，青海省继续推进青海省清洁能源示范省建设，并努力打造全国清洁能源产业高地。目前，青海已成为全国新能源装机容量比例最高、集中式光伏发电量最大的省份。如下表所示，从青海统计年鉴的数据可以看出，青海省过去三年中火电、风能、太阳能发电的比例非常高，且呈逐年上升趋势，2019年清洁能源发电量已达到84.47%。经过多年的不懈努力，到2020年，青海的新能源产业实现了跨越式发展，青海电网已成为全国新能源比例最高的省级电网，光伏已成为全省最大的电源。

表3-1　青海省2017—2019年清洁能源发电占比表

	2017	2018	2019
火电	28.70%	17.15%	13.53%
清洁能源发电	71.30%	82.85%	86.47%

数据来源：青海省统计年鉴

（三）区位优势

青海地处西部地区，既不沿边，也不靠海，一直处于国家对外开放的末端和外围，经济开放程度相对较低。随着丝绸之路经济带向西开放战略的实施，青海获得了突破区位劣势、扩大向西开放空间的重要机遇。青海与中东部省份相比，与中亚国家的空间距离较近，所以，青海在我国东南沿海企业出口产品、中亚国家向我国中东部省份输送能源的贸易路径上，具有不可替代的交通枢纽功能。在"一带一路"倡议的推动下，青海加强与沿线国家的经贸合作，充分发挥枢纽作用，不仅能快速提升青海在对外开放格局中的地位，也能把握实现本省循环经济跨越式发展的宝贵机遇。

（四）政策优势

青海作为西部大省，不仅是西部大开发战略的重要堡垒，享有中央政府赋予西部 12 个省份的诸多政策倾斜，又是国家的少数民族聚集地，长期拥有中央高强度的财力倾斜。自 2000 年西部大开发战略实施以来，中国一直强调要充分利用基础设施建设、财政转移支付、税收优惠、财政补贴、财政信贷支持等一系列手段，深入推进西部开发。党的十九大强调，要强化举措促进西部大开发、形成新格局。随后，2020 年发布了《中共中央国务院关于新时代推进西部大开发形成新格局的指导意见》。在税收优惠方面，发布《关于延续西部大开发企业所得税政策的公告》，并于 2021 年正式施行《西部地区鼓励类产业目录（2020 年本）》，这些都是西部大开发的重要政策基础，重点鼓励西部 12 个省发展特色优势产业和体现创新、绿色等高质量的发展方向的产业，有效地培育了经济发展的新动能。

此外，作为一个统一的多民族国家，加快少数民族和少数民族地区的经济发展，缩小各民族之间的经济和社会发展差距，实现共同发展和共同富裕，是深化中华民族共同体意识的必然要求。改革开放，西部大开发以来，中国先后推出了一系列政策和措施，支持少数民族地区的跨越式发展，摆脱贫困陷阱，少数民族地区的经济发展取得了历史性的成就。除了参照西部大开发政策予以扶持之外，还先后发布了一系列政策文件支持少数民族和少数民族地区的经济和社会发展，如《中共中央国务院关于进一步加强民族工作加快少数民族和民族地区经济社会发展的决定》《国务院实施〈中华人民共和国民族区域自治法〉若干规定》等覆盖整个少数民族地区的重大举措，以及促进包含青海在内的涉藏地区发展的专项政策文件。这些措施涵盖方方面面，不仅有旨在促进经济快速发展的，如支持民族特需商品生产和贸易的优惠政策;还有支持社会事业发展的,如《关于繁荣发展少数民族文化事业的若干意见》等具体措施；同时还有专门针对少数民族专业技术人员队伍建设的培养项目,如"青海三江源人才培养工程"人才培训项目,这些政策的制定和实施为青海循环经济的发展提供了特殊的政策优势。

第四章　青海省循环经济发展的财税政策建议

近年来,青海省在发展循环经济方面取得了一系列成绩,但相比"十四五"规划中的各项高质量发展目标仍有较大差距。青海发展循环经济拥有得天独厚的资源优势、能源优势、区位优势和政策优势,但是作为经济发展相对滞后的西部大省,财力的薄弱严重制约了地方政府的政策施展空间,而且这种现状在当前复杂的国内外形势下短期内难以实现根本扭转。

为充分发挥财政在地方治理中的基础和重要支柱作用,进一步推动青海省循环经济提质升级,在借鉴国内外相关财税政策经验,尤其是福建省实践经验的基础上,根据发展现状和优劣势,结合国家现行政策,提出如下建议。

一、财政政策

基于我国当前税权分配现状和近年来中央大力整顿地方税收优惠的政策导向,地方政府在税收政策上的自主调控空间非常有限。虽然党的十九大提出"积极稳妥推进健全地方税体系改革,扩大地方税权"以来,中央政府多次明确"地方税收管理主要集中在省级",但就当前改革趋势而言,税权改革试点方向相对比较明朗的主要是消费税征收环节后移和房地产税试点两项改革。这两项改革与青海循环经济的交集较小，所以短期内想要凭借税收自主权出台税收优惠政策来发展循环经济的做法可行性较小。与之相比，地方对财政政策的充分自主反而给青海提供了更加广阔的施展空间和有效的调控手段，具体有以下八个方面建议：

（一）优化循环经济专项资金支出结构

由于青海省财政自给自足率低，财力有限，因此在争取多方财政资金支持的同时应该调整优化本省财政支出结构，科学合理地定位具有优势且能带动本省经济发展的循环经济产业从而加大支持力度。财政支出应倾向于促进循环经济发展的基础性、战略性项目和产业，如锂电池产业、新能源产业、新材料产业、盐湖化工等优势产业。应该结合青海省"十四五"循环经济发展规划，对能够促进七条循环经济发展产业链发展的项目予以财政补贴，这七条产业链分别是盐湖资源综合利用、清洁能源发展、新型材料、绿色有机农畜产品、生态旅游、商贸物流和废旧物资再利用资源化。

在投入方式方面，应缩小直接补贴的范围。在适当运用财政工具时，应特别注意一些杠杆政策工具，如贴息贷款、财政补贴、担保、"以奖代补"等，最大限度地发挥财政资金对循环经济发展的政策效果。

（二）加大循环经济资金投入力度

鉴于青海省循环经济资金投资不足，建议青海省建立健全规范、稳定的循环经济资金机制，要求省财政在预算范围内增加循环经济专项资金投入，市县（区）财政在预算内增加循环经济发展投资，重点支持示范项目建设、重点技术开发、重大项目实施、公共信息化服务、表彰、奖励等。

首先，利用财政补贴指导循环经济产业的发展，对一些重要的循环经济项目和示范项目优先提供直接投资、资本补贴或贷款折扣等政策支持。

第二，编制节能循环经济发展重点项目的年度投资计划，纳入重点投资区发展节能循环经济重大示范项目，同时，各级政府在制定和实施投资计划时，还纳入重点投资领域发展循环经济发展重点项目和示范项目，加大对节能循环经济发展的投资。

第三，充分利用地方政府专项债券资金，支持循环经济基础设施建设，加大对循环经济的财政支持，支持符合相关规定的循环经济项目和公共工程，有益宣传。

第四，循环经济的发展需要政府的宣传和财政支持。各级政府应当支持和推进循环经济理念，落实政策研究，大力推广技术，建立重大试点，普及循环经济知识。

（三）积极争取国家财政资金支持

青海省财政收入低，多年来难以自给自足，仅依靠省财政资金发展循环经济是不现实的,这将给省级财政带来巨大压力。因此，现实的选择应该是充分把握国家大力推进循环经济发展的契机，争取中央政府对青海发展循环经济的支持。例如，可以向科技部申请批准国有企业和大型企业循环经济的技术研发，财政部可以划拨专项资金，中小企业可以申请科技部的中小企业科技发明基金。多渠道为各类减污染和生态环境保护专项建设争取国家债务资金和国家补贴资金。此外，要充分利用青海大省、西部、少数民族地区的政策优势，积极争取满足中央预算投资补贴的示范项目、国家节能和循环经济技术转型的财政激励，积极争取国家财政资金支持，创新金融资金支持循环经济项目的方式，发挥金融资金的杠杆作用。

（四）加强绩效考核和监督管理制度

省财政可考虑安排节能循环经济专项资金，专门用于支持循环经济发展，同时完善资金使用体系和监督管理机制，在事件前、中、后建立全链绩效管理过程，加强前期评价和论证，提高绩效标准，加强绩效评价结果的利用，最大化与循环开发相关的资金使用效果。专项资金可以由财政部门和产业信息部门共同管理：省财政部负责组织编制和实施专项资金预算，与省产业和信息化部门共同监督专项资金的支出活动；省工业和信息化厅研究并提出专项资金支持的重点，提出配置方案，监督资金使用。专项资金主要采用奖励代替补偿和事后奖励的方式来支持相关项目。省工业和信息化部将会同省财政部根据年度工作重点发布申报指南，明确专项资金的支持范围，项目单位应按照申报指南的具体要求进行申报。

（五）建立循环经济奖励惩罚制度

建立循环经济奖惩制度，激励各种微观主体的主观能动性，不断为循环经济的发展做出贡献。

一方面，必须完善科学的循环经济评价指标体系，建立循环经济奖励制度，要求各级人民政府和有关部门及时对在循环经济管理、科技研究、产品开发、示范、推广、宣传培训等方面取得突出成绩的单位和个人给予表彰和奖励，对为循环经济发展做出突出贡献的集体和个人，企业、事业单位应当给予表彰和奖励。

另一方面，对于循环经济企业，有必要实施鼓励性的财税政策。统筹配置各种政府鼓励财政政策和税收优惠政策，支持重点项目、重点产业和重点企业发展循环经济。

（六）推进政府绿色采购，引领绿色消费

通过制定政策文件，建立节能节水环保产品政府优先采购制度，积极推进政府绿色采购，严格执行国家有关部门发布的《节能产品政府采购清单》和《环保标签产品政府采购清单》，对节能环保产品实行强制采购和优先采购。通过政府的绿色采购，一方面，支持绿色产业的发展，另一方面，以身作则，倡导绿色消费习惯，引领社会的绿色风尚。

（七）加大政府投资基金引导力度

就循环经济全产业而言，无论是企业内部的循环经济生产，还是生态产业链的建立，或是循环经济工业园区的建设，各环节往往都具有项目投资规模大、建设周期长的特点。这些特点使得循环经济的发展缺乏商业信贷的支持，企业难以获得长期稳定的财政支持来启动和改善产业周期的各个方面。然而，青海省的财政资金相对稀缺，存在投资效率低的问题，难以单独解决产业支持所需资金的问题。所以，要发展循环经济，青海财政必须积极拓展资金筹措渠道，循环经济产业基金是一个很好的解决方案，它可以利用开放融资、共担风险的优势，面向社会筹集大量资金。因此，青海政府可以通过建立循环经济产业基金，发挥引导、收集和扩大金融资金的作用，积极引进和整合各类社会资本，解决企业资金问题，加快产业发展。

（八）增加对技术研发和人才引进的支持

对重大工业科技研发及关键性技术攻关应给予更多财政资金支持。循环经济的发展必须有一定的技术条件作为支持。目前，由于经济技术含量低、资源综合利用率低、技术设备落后，许多企业面临着严重的环境污染、能耗高、资源浪费等问题。技术已成为发展循环经济产业体系的重要瓶颈，技术创新迫在眉睫。

青海省应加大对新能源、新材料、盐湖化工、油气等领域的技术研发投资。加大锂电池产业链中新工艺、新技术、前瞻性技术的研究开发和应用，加快完善盐湖锂高效提取与资源综合利用相结合的产业开发体系。

技术研发和科技创新的关键是人才，而青海省人才的结构性缺口大。一方面，现有人才分布不均，主要集中在省会城市。另一方面，引进人才缺乏优势，与沿海地区相比，在待遇、再培养、工作、生活条件方面差距较大，不仅难以吸引国外优秀人才流入，而且还没有完善的地方人才培养机制，甚至难以留住本地人才。因此，青海省应重视人才培养和引进政策的制订，特别是循环经济发展所需的各类人才。

二、税收政策

青海省当前支持循环经济发展的税收政策应当以"重落实、轻返还"为原则，在落实现有税收优惠政策、积极争取中央特殊税收优惠和完善税收征管三个方面下功夫。

（一）落实现有税收优惠政策

1. 国家层面税收优惠政策梳理

我国现行税法在 1994 年税制改革后，按照征税对象的不同主要可以分为流转税、所得税、资源税、财产税以及特定税种这五大类。其中对推动循环经济发展能起到显著调节作用的税种主要有增值税、企业所得税。近年来，财政部、国家税务总局针对资源综合利用，陆续出台并持续更新了一系列的增值税和所得税的税收优惠政策，这些政策针对性强，调节力度大，税收规模大，影响面广，对于提高资源综合利用水平发挥了重要作用。此外，车船税、车辆购置税和消费税也设置了一些主要针对新能源汽车的税收优惠政策。

（1）增值税

●符合条件的合同能源管理服务免征增值税

政策依据：

《财政部国家税务总局关于全面推开营业税改征增值税试点的通知》（财税〔2016〕36号）

政策概述：

同时符合下列条件的合同能源管理服务免征增值税：

①节能服务公司实施合同能源管理项目相关技术，应当符合国家质量监督检验检疫总局和国家标准化管理委员会发布的《合同能源管理技术通则》（GB/T24915–2010）规定的技术要求；

②节能服务公司与用能企业签订节能效益分享型合同，其合同格式和内容，符合《中华人民共和国合同法》和《合同能源管理技术通则》（GB/T24915–2010）等规定。

●销售自产的利用风力生产的电力产品增值税即征即退政策

政策依据：

《财政部国家税务总局关于风力发电增值税政策的通知》（财税〔2015〕74号）

政策概述：

自2015年7月1日起，纳税人销售自产的利用风力生产的电力产品，实行增值税即征即退50%的政策。

●销售自产的部分新型墙体材料增值税即征即退政策

政策依据：

《财政部国家税务总局关于新型墙体材料增值税政策的通知》（财税〔2015〕73号）

政策概述：

对纳税人销售自产的列入通知所附《享受增值税即征即退政策的新型墙体材料目录》的新型墙体材料，同时符合一定条件的，实行增值税即征即退 50% 的政策。

●销售符合条件的自产资源综合利用产品和提供资源综合利用劳务享受增值税即征即退政策

政策依据：

《财政部税务总局关于完善资源综合利用增值税政策的公告》（财政部税务总局公告 2021 年第 40 号）

政策概述：

纳税人销售自产的资源综合利用产品和提供资源综合利用劳务，同时符合一定条件的，可享受增值税即征即退政策。具体综合利用的资源名称、综合利用产品和劳务名称、技术标准和相关条件、退税比例等按照通知所附《资源综合利用产品和劳务增值税优惠目录》的相关规定执行。

（2）企业所得税

●中国清洁发展机制基金取得的收入免征企业所得税

政策依据：

《财政部国家税务总局关于中国清洁发展机制基金及清洁发展机制项目实施企业有关企业所得税若干优惠政策问题的通知》（财税〔2009〕30 号）

政策概述：

对清洁基金取得的下列收入，免征企业所得税：

① CDM 项目温室气体减排量转让收入上缴国家的部分；

②国际金融组织赠款收入；

③基金资金的存款利息收入、购买国债的利息收入；

④国内外机构、组织和个人的捐赠收入。

●综合利用资源生产产品取得的收入在计算应纳税所得额时减

计收入

政策依据：

①《中华人民共和国企业所得税法》第三十三条；

②《中华人民共和国企业所得税法实施条例》第九十九条；

③《关于公布〈环境保护、节能节水项目企业所得税优惠目录（2021 年版）〉以及〈资源综合利用企业所得税优惠目录（2021 年版）〉的公告》（财政部税务总局发展改革委生态环境部公告 2021 年第 36 号）。

政策概述：

企业以《环境保护、节能节水项目企业所得税优惠目录（2021 年版）》《资源综合利用企业所得税优惠目录（2021 年版）》规定的资源作为主要原材料，生产国家非限制和禁止并符合国家和行业相关标准的产品取得的收入，减按 90% 计入收入总额。

前款所称原材料占生产产品材料的比例不得低于《资源综合利用企业所得税优惠目录》规定的标准。

● 从事符合条件的环境保护、节能节水项目的所得定期减免企业所得税

政策依据：

①《中华人民共和国企业所得税法》第二十七条第三项；

②《中华人民共和国企业所得税法实施条例》第八十八条、第八十九条；

③《财政部国家税务总局国家发展改革委关于公布环境保护节能节水项目企业所得税优惠目录（试行）的通知》（财税〔2009〕166 号）；

④《财政部国家税务总局关于公共基础设施项目和环境保护节能节水项目企业所得税优惠政策问题的通知》（财税〔2012〕10 号）；

⑤《财政部国家税务总局国家发展改革委关于垃圾填埋沼气发电列入〈环境保护、节能节水项目企业所得税优惠目录（试行）〉的通知》（财税〔2016〕131号）；

⑥《关于公布〈环境保护、节能节水项目企业所得税优惠目录（2021年版）〉以及〈资源综合利用企业所得税优惠目录（2021年版）〉的公告》。

政策概述：

企业从事符合条件的环境保护、节能节水项目，包括公共污水处理、公共垃圾处理、沼气综合开发利用、节能减排技术改造、海水淡化等环境保护、节能节水项目的所得，自项目取得第一笔生产经营收入所属纳税年度起，第一年至第三年免征企业所得税，第四年至第六年减半征收企业所得税。

项目的具体条件和范围由国务院财政、税务主管部门商国务院有关部门制定，报国务院批准后公布施行。

●实施清洁发展机制项目的所得定期减免企业所得税

政策依据：

《财政部国家税务总局关于中国清洁发展机制基金及清洁发展机制项目实施企业有关企业所得税政策问题的通知》（财税〔2009〕30号）

政策概述：

①CDM项目实施企业按照《清洁发展机制项目运行管理办法》（发展改革委、科技部、外交部、财政部令第37号）的规定，将温室气体减排量的转让收入，按照以下比例上缴给国家的部分，准予在计算应纳税所得额时扣除；

②氢氟碳化物（HFC）和全氟碳化物（PFC）类项目，为温室气体减排量转让收入的65%；

③氧化亚氮（N2O）类项目，为温室气体减排量转让收入的30%；

④《清洁发展机制项目运行管理办法》第四条规定的重点领域以及植树造林项目等类清洁发展机制项目，为温室气体减排量转让收入的2%；

⑤对企业实施的将温室气体减排量转让收入的65%上缴给国家的 HFC 和 PFC 类 CDM 项目，以及将温室气体减排量转让收入的30%上缴给国家的 N2O 类 CDM 项目，其实施该类 CDM 项目的所得，自项目取得第一笔减排量转让收入所属纳税年度起，第一年至第三年免征企业所得税，第四年至第六年减半征收企业所得税。

企业实施 CDM 项目的所得，是指企业实施 CDM 项目取得的温室气体减排量转让收入扣除上缴国家的部分，再扣除企业实施 CDM 项目发生的相关成本、费用后的净所得。

●符合条件的节能服务公司实施合同能源管理项目的所得定期减免企业所得税

政策依据：

①《财政部国家税务总局关于促进节能服务产业发展增值税营业税和企业所得税政策问题的通知》（财税〔2010〕110 号）；

②《国家税务总局国家发展改革委关于落实节能服务企业合同能源管理项目企业所得税优惠政策有关征收管理问题的公告》（国家税务总局国家发展改革委公告 2013 年第 77 号）。

政策概述：

对符合条件的节能服务公司实施合同能源管理项目，符合企业所得税税法有关规定的，自项目取得第一笔生产经营收入所属纳税年度起，第一年至第三年免征企业所得税，第四年至第六年按照

25%的法定税率减半征收企业所得税。

●购置用于环境保护、节能节水、安全生产等专用设备的投资额按一定比例实行税额抵免

政策依据：

①《中华人民共和国企业所得税法》第三十四条；

②《中华人民共和国企业所得税法实施条例》第一百条；

③《财政部国家税务总局关于执行环境保护专用设备企业所得税优惠目录节能节水专用设备企业所得税优惠目录和安全生产专用设备企业所得税优惠目录有关问题的通知》（财税〔2008〕48号）；

④《财政部国家税务总局国家发展改革委关于公布节能节水专用设备企业所得税优惠目录（2008年版）和环境保护专用设备企业所得税优惠目录（2008年版）的通知》（财税〔2008〕115号）；

⑤《财政部国家税务总局安全监管总局关于公布安全生产专用设备企业所得税优惠目录（2008年版）的通知》（财税〔2008〕118号）；

⑥《财政部国家税务总局关于执行企业所得税优惠政策若干问题的通知》（财税〔2009〕69号）；

⑦《国家税务总局关于环境保护节能节水安全生产等专用设备投资抵免企业所得税有关问题的通知》（国税函〔2010〕256号）；

⑧《财政部税务总局国家发展改革委工业和信息化部环境保护部关于印发节能节水和环境保护专用设备企业所得税优惠目录（2017年版）的通知》（财税〔2017〕71号）。

政策概述：

企业购置并实际使用《环境保护专用设备企业所得税优惠目录》《节能节水专用设备企业所得税优惠目录》和《安全生产专用设备企业所得税优惠目录》规定的环境保护、节能节水、安全生产等专

用设备的，该专用设备的投资额的 10% 可以从企业当年的应纳税额中抵免；当年不足抵免的，可以在以后 5 个纳税年度结转抵免。享受上述规定的企业所得税优惠的企业，应当实际购置并自身实际投入使用前款规定的专用设备；企业购置上述专用设备在 5 年内转让、出租的，应当停止享受企业所得税优惠，并补缴已经抵免的企业所得税税款。

（3）车船税

●符合条件的节能乘用车减半征收车船税

政策依据：

《财政部税务总局工业和信息化部交通运输部关于节能新能源车船享受车船税优惠政策的通知》（财税〔2018〕74 号）

政策概述：

对同时符合以下标准的节能乘用车减半征收车船税：

①获得许可在中国境内销售的排量为 1.6 升以下（含 1.6 升）的燃用汽油、柴油的乘用车（含非插电式混合动力、双燃料和两用燃料乘用车）；

②综合工况燃料消耗量应符合标准。

●符合条件的节能商用车减半征收车船税

政策依据：

《财政部税务总局工业和信息化部交通运输部关于节能新能源车船享受车船税优惠政策的通知》（财税〔2018〕74 号）

政策概述：

①对同时符合以下标准的节能商用车减半征收车船税；

②获得许可在中国境内销售的燃用天然气、汽油、柴油的轻型和重型商用车（含非插电式混合动力、双燃料和两用燃料轻型和重

型商用车）；

③燃用汽油、柴油的轻型和重型商用车综合工况燃料消耗量应符合标准。

●符合条件的新能源汽车免征车船税

政策依据：

《财政部税务总局工业和信息化部交通运输部关于节能新能源车船享受车船税优惠政策的通知》（财税〔2018〕74号）

政策概述：

新能源汽车指纯电动商用车、插电式（含增程式）混合动力汽车、燃料电池商用车。纯电动乘用车和燃料电池乘用车不属于车船税征税范围，对其不征车船税。

免征车船税的新能源汽车应同时符合以下标准：

①获得许可在中国境内销售的纯电动商用车、插电式（含增程式）混合动力汽车、燃料电池商用车；

②符合新能源汽车产品技术标准；

③通过新能源汽车专项检测，符合新能源汽车标准；

④新能源汽车生产企业或进口新能源汽车经销商在产品质量保证、产品一致性、售后服务、安全监测、动力电池回收利用等方面符合相关要求。

●符合条件的新能源船舶免征车船税

政策依据：

《财政部税务总局工业和信息化部交通运输部关于节能新能源车船享受车船税优惠政策的通知》（财税〔2018〕74号）

政策概述：

符合以下标准的新能源船舶免征车船税：

船舶的主推进动力装置为纯天然气发动机。发动机采用微量柴油引燃方式且引燃油热值占全部燃料总热值的比例不超过 5% 的，视同纯天然气发动机。

符合上述标准的节能、新能源汽车，由工业和信息化部、税务总局不定期联合发布《享受车船税减免优惠的节约能源使用新能源汽车车型目录》（以下简称《目录》）予以公告。

（4）车辆购置税

●免征新能源汽车车辆购置税

政策依据：

《财政部税务总局工业和信息化部科技部关于免征新能源汽车车辆购置税的公告》（财政部公告 2017 年第 172 号）

《财政部税务总局工业和信息化部关于新能源汽车免征车辆购置税有关政策的公告》（财政部公告〔2020〕第 21 号）

政策概述：

自 2018 年 1 月 1 日起，至 2022 年 12 月 31 日，对购置的新能源汽车免征车辆购置税。

对免征车辆购置税的新能源汽车，通过发布《免征车辆购置税的新能源汽车车型目录》（以下简称《目录》）实施管理。2017 年 12 月 31 日之前已列入《目录》的新能源汽车，对其免征车辆购置税政策继续有效。

（5）消费税

●乘用车消费税优惠

政策依据：

《财政部国家税务总局关于调整乘用车消费税政策的通知》（财税〔2008〕105 号）

政策概述：

自 2008 年 9 月 1 日起,气缸容量(排气量,下同)在 1.0 升以下(含 1.0 升 ）的乘用车，税率由 3% 下调至 1%；气缸容量在 3.0 升以上至 4.0 升（含 4.0 升）的乘用车,税率由 15% 上调至 25%;气缸容量在 4.0 升以上的乘用车，税率由 20% 上调至 40%。调整后的乘用车消费税税率如下：

表 6-1　乘用车消费税税目税率表

税　　目	税　　率
小汽车：	
乘用车：	
（1）气缸容量（排气量，下同）在 1.0 升以下（含 1.0 升）的	1%
（2）气缸容量在 1.0 升以上至 1.5 升（含 1.5 升）的	3%
（3）气缸容量在 1.5 升以上至 2.0 升（含 2.0 升）的	5%
（4）气缸容量在 2.0 升以上至 2.5 升（含 2.5 升）的	9%
（5）气缸容量在 2.5 升以上至 3.0 升（含 3.0 升）的	12%
（6）气缸容量在 3.0 升以上至 4.0 升（含 4.0 升）的	25%
（7）气缸容量在 4.0 升以上的	40%

2. 全省范围的税收优惠政策

在省级层面上实施的税收政策主要集中在资源税、环境保护税和西部大开发税收优惠政策三个方面。

（1）资源税

2020 年 7 月 22 日，青海省十三届人大常委会第十八次会议通过了《青海省资源税税目税率及优惠政策实施方案》（下称《方案》）。《方案》自 2020 年 9 月 1 日与《中华人民共和国资源税法》（下称《资源税法》）同步在全省施行。

《资源税法》第二、三、七条授权省、自治区、直辖市人民政府按照《资源税法》相关规定，提出本地区资源税具体适用税率、计征方式以及优惠政策，报同级人民代表大会常务委员会决定，并报全国人民代表大会常务委员会和国务院备案。青海省财政厅会同省税务局在对全省资源税地方立法开展了充分调研的基础上，广泛吸收各市、州人民政府、省有关部门及企业意见建议形成了《方案》。

《方案》充分结合了各方面的需要，既考虑了生态环境保护优先和资源节约集约利用，又立足生态经济和循环经济发展，还立足有序衔接和平稳过渡，以及操作简便利于征管的方方面面要求。税目上，明确了青海省54个征税税目及具体适用税率；在税率方面，除《资源税法》已确定税率的从其规定之外，对征税对象为原矿或者选矿的，按照原矿税率高于选矿税率的原则分别确定；此外，《方案》还根据青海实际需求，明确了从量计征和从价计征的适用范围；还针对因意外事故或者自然灾害等原因遭受重大损失，开采共伴生矿、尾矿等情形分别制定了减免税优惠政策。

虽然最初《方案》中对开采销售共伴生矿的税收优惠政策，相比于其他资源大省，优惠力度较小，且享受优惠所需条件更高。但青海省随后就进行了相应的调整，出台了《青海省资源税税目税率及优惠政策实施方案》（青人大常字〔2020〕43号）政策，规定：①纳税人开采销售共生矿产品，共生矿产品与主矿产品销售额分开核算，且共生矿产品销售额占当期全部应税矿产品销售额比例不足百分之三十（不含）的，减征百分之四十资源税。②纳税人开采销售伴生矿产品，伴生矿产品与主矿产品销售额分开核算，且伴生矿产品销售额占当期全部应税矿产品销售额比例不足百分之二十（不含）的，减征百分之五十资源税。③纳税人回收利用尾矿的，免征资源税。通过这一调整，基本上在此项资源税税收优惠政策上较其他省份保持了相当的优惠力度。

（2）环境保护税

2018 年 1 月 1 日，我国正式实施《中华人民共和国环境保护税法》。这是我国制定的第一部体现"绿色税制"的单行税法，意义重大，其实施既是落实绿色发展理念，推进生态文明建设，推动经济高质量发展的重要举措，还标志着我国环境保护完成由"费"改"税"的转型。我国的环境保护税开征三年来，在引导治污减排、促进企业转型升级方面发挥了突出的政策效应；但与此同时，由于环保税具有税种新、专业性强、涉及协作部门多等特点，其征收管理过程中也给税务机关带来了不小的挑战。一是自主申报的真实性和准确性难以把控。二是排污许可制与环保税契合度不高。三是信息共享机制仍待提高。

为解决这些问题，提高青海省环保税的征管效率，课题组建议青海省从以下几方面着手，进一步完善有关措施：一是，完善环保税相关计算标准与申报方法。尤其是完善排放量计算方法，制定申报数据合理的误差区间。二是，完善排污许可制与环保税协同体系。建议将排污许可证申请与核发技术规范纳入环保税征管体系，健全以排污许可为前提的纳税人识别、环保税申报复核、税款追征全流程的常态化部门协作机制。三是，强化环保税复核比对工作。通过形成跨部门信息合作共享、跨主体信息反馈机制，一方面，合理利用生态环境部门的处罚信息，提升复核效率，建立跨部门信息合作共享平台。另一方面，生态环境部门要建立监督性监测数据向被监督企业定期反馈的共享机制。四是，建立基层环保税征管跨区域配合机制，完善跨区域信息共享、合作运行，提高信息传递的准确性和及时性。

（3）西部大开发税收优惠

为全面贯彻落实《国务院关于实施西部大开发若干政策措施的通知》（国发〔2001〕33号）及《国务院办公厅转发国务院西部开发办关于西部大开发若干政策措施实施意见的通知》（国办发〔2001〕73号）文件精神，财政部、国家税务总局、海关总署为体现国家对西部地区的重点支持，有针对性地制定了西部大开发税收优惠政策。

财政部、海关总署、国家税务总局2011年发布了《关于深入实施西部大开发战略有关税收政策问题的通知》，细化明确了西部大开发战略的税收优惠政策，规定"对西部地区内资鼓励类产业、外商投资鼓励类产业及优势产业的项目在投资总额内进口的自用设备，在政策规定范围内免征关税"；"对设在西部地区的鼓励类产业企业减按15%的税率征收企业所得税"。

西部地区鼓励类产业目录中《产业结构调整指导目录（2019年本）》（国家发展改革委令2019年第29号）中的鼓励类产业以及青海省的西部地区新增鼓励类产业大多是与循环经济发展密切相关的，如煤炭共伴生资源加工与综合利用、煤矸石、煤泥、洗中煤等低热值燃料综合利用、煤炭清洁高效利用技术等促进煤炭资源利用效率提高的行业，以及其他鼓励新能源开发利用的行业，充分体现了青海循环经济发展的特色，契合了青海的政策需求。

3. 循环经济试验区的税收优惠政策

目前青海省循环经济的发展主要是集中在两个循环经济试验区，为大力推进试验区的建设和发展，青海省制定了若干税收优惠政策。

2010年8月，《青海省人民政府关于加快推进柴达木循环经济试验区发展的若干意见》中提到实行税收优惠主要包括：落实西部大开发的鼓励类产业企业减按15%税率征收的企业所得税优惠政策；

"三免三减半"优惠和免征关税政策；6年内免征企业所得税地方留成部分政策；投资额的70%抵扣企业应纳税所得额的政策。

此外，2016年海西州推进青海省贯彻《国家创新驱动发展战略纲要》实施方案的若干措施中还提到了对部分电池产业免征消费税、固定资产加速折旧、研发费用加计扣除和节能企业所得税"三免三减半"的税收优惠政策。

以上优惠政策更多的是对国家出台政策的落实，青海本省对于循环经济试验区制定的优惠政策寥寥无几，主要体现在企业所得税地方留成部分的返还。在中央大力整顿地方违法违规税收返还的行动下，这部分的税收优惠政策是否还能继续执行还尚未可知，不建议地方在未经中央许可的情况下，再自行出台任何针对的地方留成部分的税收优惠政策。相对而言更为可行的办法是向中央积极争取适用于西部大开发战略、资源综合利用、特殊关税区的税收优惠政策，详见下文。

（二）积极、争取中央特殊税收优惠政策

青海不仅是西部大开发战略的一个重要堡垒，享受中央赋予西部12省的诸多政策倾斜，又是国家的少数民族聚集地，长期拥有中央高强度的财力倾斜。在此基础上，青海还应充分利用自身区位优势和政策优势，通过争取保税区等对外开放平台的建设，取得中央的特殊税收优惠政策倾斜。

国家为实施"一带一路"倡议，加强对外开放，近年来我国在沿线地区建立多个保税区和自贸区。各保税区与自贸区均享有外汇、税收、行政管理等多方面政策优惠。其中，税收优惠政策主要体现在各类保税区独享的进口保税、进口环节税收优惠、出口退税政策和其他区域内税收政策等。国家级各类保税区的设立促进了所在城市经济发展。综合保税区可以说是我国目前开放层次最高、优惠政策最多、功能最为齐全、手续最简便的特殊经济开放区域，集合了包括保税区、出口加工区、保税物流园区和保税港区在内的全部功能设置和政策条件。海关总署数据显示，截至 2021 年 9 月，我国共有综合保税区 154 个，其中江苏省有 20 个，数量最多。截至目前，青海省只有一个西宁综合保税区。

相比我国东部沿海地区，青海深居内陆，经济发展起点低，底子薄，要想充分利用后发优势，必须积极争取中央的特殊政策倾斜。因此青海应深刻把握并积极融入国家"一带一路"建设的重大战略机遇，积极争取获批设立保税区、自贸区等对外开放平台，充分利用自身的区位和资源优势，构筑青海对外开放新高地，加强与沿线国家的经济合作，迅速提升青海在对外开放格局中的地位，帮助实现循环经济跨越式发展。

（三）进一步完善税收征管、做好税收服务

2021 年 3 月，中办、国办印发的《关于进一步深化税收征管改革的意见》标志着我国的税收改革迈入了以合成为特征的新阶段。青海省随后出台了适用于本省的《关于进一步深化税收征管改革的实施方案》，并同时成立深化税收征管改革领导小组，将税收改革纳入全省"十四五"改革发展规划中统筹安排推进，实现了良好开局。全省税务机关聚焦"精确执法、精细服务、精准监管、精诚共治"，一批"有特色、用得好、能落实、接地气"的改革成果不断涌现，纳税人缴费人正迎来看得见感受得到的税收变革。

此外，目前国家已经出台了各类针对循环经济的有关税收优惠政策，但是这些政策相对过于分散，政策的年限跨度也相对较大，不利于纳税人的充分了解和掌握，税务部门应该在这一问题上做好政策的梳理和整合，建议税务部门应首先出台循环经济相关税收优惠政策合集或者手册。将分散在各相关部门的优惠政策按类型分门别类，梳理和整合其中涉及税收的有关条款和内容，制定政策合集或者目录。这样不仅能有效地提高税务部门的工作效率，同时也能为企业了解税收政策、制定经营决策和依法纳税提供明确的参考。其次，建议设立专门针对循环经济产业的税收辅导部门。这样既可以方便纳税人准确把握国家税收优惠政策，提高纳税遵从，弱化征纳矛盾，又畅通了税收政策评价评估的反馈机制，便于国家根据各地实际情况和需要及时调整税收优惠政策，从而让循环经济的相关企业及部门享受到实实在在的优惠，提高产业吸引力，推动产业结构升级转型。

总而言之，任何一种新经济模式要得到发展，都必须打破原有的经济发展体系的桎梏，循环经济也不例外。这样的深刻变革必将会触及很多企业的利益，同时对很多传统企业而言也是巨大冲击，所以，政府应在其中充分发挥积极的推动作用。在培育循环经济产业发展、推动传统企业转型的过程中，政府要充分利用财税的激励政策发挥引导和激励作用；而在市场失衡的时候，政府要强制干预，积极发挥财税政策的调节作用进行宏观调控，维护市场平衡。与此同时，政府还应该加强自身的监督管理，对环保资金进行严格管控，运用绩效手段加强考核激励。

参考文献：

[1] 金涌，郭倩. 未来循环经济的四大发展趋势 [J]. 中国环境监察 .2018(08)：24-25.

[2]Su B W,Heshmati A,Geng Y,et al. A review of the circular

economy in China:Moving from rhetoric to implementation[J]. Journal of Cleaner Production, 2013（42）:215-227.

[3]Geng Y, Sarkis J,Bleischwitz R.How to globalize the circular economy[J]. Nature, 2019（565）:153-155.

[4]Stahel W R.The circular economy[J]. Nature, 2016（531）:435-438.

[5]Ellen MacArthur Foundation.Completing the Picture:How the Circular Economy Tackles Climate Change[Z].

[6]马凯.贯彻和落实科学发展观大力推进循环经济发展[J].中国经贸导刊，2004(19)：124.

[7]赵磊.财税政策扶持循环经济发展研究[J].合作经济与科技,2018(10):158-159.

[8]全球碳中和的学界研究与政府规划概况.中国科学院院刊，2021，36(03):367-370.

[9]李平,罗建军.国外发展循环经济财税政策的比较研究[J].金融经济，2014(08):14-16.

[10]康维海.青海拟建世界级盐湖产业基地[J].中国矿业报，2022-01-06:002.

[11]魏文栋,陈竹君,耿涌,蔡闻秋,刘瀚斌.循环经济助推碳中和的路径和对策建议[J].中国科学院院刊,2021-09-20:1030-1038.

[12]李玉爽,靳晓勤,霍慧敏,郑洋."无废城市"建设进展及"十四五"时期发展建议[J].环境保护,2021-08-10:42-47.

[13]王敏晰,马宇,刘威,王亚杰,李新.生态文明建设与资源循环利用耦合关系[J].资源科学,2021,43(03):577-587.

[14]朱坦.新发展格局下的循环经济发展研究[J].人民论坛·学术前沿,2021-03-10:46-51.

[15]丁培培.新发展理念引领谯城经济高质量发展问题研究[J].商讯，2021(36):128-130.

作者简介：邓秋云，厦门国家会计学院副教授。

支持青海培育发展数字经济财税政策研究

黄波涛

第一章　数字经济发展现状

我国数字经济的发展起步比较晚，但是发展比较迅猛，短短的20多年时间内就发展成领先多数国家的数字经济业态大国。党的十九大以来，习近平总书记就加快发展数字经济发表了一系列重要讲话，对"实施国家大数据战略，构建以数据为关键要素的数字经济，加快建设数字中国"等工作做出重大战略部署。2018年11月在G20阿根廷峰会上，习近平总书记再次强调，要鼓励创新，促进数字经济和实体经济深度融合。2019年政府工作报告明确指出，深化大数据、人工智能等研发应用，培育新一代信息技术、高端装备、生物医药、新能源汽车、新材料等新兴产业集群，壮大数字经济。发展数字经济，对贯彻落实党中央、国务院决策部署，深化供给侧结构性改革，推动新旧动能接续转换，实现高质量发展，意义重大，机遇难得。

一、中国数字经济的发展历程

（一）我国数字经济的起步

我国数字经济的发展可以追溯到1994年4月20日，中国通过一条64K的国际专线全功能接入国际互联网，中国正式进入互联网时代。得益于人口红利的先天优势，我国互联网用户数量高速增长，大批互联王企业相继成立并迅速发展。

（二）我国数字经济的发展

2000 年前后，美国纳斯达克股市崩盘，网络股泡沫破灭，国内互联网产业也未能幸免，数字经济进入低迷阶段。经历短暂的低迷阶段后，2003 年，随着网络游戏的火爆，互联网用户数量开始持续保持两位数增长，中国数字经济发展步入高速增长期。随后以网络零售为代表的电子商务开始发力，带动数字经济由萌芽期进入新的发展阶段。

2012 年，3G 网络全面覆盖、4G 网络开始发展，智能手机得到普及，互联网迎来了移动终端时代，中国数字经济进入成熟发展期。诸如"滴滴打车""饿了么""美团"等软件全面连接起中国人的线上和线下生活。

2015 年《政府工作报告》首次提出"互联网"，旨在通过促进互联网融合创新作用的发挥，加快经济转型升级步伐。在 2016 年的世界互联网大会、G20 杭州峰会、网络安全和信息化工作座谈会等重大场合，数字经济被屡屡提及，2017 年 3 月，数字经济首次写入《政府工作报告》。

2017 年 12 月，习近平总书记主持第十九届中共中央政治局第二次集体学习，主题是"实施国家大数据战略加快建设数字中国"。习总书记强调，要构建以数据为关键要素的数字经济，推动实体经济和数字经济融合发展，推动互联网、大数据、人工智能同实体经济深度融合，继续做好信息化和工业化深度融合这篇大文章，推动制造业加速向数字化、网络化、智能化方向发展。

2019 年，李克强总理在《政府工作报告》中提出要加快在各行各业各领域推进"互联网"，进一步体现了我国国家层面对数字经济的高度重视。

二、中国数字经济的发展现状

当前，全球已进入第三次技术革命的深化阶段，迎来全新的数字经济时代，中国也开始从数字经济领域的跟跑者向领跑者转变，并拥有全球最活跃的数字化投资与创业生态系统。

2017年9月，麦肯锡发布的报告《中国数字经济如何引领全球新趋势》中指出[①]，中国已经成为全球领先的数字技术投资与应用大国，孕育了全世界1/3的"独角兽"公司，市场体量庞大，能够推动数字商业模式迅速投入商用，而且本土市场拥有大量热衷数字科技的年轻消费者；业务遍及全球的中国互联网三巨头"BAT"（百度、阿里巴巴、腾讯）正在布局多行业、多元化的数字生态系统，力图深入触及消费者生活的各个方面；政府也在积极鼓励数字化创新与创业，不仅给了企业试水空间，还以新技术的投资者、开发者及消费者的角色予以支持。数字化转型已对中国的经济产生了深远影响，对全球数字化格局的影响也与日俱增。随着数字全球化进程逐步展开，中国正在通过并购、投资、新商业模式输出及技术合作等方式，成长为引领全球数字化发展的力量。

（一）我国数字经济持续快速发展

2018年我国数字经济规模达到31.3万亿元，按可比口径计算，名义增长20.9%，占当年国内生产总值的比重为34.8%，占比同比提升1.9个百分点。数字经济蓬勃发展，推动我国传统产业改造提升，为经济发展增添新动能，2018年数字经济发展对国内生产总值增长

---

①麦肯锡.中国数字经济如何引领全球新趋势 1 [R/OL].(2017-09-06).
https://www.mckinsey.com.cn/ insights/ mckinsey —global-institute/.

的贡献率达到 67.9%，贡献率同比提升 12.9 个百分点，超越部分发达国家水平，成为带动我国国民经济发展的核心关键力量^①。

（二）我国数字经济结构持续优化

从我国数字经济的内部结构看，信息通信产业实力不断增强，为各行各业提供充足数字技术、产品和服务支持，奠定了我国数字经济发展的坚实基础。我国产业数字化蓬勃发展，数字经济与各领域融合渗透加深，推动经济社会效率、质量的提升。测算数据显示，2005 年我国数字产业化规模达 6.4 万亿元，在国内生产总值中占比达到 7.1%，在数字经济中占比为 20.5%。目前，产业数字化在数字经济中继续占据主导位置，2018 年产业数字化部分规模为 24.9 万亿元，同比名义增长 23.1%，产业数字化部分占数字经济比重由 2005 年的 49% 提升至 2018 年的 79.5%，占国内生产总值比重由 2005 年的 7% 提升至 2018 年的 27.6%，产业数字化部分对数字经济增长的贡献度高达 86.4%。

在数字经济中，产业数字化部分占比高于数字产业化部分占比，表明我国数字技术、产品、服务正在加速向各行业融合渗透，对其他产业产出增长和效率提升的拉动作用不断增强。产业数字化成为数字经济增长主引擎，数字经济内部结构持续优化^②。

（三）从"用户数字化"到"产业生态化"的数字经济发展路径

2017 年中国的人均国内生产总值名列全球第 64 位，而数字经济

---

① 中国信息通信研究院.中国数字经济发展与就业白皮书（2019 年）[R/OL].（2019-04-18）. http：//www. caict.ac. cn/kxyj/qwfb/bps/201904/P020190417344468720243.pdf.
② 中国信息通信研究院.中国数字经济发展与就业白皮书（2019 年）[R/OL].（2019-04-18）. http：//www. caict.ac. cn/kxyj/qwfb/bps/201904/P020190417344468720243.pdf.

发展指数排名全球第二，中国的数字经济走出了一条独特的从"用户数字化"到"产业生态化"的发展道路。

中国拥有独特的数字消费者群体，不仅仅是消费者数量庞大，各种数字应用渗透率都位居世界前列，数字消费者指数排名全球第一。庞大的消费者群体，使得长尾市场的定制化需求得以生长，各互联网公司尽力满足消费者个性化、多变的需求。中国的互联网公司采用了独特的生态战略，全场景与消费者沟通，使用社会化的方式完成产品、服务的生产和提供，数字产业生态排名全球第二；中国在数字经济相关的大数据、人工智能等领域，依托海量数字化消费者的独特场景，实现了快速发展。

和众多发展中国家相似，中国部分行业成熟度较低，许多需求无法被传统行业满足。数字经济提供了创造性的解决方案，直击消费者"痛点"，从而得到了跨越式发展的机会。例如，中国数字经济发展最典型的两个行业——电子商务和互联网金融，均得益于解决了消费者的"痛点"，在很短的时间内飞速成长①。

三、中国数字经济的国际地位

在全球数字经济蓬勃发展的大环境下，中国的数字经济也进入了快速发展时期，从最初的追赶者，到在某些层面逐渐转变为领跑者，同时，另一些层面，中国相较于发达国家依旧处于落后。

（一）中国数字经济体量及增速处于世界前列

经过20多年的发展，中国数字经济规模已经位列世界第二。2019年我国数字经济继续保持快速增长，质量效益明显提升，数

---

① 阿里研究院，KPMG.迎接全球数字经济新浪潮——2018全球数字经济发展指数 [R/OL].(2018-09-18). http://www.aliresearch.com/blog/index/lists/tag/3831.htmll.

字经济规模达到 35.8 万亿元，占国内生产总值比重达 36.2%，对国内生产总值增长的贡献率高达 67.7%，折合约 5.41 万亿美元。超过德国（约 2.4 万亿美元）、日本（约 2.29 万亿美元）位列世界第二，较首位的美国仍有明显的差距，2018 年美国数字经济规模达到 12.34 万亿美元，仅达到美国的 38.3%。数字经济总体规模增速达到 17.5%，仅次于爱尔兰的 19.5%，位列世界第二①。

（二）中国数字经济尚有巨大的发展潜力

我国数字经济占国内生产总值比重提升迅速，2019 年，我国数字经济占国内生产总值比重已达到约 36.2%，这与世界主要国家相比仍有较大差距，从中、德、英、美四国数字经济规模占各自国内生产总值比重情况看，2019 年德国、英国、美国排名前三，占比分别为 63.4%、62.3%、61%，分别低 27.2%、26.1%、24.8%。可见我国与发达国家相比，数字经济水平仍有待提高，但另一个方面反映出我国数字经济尚有巨大的发展潜力可待挖掘。

（三）中国数字化企业在全球表现较为突出

数字经济发展浪潮下，中国涌现了一批优秀的企业，2019 年的互联网趋势报告中，"全球互联网企业市值领导者"中国占据了 30 个中的 7 个，仅次于美国的 18 个，日本、加拿大、澳大利亚、阿根廷、瑞典仅有 1 个，在数字化企业中中美大幅领先其余国家②。

虽然中国数字化企业在全球表现亮眼，但对比美国，依旧存在巨大差距。在市值前十中，美国占据了 8 个名额，中国仅有 2 个，

①中国信息通信院.全球数字经济新图景(2019 年)——加速腾飞重塑增长 [R/OL](2019-10-11). http://www.cbdio.com/bigdata/2019/10/11/content_6152087.html.
②Mary Meeker.2019 年的互联网趋势报告 [R/OL].(2019-06-19). http://www.sohu.com/a/320187146_207454.

且排名靠后，中国数字化企业市值规模落后美国较多。此外，美国数字化企业涉及行业较广，既有平台型数字化企业如亚马逊，又有游戏娱乐领域的暴雪娱乐（BlizzardEntertainmentElectronicArts）]，以及云服务和技术领域的威睿（VMware）、云通讯公司（Twilio）等企业。中国则集中在电子商务领域，数字化细分行业则被传统互联网企业垄断。

（四）中国数字经济各领域市场均衡发展

在电信基础、设施基础以及网络资源基础方面，中国均处在世界前列，因而中国在数字经济各领域表现亮眼。电子商务领域，中国常年保持第一。在社交和娱乐媒体领域，美国都具有全球领先优势，中国仅次于美国。在金融科技领域，中国移动支付金额和渗透率全球领先，美国则注重于个人理财、资本市场服务等领域。

总而言之，中国在数字经济规模、发展速度以及在市场竞争上都处于世界前列，但与世界第一的美国还有较大差距。在数字经济整体水平上落后于发达国家，拥有巨大的发展空间。而中国的数字化代表企业，业务大多数在国内市场，全球化程度较低，科技驱动程度较低，其竞争力暂时落后于美国数字化企业。因而，中国数字经济具备了量的优势，质的优势还需继续提高。

四、青海省数字经济发展现状

青海省从顶层设计、政策保障、基础设施、产业培育等多方面协同发力，推动青海省数字经济的快速发展。

（一）青海数字经济发展不断取得突破

"十三五"以来，青海省把握数字经济发展新机遇，全力抢占发展先机，及时研究出台了《关于深化"互联网先进制造业"发展工业互联网的实施意见（2018—2020年）》《青海省智能工厂、数字化车间认定管理办法（试行）》《青海省加快推进数字经济发展的实施意见》等一系列政策、规划和文件，积极推动数字技术与经济社会发展各领域的深度融合应用，引导推动"互联网先进制造业"融合创新发展，着力构建"一核三辅"数字经济发展布局和具有青海特色的"1119"数字经济发展体系，数字经济发展取得了长足的进步。

数据显示，2020年青海省数字经济规模达到739.64亿元，比2018年增加116.64亿元，增长18.72%，数字经济占青海省生产总值的比重从2018年的21.74%增长到2020年的24.61%，增加2.87个百分点。2021年前三季度，青海省用户通过全国电子商务交易平台产生的交易额同比呈增长趋势，其中对个人交易额有较快增长。国家统计局数据显示，2021年前三季度，青海省用户通过全国电子商务交易平台实现的商品和服务类交易额为773.4亿元，同比增长2.7%，与上半年相比，增速由负转正，提高了13.3个百分点，其中，按交易对象划分，对单位商品和服务类交易额为565.8亿元，同比下降9.9%；对个人商品和服务类交易额为207.7亿元，同比增长65.4%；按交易内容划分，商品类交易额476.8亿元，同比增长3.0%，服务类交易额296.6亿元，同比增长2.0%。

（二）青海数字经济发展的六大特点

经过多年发展，青海数字产业基础不断优化提升，数字公共服务全面深入，数字产业生态逐步形成，数字用户消费扩大升级，青海省数字经济发展不断走向深入。具体表现在以下六个方面。

一是具备清洁能源充足、区位特殊等优势。青海省风电、光电等清洁能源资源储备丰富，拥有可用于光伏发电和风电场建设的荒漠化土地10万平方公里，在"碳达峰""碳中和"战略下具有新能源提供数字经济发展的重大优势。青海省地处青藏高原东北部，气候冷凉干燥，年平均气温 5 摄氏度左右，属于地质灾害轻度分布区；青海地处丝绸之路经济带中国—中亚—西亚经济走廊主线，是陆上丝绸之路西部通道、东西南北的桥梁和纽带。

二是固定宽带基础设施发展快速。截至 2020 年 8 月，青海省固定互联网宽带接入端口数量达到 410 万个，光纤端口占固定互联网接入端口的 97.7%，占比全国排第 3 名，固定宽带基础设施水平保持全国领先水平。在此基础上，数字技术赋能各行业领域，助力青海省经济社会发展的重要作用日益凸显。

三是信息通信基础设施加速完善。移动网络覆盖率持续提升，4G 信号实现行政村以上全覆盖，5G 建设加速推进，截至 2021 年 9 月底，青海省已建成 5G 基站 4679 个，全省 45 个县区主城区实现 5G 网络覆盖；移动宽带普及率达到 115.6 部 / 百人，同比增长 21.26%；积极推进电信企业为重点园区开通国际互联网数据专线，提升青海省国际访问流量直达国际出口局的实效，各电信企业增加出省带宽，疏通倍增的互联网流量；推动根镜像服务器节点的建设及管理，有效缩短青海省及周边省份用户访问 L 根镜像服务器的解析响应时间；推动联合科研攻关、技术互助、数据共享，强化互联互通，构筑政策沟通、信息共通的数字纽带，促进基础电信企业与省内优势企业开放合作，提升通信服务支撑数字经济发展水平。

四是充分发挥大数据中心支撑作用。中国移动集团公司投资的"青藏高原大数据中心"已投入使用，中国电信青海公司柴达木云数据中心暨青藏高原数据灾备中心开始运行，青海省政府与中国联合网络通信集团有限公司签署"数字青海"战略合作框架协议，省企联手推动国家大数据战略在青海落地实施；中国联通青海公司沃云数据中心、中国联通三江源国家大数据基地投入运行，共有 27 家单位加入三江源国家大数据生态联盟。三大基础电信企业在西宁、海东、格尔木等地服务器装机能力已提升至 1 万台。数据中心的建成和使用为推动青海省大数据产业发展，面向全国提供数据存储、大数据分析计算、数据挖掘等"一站式"服务奠定了坚实基础。

五是积极促进企业数字化转型。青海省先后研究出台《推动企业上云用云行动方案》《支持 5G 网络建设的若干措施》等政策措施，支持企业上云用云，加速新型基础设施布局建设，以数字技术赋能产业转型升级、推动资源要素快捷流动、加速市场主体融合创新发展。电子商务、平台经济、共享经济等新模式不断涌现，产业数字化、数字产业化和治理数字化进程全面提档加速。目前，已有累计 17 家企业通过国家两化融合管理体系贯标认定，78 家工业企业接入工业互联网安全态势感知平台。

六是青海省数字经济结构持续优化。青海省数字经济内部结构中产业数字化的主导地位进一步巩固：一方面，数字产业化实力进一步增强，数字技术新业态层出不穷，一批大数据、云计算、人工智能企业创新发展，产业生产体系更加完备；另一方面，产业数字化深入发展，获得新机遇，电子商务、平台经济、共享经济等数字化新模式接替涌现，服务业数字化升级前景广阔，工业互联网、智能制造等全面加速，工业数字化转型孕育广阔成长空间。

五、疫情防控对数字经济发展的新要求

疫情为数字经济发展创造了新契机，但从应急响应和长远发展来看，我国数字经济仍然面临产业数字化基础薄弱、与实体经济融合不深、数据开放共享水平不够、智慧社会建设与社会治理需求不匹配等诸多难题。上述问题是多方因素综合作用的结果，这与我国互联网发展路径、产业结构、人才基础有关，也有认识不到位、转型动力不足、制度不健全等原因。

（一）改善数字经济融合度

当前，我国产业数字化水平偏低，与实体经济融合不深。疫情防控期间，尽管有少数数字化水平较高的企业，能够快速实现产品转型并扩大产能，但多数制造企业尤其是中小企业数字化水平不高，关键工序数控化率严重偏低，工业互联网 APP 相互独立，全链条服务能力不足，通过网络平台实现复工复产存在较大难度。总体上看，我国产业互联网尚不成体系，企业数字化基础薄弱，专业化人才欠缺，再加上部分企业认识不到位、内在动力不足等原因，产业数字化转型还处于起步阶段。此外，行业差异较大、部分行业封闭性又强，也加大了与数字经济的融合难度。

（二）提升数据共享度与整合度

当前，我国大数据开放共享和整合利用水平不高。许多地方尝试利用大数据开展病毒溯源、人员追踪、物资调度等疫情防控举措，但由于数据共享不畅大大制约了各地应急响应能力，一定程度上存在着资源调度无力、物资发放无序、个人信息重复采集等情况。数据共享是一个老生常谈的话题，此次疫情使其暴露得更加充分。这其中既存在"不知道跟谁对接、怎么对接"的问题，也存在"不愿""不敢""不能"对接等难题，根本原因还是在于数据标准不统一、权责关系不清晰、共享机制不明确以及法律保障不健全等。

（三）提高智慧社会的治理匹配度

当前，我国的智慧社会建设与社会治理现代化需求还不匹配。党的十九大报告提出建设智慧社会，是在科学把握社会发展趋势下做出的前瞻性部署。近年来，不少地方在城市大脑、"互联网政务"、智能交通、智慧养老等方面投入巨大，建设了不少政务云平台或移动应用，极大地方便了办事群众，提高了社会治理效率。但是面对疫情突发事件，尤其是遇到诸如追踪识别潜在病毒传播人群等全局性、系统性应急事件时，智慧社会建设的短板也暴露出来，例如系统分隔、信息孤岛、业务协同性差、管理机制不健全等诸多问题与精准识别、按需管控、靶向治理的现实需求存在落差。

（四）加快数字经济制度转型

当前，我国相关制度及监管理念尚未跟上数字化转型步伐。制度创新是激发市场活力、拓展创新空间的关键保障。防疫期间，一些网络平台未能充分发挥应有作用。例如，我国已建成世界上最大规模的传染病网络直报系统，但由于预警机制及上报制度不健全，在疫情初期未能发挥应有的预警作用。基于互联网平台开展服务的网约车、共享民宿、共享物流等新业态新模式，拥有完整的数据链条，可以有效追溯用户信息及行动轨迹，本应在联防联控中发挥支撑决策作用，但一些地方却对新业态采取了区别对待的监管措施。例如，全国有178个城市要求停止网约车服务，但对出租车无相应限制；有161个城市要求下线民宿产品及相关服务，但未对酒店旅馆做出类似要求。此外，长期存在的一些制度性障碍也束缚了互联网医疗平台企业抗击疫情的手脚。上述做法不仅限制了平台在抗击疫情中的应有作用，也给数字经济长远发展带来"削足适履"的不利影响。

第二章　数字经济的财税特征

数字经济是基于信息和通信技术发展起来的新型经济形式，通过信息通信技术的广泛应用，跨越了时间和地域的约束，促使经济交易的发生在全球的合作平台展开。尽管各个国家对于数字经济的定义存在描述性的差异，但是关键词"信息通信技术""全球化""经济效率"的描述仍然是明晰的。我们可以在本质上理解为数字经济提供了一种经济环境，在此条件下，数字技术得到广泛应用，并引发整个经济环境的变化。

一、数字经济的新特征

数字经济区别于传统经济，其在发展演变中显现了诸多新特征，正是由于这些数字经济的新特征，为数字经济背景下的财税政策制定带来了挑战和变革。数字经济的新特征主要有：

（一）大数据：自我膨胀性

大数据，即强调经济对数据的高度依赖性。数字经济下企业的经营离不开对数据的使用，从数据的采集、存储、分析到应用，伴随着高度发展的信息通信技术，数据使用的全过程将带来高产出的价值。数字经济背景下企业可以通过业务联系顾客、上下游供应商等各种手段搜集和分析数据资源，从中提取其有商业价值的数据资源。最近的一项研究量化了数据驱动的市场经济（Data-DrivenMarketingEconomy，DDME）的价值，该研究发现，DDME 在 2012 年为美国经济增加了 1560 亿美元的收入，其真正价值在于数据对于整个 DDME 的应用和交流（Data-DrivenMarketingInstitute，2013）；大量的数据资源存储在日益变小的数字单位中，为数据的使用提供了最大化的便利；与此同时，计算机设备的智能化，增强了对数据的分析和处理能力，大数据时代既可以带来全面的数据分析，又可以进行针对性的再分析；大数据应用带来的价值不仅仅存在于商业领域，政府公共领域的大数据价值也将带来明显的外部性效益。

（二）流动性：快捷性、高渗透性

流动性是数字经济大数据特征衍生出来的一大特征。大数据意味着无形资产成为了数字经济企业的一项核心资产，无形资产本身的高附加值和高度流动性，意味着数字经济企业可以利用无形资产转移企业的经营利润，间接带来了企业的税基侵蚀与利润转移问题；同时，数字经济跨国企业将流动性演绎成为国际化的经营模式，通过集中业务管理模式，远程控制各个细分市场，以流动性为优势点，逐渐完善了全球性、国际化的价值链商业模式。

（三）创新性：边际收益递增性

创新性是指技术的变革降低了数据的计算成本，更低的成本意味着互联网的最终消费者和服务供应商很难有动力收取边际使用费用，再加上更多的资本投入和性能的改善，将会大大降低互联网商业门槛。在这种创新性的数字经济环境下，只有重视创新性人力资源的培养、加大技术创新研究投入、强化技术创新和生产实践的转换效率，才能在各个数字经济细分行业中占领优势地位。

（四）交互性：外部经济性

交互性可以在宏观和微观两个方面讨论。宏观层面来讲，交互性是指数字经济通过信息通信技术和创新步伐模糊了各个产业的边界，不仅仅使传统行业吸收了数据的价值，各个行业数字化的融合也将推动行业的整合以及整个产业结构的优化升级；微观层面来讲，交互性是指商品或服务的供需两端的影响能力增强，数据的流动性为定制化的生产带来可能。生产者通过数据的搜集分析可以更加准确地了解到消费者的偏好，消费者的偏好可以通过数据反馈的方式或主动或被动地影响到生产者的生产决策。

二、数字经济的财税特征

数字经济具有快捷性、高渗透性、自我膨胀性、边际效益递增性、外部经济性等诸多技术层面的特征，2018 年 OECD 数字经济特别工作组提交的中期报告《数字化对税收的挑战》（TaxChallengesArisingfromDigitalisation）中提出了数字经济的三大财税特征。

（一）无实体存在即可大规模跨境交易

在经济全球化的进程中，以信息通信技术（CT）为代表的科学技术推动企业参与全球市场竞争的商业模式的数字化演进，先进的信息通信技术降低了远程商业活动的组织和协调成本，使得企业全球市场竞争商业模式向数字化演进。企业商业模式的数字化使得企业跨越时间和空间的限制，远隔重洋和时区的数字化企业可以有效地向另外的国家或地区用户提供商品或服务。随着科学技术的不断发展，"去实体化"（de-materialization）已经成为数字化商业模式的演进趋势，在这种趋势下数字经济迅速实现规模成长，数字化企业无须设立实体即可实现跨境经营，可以始终保持在用户所在国家或地区没有任何物理空间上的实体存在，经济合作与发展组织（OECD）称之为"不需要设立实体存在即可进行大规模跨境交易"或简称为"跨辖区无实质规模"（Cross-jurisdictionalScaleWithoutMass）。

数字化商业模式条件下，企业与用户之间的"黏性"超越时空阻隔，而显现出越来越高的交互性，这种交互性不仅仅体现在企业与用户之间，也体现在用户彼此之间，用户已经逐步与企业一起共同参与到价值创造的过程之中，用户自身成为企业价值链的一部分。例如，某一媒体共享网站的所有内容都是由这家网站的用户不断产生和提供的，感兴趣的潜在用户就是看中这家媒体共享网站已有内容的价值而决定加入的，在加入之后又继续为网站增加价值，新用户的加入也使已有用户受益，共同形成"网络效应"。

（二）高度依赖无形资产

无形资产，尤其是无形资产中的知识产权（Intellectual Property）的开发和利用推动了数字经济的产生和演进，是经济之所以能够实现数字化和实现价值创造的核心驱动要素，而数字经济商业模式下数字资产成为知识产权的主要表现形式。信息通信技术使得数据的计算速度、存储能力和传输效率实现惊人的突破，"大数据""云计算"以互联网为媒介，让全球用户都直接或间接地消费"数字的价值"。

在这方面，以美欧日韩为代表的发达国家高度重视经济数字化的科技引领作用，2016 年 OECD 成员全部研发投入的最大份额是对信息通信技术的投入，占到 23%，2016 年美国超过 70% 的风险资本（Venture Capital）投向信息通信技术产业部门①。并且，研究和开发的重点已经出现超越技术本身的特征，而更加重视对数字、数据的挖掘和利用，从而使经济数字化的进程改变了企业资产的形态。企业对资产的重视，发生了从实体资产到技术资产，再到数字资产的转变。

数字经济使企业的资产价值的重要性从厂房、设备等有形资产向数据、专利技术等无形资产转变。无形资产成为数字经济时代最为关键的生产要素，并不断推动经济数字化的产生和演进。

数字资产具有高度的流动性，这种流动性特征不仅表现在数字经济商业模式下的价值创造的缘起和过程，也表现在价值创造的结果和转移，即价值链的流动性。价值链的流动性不仅包括经济数字化的用户，也包括经济数字化的功能业务，信息通信技术（ICT）引

---

① OECD Digital Economy Outlook 2017 [EB/OL].http://www.oecd.org/internet/ieconomy/oecd-digital- economy-outlook-2017-9789264276284-en.html.

领移动互联网被越来越多的消费群体接受，并深刻改变了他们的消费行为和方式，距离和物理空间变得越来越模糊，虚拟和代理成为互联网提供服务的新型商业模式，范围更加广泛的业务整合使得企业可以在区域甚至全球的层面上进行经营和管理。

数字资产的流动性特征同时推动经济全球化前进，不仅仅是消费者本身，甚至消费过程以及消费结果都打破了以往时间和空间上限制，这种资产的流动性使得数字经济的业务功能具备高度的"形"价值，换言之，数字经济商业模式的价值创造有着紧密关联的数字依赖性。无形资产具有高度的流动性和难以估值的特征，这种特征使得企业可以很容易通过转让无形资产的形式来达到跨国避税的目的。

（三）数据和用户参与具有重要作用

经营数字化可以帮助企业将价值链建设得越来越复杂的同时提升管理的效率，达到更加灵活和有效的管控，由此，经济数字化帮助企业实现了商业模式的不断创新。

在数字经济下，用户不仅仅是产品或服务的消费者，同时也是数字企业价值创造的重要环节。随着商业模式的创新，数据（数字资源）和用户参与表现出与科学技术形成的知识产权（IP）高度的协同性，成为创新商业模式的竞争力，创建不同层面的细分市场进而适应和满足消费者需求的变化。同时，创新商业模式复杂性的不断增加又进一步使得公司必须不断地提升自身的技术实力来维持自身的技术优势和垄断地位。例如，媒体网站可以通过免费或低于成本的价格提供阅读内容（广播电视节目、时事新闻、娱乐节目等），来吸引并留住用户，拥有一定规模和忠实稳定用户量的这家媒体网站可以通过广告或其他方式来赚取收入，由此传统商业模式和商业逻辑被颠覆。

随着商业模式的创新，数据（数字资源）和用户参与表现出与科学技术形成的知识产权（IP）相同的重要性，成为创新商业模式的竞争力，创建不同层面的细分市场进而迎合满足消费者需求的变化，与此相伴，创新商业模式的复杂性不断增加。

技术具有自我发展的逻辑，技术自主的一个重要表现就是技术系统的自增性，即技术的自我增长，它是指技术"通过内部的固有的力量而增长"[①]。在经济数字化进程中，一家企业可能成为某一细分市场的初创者，技术的优势和资本的力量使其在短时间内成为这一市场的主导者，并且不断地进行技术自我增长，以确保自身的安全。

三、数字经济发展趋势对财税政策的影响

（一）对税收公平原则的影响

税收作为国家财政收入的主要形式，用以维持国家公共事务开支。基于这一定位，税收的基本原则确立为公平原则和效率原则。

公平原则最早由亚当·斯密在其经济学巨作《国富论》中相对系统地进行了论述。税收公平原则细分为横向公平与纵向公平。横向公平要求纳税能力相近的纳税人承担相似的税负，而纵向公平试图达到纳税能力与其实际承担税负成正比关系这一理想的状态。公平性原则既是现代法律的基本原理，也是我国宪法赋予的基本精神，因此公平性原则成为税收的基本原则。就税种的分类来讲，所得税更能体现公平原则。企业所得税是企业在一定的存续期间内对企业的净收入进行征税，可以根据收入同支出配比的方法得出应纳税所得额，纳税调增调减的过程就是企业所得税法进行经济调节的过程。

---

① David Lovekin. The Empire of Non -Sense： Art in the Technological Society (2014)[EB/OL]. https：//architecture.nd.edu/faculty-publications/the-empire-of-non-sense-art-in-the-techonological-society/.

公平原则相对应的是效率原则。效率原则是指税收征收过程中征纳双方成本的降低和资源配置的最大化利用。而效率原则衍生出来的另一重要命题则是税收中性，税收中性在最大程度上保持市场在经济要素配置中的主导地位，尽可能地减少无谓损失和经济扭曲。

税收的两个基本原则相辅相成，在一定的状态下达成统一。效率原则在税种上的体现是流转税，即对消费征收税款集中在商品或服务的交易环节。增值税的征税原理是对最终消费、多重交易环节征税。在增值税设计环节中，上下游企业分别计算进项税和销项税，按照相应的差额征收税款。

（二）对国际税收管辖权的影响

数字经济已经成为新时代发展的主题，尤其是新型商业模式的兴起，给跨国企业的发展管理模式和税务架构都带来了很深远的影响。跨国企业依附市场的属性明显增强，而国际税收法规的设计初衷与现实经济发展却有着很大的背离。在高新技术日益融入经济发展的大趋势，数字经济所带来的新型商业模式给国际税收带来了深远的影响和巨大的挑战。

从税收问题与挑战方面。在直接税领域，数据联结度涉及到数据的收集、分析与定价等问题。以云计算为案例，数据的存储、数据库维护、分析、应用程序使用都在全球范围内发生。这就涉及到了经济活动发生地与价值来源地之间税收利益分配的问题。常设机构的认定问题，同样以云计算为例，云计算提供虚拟服务器，既不以物理形式存在也不需要相关的独立场所或代理人，无法界定其非居民企业纳税主体，影响到国家税收利益的分配。在间接税领域，免税企业不负担或较少负担增值税而出现税负不公平。以云计算案例来讲，本地供应商向本地顾客提供云计算服务，这种税负不公平的现象对国际税收管辖权造成一定影响。

（三）对税收征管的影响

数字经济新趋势对税收征管的影响主要分为法律和国家战略两个方面。在法律层面上，《特别纳税调整办法》与一般反避税条款等都服务于企业的引进来和走出去，包括对具体合理的商业目的等条款的细化都需要做出努力，来维护我国国家税收利益。包括电子商务立法的现实问题，应当从法规与指导意见开始，逐步推进。主要解决收入性质的确认、常设机构的判定、数据的联结度导致的数据来源监管与定价问题。同时要求对跨国企业行业数据库的维护和税收情报交换形成常态化、动态化的征管机制，尽早形成制度化的安排。

在国家战略层面上，我国大力推进一带一路建设，而目前的税收协定需要服务于国家战略。一带一路战略是提高我国资本输出效率、促进产业结构优化升级和提高我国国际地位的国家发展战略，要求在税收征管过程中继续推进与一带一路相关国家税收协定的谈判，并帮助企业积极落实税收协定相关优惠政策，协调地区税收执法的差异化。

四、财税政策促进数字经济发展的理论依据

（一）主导产业效应扩散理论

主导产业效应扩散理论是由美国经济史学家华尔特·惠特曼·罗斯托（WaltWhitmanRostow，1960）在其《经济增长阶段》一书中最先提出，他认为无论在任何时期，甚至在一个已经成熟并继续成长的经济体系中，经济增长之所以能够保持，是因为为数不多的主导部门迅速扩大的结果，而这种扩大又对其他产业部门产生了重大的影响，即产生了主导产业扩散效应。主导产业是扩散效应产生的基础，扩散效应是关键部门在其高速发展时期对区域经济发展所产生的超越自身的"卓越作用"。他认为在一定的国民经济发展阶段中，主导产业的高速发展，对其他产业起到了"不合比例增长"的推动作用，从而促进经济的快速发展，即扩散效应。扩散效应分为三种：一是回顾效应；二是旁侧效应；三是前向效应。

回顾效应是指，在产业经济学中，主导部门的增长对那些投入品的供应部门产生的影响，主导产业高速增长，对各种生产要素产生新的需求，进而刺激这些投入品部门的高速增长。数字经济的发展颠覆了人们对经济发展全过程的认识，数字经济发展对经济体的生产理念、管理制度、贸易出口、人才要求等有了新的标准，产生了回顾效应。

旁侧效应是指主导产业的兴起会影响地区经济社会的发展，如制度建设、国民经济结构、基础设施、人口素质等。数字经济的发展在一定程度上改变国际经济格局，并且一改传统经济发展的高投入、高产出、高污染的生产方式，促进生态文明建设，产生了旁侧效应。

前向效应是指主导产业能够诱发新的经济活动或派生出新的产业部门，甚至为下一个重要的主导产业建立新的平台的效应。数字经济发展是大势所趋，通过利用信息技术使得经济发展达到一个更高的数字化、网络化、智能化标准。智能化建设打造了新的产业集群，很多新兴产业竞相迸发的同时更是带来了经济高速发展，产生了前向效应。

总的来说，主导产业具备拉动经济高速增长的效果，改变了自身格局的同时催生了新兴产业的发展，产生了扩散效应，并为其打下坚实的基础，整个过程与地缘、人口、经济水平等方面联系，整合多方资源。

（二）路径依赖理论

路径依赖理论广泛存在于经济学领域。路径依赖是指人类社会的技术演进或制度变迁均具有类似于物理学中的惯性的现象，即一旦在发展初期选择了某一路径，由于既得利益约束等多种经济因素影响，从而导致了该体制不能摆脱朝着固定的方向自我强化的路径依赖过程。

道格拉斯·诺斯（PouglassC.North，1990）在《经济史中的结构与变迁》中，使用路径依赖理论对经济制度演进的阐释，使他获得了1993年的诺贝尔经济学奖，路径依赖理论得到广泛认可。诺斯认为是由于偶然环境与小概率历史事件的结合，从而导致了路径依赖，一旦这种过程被广泛应用，可能就会走向某一无法摆脱的路径。

戴维（David，1994）则认为路径依赖存在两种对立的定义，一是积极定义，二是消极定义。因此，David认为路径依赖将受到历史的偶然事件的控制。随后阿瑟（Arthur，1996）建立了的一个经典模型能够更好地解释路径依赖，模型解释了一种机制，即"低效率"的技术可能会被"历史小事件"控制。贝克尔和罗伊（Bebchuk&Roe，1999）提出有关公司所有权以及治理的路径依赖理论，他们二人认为路径依赖不但会影响公司所有制，而且会影响公司的日常运营管理。而斯格米特和斯潘德勒（Schmidt&Spindler，2002）二人补充了前人的理论缺陷，他们在分析路径依赖产生原因时引进互补的概念，认为"最优的公司治理体制的快速趋于同一路径是不可能的"，原因是在动态变化的过程中存在着由互补成分组成的体制。

财税政策对数字经济的快速发展具有边际效用递增性和自我强化性，这种自我强化性或自我强化机制并不是直接传递的，而是通过技术创新、制度优化、外贸扩张、人才培育等激励路径间接传递，并在向既定方向发展中不断地自我强化，推动数字经济发展进入良性循环的轨道，迅速优化；但如果相关配套机制不健全，也可能导致数字经济发展进入一种效用递减的趋势，从而被锁定于一种效率低下或无效率的发展状态之中，而这种状态一旦被锁定，就很难跳出惯性状态，而必须借助于强有力的外部效应，引入外生变量或依赖于制度变化，才能实现对原有状态的持续优化，因此，财税政策的制定对数字经济发展具有非常重要的影响。

在数字经济呈现出快速发展的状态之处，财税政策对数字经济的影响更加显著，这是因为制度设计存在成本递减效应、学习效应、协调效应和适应性预期效应。成本递减效应是指设计一项制度需要大量的初始设置成本，但是随着这项制度的推进，制度的单位成本和追加成本都会大幅下降。学习效应是指适应制度的经济发展模式会紧紧把握制度框架提供的获利机会，从而快速发展。协调效应是指通过适应制度而快速发展的数字经济，会对制度发展产生正向影响效应。适应性预期效应是指特定制度为基础的契约增加，将增加制度执行的确定性，制度矩阵的相互联系会产生大量的递增效应，从而决定经济长期运行的轨迹。因此，研究数字经济的财税间接激励路径，能够帮助提升数字经济与财税制度的正向互促效应，减少因政策不适应而导致的数字经济发展放缓现象。

（三）内生增长理论

内生增长理论的代表人物为罗默和卢卡斯（Romerand & Lucas），他们认为技术进步是经济增长的内生要素，经济的持续发展依靠的是以技术进步为核心的各种内生要素。随后财政学家研究了财政政策对于经济的影响，发现财政政策对于经济的持续增长同样起着作用。因此，内生增长理论学家开始将目光着眼于财政政策，他们发现财税政策能够影响部分决定性的内生变量，从而影响经济的持续增长。内生增长的模型包括卢卡斯模型（LucasModel）、罗默模型（RomerModel）和格鲁斯曼—赫普曼模型（Grussmann-HepmanModel），其他的经济学家也构建了许多侧重于增长的不同方面的相关模型，如金和罗宾逊（King&Robson，1993）考虑了知识这一内生因素，构建了知识传播模型与创造性消化模型。而这些模型大体上都体现了相似的重要理论，即经济的增长离不开企业的作用，这些经济学家都尝试解释企业积累知识的过程，这种知识不仅包括人力资本，而且包含了技术变化等因素。此外，政府需要对数字经济发展过程中出现的外部性和溢出效应进行干预。

财税政策是激励数字经济发展的重要工具，而财税政策如何促进数字经济发展是研究关注的重点之一。内生增长理论认为技术进步是推动经济发展的重要内生因素与核心因素，将财税政策的研究与内生增长理论相结合，得出财税政策能够通过影响技术这一核心因素推动数字经济的发展，而其余因素在企业发展中也起到不同程度的内生作用。

（四）激励性规制理论

激励性规制是指当市场机制的内部存在缺陷的时候，政府依据法律、规章和制度，主要以利益为导向刺激和引导企业服从管制，从而选择政府所期望的行为。激励性规制实际上是政府给予被规制企业的一种成本补偿，激励性规制假定政府规制可以利用政策工具等补偿被规制企业，其补偿规则可以按照被规制企业的努力程度与所花费的实际成本给予适当金额的货币。政府通过这种管制从外部弥补市场机制内部的不足，干预市场资源配置，是政府规制经济主体（主要是企业）的一种手段。激励性规制最突出的优点就是低成本、高激励、高效率，它往往能够有效的激励企业充分显现信息，减少了逆向选择和道德风险，最终实现社会资源价值最大化。由于规制机构与被规制机构之间信息不对称性，所以双方实际处于一种非对称信息博弈的状态。

数字经济下，企业行为具有正面效应，需要政府"这只看不见的手"推动其发展。政府对数字经济企业投资回报率的确认可以倒逼企业提高技术水平，完成最低要求，追逐超额利润。数字化产品的变相降价刺激了消费者的购买欲望，分担了生产者的生产风险，刺激了经济的发展。激励性规制可以很好地帮助政府充分利用社会资源倒逼数字技术深化完善。总而言之，数字经济发展的初期面临着一系列市场失灵的问题，激励性规制可以从方方面面倒逼数字技术水平实现突破，能够有效缓解发展前期成本高、投入大的问题。政府只要是掌握好方法和尺度，加强对信息的掌控，就可以使得数字经济发展完成其预期的行为，实现利润最大化。

（五）税式支出理论

税式支出理论是指政府有意识的背离一些政策的税制条款，目的是促进特定对象实现特定的目的，从而给予特定对象优惠的财税政策。税式支出通过对一些特定的纳税人和征税对象实施财税优惠，从而达到财税激励的效果，从而实现政府的一些政策目标，加强对一些经济行为的宏观调控力度。这个过程与财税条款相背离，与正常的税制结构产生相冲突，期间对政府的财政收入造成减少、放弃或让与的间接支出部分我们就称之为税式支出。

财政上的税式支出是指由于给予优惠的财税政策，而导致的部分国家财税收入的让与、放弃和减少。美国财政部最早提出了"税式支出"这一概念，认为税式支出就是特殊支出款项，这些特殊支出款项将取代直接财政支出。税式支出实际上是政府正常财税收入的减记，其受到的监督与约束较少，而这部分减记将用于激励特定的产业发展与实施政府行为。20 世纪 70 年代后期，美国在法律层面上规定了将税式支出项目编入美国的各级预算。其后，法国等国家也正式在预算中纳入税式支出，进一步研究税式支出理论。为了适当减轻企业税负与促进经济发展，中国开始实行了一系列新的减税降费，并且随着中国财税理论与实践的不断发展，学者开始逐渐重视税式支出理论。

数字经济发展已经成为新时期社会主义市场经济供给侧结构性改革的重心，数字经济的发展过程中存在"市场失灵"，需要在规定的范围内对数字经济企业给予特定的财税政策，对数字经济企业给予特定的财税支持。不直接干预数字经济企业行为，不破坏企业之间的竞争环境，通过让渡部分税款产生经济杠杆效应的优势将会在很大程度上鼓励企业积极参与到技术革新的浪潮中去，对数字的可持续发展有促进作用。

（六）价值链理论

价值链理论源于迈克尔·波特的《竞争优势》一书，他认为大部分的企业都是由一系列互不相同且又相互联系的价值创造活动构成，这些活动包括设计、生产、销售、运送及辅助产品生产的服务，上述价值创造活动的集合体就构成了企业的价值链。此外，企业并不是孤立存在的，企业的价值链与产品的供应商、制造商、零售及市场中的消费者的价值链是相互连接的，由此可构成一个较大的产业价值链，每一个企业处于产业价值链上的一个环节，通过对一个企业或者一国在特定产业价值链环节处所产生的经济效益进行比较，就可得出产业竞争力的具体情况。

全球价值链上并不是每一个环节都可以创造出价值，只有价值链上的战略环节、关键性环节才可以，企业抓住了战略环节，就可以处于产业价值链的核心位置，从而控制特定产业的全球价值链。一个国家或者一个企业在价值链上所处的位置，直接决定了其竞争力大小的程度，占据重要的价值环节就可掌握主动权，并获得较大的利润。

数字经济作为一种新兴的产业业态，必须分析、找出其价值链核心环节，从而占据有利位置。数字经济真正的核心模式是数字产业化、产业数字化、数字化治理、数字价值化等，只有把握住以上数字化应用模式，才能在新一轮产业革命中处于优势地位，有效推动数字经济迭代升级。

第三章　推动青海数字经济发展的财税政策建议

财税政策对经济政策影响是多维多元、深刻而长远的。随着大数据、物联网、人工智能及云计算等新一代信息技术的不断发展，数字经济站上世界经济发展的主舞台，并步入高速增长轨道。当下，我国从全球数字经济跟跑者变为领跑者，新产业、新业态、新模式迅猛发展，正在为中国经济发展注入新动能。数字经济不仅改变了经济增长动能的结构，而且提升了经济增长动能的质量，在科技创新、提高全要素生产率方面发挥着重要作用。

数字经济背景下重新梳理财政政策与数字经济发展的关系，解析数字经济新时代下财税扶持政策的作用机理、途径、方式、手段、传导机制，厘清财政政策在促进数字经济发展的角色定位，构建"需求"导向型财税政策供给机制，将市场机制与财政作用结合、财税政策与金融政策有效融合，对于实现财税政策助推数字产业升级，释放数字经济企业活力至关重要。进一步完善数字经济政策支持体系，引导数字产业化和产业数字化协同发展，是新时期需深入研究的课题。其中，财政政策支持体系仍有很大创新空间，有待建立财政助力数字经济提质增效的新机制。

一、财政支持数字经济生态环境建设

（一）加快数字经济法律制度体系建设

良好的法制环境是一项产业发展的重要保证，是维护整个经济系统安全有序发展的必要措施。阿里巴巴与顺丰关闭数据接口事件揭示了数据资源确权问题，特别是数据共享与专享之间、数据控制与使用的资源配置以及权属划分问题。为此，应围绕数据所有权、数据使用权、数据流转权等内容，制定法律法规或部门规章，形成权属清晰、灵活反应、兼容与可持续的法律法规体系。审查现有法律法规对数字经济的包容性和容忍度，及时废止有违创新规律、阻碍数字经济新业态发展的政策条款。针对涌现出来的数字经济新兴业态，及时制定行业管理规章制度。围绕数字经济建设目标、方向构建与数字经济相匹配的财税政策。

在数字经济环境下，互联网在提升信息交流速度的同时，也对传统知识产权保护体系产生前所未有的冲击。如，现有网络知识产权保护系统不完善，存在法律确认难、保护范围有争议等问题。为促进数字经济的健康有序发展，需要强化网络带来的信息产权司法保护，加快信息知识产权保护立法，提高信息产权相关法律在法律位阶上的地位，将侵权行为纳入社会信用记录。同时，完善信息产权保护机制，把网络交易平台纳入法律监督之内，借助技术手段对网络交易的各阶段进行监控，做到可查、可控、可问责，能够及时发现并制止侵权行为。

（二）加大数字技术基础科学与产业共性技术研究投入

加大对数字技术基础科学与产业共性技术研究的投入力度，并鼓励企业加大投资，除大数据、物联网、人工智能、5G 等外，还应重视 6G、虚拟现实、区块链、量子计算等更前沿技术的研究，对已有产业化基础的要进一步推动其技术向前发展，通过前沿数字科技的率先突破抢占数字技术产业化的先机。为此，财政需探索建立开放的科技攻关新机制，实施若干引领数字产业生态的"灯塔"式项目，推动核心技术以及颠覆性技术的研发攻关，破解关键技术产品供应链安全问题。

加强数字技术标准供给。按照需求导向、共性先立、急用先行的原则，制订数据确权、采集共享、交易流通、跨境传输等关键共性标准。开展国家大数据交易等数据资源流通标准研制，引导资源型数字经济、技术型数字经济等领域基础共性标准、关键技术标准的研制及推广。探索数字经济标准国际化战略及技术路线，在标准尚未定型、用户尚未锁定的物联网、大数据、云计算等新兴产业领域加快标准国际化步伐，鼓励领军型企业在数字经济新领域的国际标准制定中发挥先行者作用，加快数字化、网络化、智能化制造技术、标准、产业化的全球化布局。

（三）以审慎包容的态度，营造公平竞争的市场环境

数字经济的快速发展，传统治理的适应性正在减弱，不适应性在增加。构建有效的激励机制。构建分配激励机制，保持合理的财政分配制度；构建市场激励机制，促进公平竞争的财税政策；构建社会激励机构，形成有利于人力资本积累的财税制度；构建行为激励机制，打造基于创新行为的财税制度。同时，应探索推进负面清

单管理模式,破除行业和地域壁垒,保护各类市场主体依法平等进入,激发各类主体的发展动力。同时,也要树立底线意识,设置合理的"安全阀"和"红线",着力防范区域性、系统性风险,严格保护市场主体的合法权益。一方面,清理和调整不适应数字经济发展的行政许可、商事登记等事项及相关制度,采取既具有弹性又有规范的管理措施,加强对新业态的动态运行、分类监管研究,为新业态、新模式提供试错空间,激发社会创造力。另一方面,创新监管方式,建立以信用为核心的市场监管机制,积极运用大数据、云计算等技术手段提升政府监管能力,建立完善符合数字经济发展特点的监管政策,探索建立多方协同治理、重在事中事后监管的机制,营造数字经济公平竞争的市场环境。

二、财政支持数字经济基础设施建设

数字经济新型基础设施既包括以 5G、物联网、计算中心为代表的硬性基础设施,又包括以云计算、数据库为代表的基础软件和其他应用软件。财税扶持政策从传统基于物的生产、流动向基于信息的生产、流动发展,使财税政策设计能够契合数字经济发展趋势,适应数字经济发展规律。因此,财政政策既要重视硬性基础设施的普惠性发展,也要重视数据的互联互通和应用场景打造,着力提升公民灵活运用数字基础设施的基本能力。

首先,在国家"新基建"战略中,应注重加强大数据中心、人工智能、5G 基建、工业互联网等数字经济基础设施的建设,制定物联网标准,对包括制造业在内的实体经济进行数字化改造。尽管新基础设施项目的建设周期较长,但其规模效用递增、长尾效应明显,是吸引私人资本投资的重要领域。财政应设置灵活多样的激励约束机制鼓励社会投资,财政政策作用重在标准设定、规范引导、人才激励等，强化目标管理、制度设计和绩效预算，以推动数字经济高质量发展。

其次，注重数字经济新型基础设施建设的宏观布局，有计划地推进新型基础设施项目建设。推动建设全国一体化的大数据中心，退出一批发展滞后、效率不高的中小数据中心。财政应辅助有关部门完成新型基础设施建设项目的整合优化。一些财政承受能力较差的区域，应审慎推进新型基础设施建设项目，并加强项目审核，对新项目开展全生命周期风险评估。及时更新新型基础设施建设项目库，完善分类绩效预算标准体系，加强机构间协作和数据共享。实施一批新型基础设施建设领域质量标准设定项目，以提升数字技术创新的国际话语权，并为完善财政预算绩效管理提供依据。

三、财政支持培育数字经济产业发展

（一）加大技术创新成果早期市场支持力度

在技术创新成果工程化、商业化的早期提供市场支持，是基于该技术的产业加快形成的重要手段，在许多前沿技术产业的发展中发挥过重要作用。创新财政资金投入方式，建立健全投入导向型预算管理制度。将政府主导的数字经济建设转化为政府引导的数字经济建设，以财政投入为杠杆，采取产业投资基金等形式，撬动社会投资投向实体经济，重点支持数字行业或特定类型企业，促进战略性、基础性、先导性产业加快发展。从中央或地方政府的角度来说，如果能够给初创数字经济企业提供一定的市场支持，使前沿数字应用获得用户基础，就能够加快企业发展，帮助其成为市场中的头部赢家。具体来说，包括在国防军工领域加快最新数字技术的应用，促进数字技术的成熟和将来向民用领域的扩散；财政可通过专项债、PPP等手段推进智慧医疗、智慧交通、数字政务、智慧城市等方面的项

目建设;坚持包容审慎的监管政策，为数字经济发展创造宽松的环境，间接创造市场。

（二）支持数字经济细分领域发展，形成产业自生能力

比较优势既可以来自土地、资源、区位、人口等天然的生产要素，又可以来自后天形成的产业分工与配套、高素质人才以及蕴含整个产业生态系统之中的科学技术、知识能力，而后者的形成需要对该产业领域持续的资金和人才投入。从这个意义上说，产业的发展并不一定完全遵循比较优势路径，产业政策在其中能够发挥重要的作用。如果一个国家或地区对某个数字经济细分领域进入早、投入大，就有可能取得领先地位。贵阳市就通过较早地实施大数据发展战略，成为国内重要的大数据产业集聚地。由于前沿技术的不确定性较大，由政府采取"选择优胜者"的做法对特定产业加以支持存在一定的失败风险。但是政府可以在专家充分论证分析的基础上，选择那些即将进入产业化阶段且进入企业（或地区）较少的产业加以大力扶持，以政府产业引导资金、优惠政策带动社会资本的投入。

（三）以全价值链理念，加快对传统产业赋能

数字技术的经济发展带动作用既包括自身的产业化，又包括为其他产业赋能，而赋能传统产业的影响更广，而且反过来又会进一步带动数字技术产业的发展。因此，应大力推动新一代信息技术向传统产业领域的扩展、应用与融合。由于新一代信息技术在传统产业作用发挥的程度不仅取决于信息技术的发展水平，而且取决于传统产业本身的信息化基础和技术水平，因此需要支持传统产业中的企业加强信息化、数字化改造，如"以机器换人"、采用数控设备、实施"企业上云"，为信息技术赋能奠定基础；须加强对具体细分产业的产业

技术的基本科学原理的研究和生产工艺的开发改进，打好产业基础高级化、产业链现代化的攻坚战；须推动对传统产业与数字技术融合的产业共性技术研究，积累传统产业数字转型的成功经验。

四、 财政引导消费升级促进数字经济发展

消费对经济发展具有基础性作用，消费升级对数字经济发展起到重要支撑作用，财政政策在此方面可以大有作为。财政政策应从整体观出发，在发展数字技术和数字基础设施的同时，大力发展与之相关的消费市场和应用场景。进一步发展数字经济、扩大消费需求的重点，已不是商品的线上销售，而是数字产品和服务的提供与消费，是由数字经济带动的消费升级和整体产业升级。特别是在公共消费升级上，应加大数字经济政府采购力度，推动医疗、教育、交通、政务服务等领域的公共消费数字化转型。

加强政府公共数据公开，打造"数字政府"。打破政府系统内部的数据孤岛和数据烟囱，实现数据互联互通和开放共享是数字经济发展的前提。深化数字经济领域"放管服"改革，整合部门专网、联通异构系统，建设全国统一的政务"一朵云"，形成物理分散、逻辑集中、资源共享、安全可信的政务大数据体系，通过政府数字化撬动经济社会数字化和提高全要素生产率，最大程度释放政府数据红利。实行政务数据开放共享"负面清单"管理，完善公共数据资源目录体系，构建政府开放数据 API，推进公共数据资源的统一采集、集中存储、集中管理，分级分类、依法有序开放公共数据。

应强调财政部门在数字政府战略中的主导作用。利用好标准规范、绩效预算、资金拨付、政府采购支持等政策手段，积极构建部门间合作与激励相容机制，搭建较完备的部门数据开放共享平台。

财政管理过程中积极引入先进数字技术，提高支持信息搜集、传输、处理、分析、决策的硬件性能，并从思想变革、机制改革、目标管理等方面，着力强化预算监管效力，完善预算绩效管理模式。

五、完善适应数字经济发展的税收政策

现有的税收政策对促进数字经济发展发挥的作用十分有限，我国有数字经济发展的庞大市场和深厚基础，未来发展潜力巨大，在未来发展中应进一步加大政策支持力度，为数字经济发展创造良好的税收环境。

（一）加强顶层设计，促进税制简化

从顶层设计的角度来说，我国目前的税制是以流转税（间接税）为主、所得税（直接税）为辅，征税环节大多集中在生产环节和流通环节，再通过商品的流转转嫁到消费者的身上。而数字经济的发展使得生产领域和流通领域的经济活动更加复杂和多变，在这种趋势下，与其用更加复杂的税制解决问题，不如用简单的税制解决复杂的问题，通过对分配环节和消费环节征税，可以更加直接地确定征税对象和纳税人，也可以避免重复征税的问题。

（二）完善数字产业税收政策

在数字经济中，数字技术创新已经成为其发展的核心驱动力，也使得产业分工越来越细化，越来越多的企业专门从事技术支持业务，若他们没有与之相关的技术开发业务，就不能享受税收优惠；另一方面，随着数字经济的发展，产业融合已经成为推动其发展的主引擎，数字经济已经加速向传统产业渗透，传统产业也开始进行数字化转型，但目前的税收政策并没有体现出在这方面的支持力度。

增强税收政策的针对性。不同于农业经济时代的土地和工业经济时代的技术、资本，数字经济时代的关键生产要素是数据。首先，在制定税收政策时应充分考虑到数据的特殊性，尽可能将企业获取数据、利用数据产生的收益和成本予以量化，增加数据生产要素在计算应纳税所得额时的抵扣项。其次，加大数字经济基础设施建设的优惠力度，更新《公共基础设施项目企业所得税优惠目录》，将数字经济基础设施建设纳入其中。再次，考虑到产业融合在数字经济发展中的重要作用，应加大传统产业利用数字技术进行产业数字化改造的税收优惠力度。

扩大税收优惠政策的辐射范围。现有税收政策的认定标准将很多应用数字技术的传统企业和一些新兴的平台类企业拒之门外，要想充分发挥税收政策对数字经济的引导作用，就要将所有应用数字技术的企业纳入到优惠范围，将现有的标准认定为主的优惠政策转变为抵扣和减免为主的优惠政策，即无论行业领域或企业性质，只要应用数字经济从事数字产业化或产业数字化相关的业务，就可以享受减免应纳税所得额、抵扣相关费用、优惠税率等税收优惠政策，创新与研发不再局限于某一类型或某一行业的企业，使得税收政策更具有普遍性和实效性。另外，可针对数字经济产生的新型平台化组织形式制定相应的认定标准，如平台类高新技术企业、平台类软件企业等，放宽其认定标准和条件，让更多的企业享受到税收优惠。也有学者提出建立"数字企业"认定标准，从数字技术应用、数字化模式占比等角度界定"数字企业"，一方面可以制定特定的税收优惠政策，另一方面也加强了统一指导和管理。

（三）完善数字人才税收政策

以税收政策为保障，加强数字技术人才的引进和培养。随着数字经济的发展，人才需求的结构也发生了重大变化，"数字人才"的缺口进一步加大，尤其是在人工智能、大数据分析等技能领域，随着产业数字化的不断发展，跨学科的复合型人才更是供不应求。税收政策可以引导人才流动，促进企业培养"数字人才"，一方面，加大企业对人才培养和引进的抵扣力度，如对企业发生的职工教育经费和引进人才经费进行全额抵扣；另一方面，加快个人所得税综合税制改革，增加数字技能培训的专项抵扣，加大对科技成果转化的个税优惠力度，提高数字人才的有效收入，吸引人才向数字经济领域流动，为其发展提供人才保障。

（四）调整数字财税利益格局和分享机制

我国的税收征管制度主要以属地管理原则为主，而数字经济的发展使得生产要素的归属地难以辨认，价值链也从链条式往网络化发展。以增值税为例，作为中央、地方共享税，数字经济使得税收的监管和税收收入的分配变得复杂，研发地、生产地、营业机构、发票开具地、消费地等相分离，属地原则难以适用，"营改增"后中央地方分享比例的调整更加剧了这一问题的严重性。

当前，以消费目的地为主的税收征收模式日益被众多国家接受，这一做法对于数字经济下我国调整财税利益格局和分享机制具有重要借鉴意义。在中央地方财政关系调整中，不仅要考虑数字经济的影响，优化财税政策，使之与数字经济产品形态和价值链条流转更加匹配，研究更好地分配数字经济相关的财税收入；而且还要考虑在围绕主要城市圈进行城市格局优化过程中，如何加强财税利益机制的引导。在优化地方税体系建设中，可以适时考虑在电子商务、数字化产品和服务等重点领域，探索税收收入归属地消费地原则。这样既不会对现有财税利益格局造成太大冲击，又能够形成助力城市化发展的财税新动力。

（五）税收征管方式的数字化变革

数字经济发展的隐蔽化和交易方式的多样性为税收征管带来了一定的困难，但同时数字信息和数据也可以服务于税收征管。税务机关可以利用数字经济平台与企业、其他监管部门进行信息互换，可以利用网络化交易形式推广电子发票，改变传统的"以票控税"的征管模式，借助大数据进行涉税数据的归集处理和分析利用，有针对性地开展税收征管，提高税收征管水平。另一方面，可以通过国际间的合作解决信息不对称的问题，积极和其他国家及组织进行双边或多边的税收协定磋商，解决数字经济带来的跨国税收征管问题。

（六）加强数字经济税收的国际协调

可以预见，数字经济必然会带来全球经济治理规则的调整，加剧各国围绕产业政策、税收主权和利益分配等的新一轮博弈角力。税收征管制度逻辑及整体税收规则的重构不能脱离多边协商合作，税制不应该也绝不能演化为阻碍科技创新和数字化发展之藩篱。为应对数字经济的挑战，实现经济活动发生地和价值创造地参与数字企业利润分配的目标，着眼于税收中性和税收公平等原则，OECD等国际组织及域外国家进行了诸多尝试和努力。作为负责任的发展中大国，中国需要积极参与表达利益诉求并提升话语权。

随着"走出去"战略和"一带一路"倡议的实施，在国际共识未达成前，中国的数字企业将可能面临海外各国的单边临时性税收措施，需要及早筹划应对，避免遭遇无利润征税甚至双重征税之困局。建议我国借鉴OECD预约定价给予确定性的方法和成本加成核定行业利润的双边安全港规则，与投资国分别签订税收合作备忘录，相应地，国内立法宜借鉴美国全球最低税的制度设计，对于汇回本国的国外利润给予减计应税收入或列入成本的税收优惠。

税收规则的重构则应斟酌其是否会加剧税务机关税收征管和跨国数字企业税收遵从的负担。基于这一前提，作为国内法临时性措施，谨慎改革既有常设机构的认定规则、间接税征管模式等是可供选择的路径；在处理无国籍收入、重新确定来源国税权方面，可考虑把跨国数字企业转移至避税地的利润作为特许权使用费征收预提所得税。

六、发挥财税金融政策的协同效应

发挥政府性投资基金引导和撬动作用，建立对数字经济发展重点领域、重大项目、重大工程、重大技术、重大应用等引投和跟投机制，创新股权投资、贷款贴息、事前审核事后补助等多元化投入机制，降低初创企业融资成本。开展知识产权和数据资产等无形资产抵押贷款，支持金融机构开展以知识产权为抵押物的信贷业务。鼓励数字经济中小企业在"新三板"等股权交易中心挂牌融资，支持符合条件的数字经济企业通过发行企业债券、公司债券、非金融企业债务融资工具等方式扩大融资。

一是中央财政可通过建立数字产业融资担保平台等形式，支持数字经济领域的企业在传统金融机构融资，对企业提供融资担保的公司给予某种形式的财政支持，提高融资担保机构的风险承受能力，推动政府、民间资本、企业法人共同建立多层次融资担保与再担保体系。

二是地方财政可以牵头设立数字经济产业基金，引导社会资本广泛参与，形成盈利共享、风险共担的合作机制，为推动数字经济发展和产业数字化转型提供保障。同时，建立完善数字产业的投资风险补偿机制和风险退出机制，可以通过直接设立风险投资基金或对风险投资基金进行补贴、注资等方式加强对数字产业风险投资的支持引导。

作者简介：黄波涛，北京国家会计学院副教授。

支持青海培育发展数字经济
财税政策研究

桥嗣佳

近年来，我国数字经济发展十分迅速，规模从"十三五"初期的 11 万亿元增长到 2019 年的 35.8 万亿元，占国内生产总值的比重达 36.2%，对国内生产总值贡献率达 67.7%。数字经济是未来经济高质量发展的一个重要方向，"十四五规划建议"针对"加快数字化发展"作出全面部署，要求"推进数字产业化和产业数字化，推动数字经济和实体经济深度融合，打造具有国际竞争力的数字产业集群"。数字经济对于助推"双循环"、实现高质量发展的重要性不言而喻。

2021 年正值"十四五"开局之年，是高质量发展的关键时期，把握数字经济战略机遇，抢占数字经济发展的制高点，不仅有利于进一步促进青海经济高质量发展，更有利于推动青海省经济转型升级，谱写新时代追赶超越新篇章。与此同时，数字经济发展过程中也出现了平台滥用市场支配地位、妨碍公平竞争、扰乱市场秩序等行为，甚至利用现行制度缺陷冲击税收公平，这将在很大程度上阻碍数字经济长远、健康发展。因此，制定、出台合适的财税政策以支持数字经济发展，同时对其不合理行为进行规范成为迫切需要研究的重要问题。本项目通过调研青海省数字经济发展现状，结合对已有研究的梳理，提出了在体制机制、发展基础、要素投入以及人才储备几方面制约青海数字经济发展的瓶颈问题，并尝试探索针对性的财税政策建议，以期为青海数字经济的健康发展提供有益参考。

一、发展数字经济的时代背景

（一）数字经济已成为高质量发展的新动能

在新一轮信息革命的推动下，云计算、物联网、移动互联网、大数据、人工智能 (AI)、区块链、AR / VR 等新一代信息技术不断涌现，下一代网络基础设施加速布局，传统产业数字化改造步伐加快。这不仅推动了政治经济领域的变革，而且触发了人类生活方式和思维方式的改变，将人类社会引领至"数字经济"时代。从全球范围看，数字经济和实体经济深度融合的趋势越来越明显，线上线下空间的有机互动、融合发展不断深化，数字经济已成为引领全球经济发展的重要驱动力。《中国新经济发展报告 2020》指出，数字经济成为我国国民经济高质量发展的新动能，数字经济增加值规模由 2005 年的 2.6 万亿元增加到 2019 年的 35.8 万亿元。与此同时，数字经济在国内生产总值中所占的比重逐年提升，由 2005 年的 14.2% 提升至 2019 年的 36.2%。数字经济对经济增长的贡献不断增加。2014—2019 年，数字经济对于经济增长的贡献率均在 50% 以上，其中 2019 年数字经济对经济增长的贡献率为 67.7%。

（二）数字经济已成为双循环发展新格局的驱动力

当前国际纷繁复杂，国内经济处于三期叠加的关键时期。如何加快形成以国内循环为主体、国内国际双循环相互促进的新发展格局是当前我国经济面临的重大课题。数字经济的独特优势可以与实体经济在更大范围、更宽领域、更深层次融合，催生更多新生产方式、新产业形态、新商业模式和新经济增长点，大幅度提升我国传统产业的组织能力和生产效率，加速了传统产业的变革与转型。数字经济的驱动作用主要体现在如下几方面：第一，根据市场的实时需求减少无效供给，优化资源配置，提升传统产业经营和组织效率。第二，扩大需求市场边界，拓展传统产业的长尾市场及消费空间。通过发展新消费模式提升服务质量从而达到挖掘传统消费的目的。第三，数字经济使传统市场的供需关系朝着更高质量的供需平衡发展。在新技术的推动下，个性化服务、定制化服务可更好地满足消费者多样化需求，也促使消费者需求由生存型提升到品质型，进而实现高质量的市场供需均衡发展。

（三）数字经济已成为数字化政府治理的新抓手

数字技术的发展也给政府治理能力带来了深刻变革，尤其是大数据和云计算技术的运用可以精准识别人民诉求。通过数据共享打破"信息孤岛"，构建及时准确的政务信息披露机制。支撑政府科学决策，提升政府现代治理能力。应用数字技术对政府工作和政务事项进行流程再造，推动传统工作模式的数字化转型，提升工作效率，深化政府自身改革，真正实现利企便民，提升人民福祉。数字技术的应用既可以推进"放管服"改革向纵深发展，又为政府科学决策提供支撑，提升政府现代治理能力。

二、青海数字经济发展现状

（一）基本情况

党的十八大以来，党中央顺应大势，作出建设"数字中国"的战略决策。青海省委省政府把握数字经济发展新机遇，全省上下认真贯彻落实省委省政府促进数字经济发展的意见精神，围绕深入实施"一优两高"战略、助力"五个示范省"建设，以"四种经济形态"引领产业结构转型升级总体要求，结合青海省实际，从顶层设计、产业培育、数字治理、营商环境等多领域协同发力，积极推动数字技术与经济社会各领域的深度融合应用。有关数据显示，2020年，青海省数字经济规模达到739.64亿元，占青海省生产总值的比重为24.61%。产业数字化水平不断提升，数字产业体系逐步培育壮大，数字化治理能力全面增强。截至2021年9月底，全省网上零售额达到136.9亿元，同比增长92.6%；规模以上计算机通信和其他电子设备制造业收入55.3亿元，同比增长120.7%；电信业务收入达到47.03亿元，同比增长12.1%。

（二）体制机制逐步完善

在省数字经济协调推进领导小组统筹推动下，各地各部门主动作为、狠抓落实，协同推进数字经济发展工作。省工信厅为落实省委省政府提出的"整合相关部门职能，实施数字经济战略，推动数字政府建设"的要求，学习借鉴发达省市经验做法，结合青海省实际，会同省委省政府相关部门研究提出了完善和优化数字经济管理体制机制的建议方案。各市州积极建立健全数字经济发展工作管理机制，先后组建成立数字经济（大数据）服务管理机构，统筹推进本地区数字经济（大数据）发展工作。各市州结合发展实际，聚焦数字经济发展重点领域，相继出台促进数字经济发展配套措施，明确目标任务，强化责任分工，确保各项政策落地落实。省发展改革委等部门结合工作职能，先后研究出台了一系列促进数字经济发展的具体政策措施。省工信厅牵头研究制定数字经济三年行动方案，明确了今后一段时期数字经济的发展方向、目标任务和工作重点；会同省统计局研究提出了我省数字经济统计指标体系；研究编制了《青海省软件产业园规划》《青海省大数据产业园规划》；制定印发《青海省人工智能和实体经济深度融合的实施意见》；会同省通管局研究出台《关于加快推进5G产业发展的实施意见》和《关于进一步支持

5G 网络建设的若干措施》，加大 5G 建设支持力度。省财政厅安排专项资金支持数字经济发展和重点项目建设。全省促进数字经济发展政策保障体系进一步建立健全。

（三）基础设施不断夯实

为抢抓新基建机遇，筑牢数字经济发展基础，各地各部门与电信运营企业多级联动、紧密协作，统筹推进通信基础设施建设。一是西宁国际互联网数据专用通道获批建设。我省首台根镜像服务器获批部署并上线运行，极大缩短根解析流量绕转时延；二是移动网络覆盖率持续提升。截至 2020 年底，全省移动通信基站达到 6 万个，较"十二五"末增长 123.2%。4G 信号实现行政村以上全覆盖。截至今年 3 月底，全省 5G 基站达到 3340 个，基本实现各市州城区 5G 网络覆盖，5G 终端用户达到 135.6 万户。5G 基站数全国位列第 30 位，增速位列第 24 位。三是骨干网综合承载能力显著增强，光缆线路长度、互联网出口带宽大幅增长，分别达到 37.6 万公里、6000Gbps。四是工业互联网标识解析综合型二级节点（青海）上线运行，标识解析量率先在食品行业实现零的突破。盐湖工业"基于盐湖工业互联网的钾盐生产工艺优化解决方案"、青海绿能数据有限公司"基于工业互联网的新能源行业数字化转型升级解决方案"入围全国 20 个优秀工业互联网解决方案，晋级第二届工业互联网大赛全国总决赛，并分别荣获领军组二等奖、新锐组三等奖。工业互联网安全态势感知平台加快建设，资源集聚、开放共享、高效协同的工业互联网生态系统加快构建。

（四）数字产业初具规模

依托青海省清洁能源丰富、气候冷凉干燥等优势，积极推动大数据及电子专用材料等产业加速布局发展。电信运营商大数据中心和海南州大数据产业园（一期）项目等相继建成投运，全省大数据产业呈现集聚发展态势。目前，全省已建成的各类大数据中心机架达到9900余个，在建及规划建设机架数超过1万个。全省数据中心能效水平进一步提升，在建数据中心平均设计PUE值为1.31，低于全国平均水平。省工信厅研究出台支持通信基站数据中心参与电力直接交易相关政策，降低大数据中心运营成本。省发展改革委研究起草了《加快构建一体化大数据中心协同创新体系的实施方案》，优化数据中心基础设施建设布局，推动大数据产业健康有序发展。各地各部门和园区发挥自身优势，积极布局发展数字经济相关产业。中国电信青海新型大数据中心、北京易华录数据湖等项目正在筹备建设；青海农林牧商品交易中心建成试运行，集聚省内企业200余家，上线商品1万余件。海东旭格光电等6家光电企业入驻乐都工业园。青海拉面数字化平台启动建设；海南云谷大数据、洛藏数码、东山恒智等一批骨干企业快速发展，在大数据产业、藏文信息、智慧城市建设等领域取得多项突破；西宁经济开发区电子专用材料等产业初具规模，已形成电解铜箔2.5万吨、电子级多晶硅3300吨等产能规模；全省规模以上计算机、通信和其他电子设备制造业收入，信息传输、软件和信息技术服务业营业收入分别达到36.52亿元、69.08亿元，同比增长24.85%、13.53%。全省数字经济产业发展基础不断夯实。

（五）数字化治理有效提升

全省基本建成涵盖互联网、电子政务外（专）网、部门行业专网和电子政务内网的电子政务网络体系。省直各部门不断优化线上服务系统，完善平台建设，政务服务数字化水平不断提升。省发展改革委、省政务服务监管局等部门相继启动建设了青海省投资项目在线审批监管平台（二期）等行业领域重点项目，部分行业数据实现与国家平台的互联互通与对接共享。省工信厅优化提升政务服务，积极构建政务服务一体化平台，建成工业运行监测平台、国资国企在线监管系统，有效提升全省工业经济、国有企业及重点中小微企业运行监测能力。各市州积极推动数字技术与政务服务的多领域融合应用，有效提升政务服务效能和水平。

新冠疫情发生以来，数字技术在强化疫情监测分析、病毒溯源、防控救治、资源调配、复工复产等方面发挥了重要作用。省工信厅组织企业开发复工复产、疫情防控管理等四大类多应用的信息化系统平台，以信息技术赋能重点工作提档升级、降本增效。省政务服务监管局等部门在疫情防控工作中，积极推行"网上申请、后台审批、快递送达"工作模式，让数据多跑路、群众少跑腿，推进政务服务便民化。

（六）产业数字化进程加快

各地各部门积极推动"数字青海"建设，以数字技术促进产业数字化升级。省工信厅研究出台《推动企业上云用云行动方案》，协调对接省内云服务提供商，加快企业上云步伐，上云企业达到2852家。扎实推进两化融合管理体系贯标试点工作，培育试点示范企业16户。省农业农村厅等部门加快建设"互联网"高原特色智慧农牧业大数据平台、牦牛藏羊原产地追溯管理等线上平台。建成涵盖省市县三级管理的全省重要产品追溯信息管理平台，向国家平台报送追溯数据117万余条。省粮食局、省医保局等部门重点推进青稞和牛羊肉交易中心、1688线上消费扶贫平台和全省医疗保障信息等线上平台建设。在各地各部门的共同推动下，"数字青海"建设取得了显著成效，数字经济规模持续增大，数字经济造福民生的作用不断凸显。

（七）发展环境持续优化

相关部门切实发挥职能作用，加快数字技术与政务服务融合应用，着力推动优化营商环境。省工信厅在抓实抓细疫情防控的前提下，成功举办第二十一届青洽会，特别是首次举办"云上青洽会"，打造"零距离""无接触"互联互通云平台，直播在线浏览量超 1600 万人次，青洽会品牌影响力和知名度显著提升。省税务局实现 87% 以上主要涉税服务事项网上办理，实现非接触式办税事项 185 项，发票不见面服务比例提升至 92%。省商务厅、西宁海关积极推进西宁和海东跨境电子商务综合试验区建设。全省县乡村三级电商服务体系基本建成，累计实现网络交易额 7.9 亿元，农产品上行 4 亿元。省地方金融监管局等部门着力提升数字金融服务水平，省内银行基本实现物理网点智能服务全覆盖。

（八）重点工作有序推进

各地各部门围绕加快构建"1119"数字经济发展促进体系，持续推进相关领域重点工作，并取得了显著成效。省工信厅学习借鉴外省市经验做法，引进京东云和金蝶天燕云与青海国投共同出资组建了青海数字经济发展集团有限公司。同时，积极筹建青海省数字经济发展多功能综合展示运行中心，正在开展项目建设招标前期工作。省生态环境厅等部门立足"国家公园"示范省建设，先后启动青海省生态环境监测大数据平台、国家公园生态监测大数据中心等项目。省科技厅、省工信厅、省财政厅等部门安排财政专项资金，支持工业互联网、大数据应用、数字化转型升级、互联网与民族文化相融合等重点领域项目建设。经过全省上下共同努力，数字经济发展环境不断优化，发展活力不断释放，为全省经济高质量发展注入了新动能。

三、存在的主要问题

（一）体制机制有待完善

尽管青海省在数字经济发展浪潮下迅速把握趋势，积极主动谋篇布局，但值得注意的是，青海省现有数字经济管理机构设置、力量配备与工作职能匹配程度不高，这导致在实际的数字经济发展过程中统筹协调、督导落实难度较大。具体而言，一方面，青海参与数字经济的政府部门和社团组织已有十几个，但尚未形成整体合力，缺乏长远的规划，数字经济发展重点方向和路径仍不明确，仅由网信部门统筹协调全省数字经济发展的力度不够，这样的发展体制导致了青海省数字经济发展水平后劲不足。另一方面，支持青海省数字经济发展的具体机制仍然存在一些明显的堵点。数字经济需要大量的资本和技术支持。在发展机制建设方面，青海省数字经济面临较大的挑战，一方面，全省的社会融资对于数字经济的支持相对有限，亟须积极倡导和刺激社会资本进入数字经济领域。这就需要政府建立针对数字经济企业给予有力的刺激措施，从而帮助数字经济企业的生产函数进行积极改变；另一方面，数字经济行业作为技术密集型行业，需要大量的人才投入。对于西部地区而言，如何通过更精准的机制设计使得人才流向青海数字经济产业，也是当前机制设计的一个盲点。这些问题提示我们，财税政策的支持对于数字经济发展至关重要，只有通过合理的财税政策引导打通这些机制的堵点和盲点，才能有效引导资金流和人才流，保障青海省数字经济的平稳持续发展。

（二）发展基础较为薄弱

当前，青海省发展数字经济的基础还较为薄弱。具体体现在以下几个方面。第一，数字经济的发展在一定程度上需要传统产业的赋能。然而，青海省当前传统产业企业对于数字技术的重要性认识不足，相应资金的投入不足，积极性不高。这导致数字经济发展与传统产业没有能够有效实现对接，在一定程度上限制了数字经济未来的发展。需要通过政策引导提高传统企业对于应用数字技术提高生产率重要性的认识。第二，当前青海省数字经济领域缺乏具备核心竞争力的市场主体和龙头企业。数字经济作为资本密集型产业，具有强烈的规模效应特点。培育龙头企业对于青海省数字经济发展具有重要的带动作用，由龙头企业发展数字经济产业链，从而形成有效的同群效应，这是数字经济发展的重要基础，能够培育出具备核心竞争力的市场主体和龙头企业是数字经济发展水平的衡量指标之一。当前，青海虽有众多的互联网、软件开发等本土数字经济核心企业，但规模均相对较小，"独角兽"企业不足，骨干龙头企业不足，更多的企业仍处于创业成长期，而且骨干企业和产业园区的支撑带动作用明显不足。这是当前青海数字经济发展的重要制约。第三，数字经济产业的发展需要大量的技术支持，不仅需要引导人才流向青海数字经济产业相关领域，还需要不断加强合作，启发创新。其中一个关键的问题是通过"产学研"机制来引导人才的流入和技术的创新。然而一个值得注意的问题是，当前青海省内的科研院所较少，省内数字经济人才储备不足，科研院所的研发和创新支持也存在严重不足。这直接导致了青海省开展数字经济研究的基础条件相对薄弱，需要通过政策激励数字经济相关产业在产学研用各环节协作，形成良好的人才储备和人才生成机制，为青海省数字经济发展提供持续动力。

（三）要素供给保障存在短板

数字经济产业的发展需要大量的要素支持。目前制约青海省大数据产业发展用电、用地等要素保障不足等问题较为突出，大数据产业和 5G 发展受限明显。尽管相关政策已经有倾向于支持数字经济相关产业园区的发展，但是配套的用电和资金价格支持仍然令青海省内大部分的数字经济产业相关企业难以承受。全省支持数字经济发展的财政资金投入十分有限，无法形成有效的政策引导带动效应。由于要素供给保障不足带来的高昂成本也成了制约青海省数字经济产业发展的一个重要方面。如何综合利用各项政策手段，打通体制机制引导要素成本在数字经济产业领域的降低，给予数字产业相关企业发展动力的支持，保障相关企业合理的利润空间，是未来要解决的关键问题。

（四）人才瓶颈制约发展

对于数字经济产业而言，人才是所有生产要素中最关键的一环。数字产业既是资本密集型产业，又是技术密集型产业。只有高质量的人才保障才能有效支持数字经济的高质量发展。然而，对于青海省而言，由于长期的产业路径依赖，导致数字经济领域的人才匮乏，在人才储备方面存在竞争劣势。这影响了数字经济发展重点任务推进的质量效率。一个值得关注的典型现象是，当前青海省数字经济的发展，产生了巨大的数字人才缺口。数据分析师、数据设计师、人机交互工程师等专业数字人才不足的问题已经影响到青海省产业数字化转型进程。一方面，人才瓶颈制约了现有数字经济产业企业的良性发展，导致现有企业在科研水平发展和技术更新方面存在明显的后劲不足，无法在市场竞争中形成核心的优势；另一方面，人才储备不足、相关人才流失的问题进一步影响了社会资本投向青海数字经济领域的热度，数字经济产业规模无法进一步扩大进而无法形成有效的规模优势。阻碍了青海省数字经济产业的良性发展循环。因此，如何促使数字经济领域的技术人才能够真正流向青海、留在青海、发展青海，是当前政策攻克的一个重点问题。

（五）税收征管的新挑战

数字经济的发展也会产生新的问题，其中一个典型问题是数字经济发展带来的税收征管挑战。疫情下的经济增速放缓对于税收提出了更大的挑战，如何保障数字经济产业相关企业税收的合理精细化操作，真正做到向征管要空间是维护青海省数字经济良好持续发展的关键问题。相较于迅猛发展的数字经济，传统的税收规则和税收制度已显陈旧，无法有效应对在利润来源提供数字服务而没有传统常设机构实际存在的商业模式，难以保障市场的征税权及税收利益，也未能基于数据的价值和功能，发现并承认用户在数字企业价值创造中的巨大作用。为此，在税收征管活动中，应当顺应"智慧税务"的趋势，实行"以数治税"提升税收治理效能。具体而言，在税收数据采集的基础上，将数字技术应用于税收征管领域是一个可行的思路，通过建立"智慧税务平台"拓展税收大数据的应用场景，找准切入点积极参与税收征管数字化升级和智能化改造，从而使得现代税收征管手段与数字经济发展水平得到相应的匹配。通过税收征管能力和技术的提高，对青海省数字经济产业进行有效的监督和管理，避免恶性无序竞争情况的产生，从长期来看是构建青海省数字经济产业竞争力的重要方面。

四、相应的财税建议

青海培育发展数字经济财税政策的对策建议。由前文分析可知，当前制约青海省数字经济发展的主要问题包括体制机制、发展基础、要素供给、人才瓶颈和税收征管几个方面，对此，本部分进一步从财税政策角度尝试进行整体财税制度创新的设计，在此基础上进一步提出有针对性的财税政策建议。这样的设计一方面能够从顶层设计视角分析财税政策对青海省数字经济支持的体制机制建设，另一方面能够针对目前制约青海省数字经济发展的堵点和盲点进行针对性的政策疏通与疏导，畅通整个政策回路，提升财税政策效果。

（一）整体建议框架

从财税政策的整体顶层设计来看，我们主要从直接和间接两个渠道构建政策框架。通过直接和间接财税政策机制共同发力，形成合力，畅通财税政策促进青海省数字经济发展的体制机制，积极创新税收征管手段、优化税收征管环节，为青海省数字经济发展提供良好的财税环境。促进数字经济发展的两类政策：一是以财政支出引导和税收优惠激励为主的支持政策，直接促进；二是改革税制、优化征管以规范数字经济发展的政策，间接促进。因此，本报告在充分考虑青海省数字经济发展阶段的基础上，结合国内外相关财税政策实践构建直接促进与间接促进相结合的财税政策体系以支持青海数字经济的发展（如图1所示）。具体而言，以财政支出和税收优惠激励为主的直接支持性政策主要应该聚焦于以下几点：一是针对体制机制的疏通，需要重新梳理促进青海省数字经济发展的职责部门，确定核心主持工作的机构，对区域内的数字经济企业在发展过程中遇到的实际问题进行调研分析，提炼共性重点问题。并与财税部门进行商讨，从定向财税优惠、财政补贴角度针对有困难的数字经济企业和重点培育的数字经济企业给予政策支持，降低企业经营成本，改善企业经营函数从而给青海省数字经济发展的培育提供较为直接的帮助。二是针对青海省数字经济人才储备不足的问题，财税政策也应该提前布局，讨论对于数字经济人才的支持方案，争取给予关键岗位的数字经济人才在财政补贴上的定向支持，通过积极的补贴政策引导人才流向青海的数字经济企业，持续为青海数字经济产业提供人才支持。

以财政支出和税收优惠激励为主的间接支持性政策主要应该聚焦于以下几点。第一，税收方面，青海省税务部门应该积极把数字经济技术应用于征管中，特别是针对数字经济企业的特点进行税收规划，对数字经济企业进行合理和科学的征管。第二，积极主动探索税制改革，通过对数字经济企业的调研把握数字经济产业发展的规律和特征，针对这些规律和特征进行有益的税制改革探索，不仅为青海省数字经济产业发展提供支持，也为全国数字经济产业税制创新提供了有益思路和实际探索。

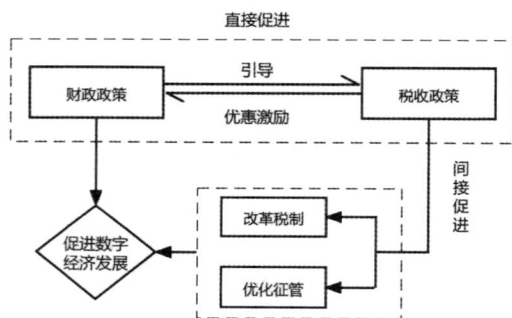

图 4-1　整体建议框架

（二）针对性对策建议

1.完善体制机制的对策建议

完善体制机制，打通政策回路是提升财税政策支持青海省数字经济发展的关键顶层设计，本部分从财政政策和税收政策两个层面分析体制机制建设中的关键节点。从协调数字经济发展建立经济统计与监测平台、建立数字监管保护平台、健全税收征收机制几个方面展开分析。

（1）财政政策

调研是政策制定的先决条件，"没有调研就没有发言权"。能否科学准确地对青海省数字经济发展的实际水平进行测度和评估是财税政策支持青海数字经济发展的重要保障。为此，在青海省数字经济协调发展方面，建议运用财政资金筹备组建相应的经济统计与监测平台，实时对数字经济的发展进行监测统计，避免统计滞后等问题，防止政策的制定与实际情况脱节，导致政策效果打折。经济统计与监测平台的探索适合青海省数字经济发展的监测体系和评估机制，以便更好地开展数字经济发展工作。

监管对于青海省数字经济发展有着至关重要的作用。尤其是在政策支持和情形下，特别需要的是防止受支持企业出现道德风险问题，因此监管在支持青海省数字经济持续良性发展方面具有举足轻重的作用。为此，在监管方面，财政资金拨款推动数字监管保护平台建立，完善网络空间法治安全。各级政府统筹整合信息化建设、电子政府等财政资金，设立"数字政府"资金，集中支持电子政务、大数据应用、数字监管平台等重点项目。完善数字中国法治体系，加大对技术专利、数字版权、数字产品内容、个人隐私的保护。财政资金支持数字监管保护平台的建立，一方面能够有助于更好地为数字经济发展提供有力的公共服务支持，为青海省数字经济发展的战略性布局提供支持，实现对青海省数字经济发展的保护；另外一方面，监管平台的建立能够对青海省内的数字经济企业有效监管，防止受资助企业在获得财政支持和税收优惠后产生道德风险问题，从而提升税收和财政政策支持的效果，确保青海省数字经济产业有充足的发展基础和良好的发展环境。

（2）税收政策

税收政策的支持对于青海省数字经济的发展也具有重要的意义。税收对于企业而言，会直接影响企业的成本，进而影响企业的生产函数，决定企业未来的经营发展；另一方面，税收是财政资金的重要来源和补充，只有合理的税收才能保障财政资金储备的安全，确保政府政策执行有稳定的收入保障。具体而言，一方面，税收政策方面，青海省一方面要建立合理的税收征收机制，健全完善现代税收管理模式，充分利用大数据为税务部门开展数字化税务征收提供便利和支持，以提升数字平台的工作效率。通过数字技术的运用创新税收征收机制，提高税收服务的效率和质量，更好地服务于青海省数字经济的发展。另一方面，数字经济的快速发展，对税收征管机制提出了新的要求。数字经济产业在经营和营收方面有其特点，这对税收征管提出了新的挑战。对数字经济产业的税务如何征收，确保合理的税收征管空间，对税收征管进行科学的优化是一个关键问题。为此，税务机关需要坚持税收法定原则，将数字经济纳入征税范围，明确征税形式和应收税额。一个值得注意的问题是，在实际操作中，针对数字经济产业的税收优惠政策制定必须要考虑到数据生产要素的特殊性、数据获取成本等特点进行税收征管的政策制定，保障针对数字经济产业的税收征管的科学性、合理性和公平性。

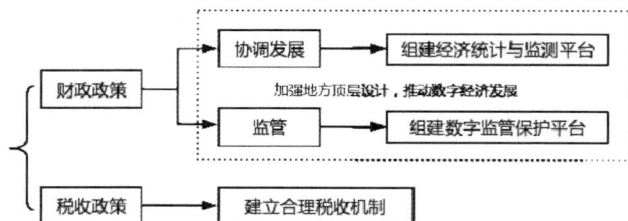

图 4-2　完善体制机制的财税政策

2.夯实发展基础的对策建议

青海省数字经济发展基础建设是财税政策支持的关键问题，本部分主要从财政和税收两个方面对财税政策支持数字产业园区、设立专项支持资金、制定税收优惠等角度进行分析。

（1）财政政策

财政政策能够直接发挥引领作用，主要通过专项资金的支持为数字经济产业相关企业提供及时的支持，补齐青海省数字经济发展基础的短板，并从长期释放政策信号，引导数字经济相关产业在青海省的战略布局。具体可以从以下几个方面入手：

财政资金可用于推动数字产业园区的发展。一方面，数字产业园区的建立能够快速地帮助青海省建立相对完善的数字产业链条，快速补足基础数字经济产业基础设施的不足，提供配套供应，给予园区企业优惠的贷款利率和财政补贴，能够促进企业生产函数的改变，有效扩大政策受益面；另一方面，数字产业园区的建立还有助于形成有效的聚集效应，促进企业间的技术交流和共同进步。产业园区的建立有利于对青海省数字企业的有效监管与管理，通过产业园区的形式使得青海省数字经济产业在空间上产生聚集，有利于集中针对园区的企业进行动态的监测和管理，提高管理效率，降低管理成本。同时，空间上的集聚效应也能够在一定程度上提高针对数字经济产业相关财税政策扶持服务的力度和效率，更好地提升相关服务的质量和效果。

财政资金可用于建立全国经济发展专项、科技创新发展战略专项资金等专项资金，争取国家重大科技专项支撑计划专项资金支持。通过财政专项资金的直接支持，帮助青海省急需和紧缺的基础性数字经济产业实现短期内的突破。对于财政专项资金支持的探索，山东省通过设立"创新券"优惠制度，将科技型中小企业接受科技服务所产生的费用纳入省科技"创新券"补助范围，为财政专项资金支持方式提供了良好的模板。为此，青海省也可以通过创设特定的优惠制度，给予发展势头较好的企业一定的政府补贴，促进企业发展。不仅可以考虑"创新券"的设立方式，还可以通过各种创新的融资工具给予数字经济企业专项财政补贴。通过多种形式的创新型财政专项资金设立能够为不同生命周期的数字经济产业企业提供资金支持，维护青海数字经济产业在长期能够健康持续发展。此外，青海省还可以在政策框架内积极探索尝试，通过放宽数字技术领域外资市场准入条件为企业开展对外投资、境外研发等生产经营活动提供财政资金补贴，尽快使传统产业在数字技术方面快速发展，通过引入外资来吸收一部分先进的技术和管理经验，快速复制成果经验，从而形成一定的市场规模，带动整体青海省数字经济产业发展。

（2）税收政策

税收对于补足数字产业基础行业具有重要的意义，通过为数字经济企业量身定制税收优惠，改变成本函数，不仅能够帮助已有企业持续平稳发展，还能够形成示范效应，引导相关数字经济基础性企业进入。对于企业而言，目前来说，数字企业普遍享受高新企业通用优惠政策。为了更好地促进不同类型的企业发展数字经济，可以针对不同的数字经济企业出台对应的税收优惠政策，创新减免和抵扣的方式，更加精确地促进数字企业的发展。特别地，对于企业在海外设立研发中心给予相应税收优惠用于对相关研发仪器的购置等，对专门从事创新研发及相关活动的纳税人，可考虑实施公司开始经营活动前免征公司所得税，或积极支持数字经济企业申请认定高新技术企业、技术先进型服务企业，落实高新技术企业和创业投资企业税收优惠政策，研发费用加计扣除、股权激励、科研成果等各项税收优惠，以及科技企业孵化器、大学科技园、固定资产加速折旧等创新激励税收优惠政策。为了促使企业良性竞争以及市场主体和龙头企业的诞生，也可以根据企业的发展情况按时期制定不同程度的税收优惠政策，帮助处于不同生命周期的数字经济企业平滑经济不确定性带来的风险，培育企业的市场竞争力，使企业更有动力发展。

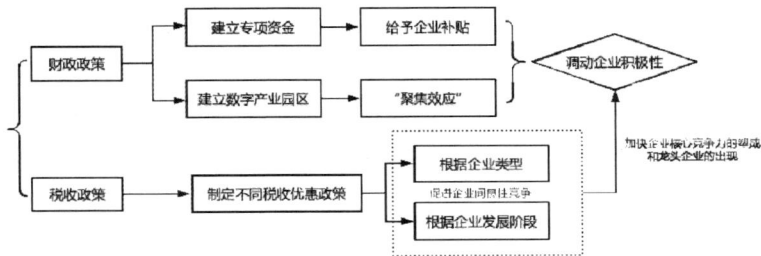

图 4-3　夯实发展基础的财税政策

3. 落实要素供给的对策建议

通过财税政策促进数字经济产业要素供给的保障是实际影响企业生产函数，影响数字经济企业经营行为的重要因素。本部分主要围绕财政政策和税收政策，从降低数字经济产业企业用电成本、保障数字经济产业企业用地、设立"数字青海建设"专项资金、加强青海自贸区建设几个重要方面进行展开。通过财税政策共同发力，引导资本市场中的社会资本积极投入青海省数字经济企业的建设，切实保障青海省数字经济发展的要素供给。

（1）财政政策

首先，数字经济产业普遍最重要的成本之一是用电成本。如何通过财政政策降低数字经济企业的用电成本是关键问题之一。一个比较直接的思路是通过财政补贴对于数字经济产业相关企业，尤其是基础性企业和龙头企业进行用电成本的补贴。通过财政补贴支持数据中心集约化、节能化建设，对符合条件的各数据中心、超算中心、通信基站等执行工商业及其他电价中的两部制电价。如数字山东用电价格在每千瓦时 0.65 元的基础上减半，通过各级财政奖补等方式降至 0.33 元左右。为此，青海省也可以根据实际用电量和产业带动作用，分级分档给予支持。可以对大数据、互联网等高新技术电力用户参与的电力市场化交易，采取不受电压等级和用电量限制的政策。将开通数字技术企业电力接入绿色通道，优先保障数字经济园区、企业和各类基础设施的电力接入，保障数字经济产业企业的用电成本和用电安全，为青海省数字经济产业的发展提供安全的电力要素供给。

土地是影响青海省数字经济产业的因素，只有保障土地供应，为数字经济企业提供稳定的办公地点和较为低廉的办公土地成本，才能帮助数字经济企业维持稳定的经营成本，保障企业长期发展中的竞争优势。为此，财政政策应该出台针对性的方案，对纳入省重点建设项目的数字经济发展建设用地优先保障。比如对数字技术企业所需工业用地的土地出让底价，可以鼓励其以租赁等多种方式供应土地，积极推行先租后让、租让结合供应土地，并设计不同的方案对不同类型的土地使用方式进行合理的补贴。通过多种方式的土地供应，保障不同需求的企业能够灵活选择适应自身发展阶段和经营状况的方案，切实降低其经营成本。此外，在国家规定标准范围内可根据土地估价结果和产业政策综合确定，逐渐打破现有技术和企业发展受限问题。

财政政策可以通过设立"数字青海建设"专项资金，大力支持数字青海建设。设立财政专项资金是财政政策支持数字经济发展的重要手段。因此，需要充分发挥财政专项资金引导作用，从全省数字经济产业谋篇布局的角度出发，主动出击，筹划财政专项资金的使用，吸引国内外高新技术企业尤其是行业龙头企业落户青海，谋划实施一批重大示范工程,创建一批示范园区、示范平台和示范企业。强化金融政策支持,鼓励金融机构创新金融服务和融资产品,对符合国家和省数字经济产业政策的项目和企业给予融资支持,支持数字经济企业通过股改、并购重组等资本方式对接资本市场,积极利用多种类多层次融资工具满足数字经济企业投融资需求。通过财政专项资金的建设吸引重点、基础性数字经济产业企业的落户和发展,并进一步引导社会资本进入青海数字经济产业领域,实现财政资金引导社会资本发展,为壮大青海数字经济产业提供助力。

数字经济产业作为技术密集型行业,需要大量的科研投入,只有保障数字经济产业的科技创新能力,才能保障企业的核心竞争力。为此,财政资金应发挥引导作用,引导青海省数字经济产业企业加强科研和创新基金投入。一方面,要通过财政政策促进市场力量参与科技研发,并按贡献分享科研成果。另一方面,青海省财政应积极争取和合理利用国家相关专项资金扶持。积极放宽数字技术领域外资市场准入条件,为企业开展对外投资、境外研发等生产经营活动提供财政资金补贴。充分发挥专项资金对相关企业、领域的引导性作用,科学布局数字产业。总体而言,需要财政资金的引导作用支持技术要素在青海省数字经济产业领域沉淀积累,通过有质量的要素积累获得数字经济产业全要素生产率的整体提升。

（2）税收政策

税收政策同样是扶持青海省数字经济产业企业降低要素成本的重要抓手。在税收政策方面,建议青海省数字经济发展重要相关部门联合发起调研与规划,形成报告提交中央,向中央争取加大对青海的财税、信贷等政策倾斜力度,将对青海提供的税收优惠力度设计得更大、更长、受益面更广一些。比如,对建设数字经济的民营企业可以设计 5 年期左右的税收优惠。通过 5 年期的税收优惠措施对青海省内民营数字经济企业进行资本要素的支持，保障数字经济产业企业拥有充足的资本要素以支持科研。此外，税收政策还应针对融资中介进行有针对性的激励。针对企业融资难这一难题，通过税收政策指导，激发民间小额贷款活力，完善信贷流程，鼓励小贷公司等非银行类金融机构发挥更大作用，使民间借贷更加规范化、合理化，从而降低中小企业民间借贷对于青海省数字经济企业的借贷资金成本，进一步推动数字经济的发展。

为了支持青海省数字经济发展，有必要尝试探索加快青海省自贸区建设。青海地处丝绸之路经济带中国—中亚—西亚经济走廊主线，在发展数字经济方面具有清洁能源充足、气候冷凉、区位特殊等优势。青海与中国（陕西）自由贸易试验区办公室签署了合作框架协议，积极融入"数字丝绸之路经济带"建设中。青海数字经济产业发展应依托这一自贸试验区合作框架协议深入发展。一方面，要通过让数字产业企业加入自贸区的形式，鼓励企业依托新型消费①拓展国际市场，推动电子商务、数字服务等企业"走出去"在市场竞争中积累经验，不断完善数字经济产业上下游企业的基础，为未来青海省数字经济产业发展蓄力。另一方面，通过建立自由贸易区的形式优化外贸发展环境，引导建立外贸专项基金，加大出口退税力度，完善出口退税分类管理，降低短期出口信用保险费率，通过这些实际的税收减免为青海省数字经济企业谋取竞争优势。此外还要强化数字经济税收征管国际合作，为"走出去"的数字经济企业提供涉税指导，降低企业"走出去"的税收负担。加强数字经济领域的国

①《国务院办公厅关于以新业态新模式引领新型消费加快发展的意见》（国办发〔2020〕32 号）和国家发展改革委等 28 部门《加快培育新型消费实施方案》（发改就业〔2021〕396 号），加快推动新型消费扩容提质。

际税收协调，完善涉税情报交换机制和相互协商机制，通过双边及多边合作提升对数字经济的税收管理水平。

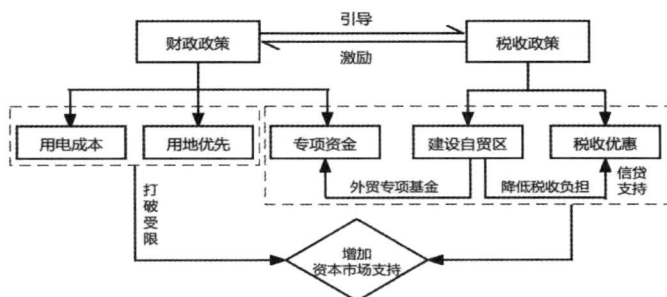

图 4-4　落实要素供给的财税政策

4.形成数字人才蓄水池的对策建议

作为技术密集型产业，数字经济产业的持续长久发展离不开丰厚的人才储备和有效的人才生成机制，如何通过财政和税收政策来引导人才流向，为青海省数字经济产业企业提供源源不断的优质人才，是未来保障青海省数字经济企业获得长期竞争优势的重要环节。本部分拟从财政政策和税收政策两个方面出发，分析引进国际数字智能人才、加强政学研融合、强化数字教育、为数字经济人才提供税收优惠等，为青海省数字经济产业的人才储备提供助力，同时能够激活青海省数字经济产业人才储备生成机制，为数字人才蓄水池提供持续动力。

（1）财政政策

财政政策支持方面，首先要考虑到通过财政补贴的倾斜引进国际数字智能人才。目前青海省数字经济企业的主要处于产业链的较低层次，如果想要升级，需要更多高技术人才支撑。鉴于目前国内数字经济产业相关人才缺乏的现状，可考虑从国外引进相关专业人才，以此来突破行业中数字经济和实体经济深度融合的瓶颈。为此，财政政策应该积极探索多种形式的"数字经济产业人才引进计划"，通过各种形式的补贴、福利等激励措施，如：例如政府对企业引进急需紧缺高层人才支付一次性租房补贴、安家费、科研启动经费等手段，从而加大人才引进力度、提高人才引进福利、注重打造高端人才社区，使国外技术人才享受到切实的福利政策，使国外技术人才能够真正扎根青海，将国外的先进技术引入青海，并帮助培育青海本地的数字经济产业人才，为人才培育提供优势条件。

第二，财政政策应该蓄力发展青海省内数字经济产业政产学研融合。产学研融合是储备技术人才的重要生成机制。在大力引入国外数字经济高端人才的基础上，青海省更应该从长远布局出发，加强国内相关专业人才的培养，优先支持省属高校设置数字类相关专业，根据数字化产业发展需求，计算人才缺口，向高等院校、科研机构等人才培养机构提出人才培养计划的建议，对新获批建设的数字类相关专业，由教育发展专项基金给予奖补。同时对新设立博士后科研工作站的数字技术企业按规定给予招收补贴，支持数字经济领域专业技术人员、经营管理人才申报非教育系统政府公派留学项目到国外访学研修，鼓励用人单位对作出突出贡献的离岸创新人才采取期权、股权和企业年金等方式进行激励。另外鼓励高校、科研机构在青海设立科研中心和创新中心，支持数字经济领域企事业单位采取挂职兼职、技术咨询、周末工程师、特岗特聘等方式引进急需紧缺高层次人才。培养数字经济发展所需的高层次创新型和应用型人才，增加人才培养资金投入同时组建数字经济发展专家咨询委和研究智库，积极开展数字化专业技能与思维的培训，为数据经济发展提供智力支撑，避免因人才流动而影响企业数字化转型进程。

第三，财政资金支持强化数字教育。数字经济人才的培育不仅要对数字经济产业企业进行支持和培育，更应该要向全省企事业单位普及数字经济重要性，认识到数字经济技术对于生产率提高的重要性，形成数字经济产业发展的良好氛围。财政资金应该支持各级党政机关、事业单位工作者开展数字经济专题培训，鼓励企业通过在线直播、视频录播等形式开展线上培训课程。将政府官员、国企管理者、民企管理者等混合进行学习交流，推动数字经济和实体经济深度融合。通过财政资金支持数字教育，能够帮助提振青海省数字经济产业发展的氛围，通过培育数字经济产业在青海的氛围，吸引更多人才建设青海数字经济产业。

（2）税收政策

税收政策发力支持数字经济人才蓄水池的建设主要是通过税收手段对相关企业的急需和特殊高端人才进行政策倾向性优惠，以帮助人才获得有竞争力的收入，从而帮助数字经济企业留住人才。即通过提高数字化人才薪资待遇、税收优惠等来提升青海省数字人才整体水平。具体而言，青海省可以探索税收政策中的可行方向，针对数字经济企业特殊人才紧缺情况，可以给予企业适当支持，通过针对个人所得税减免、高层次人才特殊津贴、科创平台专项资金、成果转化税费减免、科技创新专项奖励、政府购买服务等多种方式抵扣所得税额等方式进行考量，选择科学恰当的税收优惠手段支持数字经济行业的重点企业重点人才的供应。

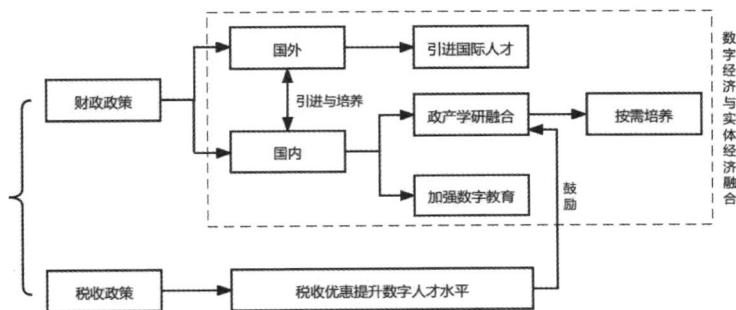

图 4-5 形成人才蓄水池的财税政策

5.税制改革与税收征管的对策建议

数字经济的发展给税收改革和税收征管带来了新的挑战。数字经济产业具有其特殊的经营和收入特点，在实际的税收征管实践中也暴露出来一定程度的问题。在这样的背景下，如何针对数字经济企业制定合适的税制改革和税收征管方案，不仅有利于规范数字经济企业经营，也有利于实时补充税收资金，形成政策支持与企业经营的良性发展循环。本部分拟从税制改革和税收征管两方面入手，分析扩展"机构、场所"范畴、健全相关税种设计、探索改革跨地区征税权划分原则，按目的地征税原则征税，建立健全税务登记制度，提升税务部门数字化水平，强化数字平台在征管中的作用。

（1）税制改革

在税制改革方面，数字经济类企业的"机构、场所"概念与传统企业不同，因此可能会导致在征收过程中存在模棱两可的地带。为此，税制改革首先应该考虑扩展"机构、场所"的范畴。根据《企业所得税法》及其实施条例，我国现行机构、场所定义并不涵盖"显著经济存在"这类虚拟的存在主体。因此，国内税法层面有必要积极探索，扩展机构、场所范畴，可增设虚拟主体条款，将数字经济类企业因用户、市场、客户群等要素构成的经济存在纳入其中，研究构建基于营业收入、用户规模等指标的新联结度规则，从而实现对数字经济企业依法征税，促进企业及个人税负公平。

健全相关税种设计，着力化解现行税制与数字经济的不适配问题。现阶段一个典型的问题是，由于数字经济企业在经营中收益和成本的特殊性，造成了数字经济企业税基识别的困难。因此，税务部门应积极探索相关税种设计，完善企业所得税中防范税基侵蚀和利润转移相关规则，防范数字经济企业向免税或低税收国家转移利润。特别地，要尽快建立健全跨境数字服务和产品的增值税管辖权规则，厘清数字产品和服务范围，构建以目的地原则为基础的跨境数增值税管辖权规则。

数字经济企业作为轻资产行业，对于跨地区征税权也产生了一定程度的挑战。为此，税务部门需要探索改革跨地区征税权划分原则，按目的地征税原则征税，赋予消费者所在地、价值创造地政府相应征税权。研究制定增值税等流转税按目的地原则课税相关机制，顺应数字经济时代产业链扁平化趋势推动流转税的简并优化，逐步将增值税、消费税等改为只在货物和服务零售环节征收的销售税，以促进地方间税收分配更加公平合理。同时研究创新企业所得税征税权分配机制，推动落实"利润应在经济活动发生地和价值创造地征税"的征税原则。

（2）税收征管

数字经济的经营特征也给现有的税收征管造成了一定程度的挑战。因此，有必要建立健全税务登记制度，促进数字经济纳税义务人的确定和监管。一方面，要加快明确数字经济领域经营者税务登记细则，推动数字经济经营者依法进行税务登记，助力税务机关对数字经济领域纳税义务人进行及时全面的监管。另一方面，对于引进境外数字经济供应商的情况下，要明确境外数字产品和服务提供商进行税务登记的相关规定，推动在境内提供数字产品和服务的境外企业有效执行税务登记，从而实现对境外数字经济纳税主体更加精准高效地锁定和监管。

提升税务部门数字化建设水平，增强税务机关对数字经济的税收征管能力。数字经济产业的发展对税务部门税收的稽查也提出了新的挑战，税务征收和稽查需要嫁接更先进的数字技术，提升数字化建设水平，以提高税收征管的效率和作用。一方面，税务部门应加快研发能够自动计算应纳税额并识别消费者所在地的自动化税务软件，引导数字经济企业广泛应用自动化税务软件进行纳税申报等工作，减轻企业纳税遵从负担。通过自动化的税务软件直接提高纳税申报的效率；另一方面，基于大数据、区块链等技术打造更加高效的税务管理平台，持续深化新一代信息技术在纳税信息搜集、传输、分析等方面的应用，着力推进内外部涉税数据汇聚联通、线上线下有机贯通，进一步优化组织体系和资源配置，持续提升底层数据质量，扩大数据赋能范围。此外，还需要加强纳税服务工作创新，着眼于简流程、提速度、优体验，构建线上集中运营、线下智能协同、服务范围普惠、辅导个性定制的办税服务体系，为智慧税务注入更强生命力。

　　税务部门还应该在征收中强化数字平台在税收征管中的作用。平台是各种数据的集合体，一方面，要通过数字平台资源优势，引导数字平台经营者认真履行对平台内经营者进行信息收集、核验、登记等义务，鼓励数字平台定期向税务部门提供平台内经营者的涉税信息。另一方面，要支持数字平台监督平台内经营者税务登记情况，并向平台内经营者提供纳税义务提醒、税务培训等相关服务，充分发挥平台自身优势，构建多方共治的税收治理格局，促进数字经济税收征管的高效实施。

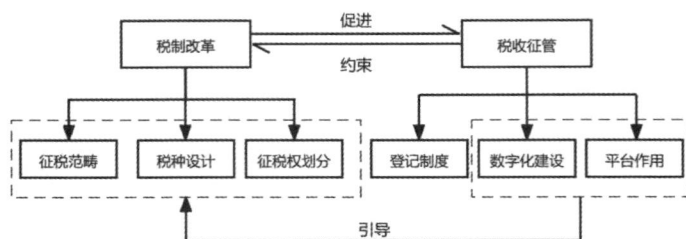

图 4-6　税制征管与税制改革的对策建议

五、总结

本项目以"支持青海培育发展数字经济财税政策"为研究内容，通过理论分析数字经济的内涵与特点、财税政策影响经济增长的作用、影响数字经济发展的因素，在此基础上进一步分析了中国数字经济发展的现状，并深入调查研究青海省数字经济发展的现状。调研分析表明，通过青海省对推动数字经济发展的积极谋篇布局，青海省数字经济发展初显成效，具体表现在体制机制逐步完善、基础设施不断夯实、数字产业初具规模、数字化治理有效提升、产业数字化进程加快、重点工作有序推进等方面。同时，调研结果还表明，青海数字经济发展中制约青海省数字经济发展的主要问题，包括体制机制仍需进一步完善以打通政策回路、数字经济产业发展基础完备性不足、要素供给不足、人才储备和生产存在瓶颈以及税收征管几个方面。为此，本文结合青海省数字经济产业发展的实际情况，提出了财税政策支持青海数字经济产业的对策建议。从整体框架来看，本研究主要从财税政策直接和间接促进两方面进行设计，一是以财政支出引导和税收优惠激励为主的支持政策，直接促进；二是改革税制、优化征管以规范数字经济发展的政策，间接促进。在针对性对策方面，第一，完善青海省数字经济发展体制机制方面，关键是通过财税政策打通体制机制的回路。本项目从财政政策和税收政策两个层面分析，提出了协调数字经济发展建立经济统计与监测平台、建立数字监管保护平台、健全税收征收机制等几个对策建议；第二，对于夯实发展基础的问题，本项目从财政和税收两个方面对提出了财税政策支持数字产业园区、设立专项支持资金、定制税收优惠等对策建议；第三，针对落实要素供给的问题，围绕财政政策和税收政策，从降低数字经济产业企业用电成本、保障数字经济产业企业用地、设立"数字青海建设"专项资金、加强青海自贸区建设几个重要方面提出对策建议。通过财税政策共同发力，引导资本市场中的社会资本积极投入青海省数字经济企业的建设，切实保障青海省数字经济发展的要素供给。第四，对于形成数字人才蓄水池的问题，主要从财政政策和税收政策两个方面出发，分析引进国际数字智能人才、加强政学研融合、强化数字教育、为数字经济人才提供税收优惠等，为青海省数字经济产业的人才储备提供助力，同时能够激活青海省数字经济产业人才储备生成机制，为数字人才蓄水池提供持续动力。第五，对于税制改革与税收征管的问题，从税制改革和税收征管两方面入手，提出扩展"机构、场所"范畴，健全相关税种设计，探索改革跨地区征税权划分原则，按目的地征税原则征税，建立健全税务登记制度，提升税务部门数字化水平，强化数字平台在征管中的作用等对策建议。

参考文献：

[1]陈小辉,张红伟,吴永超.数字经济如何影响产业结构水平[J].证券市场导报,2020(07):20-29.

[2]荆文君,孙宝文.数字经济促进经济高质量发展：一个理论分析框架[J].经济学家,2019,2(02):66-73.

[3]张勋,万广华,张佳佳,何宗樾.数字经济,普惠金融与包容性增长[J].经济研究,2019,8:71-86.

[4]钟春平,刘诚,李勇坚.中美比较视角下我国数字经济发展的对策建议[J].经济纵横,2017(04):35-41.

[5]林青.促进青海经济发展的财税政策思考[J].税收经济研究,2017,22(04):37-40.

[6] 刘华,金代涛,王勇.数字经济推进龙江经济的转型发展研究[J].国际金融,2020(03):61-70.

[7] 王水莲,刘娴,庞嘉宜.南宁市发展数字经济研究[J].桂海论丛,2019(04):123-129.

[8] 刘瑾,李振,王开.数字经济创新与欠发达地区经济发展:理论分析与贵州经验[J].西部经济管理论坛,2021,32(02):20-30.

[9] 王莹."十四五"时期四川加快构建现代产业体系的财税政策探讨[J].财政科学,2021(04):145-151.

[10] 司晓宏,白宽犁,裴成荣.陕西蓝皮书.陕西经济发展报告（2021）[M].北京:社会科学文献出版社,2021.

[11] 罗翔丹,刘奇超,李垚林,张怀文.经济数字化的税收规则研究系列文章（二）印度均衡税:理论阐释,立法实践与政策思考[J].国际税收,2018(02):36-42.

[12] 张继洪,孙庆中,穆林,李祥,牛彧.推动青海数字商务高质量发展的思考与建议[M].2020年青海经济社会形势分析与预测.北京:社会科学文献出版社.2020-06:79-98.

[13] 中国信息通信研究院.中国数字经济发展白皮书(2021)[R].中国信息通信研究院,2021.

[14] 中国科学院大学动善时新经济研究中心.中国新经济发展报告（2020）[M].北京:电子工业出版社,2020.

[15] Ting A,Gray S J.The rise of the digital economy: Rethinking the taxation of multinational enterprises[J].Journal of International Business Studies,2019,50(9):1656-1667.

[16] Brynjolfsson E,Collis A.How should we measure the digital economy[J].Harvard Business Review,2019,97(6):140-148.

[17]Diniz Magalhaes T,Christians A.Rethinking Tax for the Digital Economy After COVID-19[J].Harvard Business Law Review, 2021.

[18]Lucas-Mas C Ó,Junquera-Varela R F.Tax Theory Applied to the Digital Economy:A Proposal for a Digital Data Tax and a Global Internet Tax Agency[M].Washington : World Bank Publications,2021.

[19]Alekseev E,Pinkovskaya G,Ustinova Y,Ermolaeva E,Romanishina T.Regulation and financing of environmental programs:development of public-private partnerships in the digital economy[J].Revista Inclusiones,2020:372-385.

[20]Chen Y.Improving market performance in the digital economy[J].China Economic Review,2020,62:101482.

[21]Rati Ram.Government Size and Economic Growth:A New Framework and Some Evidence from Cross-Section and Time-Series Data[J].The American Economic Review,1986,76(1).

[22]Paul M.Romer.Human capital and growth:Theory and evidence[J].Carnegie-Rochester Conference Series on Public Policy,1990,32.

[23]Daniel Landau.Government and Economic Growth in the Less Developed Countries:An Empirical Study for 1960-1980[J]. Daniel Landau,1986,35(1).

[24]Robert J.Barro.Government Spending in a Simple Model of Endogeneous Growth[J].Robert J.Barro,1990,98(5).

[25]Kormendi Roger C.Meguire Philip G.Macroeconomic

determinants of growth:Cross—country evidence[J].North—Holland, 1985,16(2).

[26]Ross Levine,David Renelt.A Sensitivity Analysis of Cross—Country Growth Regressions[J].TheAmerican Economic Review,1992, 82(4).

[27]Stephen M.Miller, Frank S.Russek. Fiscal Structures and Economic Growth:International Evidence[J].Economic Inquiry, 1997,35(3).

[28]Shantayanan Devarajan,Vinaya Swaroop,Heng—fu Zou. The composition of public expenditure and economic growth[J]. Journal of Monetary Economics,1996,37(2).

[29]A.C.Pigou. Some Aspects of Welfare Economics[J].The American Economic Review,1951,41(3).

[30]Tadahisa Koga.R&D Subsidy and Self—Financed R&D:The Case of Japanese High—Technology Start—Ups[J].Small Business Economics,2005,24(1).

[31]Dominique Guellec,Bruno Van Pottelsberghe De La Potterie.THE IMPACT OF PUBLIC R&D EXPENDITURE ON BUSINESS R&D[J].Economics of Innovation and New Technology,2003,12(3).

[32]OECD.OECD Economic Outlook,Volume 2002 Issue 2[J].OECD Economic Outlook,2002,2002(2).

[33]Rachel C,Granger.Enterprise zone policy:developing sustainable economies through area—based fiscal incentives[J]. Urban Research & Practice,2012,5(3).

[34] 陈共 . 积极财政政策基本经验的探索 [J]. 财政研究,

2003(08):29-32.

[35]刘尚希,傅志华,李成威,等.构建现代财政补贴体系理论研究[J].财政研究,2019(09):3-11.

[36]张晓艳,戚悦.促进我国产业结构升级的财税政策研究[J].当代经济管理,2015,37(01):78-81.

[37]邓子基,杨志宏.财税政策激励企业技术创新的理论与实证分析[J].财贸经济,2011(05):5-10136.

[38]余红艳,袁以平.中国税收优惠政策转型:从"相机抉择"到"稳定机制"[J].税务研究,2018(10):39-44.

[39]王俊.我国政府R&D税收优惠强度的测算及影响效应检验[J].科研管理,2011,32(09):157-164.

[40]张海星,刘德权."十二五"时期产业结构优化升级的财政政策选择[J].商业研究,2011(10):1-7.

[41]程华.直接资助与税收优惠促进企业R&D比较研究[J].中国科技论坛,2006(03):56-59.

[41]戴晨,刘怡.税收优惠与财政补贴对企业R&D影响的比较分析[J].经济科学,2008(03):58-71.

[43]Tapscott,Don.The Digital Economy: Promise and Peril In The Age of Networked Intelligence[M].New York: McGraw Hill,1996.

[44]Lane N.Advancing the Digital Economy into the 21st Centuiy[J].Infomiation Systems Frontiers,1999,1(3):317-320.

[45]Brent R.Moulton. GDP and the Digital Economy: Keeping up with the Changes[J].Understanding the Digital Economy Data, 1999.

[46]Kling R,Lamb R.IT and organizational change in digital

economiesra socio-technical approach[J].Acm Sigcas Computers & Society, 1999,29(3):17-25.

[47]Stephen S Cohen,John Zysman, Bradford J DeLong.Tools for Thought:What is New and Important about the E-conomy, Ucais Berkeley Roundtable on the International Economy Working Paper, 2000,8(3):1-116.

[48]Hans-Dieter Zimmermann.Understanding the Digital Economy:Challenges for new Business Models[J].Ssm Electronic Journal,2000:729-732.

[49]Beomsoo Kim. Virtual Field Experiments for a Digital Economy:A New Research Methodology for Exploring an Information Economy[J].Decision Support Systems, 2002, 32(1): 215-231.

[50]Quah D.Digital Goods and the New Economy[J].LSE Research Online Documents on Economics,2003,167(3):401-401.

[51]Bo C.The Digital Economy:what is new and what is not[J]. Structural Change & Economic Dynamics, 2004,15(3):245-264.

[52]Georgiadis CK,Stiakakis Es Ravindrmi A R.Editorial for the special issue:Digital Economy and E-commerce Technology[J], Operational Research, 2013,13(1):1-4.

[53]Rapheal Loest. The European Dimension of the Digital Ec onomy[J],Intereconomics,2001,36(1):44-50.

[54]Tai-Yoo Kim,Jihyoun Park,Exmgdo Kim and Junseok Hwang. The Faster-Accelerating Digital Economy[D].Seoul National University,2011.

[55]Muhammad Jehangir,P.D.D Dominic,Naseebullah,Alamgir Khan.

Towards Digital Economy: The Development of ICT and E-Commerce in MaIaysia[J].Modem Applied Science,2011,5(2).

[56]Vujica Lazovic,Tamara Durickovic.The Digital Economy in Developing Countries challenges and opportunities].International Convention on Infonnation & Communication Technology, Electronics & Microelectronics,2014:1580-1585.

[57] 王俊岭 , 刘勇 , 艾力肯 , 等 . 浅谈数字经济的发展与挑战 [J]. 伊犁师范学院学报 (社会科学汉文版),2001(03):75-77.

[58] 刘助仁 . 数字经济的国际比较 [J]. 云南科技管理 ,2002, 15(01):34-38.

[59] 刘 建 平 . 数 字 经 济 与 政 府 规 制 [J]. 中 国 行 政 管 理 ,2002(09):9-12.

[60] 孙德林 , 王晓玲 . 数字经济的本质与后发优势 [J]. 当代财 经 ,2004(12):22-23.

[61] 何枭吟 . 数字经济与信息经济、网络经济和知识经济的内 涵比较 [J]. 时代金融 ,2011(10):47-48.

[62] 康铁祥 . 数字经济及其核算研究 [J]. 统计与决策 ,2008 (05):19-21.

[63] 张娜 . 我国数字经济现状探讨 [1]. 现代商贸工业 ,2011,23 (0):22-23.

[64] 中国信息通信研究院 . 中国数字经济发展白皮书(2021)[R]. 中国信息通信研究院 ,2021.

[65J 张雪玲 , 焦月霞 . 中国数字经济发展指数及其应用初探 [J]. 浙江社会科学 ,2017(04):32-40.

[66] 赵越 . 对我国发展数字经济的思考 [J]. 学术探索 ,2002(03):

22-23.

[67] 杨蒙鸾, 陈德棉. 发展中国家与发达国家的数字鸿沟 [J]. 现代管理科学, 2003(11):9-10.

[68] 何枭吟. 数字经济发展趋势及我国的战略抉择 [J]. 现代经济探讨, 2013(03):39-43.

[69] 陈晓龙. 数字经济对中国经济的影响浅析 [J]. 江苏商论, 2011(11):190.

[70] 葛玉御. 促进数字经济发展的财税政策研究, 上海国家会计学院课题报告 [R]. 上海国家会计学院, 2021.

[71] 王春春. 财税激励政策对山东数字经济发展的影响研究 [D]. 山东财经大学, 2021.

作者简介: 桥嗣佳, 上海国家会计学院讲师。

青海省支持数字经济发展的
财税政策研究

薛　伟　邓建平

一、数字经济的含义、内容及我国数字经济的发展概况

（一）数字经济含义、内容及其重要性

数字经济是"以数字化的知识和信息作为关键生产要素、以数字技术为核心驱动力、以现代信息网络为重要载体"，在实体经济中高度融合新型数字技术并提升"数字化、智能化和网络化"的实践应用水平，创建经济发展与治理模式相结合的新型经济形态。[①] 在新兴科技快速发展的趋势下，新模式新业态加速变革，数字技术逐渐集成融合入实体经济和产业中，使得产业数字化应用潜能得以极大释放，人类经济社会已经全面进入数字经济时代。

数字经济内容应具体包括四大部分。一是数字产业化，其实质是信息通信产业化，内容包含"大数据、云计算、人工智能、5G、集成电路、软件、区块链等新型数字技术、产品及服务。"我国数字

[①]2021 年 12 月 12 日国务院关于印发《"十四五"数字经济发展规划的通知》中明确了"数字经济是继农业经济、工业经济之后的主要经济形态，是以数据资源为关键要素，以现代信息网络为主要载体，以信息通信技术融合应用、全要素数字化转型为重要推动力，促进公平与效率更加统一的新经济形态"。中国数字信息通信研究院.中国数字经济发展白皮书，2020 年（78 页）.https://max.book118.

产业化的发展目标是要不断显著提升数字产业化和产业数字化的应用水平。其具体目标要求是"显著提升新一代信息数字技术的自主创新能力"，大幅提高数字化产品和数字化服务质量在实体产业中的应用水平，增强实体产业核心竞争力，以及在部分重点核心领域形成领先优势等。

二是产业数字化[①]，是我国数字经济发展最主要部分，实质是我国数字经济高质量发展的总要求和数字经济发展的主攻方向，也是一种以实体经济作为落脚点的融合经济。产业数字化的具体内容包括"工业互联网、车联网、智能制造、平台经济"等融合型经济发展形态（新模式、新产业、新业态）。我国产业数字化发展目标是"推动产业数字化快速转型，完备基本支撑服务体系"，推进绿色发展，快速推进农业数字化转型，深入推进制造业数字化、网络化和智能化，生产性服务业和生活性服务业要多元化、普及化发展。[②]

三是数字化治理[③]，作为数字经济创新快速健康发展的重要保障，是推进国家治理体系和治理能力现代化的重要组成。数字化治理是一种治理模式创新，主要是利用数字技术完善社会和经济治理体系，以此来提升数字经济的综合治理能力。数字化治理的主要内容包括多元治理（多主体参与）、技管结合的"数字技术治理"模式以及数字化公共服务治理模式等。我国数字经济治理体系的发展目标是要

---

① 产业数字化是指传统产业应用数字技术所带来的生产数量和效率提升，其新增产出构成数字经济的重要组成部分。

② 中国数字信息通信研究院.中国数字经济发展白皮书,2020年(78页).https://max.book118.

③ 数字化治理是运用数字技术，建立健全行政管理的制度体系，创新服务监管方式，实现行政决策、行政执行、行政组织、行政监督等体制更加优化的新型政府治理模式。

"完善数字经济治理体系，建立协调统一的基本数字经济治理框架和规则体系，建立健全跨部门与跨地区的协同监管机制制度"，以及完善同数字经济发展相适应的法律法规制度体系,增强数字经济安全。①

四是数据价值化，这是数字经济发展的关键生产要素，也是发展数字经济的本质要求。② 数据资源的可存储、可重用特性，决定了数据价值化是数字经济发展的基础性战略资源。为了适应我国数据要素市场的培育发展，数据价值化的发展目标是要建立数据要素市场体系，其主要方式是"利用数据资源推动研发、生产、流通、服务、消费全价值链协同等。"数据价值化主要内容包括"数据采集、数据标准、数据确权、数据标注、数据定价、数据交易、数据流转、数据保护"等方面，以及数据的确权、定价、交易。

总体来看，我国数字经济已经具有以下特征。其一是，数字经济发展的核心是数字产业化和产业数字化重塑生产力。数字产业化和产业数字化使得社会经济形态重塑。数字技术创新突破加速形成了新型数字产业体系，数字产业化指明了新兴信息技术的发展方向，也是新一代信息技术发展的最新成果，不断变革实体经济发展形态。新一代信息技术（5G 技术、工业互联网、大数据、人工智能等）与实体经济的广泛深度融合，使得新技术、新产业、新模式、新业态等深入数字经济发展的各产业、各领域，也使得平台化产业新生态迅速崛起，数字产业化和产业数字化重塑生产力，为产业转型、经

---

① 中国数字信息通信研究院.中国数字经济发展白皮书,2020年(78 页).https://max.book118.

② 习近平总书记多次强调，要"构建以数据为关键要素的数字经济"。党的十九届四中全会首次明确数据可作为生产要素按贡献参与分配。2020 年 4 月 9 日，中共中央国务院印发《关于构建更加完善的要素市场化配置体制机制的意见》明确提出，要"加快培育数据要素市场"。

济发展提供全新动能。

其二是，数字化治理不断变革生产关系为数字经济的快速发展提供了驱动力和创新保障。数字经济作为一种新的生产力，深度融合数字技术应用与传统产业之间的联系，推动着数据、智能化设备、数字化劳动者等创新发展和社会治理体系迈进更高层级，使得国家现代化水平的社会治理体系和能力被不断地提升。在数字化治理的主体上，数字化治理构建了部门协同和社会参与协同的治理体系与方式，使得国家治理体系和治理能力的现代化水平不断持续提升。在数字化治理的方式上，使得传统治理方式向数字经济治理方式转型，把传统治理模式下的模糊治理（"个人判断"和"经验主义"）转变为数字经济治理下的数字化治理（"细致精准"和"数据驱动"）。在数字化治理的手段上，由传统治理手段转变为新一代信息技术应用（5G、云计算、大数据等应用）为代表的治理手段，增强了人们治理的态势感知能力，提高了科学决策能力和风险防范能力。在数字化治理服务的内容上，数字化治理推动了数字技术与传统公共服务在各个行业领域和地区之间的深度融合发展，促进了社会经济的公共服务均等化进程。

其三是，数据价值化重塑生产要素体系是数字经济发展的基础条件。在数字经济时代下，技术（以数字技术为引领）、数据、资本、劳动力、土地等共同构成了数字经济社会的新型生产要素。其中，数据与其他生产要素不断迭代组合、交叉融合，成为"数字经济发展中的一种全新和关键的生产要素"，贯穿于数字经济发展的全过程，引发生产要素在众多领域，系统性、多维度地实现群体突破。尤其是当数据要素融合传统生产要素产生了新的生产要素和新形态后，为推动数字经济发展不断释放放大、叠加、倍增效应。

其四是，数据要素市场形成四位一体格局。随着数据价值化的发展，我国数据要素市场格局逐渐明晰，形成包含数据交易主体、数据交易手段、数据交易中介、数据交易监管的"四位一体"市场发展新格局。

数据交易主体是由供应端和需求端组成的。数据交易供给主体由政府指导类、数据服务商类、大型互联网企业三类主体共同参与。数据交易手段是区块链技术用于数据交易的探索。区块链技术不是一种单一的信息技术，它具有去中心化、可溯源、不可篡改等特点，使得"区块链＋数据交易"成为企业选择的重点数据交易手段。数据交易中介主要依托第三方数据交易平台，其市场定位出现综合化、服务化的趋势，由单一的居间服务商向数据资源综合服务商转型。数据交易中心建立初期，主要是提供数据发现、供需撮合、计价清算等简单服务，随着数据交易中心不断创新和数据交易服务框架持续完善，数据交易中介已呈现出服务内容的多元化、综合化特点。数据交易监管方面，我国各地已经相继成立了本地区的大数据管理局，监督管理培育数据交易市场，促进数据资源流通。

除此之外，发展数字经济还需要搭载和融合平台经济。[①]我国平台经济创造出来了很多新模式、新业态和新的生产关系，并延伸渗透到电子商务、网络医疗、在线出行、在线教育等多领域，改变了互联网应用为主的单一发展模式。一方面，依托平台的数字化生活方式改变了现代城市居民的传统生活模式，城市居民已经越来越离不开数字生活服务。另一方面，农村居民依托电子商务平台、公益平台等输出优质产品和服务，实现增收和脱贫。三是推动生产领域

---

① 平台经济是以平台企业为核心，通过汇聚整合多类市场主体和资源，围绕数字化平台组织起来的新模式新业态，构成现代意义上的平台经济。

深刻变革。平台经济已与国民经济深度融合，正深刻影响我国生产制造的全流程、全产业链、全生命周期，成为推动我国产业降本增效，迈向中高端的关键支撑。工业互联网平台链接多样化的外部资源，协助企业解决采购碎片化、研发能力弱、产品同质化严重等痛点，提高生产、运营效率。

数据加工处理产业通过加工工具，实现数据标注、数据清洗、数据脱敏脱密、数据融合、数据封装等的生态化、协作化发展，通过整合存储已有数据资源，形成数据传输汇集和共享机制。数据分析产业运用数据挖掘技术从大型数据集中发现、识别知识，从而帮助企业进行问题诊断和业务经营决策。数据应用产业根据数据分析和加工的结果，推动制造业、农业、服务业等领域的数字化。

在我国国家层面的数字经济发展规划中，"十四五"时期数字经济的发展规划部署了八方面重点任务。从这八方面重点任务中可以看出，从中央到各级政府都要着重完善数字经济的基础设施建设，把数字资产作为数字经济发展的关键要素，以最新一代数字信息技术与实体经济深度融合作为发展数字经济的主线条，发展和协同好数字产业化和产业数字化，建立健全政府层面的数字经济治理体系。因此，按照我国十四五时期的数字经济发展规划要求，各地方应努力做好数字发展规划，制定好发展数字经济的各项支持政策、企业转型政策和产业转型发展政策，尤其是融资政策和财税减免政策，完善相关法律法规和政策制度。

（二）我国数字经济发展概况、趋势及财税支持政策分析

1.我国数字经济发展概况与趋势

2019 年，我国数字经济增加值规模占到经济总量的比重约为36.2%，比 2018 年提高了 1.4 个百分点，总体规模接近 36 万亿元。

2020年我国数字经济总量占全国经济总量比重较2019年提高2.4个百分点，从2005年2.6万亿元增长到2020年39万亿元，占国内生产总值的比重从2005年的14.2%提升至2020年的38.6%。而2020年，我国数字经济增速接近10%，远高于2019年国内生产总值名义增速约7个百分点。由此可以看出，数字经济已经成为推动国民经济持续稳定增长的关键动力。

从近些年来的相关数据中，我们也发现，我国数字经济对全国经济总量增长的贡献程度一直保持在50%以上，已成为我国经济增长的核心驱动力量。

2. 支持我国数字经济发展的宏观财税政策分析

①出台支持互联网龙头企业、各类开发区建设开放平台、数字产业创业示范基地的融资政策，营造富有活力的数字经济创新创业环境。进一步深化新三板改革，稳步扩大创新创业公司债试点规模，出台支持私募股权和创业投资基金在数字经济领域进行投资的融资政策体系，增强资本市场支持数字经济发展的创新能力。①充分利用中央财政现有资金渠道，地方通过设立融合发展专项资金，投入到制造业与互联网融合发展的关键环节和重点领域，支持符合条件要求的企业进行智能化设备改造，更多地把支持资金提供给"双创"平台建设运营和应用试点示范项目。在数字经济发展项目的资金支持方面，为提升系统解决方案能力和建设制造业"双创"公共服务平台，积极发挥相关专项资金、基金的政策带动引导作用，对优化整合后的科技计划（专项、基金等）统筹给予中央财政支持，建立

---

① 详见国家发改委《关于发展数字经济稳定并扩大就业的指导意见》（发改就业〔2018〕1363号）文件具体规定内容。

财政引导、市场主导的资金支持机制。①在数字经济发展的资金投入渠道上，鼓励盘活现有资金的投入资源，统筹政府和市场资金投入多渠道，财政资金主要倾向于关键共性技术攻关与科技成果转移转化、人工智能基础前沿研究、创新应用示范与基地平台建设等行业领域。②

②数字经济人才的薪酬分配政策。探索对数字经济高层次人才和关键岗位的急需紧缺人才实行项目工资、协议工资和年薪制等灵活多样的薪酬分配政策。改革新就业形态薪酬制度，包括完善兼职、一人多岗等就业人员计件取酬（按次提成）等薪酬制度改革，以此来适应数字经济特点的个人所得税征管制度。③

③强化财政资金市场化支持方式和导向作用。一是整合享有财政资金渠道并采用市场化方式促进新型消费发展，运用好相关减税降费政策，优化新型消费领域企业的税收征管措施。④二是强化财政资金导向作用，大力支持工业互联网发展和网络体系、平台体系、安全体系能力建设，建立工业互联网专项资金、风险补偿基金等资金支持方式，集聚发展当地工业互联网。三是创新财政资金支持方式，通过政府采购云计算等专业化第三方服务方式，帮扶中小微企业提高信息化建设的发展能力。⑤

---

① 详见国务院《关于深化制造业与互联网融合发展的指导意见》（国发〔2016〕28号）文件具体规定内容。

② 详见国务院《关于印发新一代人工智能发展规划的通知》（国发〔2017〕35号）文件具体内容规定。

③ 详见国家发改委《关于发展数字经济稳定并扩大就业的指导意见》（发改就业〔2018〕1363号）文件具体规定内容。

④ 详见国务院办公厅《关于以新业态新模式引领新型消费加快发展的意见》（国办发〔2020〕32号）的具体规定内容。

⑤ 详见国务院《关于深化制造业与互联网融合发展的指导意见》（国发〔2016〕28号）文件具体规定内容。

④支持数字经济发展的宏观税收政策。在所得税支持政策上，允许数字经济企业的成本费用享受优惠政策，比如允许研发费用100%加计扣除、固定资产加速折旧（缩短折旧年限或双倍折旧）、软件和集成电路产业企业享受15%税率优惠政策，等等。二是增值税优惠政策方面，在全面推开营改增试点优惠政策基础上，扩大制造企业增值税抵扣范围，落实增值税留抵退税优惠政策。

此外，为支持人工智能企业发展，对人工智能中小企业和初创企业通过高新技术企业税收优惠和研发费用加计扣除等财税优惠政策予以支持。①总体上，目前有关支持数字经济发展的财税政策主要集中于企业投融资支持政策、企业所得税减免政策、个人所得税减免和返还政策、增值税减免和退税政策等几个重要方面，其主要目的是扶持本地数字企业快速成长和大胆创新，支持传统企业的数字化转型以及吸引优质的数字化企业到本地落户发展，以此来壮大发展本地的数字经济、数字产业化和产业数字化，进而带动地方经济实现数字化转型和良好发展。

二、青海省数字经济发展状况分析及存在的问题

（一）青海省数字经济发展状况分析

1.青海省数字经济规模具有持续扩大的趋势

发展数字经济已成为推动青海省经济发展过程中不可或缺的一部分重要力量。如下图2-1所示，2019年青海省数字经济增加值规模达到683.24亿元，比2018年增长9.67%，占到青海省经济总量的23.04%。2020年青海省数字经济规模接近740亿人民币，比2018年增加将近117亿元，增长速度将近19%，占青海省经济总量的24.61%，如下图2-2所示。

---

① 详见国务院《关于印发新一代人工智能发展规划的通知》（国发〔2017〕35号）文件具体内容规定。

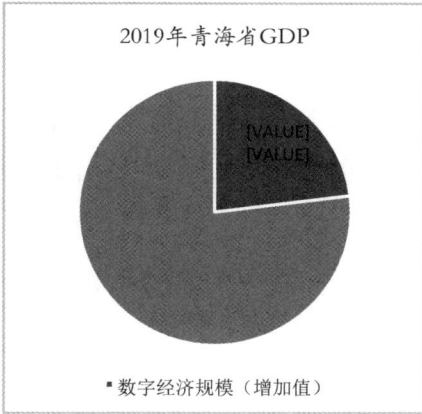

图 2-1　2019 年青海省
数字经济增加值规模

数据来源：中国信息通信院《中国数字经济发展白皮书》、国家统计局网站

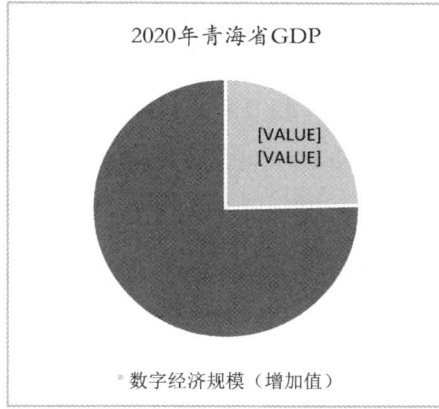

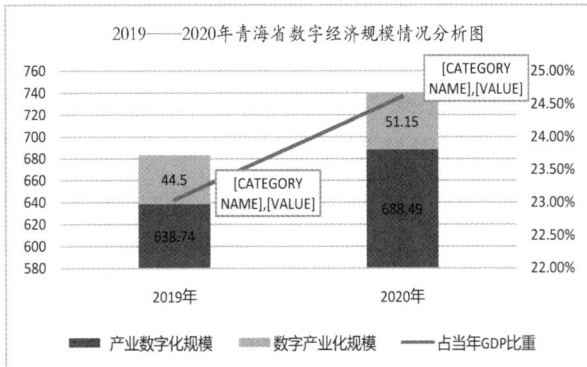

图 2-2　2020 年青海省
数字经济规模

数据来源：中国信息通信院《中国数字经济发展白皮书》、国家统计局网站

图 2-3　2019—2020 年青海省数字经济：
产业数字化与数字产业化规模及占国内生产总值比重
数据来源：中国信息通信院《中国数字经济发展白皮书》、国家统计局网站从上图 2-3 也可看出，青海省的产业数字化规模从 2019 年度的 638.74 亿元提高到 2020 年度的 688.49 亿元，青海省数字产业化规模从 2019 年度 44.5 亿元（占全省数字经济总量的 23.04）上升到 2020 年度的 51.15 亿元（占全省数字经济总量的 24.61%），呈现出了持续增长态势。①

尽管青海省数字经济发展势头良好，但是与东部沿海相比仍然有较大差距。比如，《2020 年中国数字经济发展指数（DEDI）》报告显示，在数字经济增长速度方面，青海、甘肃等省份则在 5% 左右，在数字经济发展总指数方面，青海总指数在 18 以下。从上述数字经济发展指标的对比可以看出，青海省数字经济仍有很大发展和上升空间。

2. 数字经济基础设施建设加速布局

数据显示，"十三五"期间，青海省数字经济各行业领域呈现较快发展态势。从 2015 年到 2020 年，通信行业发展迅猛，互联网省际出口带宽从 354Gbps 增加到 6000Gbps，增加了 16 倍之多。2020 年 5G 等新一代无线网络及基础设施布局建设，商用试点加快推进，信息消费规模进一步扩大，5G 基站数增加至 3245 个，较上年增长 4.2 倍；移动物联网终端用户数增至 133.97 万个，较上年增长 40.17%；大数据中心机架数量多达 2281 个，增长 28.58%；大数据中心服务器

① 正如青海省工业和信息化厅副厅长在第 22 届青洽会数字发展论坛上所称："十三五"期间，青海省数字经济各行业领域呈现较快发展态势。通信行业发展迅猛，互联网省际出口带宽从 2015 年的 354Gbps 增加到 2020 年的 6000Gbps，增加了 16 倍；信息传输、软件和信息技术服务业营业收入从 2015 年的 63.04 亿元增加到 2020 年的 69.08 亿元，增长了 9.6%；规模以上计算机、通信和其他电子设备制造业收入从 2015 年的 3.57 亿元，增加到 2020 年的 36.52 亿元，增加了 9 倍。大数据中心机架从 2015 年的 1261 个，增加到 2020 年的 9900 个，增长了 6.85 倍。

增至 16635 台，是上年的 2.5 倍，关键网络能力明显提升。

在网络通信方面，网络通信基础设施的建设完善促进渠道畅通，助力数字经济发展。2020 年，西北地区首个域名根服务器（L 根镜像服务器）在青海省上线运行，西宁国际互联网数据专用通道获得工信部批复，打通了全省的国际信息通路，提升了国际通信基础设施能力；推进 5G 等新一代无线网络及基础设施布局建设和商用试点，以此来扩大青海省的信息消费规模。

在大数据产业方面，大数据项目相继建成，加速产业布局，产业呈现集聚发展态势。中国移动集团公司投资 10 亿元设计机架数量 3200 个的"青藏高原大数据中心"已投入使用，中国电信青海公司柴达木云数据中心已经投入运行并承载多项业务，中国联通三江源国家大数据基地正式建成投入运行；海南州大数据产业园投运暨数据中心正式上线，目标打造全球领先的"藏语区信息化高地"、全国共享的"清洁能源大数据产业基地"、国内一流的"国家级战略灾备中心"和西部"云计算"大数据消费中心；高分辨率对地观测系统青海数据与应用中心作为省级高分卫星应用管理和服务单位，依托公共服务和产业促进职能，承担了高分平台建设、资源共享、信息整合和应用推广等工作。

在企业云平台建设方面，启动工业互联网标识解析二级节点建设，持续推动企业上云用云，加快推进建设国网青海省电力公司新能源大数据平台、盐湖集团行业级工业互联网平台，初步形成区域和行业相结合、建设和应用相促进的发展局面，将为深入推动青海省企业数字化转型，助力数字经济发展提供坚强支撑。

在数字治理方面，2020 年，青海省采取股权多元化、运营市场化模式，引进战略合作方京东云和金蝶天燕云与青海国投共同出资组建青海数字经济发展集团有限公司，以便于能够在青海数字经济发展工作中充分发挥牵引辐射作用，推动落实数字经济领域重点建设任务。三方合资共建的青海省数字经济发展集团，参与推动实施青海省"数字政府"等重大工程建设，管理运营省级政务数据共享交换平台，并服务于政府、民生等相关领域。2021年，青海省数字经济发展多功能综合展示运行中心开始筹建，建成后将加速推动全省各行业领域数据资源汇聚融合和开放共享，为各级政府、企业和群众提供高效便捷的大数据应用服务。

3. 数字产业化和产业数字化持续推进

数字产业加快发展。近年来，青海省坚持不懈推动电子信息产业加快发展，初步构建形成以电子商务、大数据、云计算为突破口的产业发展格局。从2019年到2020年，规模以上计算机、通信和其他电子设备制造业收入由29.25亿元增加到36.52亿元，增长速度达到了24.85%；信息传输、软件和信息技术服务业营业收入由60.85亿元增加到69.08亿元，增长速度超过了13%；2020年，新一代信息技术产业总产值11.69亿元。

在产业数字化方面，农村电子商务活跃地区经济。淘宝、天猫、百度等企业进驻运营，带动了青海乃至西部地区电子商务、智慧旅游、智慧交通等数字产业融合发展；农村电子商务为改变农牧民生产生活方式、带动区域产业结构调整、助力农村牧区脱贫攻坚、活跃地方经济发展注入了新的动能。青海省近两年来年均电子商务交易额稳定在400亿元左右，其中2020年电子商务销售额201.57亿元，电子商务采购额197.35亿元；2020年网上零售额达116.2亿元，同比增长72.92%；近两年通信业务收入约为53亿元。如图2-4所示。

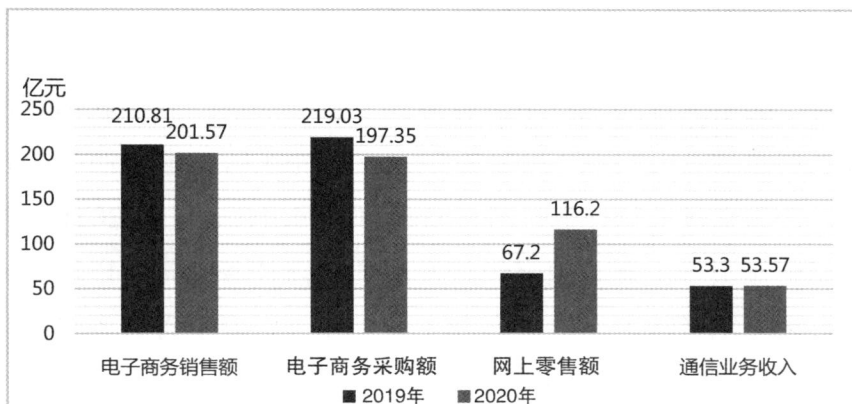

图 2-4 2019—2020 年青海省产业数字化交易规模

数据来源：中国信息通信院《中国数字经济发展白皮书》、国家统计局网站

4. 数字治理卓有成效

数字治理为政府赋能。青海省全面推进数字政务，搭建全省一体化政务服务平台，全省基本建成涵盖互联网、电子政务外（专）网、部门行业专网和电子政务内网的电子政务网络体系，部分网络设施实现纵向五级互通，横向覆盖政府部门及相关企事业单位；省级政务云平台上线运行，全省统一的政务信息资源共享平台初步形成横向到边、纵向到底的数据共享交换体系。

（二）青海省数字化经济发展建设的若干主要成果

1. 青海省数字经济发展建设的主要成果。

各大网络平台等进驻运营，带动电子商务、智慧旅游、智慧交通等数字产业融合发展；中关村高新技术产业基地、国家软件和集成电路公共服务平台等一批重点企业和项目相继落户青海；海南藏族自治州大数据中心成为华为云服务全国第 33 个节点，共同打造青藏高原清洁能源大数据产业基地和全球领先的藏语信息化高地；签署"数字青海"战略合作框架协议，省企联手推动国家大数据战略在青海落地实施。

高原能效测试实验室落户青海，全省移动和固定互联网宽带用户分别超过570万户和170万户，设立了海东跨境电子商务综合试验区，青海农村示范县都有国家电子商务网络覆盖。从2021年青海省政府工作报告中有关数字经济发展的重点任务安排可以看到，青海省未来数字经济的发展方向和主要工作，融合了青海省当前与未来的数字经济发展的工作内容。

2.青海省发展数字经济产业的优势。

青海在发展数字经济方面具有地域辽阔、电力充足、气候冷凉、区位特殊等诸多后发赶超优势。一是青海省高度重视数字经济建设，重点发展了大数据产业。二是高度重视数字经济发展的政策支持力度，积极建设青海省相关数字经济发展的产业化体系，构建独具青海特色的"1119"数字经济发展促进体系，布局完成数字经济"一核三辅"的发展框架。三是青海省数字经济发展建设宏图已获得国家的肯定认可和大力支持，正在建设数字经济创新发展试验区和数字经济相关产业园区。

（三）青海省数字化经济发展中存在的若干主要问题

数据要素的有效利用仍有提升空间，数据、算法、算力的基础还需夯实。其主要问题如下：

一是"在线"数据（数据资源）相对于经济发展水平仍旧匮乏。截至2021年底，青海省布局数据中心的主要数据还是沉淀性数据，数据灾备中心、深度存储数据为其主要数据来源。二是现有数字技术能力下，算法增长量相对缓慢。三是在现有数字技术能力下，算力优势未能完全发挥。

（四）青海省发展数字经济面临的机遇与挑战

1.青海省发展数字经济面临的机遇

①创造政策部署的良好环境。中央政府高度重视数字经济发展工作，习近平总书记在党的十九大、中央政治局集体学习、重要国际论坛及峰会上多次强调，要加快发展数字经济，推动实体经济和数字经济融合发展。国家先后出台的数字经济发展战略规划以及"互联网"、大数据、云计算、区块链、人工智能等相关领域多项政策文件，为数字经济发展营造了良好的政策环境。

青海省省委、省政府坚决落实中央决策部署，坚持"四种经济形态"引领，先后出台促进数字经济发展系列政策措施，明确了全省数字经济发展时间表、路线图和主要任务，数字经济发展促进体系加快构建，政策保障体系不断优化完善。①

②打造资源环境的独特优势。青海省是国家向西开放重要省份和丝绸之路经济带战略节点，发展数字经济具有得天独厚的比较优势。青海省是进藏入疆的重要门户，是陆上丝绸之路西部通道，打造立足西北，面向中亚、南亚、西亚国家的数字产业基地区位优势突出。青海省气候冷凉干燥，属于地质灾害轻度分布区，大部分地区年平均气温保持在5摄氏度左右，符合大型数据中心建设一类地区标准。青海省风电、光电、水电等清洁能源储备丰富，锂资源储量占全球三分之一，可以就地制造低成本、高效率的锂电储能电池，清洁能源连续供电和储能安全保障能力强。青海省土地资源、矿产资源丰富，生态环境优良，地理、生态、环境数据来源广，具备挖掘潜力。

③奠定"新基建"发展的坚实基础。近年来，青海省在国家"新

---

① 资料来源：人民网《青海省政府党组召开务虚会 刘宁主持并讲话》http://cpc.people.com.cn/n1/2019/1123/c117005-31470981.html.

基建"战略和举措的引导下，数字基础设施不断夯实，逐步构建了相对完善合理的数字科研体系，有效地提升了数字政府治理水平，持续推进了数字产业发展势头，数字消费水平持续增强。青海省在"十四五"新基建规划下加大投资力度，为青海省数字经济的发展奠定了坚实基础，5G、工业物联网、人工智能、大数据中心、新能源汽车等领域迎来新的发展机遇。总体来看，青海全省数字经济产业集聚具备了良好的发展条件和优势，数字经济化将越来越发挥其引领经济社会高质量发展的引擎作用。

基于以上，青海省应充分抓住当前数字经济发展的新机遇期，按照我国的"十四五"数字经济发展规划要求，重点抓好国务院部署的八项任务，夯实信息基础设施建设，稳步推进产业数字化转型，竞相发展新业态新模式，建设有显著成效的数字政府，并不断深化数字经济的国际合作，以数字经济优先发展作为青海省整体经济发展的"火车头"，并辅以财税政策扶持，进而带动各行各业的繁荣发展。

2. 青海省发展数字经济面临的挑战

①生产要素制约明显。青海省的地处高原，地势高，地广人稀，对其经济发展形成了一定的制约。地理空间功能方面，高海拔地区交通不便，基础设施不完善、人才和技术短缺、信息技术不畅通、创新力量不够、资金短缺、产业对接难度大等因素，导致青海投资吸引力弱，直接制约青海数字经济的发展。其中，人力资源匮乏是青海省发展数字经济亟待解决的问题。

另外，青海省的生态保护政策对发展数字经济提出较高要求。我国中央政府高度重视生态环境保护，把"绿水青山就是金山银山"作为我国生态资源可持续发展的重要理念，青海是中华水塔、三江之源，是国家生态安全的重要保障，生态地位特殊。[①] 受国家规划调整、生态优先政策的影响，青海省内三次产业都不同程度地受到政策性限制。因此发展数字经济对项目招商引资、产业发展、循环经济、节能减排等工作提出更高的要求。

②产业发展水平滞后。青海省传统产业规模大，产品附加值低，资源依赖度高，在新兴产业领域发展缓慢，给数字产业的发展和产业数字化转型造成巨大阻碍。

一是产业基础薄弱，数字产业发展能力较弱。二是产业附加值低，产业数字化缺乏动力。三是产业链关联度低，数字经济产业链重塑受阻。当前，信息技术与实体经济的融合还存在很大差距，各产业间数字化协同的适配性还较差，数字产业链不完整，数字经济产业链重塑存在多方困难。

③数字经济体制机制有待完善，现有的数字经济发展统一规划、统筹协调等制度机制的作用未能得到充分发挥。在数字经济管理方面，青海省数字经济行业管理职能仍分散于各职能部门，管理机制、业务领域差异性大，存在职能交叉、力量分散、数据共享难等问题，全省数字经济统筹协调发展难度大。在数字经济建设方面，重建设轻管理、重数据积累轻分析应用、重硬件堆积轻布局优化的历史问题未能根本改变，不同程度存在重复建设、低效运转的现象，制约了数字经济的充分发展。在数字经济的科学研究方面，有必要持续提升数字经济发展的高水平研究能力。

④扶持政策和措施有待加强。一是扶持措施亟待加强。随着数字经济快速发展，青海省适应数字技术与实体经济融合发展的相关

---

① 资料来源：南方网站 https://opinion.southcn.com/node_d57062ea18/1a485b0c35.shtml.

配套政策、制度机制亟待完善。二是政策优惠力度有待提升。现有招商引资政策与省外发达地区和周边地区相比，已不具备明显优势。三是企业融资缺乏支持。企业融资缺乏支持具体表现在：

●银行对中小企业的信贷支持有限。

●企业信用担保融资有限。

总体上看，青海省发展数字经济已经具备了一定的基础优势和发展数字经济的潜力，尽管在扶持本地企业数字化转型和吸引优质数字化企业落户青海会面临一定的困难，但是如果能够出台有利于发展数字经济的支持政策，尤其是出台有利于支持数字经济发展的财税政策，弥补青海省发展数字经济的优质企业少、人才匮乏等问题，充分挖掘数字经济发展的后发优势，一定能够摆脱传统产业发展的劣势，实现青海省经济结构的调整和经济发展的大转型。

三、青海省发展"数字经济形态"的含义、主要内容及发展趋势

（一）"数字经济形态"的含义及其主要内容

2020年青海省政府工作报告中提出了强化"四种经济形态"引领的经济发展目标任务。也就是在2020年的青海省政府工作中要把"培育发展新经济新业态新动能，引领经济发展结构优化，促进经济发展的转型升级，以此来构建具有青海自身发展特色的现代化经济体系。"[1] 因此，青海省所提出"四种经济形态"的发展任务要求，具体是指"培育壮大生态经济、持续推进循环经济，着力发展数字经济、协调共建飞地经济"等四种经济形态[2]，其中，数字经济形态内容具

---

[1] 青海省政府工作报告——2020年1月15日在青海省第十三届人民代表大会第四次会议上 - 《青海政报》-2020-01-23。

[2] 提档升级，培育壮大"四种经济形态" - 《青海日报》- 2020-05-25。

体如下。

着力发展"数字经济"。其主要做法，一是充分利用在青海省布局互联网数据国际专用通道和根镜像服务器的契机，推进建设 5G 网络和智慧广电，推广应用新一代信息技术（物联网、云计算、大数据、区块链、人工智能等），来提升青海省的信息服务能力。二是对接国际国内数字经济市场和整合其"产业、企业、产品"来发展数字经济平台，加快实现青海省关键产业链数字化改造。三是建设数字经济基础发展设施（大数据产业园和数字经济发展展示运行平台等），培育数字经济发展龙头企业（组建数字经济发展集团），加快推进"云上青海"建设。[①] 将聚焦数字经济，加快建设大数据产业集聚区，建成青藏高原农副产品、牦牛集散中心等"互联网＋"平台经济项目，推动生态物联网建设，依托科大讯飞、海康威视建设人工智能训练科创平台，打造青海省大数据产业基地和数据资源聚集服务中心。[②]在此基础上，统筹谋划云服务，促进新一代信息技术与实体经济融合发展，加大新信息技术基础设施建设工程，包括数字经济展示运营中心和大数据与软件产业园区等一批建设项目工程，打造一批具有绝对优势的数字龙头企业。2022 年青海省政府工作报告中，进一步深化了数字经济发展的。

（二）"数字经济形态"的发展趋势分析

1.青海省大力支持发展的数字经济形态

伴随新一代信息技术与经济社会的高度融合深入，数字信息已

---

①2020 年青海省政府工作报告中首次提出"着力发展数字经济"，并对数字经济的发展目标、范围和规划予以明确。
②2020 年青海省政府围绕数字经济发展的工作重点首次写入了《青海省政府工作报告》中。

经渗入到百姓生活和社会发展的方方面面（数字税收、数字财政、数字交通等），数字经济已成最为当前社会经济发展的重要形态之一。

2. 工业互联网制造业是产业数字化的主战场。

近年来，青海省通过持续开展工业互联网一系列数字化工程项目（工业互联网的优化、平台赋能、融合应用示范、产业培育等工程），使得青海部分企业实现了数字化、网络化、智能化转型，尤其是在新信息技术深度融合制造业共同推动转变经济发展方式、驱动培育新经济增长点等方面，其青海省推动经济发展的带动效应非常明显。

3. 青海省未来数字化的发展趋势分析。

一是青海省应继续推进新型数字基础设施建设，以建设"数字青海"作为数字经济基础设施建设的契机，以实施改造通信网络普遍服务为数字基础设施建设的切入点，通过持续提高5G信息服务模式的研发能力和创新应用研究的投入力度，来完善和优化网络配套设施建设；[1] 在新一代互联网的新应用、新业态发展方面，统筹推进IPv6规模部署和启动IPv6升级改造，完善数字基础设施，以此更好地提高通信网络服务质量和覆盖面。

二是青海省数字化发展的方向将是要推动产业集聚。利用青海省独特的自然资源优势，快速推进农业生产向数字化转型，深入推动制造业向数字化、智能化和网络化转变，构建多元化的生产性服务业融合发展体系和拓展多元化的生活性服务业体系，推进数字化转型过程中的绿色发展和完备支撑服务体系。在大数据产业园和软件产业园建设方面，把园区打造成为数字产业发展的集聚区。加快建设云计算大数据中心新格局，争取将青海省数据中心纳入国家大

---

[1] 资料来源：中国新闻网《云上青海，青海数字发展如何"乘云而上"？》具体参见 http://www.qh.chinanews.com.cn/yw/news/2021/0325/89324.html.

数据产业的总体布局和规划中。

三是持续推进青海省"上云"三年行动方案。根据该行动方案的规划，需要加快建设青海省企业的"上云、用云"计划，打造数字一体化的产业生态圈（集云计算技术、产业、应用和服务一体化）。

四是青海省应当推进重大数字经济发展项目建设，争取在全国范围内首先建立起数据要素市场体系，培育数据资源推动"研发、生产、流通、服务、消费"的全价值链协同体系。青海省应加快建设工业互联网标识解析二级节点项目，围绕根镜像服务器的落地优势，面向行业应用的工业互联网平台，打造出一条具有青海省特色的数字调度产业链，加快建设一个具有资源集聚、开放共享、高效协同、安全可控等性能的工业互联网生态体系。①

四、支持数字经济发展的财税政策经验案例

（一）广西壮族自治区支持数字经济发展的财税政策经验做法

1.在财政政策的支持方面

财政支持政策是指对数字经济相关企业采用的财政金融性措施，拓展数字经济融资渠道，鼓励社会资本进入，包括提供融资服务等一系列的扶持政策。广西壮族自治区为了鼓励数字企业的发展，给予了这些数字企业如下财政支持激励政策。

一是在鼓励和支持数字经济企业融资上市方面给予一定的财政奖励补贴。

二是对广西内数字经济企业进行债务融资和股权融资将从自治区金融开放门户建设资金中给予一定的财政补助。

---

① 资料来源：中国新闻网《云上青海，青海数字发展如何"乘云而上"？》具体参见 http://www.qh.chinanews.com.cn/yw/news/2021/0325/89324.html.

三是对于广西数字经济企业获批认证的知识产权给予一定财政奖励。[1]

四是对广西数字产业塑造提供强有力的财政扶持政策。[2]

五是在数字经济企业的电商外贸发展方面也给予了财政支持政策。对于广西境内从事跨境电商、外包服务、中医药服务出口等领域的数字经济服务贸易企业及其扩大出口的企业，按照年度主营业收入规模从自治区商务发展专项资金中按照晋级补差原则给予不同数额的财政奖励。同时，从事跨境电子商务、通信、软件和信息技术服务、电子信息制造等数字经济企业或机构，其运营后的跨国业务部分给予一定的财政奖励。

六是数字经济人才发展的财政支持政策方面。广西壮族自治区从引入人才到留住人才提供了成套的支持政策。在引入人才方面，广西省从自治区人力资源社会保障专项资金中按规定给予对经批准新设立的数字经济领域博士后工作站发放一次性30万元的财政补助，用于日常经费补助，并根据引进人才层次分别给予不同财政奖励。在培养数字经济人才方面，其主要做法是高等院校开设数字经济相关专业，并通过自治区教育发展专项基金给予财政扶持。在留住数字经济相关专业人才方面，主要是解决子女教育和家庭的就医问题。

2. 在税收优惠政策支持方面

税收优惠是指对某一部分特定数字经济企业等主体给予减轻或免除税收负担，如免税、减税、税额抵免等。广西壮族自治区为进

---

[1] 广西壮族自治区人民政府办公厅关于印发加快广西数字经济发展若干措施的通知 -《广西壮族自治区人民政府公报》- 2020-10-15。
[2] 产业塑造是指推动数字经济与教育、医疗等产业的融合，积极推进数字经济相关产业的发展。

一步发展数字经济出台了更为详尽的税收优惠政策，比如为了支持广西的"微商电商、网络直播、短视频平台等新型数字企业"有序地快速发展，以及为了鼓励"微创新、微应用、微产品和微电影"等"万众创新、大众创业"，对上述从业人员按照"减税降费"的税收优惠政策规定，可以直接享受小规模纳税人的税收减免政策优惠。

（二）安徽省支持数字经济发展的财税政策经验做法

安徽省在支持数字经济发展方面，最主要的财税支持政策有如下几方面。

一是在加大财税金融支持方面，组合和运用多种政策工具来整合统筹数字经济和科技创新等政策，对线上经济的重点项目和企业持续加大支持力度。一方面鼓励各地金融机构探索创新投入方式支持线上经济发展，比如运用补助、贴息、担保、股权投资等方式。二是鼓励银行业金融机构通过放宽信贷条件、标准，加大对线上经济企业信贷支持力度。三是支持数字经济企业运用多种融资工具进行多渠道融资。

其中，在数字技术创新的财政支持方面，主要集中在两个方面。一是直接给予财政资金支持，比如建设工业互联网创新中心直接投入财政资金。二是直接给予财政方面的奖励来支持数字创新企业的发展。比如，对奖励名单内的国家级试点示范企业（项目）、人工智能技术创新项目等，都给予一次性 100 万元的财政奖励。[1]安徽省在《安徽省人民政府关于印发支持数字经济发展若干政策的通知》中鼓励企业主导数字技术标准的研究，对主导制定国际相关数字技术标准并取得实效的企业给予一次性 100 万元的财政奖补，对主导制定国家（行业）相关数字技术标准并取得实效的企业给予一次性 50 万元的财政奖补。

---

[1] 资料来源:《安徽省人民政府关于印发〈支持数字经济发展若干政策的通知〉》（皖政〔2018〕95 号)https://www.ah.gov.cn/szf/zfgb/8116761.html,并经过整理。

二是对数字经济市场主体培育的财政支持，主要集中在四方面。一是对于培育和引进的数字经济骨干企业，每户给予一次性200万元的财政奖励补贴，实施对象是数字经济总部（含研发总部和区域总部）新落户到安徽省的全国电子信息百强、软件百强、互联网百强企业。二是对首次进入全国电子信息、软件、互联网等方面的百强企业，分别给予一次性100万元的财政奖励补贴。三是在支持企业做大做强方面，尤其是营收规模达到一定体量的数字技术企业，按照应收体量级次给予不同的财政奖补。四是通过财政奖补鼓励数字经济企业进行"双创"。比如获得国家级制造业"双创"试点示范的企业，一次性给予100万元的财政奖补。

三是对培育数字经济平台的财政支持，主要集中在两方面。一是每年给予互联网和云服务平台企业一定的财政奖补。二是为了鼓励数字经济企业增加营业收入和融通发展，在平台内创业项目根据当年营业收入规模给予一定的财政奖励。[①]

四是对数字经济产业生态的财政支持，主要集中在四方面。一是在建设数字经济特色园区方面，对于自主研发工业APP且取得实效的并构建数字技术应用生态的企业，每年投入1000万元的财政资金支持。二是对信息化解决方案供应商给予财政奖补。三是对数字经济创新共享服务联合体中所评选出的优秀联合体，每个每年给予不超过500万元的一次性财政奖补。四是在支持应用基础设施建设和推进企业内外网基础建设上，每年从市建设云计算中心、超算中心、数据中心、灾备中心等企业中，优选一批"网效之星"企业，一次性奖励50万元。

---

① 资料来源：《安徽省人民政府关于印发〈支持数字经济发展若干政策的通知〉》（皖政〔2018〕95号）https://www.ah.gov.cn/szf/zfgb/8116761.html，并经过整理。

五是对数字经济人才智力保障的财政支持，主要是积极引进数字经济发展的高层次人才，并对新引进的人才按政府有关规定予以支持。在数字经济学科领域，组织开展享受政府特殊津贴人员、省学术和技术带头人及后备人选等高层次人才的选拔培养，在安徽省内的高等（职业）院校开设数字经济专业。在鼓励数字经济发展的人才培养上，建立健全人才数字经济人才创新的工作绩效评估和征信体系，设立容错和奖励机制制度。

六是在支持互联网数字企业平台方面，支持本省企业、高校和科研院所整合组成数字经济共享服务联合体，对每年这些服务联合体中的优选企业，给予不超过 500 万元的一次性财政奖补。[①]

（三）粤港澳支持数字经济发展的财税政策经验做法

在支持数字经济发展方面，粤港澳大湾区的发展政策更加侧重于税收政策的支持。比如《粤港澳大湾区税收服务指南》中就明确指出，在香港的新一代信息技术、金融科技、医药等创新科技产业可以享受相应的税收优惠政策。一是企业的研发费用给予税收优惠，对研发活动发生地所产生的费用进行了不同的政策管理。对于研发活动发生在境外、研发款项支付给大学或学院等的研发费用，在计算企业所得税时该研发费用可全额税前扣除；对于研发活动发生在香港、研发款项支付给本地指定的研发机构等的研发费用，加计扣除金额不受限制，其中总额中不超过 200 万港元部分可按照 300% 加计扣除，余额部分按照 200% 加计扣除。二是企业购进知识产权给予税收优惠，购买知识（技术）版权、注册设计、注册商标等知识产权的费用开支（关联方企业购买的除外），可享受当期一次或分摊

---

① 资料来源：安徽省人民政府网站相关政策 https://www.ah.gov.cn/site/tpl/3731，并经过整理。

5 年税前扣除。三是企业所得税税率优惠政策，以企业年利润 200 万元为界限，享受不同的税率优惠政策。如果企业年营业利润未达到 200 万港元，可适用 8.25% 的税率缴纳企业所得税；如果企业年营业利润超过 200 万港元，其中 200 万港元以内的部分按照 8.25% 缴纳企业所得税，超过 200 万港元的部分，按照 16.5% 缴纳企业所得税。①

再比如，澳门政府对数字企业给予一定的企业所得税优惠政策。对于数字企业的研发费用税前扣除，其收入所得用于新一代信息技术、人工智能、集成电路等创新科技业务研发投入，所产生的研发费用总额中的 300 万澳元以内部分，可以按照 300% 税前加计扣除研发费用，超过 300 万澳门元的部分，可以按照 200% 加计扣除，但税前总扣除不能超过 1500 万澳门元。澳门数字企业还可以享受所得税减免政策，如果企业年应纳税所得额不超过 60 万澳门元，则可以免征企业所得税，如果企业年应纳税所得额超过 60 万澳门元，则仅对其超过部分的应纳税所得额按照 12% 的税率缴纳企业所得税。

而广东省的数字经济税收优惠政策，主要集中于企业所得税方面。一是给予数字经济企业所得税率的减免政策，比如规定符合高新技术企业条件的数字经济企业，可以享受 15% 的税率优惠。二是给予数字经济企业应纳税所得额的减免政策，如果年应纳税所得额不超过 100 万元，减按 12.5% 计入应纳税所得额，再按 20% 税率征收企业所得税，如果年应纳税所得额超过 100 万元但不超过 300 万元的部分，减按 50% 计入应纳税所得额，按 20% 税率征收；如果企业是注册在深圳、珠海地区的高新技术产业，可叠加享受"两免三

---

① 资料来源：广州市税务局网站《粤港澳大湾区税收服务指南》http:// guangdong.chinatax.gov.cn/gdsw/gzsw_xzfw/city_list_2.shtml.

减半"等过渡性税收优惠政策。三是企业开展研发活动产生的研发费用实行加计扣除的优惠政策，研发费用未形成无形资产的，按实际发生额100%税前加计扣除，若已形成无形资产的，可按无形资产成本的200%实行税前摊销扣除。

（四）支持数字经济发展的财税政策经验做法总结

1.财政政策的经验做法总结

上述广西、安徽和港粤澳等省份（地区）支持数字经济发展的财政政策经验典型做法，大致可以概括为以下几方面。

一是通过财政奖励政策支持数字经济企业的发展。其主要做法是对数字经济特色园区内企业按照一定贡献程度给予从事数字经济产业企业适当的政府奖励，通过设立省级数字经济行业企业后备上市（挂牌）资源库的方式，支持数字经济企业参与不同资本市场主体的上市（挂牌），省级财政给予财政资金奖励，以此鼓励或吸引数字经济企业到本区域内进行数字经济产业化或产业数字化转型的发展，进而推动当地整体产业经济的数字化转型。

二是通过财政补贴政策支持数字经济企业的发展。其主要做法是为了培育和引进数字经济骨干企业、发展数字经济平台、扶持跨境交易以及数字产业园、企业数字化转型等，通过财政补贴的方式支持数字产业化和产业数字化的快速建设与推进，这种做法的好处是可以解决相关数字经济企业发展过程中的资金流紧张问题，从而达到有效推动当地数字经济的良好发展。

三是通过财政奖补政策支持数字经济人才的发展。其主要做法是对从事数字经济相关行业的高端人才、紧缺人才和数字经济创新人才，实施政府财政奖励加补贴的双重政策，吸引数字经济的相关从业人才或者创业团队来到本地做贡献。

2.税收政策的经验做法总结

上述广西、安徽和粤港澳等省份（地区）支持数字经济发展的税收政策经验典型做法，大致可以概括为以下几方面。

一是通过税收减免政策支持数字经济企业的发展和培养数字经济人才。为了扶持本省数字产业发展和吸引外地数字经济企业来本省创业，对一部分特定数字经济企业等主体给予减轻或免除税收负担，如免税、减税、税额抵免、减计应纳税额等方式降低企业税收负担。

二是通过设定优惠税率支持数字经济企业的发展和培养数字经济人才。在我国通过降低法定税率减轻企业税收负担的行业或企业，主要是适用于两类：符合条件的高新技术企业和小微企业。

从个别省份支持数字经济发展的总体做法看，这些省份对数字产业园区内符合条件的实体性企业给予了特殊的税率优惠政策，比如按照高新技术企业认定标准的数字经济企业适用15%税率后，还能享受"两免三减半"等过渡的税收优惠政策。此外，部分省份对数字经济小规模纳税人也实行了优惠税率

三是通过加计扣除政策支持数字经济企业的发展。其主要做法是针对在数字经济企业开展研发活动，其研发成本在企业所得税扣除上实行研发费用（研发成本）100%加计扣除的措施，通过加倍扣除研发费用并由政府买单的方式减轻数字经济企业进行相关科研研究的负担，以此鼓励和支持数字经济企业的基础研究。

此外，对于数字经济企业进行相关业务活动产生的、与数字经济产业业务活动有关的增值税留抵进项税额部分，即未能在当月抵扣掉的进行税额全额退还给纳税人或者实行即征即退（先征后返）的政策。

从上述广西、安徽和粤港澳大湾区支持数字经济发展的相关财税政策可以看出，其主要做法是实施本地数字经济发展的投融资政

策、数字企业落户奖励政策、企业运营过程中的税收减免政策与退税政策和财政补贴政策，以及支持数字经济人才发展的个人所得税减免政策和财政奖励政策。

五、青海省支持数字经济发展的财税政策借鉴与政策建议

目前青海省已经出台《青海省数字经济发展实施意见》《青海省人民政府办公厅关于加快推动 5G 产业发展的实施意见》，但想要落实发展本省数字经济，政策的具体性和实施性不足，因此上文于青海省而言具有有力的参考性。青海省可以根据本省的地域特点设计一个综合性数字经济发展政策方案，吸引数字经济企业和激发市场潜在活力，以此来完善数字经济发展的制度支撑体系。因此，本课题结合上述内容分析以及 2021 年国务院《"十四五"数字经济发展规划》中推动数字经济健康发展的指导思想、基本原则、发展目标、重点任务和保障措施，给出以下政策建议。

第一，以突破关键目标为导向，进行数字经济企业的深入细致调研。建议在综合数字经济发展现有条件的基础上，尽快明确需要突破数字经济发展的关键核心技术清单，以此确定"数字经济发展突破先锋企业名单"。进一步地，青海省有关部门应该分组进行深入调研，详细了解数字经济企业在创业发展过程中的痛点、难点和堵点，从而为数字经济持续发展出台财税优惠政策提供扎实的事实支撑。可通过调研测算一段时期内需要减免的相关税收规模，进而有助于对青海省整体的税收优惠结构和对象作出战略性调整，对于可通过市场机制进行调节的一般性数字经济发展项目，应适当控制其税收优惠的力度和规模，将有限的税式支出适当转向数字产业化和产业数字化方面。

第二，大幅增加中央财政投入力度，引导并调动地方政府加大数字经济产业和企业的投资力度。推动经济条件优越、资源丰富的地方政府与青海省进行跨地域的数字经济创新发展合作，设立稳定的支持数字经济发展的专项经费，也可以中央地方联合投入的方式设立数字经济企业专项基金项目，共同资助青海省数字经济发展的重大项目、重大人才团队项目，并鼓励条件成熟的省市地方政府以地方立法的方式，保证政府对数字经济领域的科技投入。

第三，吸引企业和社会资本加大青海省数字产业的投入力度，突破财税支持方式。借鉴广西、安徽等省份的数字经济发展经验，拓宽数字经济发展的投入渠道，建立健全科学捐赠、现代研发 PPP、税收优惠、科学研究基金会等体制机制。采用税收优惠政策、税收杠杆激励等多种措施，引导和鼓励社会资本以捐赠、科研基金等方式支持青海省的数字经济发展，增加社会力量对青海省数字产业的投入。鉴于数字经济企业在突破关键核心技术方面尤其是基础研究的创新突破方面，研发试错成本高的客观事实，应突破现有税收支持方式，鼓励企业最大限度地整合自有资金和社会资金进行持续研发投入，减少基础研究产生的各种后顾之忧。

（一）财政政策借鉴及其政策建议

一是青海省政府可参考安徽、广西等省（区）的做法，鼓励有条件的地区科学有序地建设大数据中心等功能性基础设施，通过设立专项资金，各级财政投资建设集中支持新一代通信基础设施建设，加快推进国家级大数据存储平台中心建设，支持数字技术创新，政府安排财政预算资金给予适当奖励，整合相关部门基础设施建设资金，针对柴达木的数字基础设施建设提供专项资金补贴，加强数字科技普惠赋能。

二是通过财政扶持政策促进数字经济的创新发展。利用科技创新驱动数字经济发展，需要不断突破数字经济发展中的关键核心技术，不断探索数字经济发展的前沿技术，加强技术应用，把握产业转型升级主动权。加大政府对数字经济领域相关科学产业基础技术与关键技术的研发投入，鼓励企业加大研发力度、吸引国内外高科技水平数字科技人才加入研发队伍。统筹青海省经济发展专项（信息化和产业发展）、科技创新发展战略专项等专项资金，争取国家重大科技专项支撑计划专项资金支持。

三是加强财税政策对数字经济的引导作用，建立多元化覆盖创新链与产业链的政府资金投入机制，通过财政资金拨款推动数字监管保护平台建立，完善网络空间法治安全。各级政府统筹整合信息化建设、电子政府等财政资金，设立"数字政府"资金，集中支持电子政务、大数据应用、数字监管平台等重点项目。

四是通过财政支出政策鼓励数字人才来青海创业发展。在合作试点创新方面，利用财税政策协调机制推进数字经济技术与人才培养领域的合作示范点建设，强化人才支撑作用，政府可以依托中央和地方的重大人才培养工程，加快引进和培养一批数字领域急需的领军人才、拔尖人才。同时，还要多渠道多方位地利用好财政政策，以便有益于支持高端数字经济人才的培育，比如可以通过设立高校专项培养资金支持符合条件的高校创建特色化示范性软件学院，通过鼓励数字经济产业企业、数字经济产业园区与高等院校研究所共同建立数字经济人才培训孵化基地，不断完善数字经济人才发展的激励机制，从而扩大和支持数字经济相关领域建设的人才队伍。

（二）税收政策借鉴及其政策建议

1.所得税政策借鉴及政策建议

在个人所得税优惠政策方面，对在青海省从事数字经济发展工作的高端数字经济专业人才或紧缺人才，给予个人所得税优惠政策，享受优惠政策的所得来源，包括来源于青海省的综合所得（包括工资薪金、劳务报酬、稿酬、特许权使用费四项所得）、经营所得以及经青海省认定的人才补贴性所得，并规定纳税人在青海省办理个人所得税年度汇算清缴时享受优惠政策。

青海省可借助全国高校和科研院所等外部优质资源，建立"高校＋企业"直接对标未来发展数字经济新模式，明确一批数字产业化和产业数字化的研究机构名单及其校企合作重点孵化项目，引入到青海省内进行重点扶持和培育。在这个过程中，应允许从事数字产业化和产业数字化领域研究的人才，享受最高 15% 税率的个人所得税优惠，以技术入股实现商用和量产的收益，免征个人所得税。

在企业所得税政策方面，一是对注册在青海省内属于鼓励类行业的具有实质性经营活动的数字经济企业，实行税额减免政策。二是对新增境外直接投资产生的所得部分给予免征。三是青海省数字经济企业按照资产购置金额划分不同的税收优惠政策。对于从事数字经济的企业在海外设立研发中心给予相应税收优惠用于对相关研发仪器的购置等，对专门从事创新研发及相关活动的纳税人，可考虑实施公司开始经营活动前免征公司所得税等创新激励税收优惠政策。在数字企业的研发费用优惠方面，区分不同类型的研发费用，给予不同的税收优惠政策。

此外，对于从事数字经济发展的企业在创业阶段发生的亏损部分，在现有企业所得税法基础之上，可再继续通过延长亏损弥补期限的方式递延这部分亏损，其递延期限以 10 年为限。在鼓励青海省数字经济"产、学、研"的整体发展方面，可通过税收政策激励"产、学、研"联合研究，以及政府委托高校（科研院所）研究的研究费用直接抵扣所得税额。

2. 流转税相关政策借鉴及政策建议

在增值税的相关优惠政策方面，一是对在青海省内从事服务贸易、平台经济的数字经济企业在初创期、孵化期内实行增值税加计抵减政策，把现行生产性、生活性服务业的增值税加计抵减政策扩围到数字经济服务产业范围内，以此解决青海省数字经济服务产业的增值税税收负担问题；二是对符合条件的数字经济企业可参照国家税务总局公告2021年第15号文件的做法[①]，实行全额的增量留抵退税政策；三是对青海省数字经济基础设施建设进行投资并达到一定投资规模的企业，给予增值税即征即退或先征后返（退）政策，也可以参照集成电路企业在增值税上的做法，若实际税负超过3%，超过部分退还给相应企业。对于金融机构和非金融机构提供的专项贷款资金，免征利息收入增值税和附加税费。

另外，针对数字经济企业人工成本的增值税负担高的问题，可考虑以下做法：经人力资源和财税部门共同认证的数字经济发展核心人才，其引进成本、工资薪金和各项绩效奖励，其对应服务成本部分作为增值税进项税额全额抵扣等。

3.其他税种政策借鉴及政策建议

青海省可参照河北省的做法，对从事信息技术行业中增值税小规模纳税人按应纳税额50%的幅度减征资源税（不含水资源税）、城市维护建设税、房产税、城镇土地使用税、印花税（不含证券交易印花税）、耕地占用税、教育费附加、地方教育附加等。这样有利于一定程度上缓解企业生产经营过程中的现金流紧张问题，也有利于进一步支持企业扩大再投资和经营规模。

---

① 国家税务总局公告2021年第15号文件规定的5个条件是：1.增量留抵税额大于零；2.纳税信用等级为A级或者B级；3.申请退税前36个月未发生骗取留抵退税、出口退税或虚开增值税专用发票情形；4.申请退税前36个月未因偷税被税务机关处罚两次及以上；5.自2019年4月1日起未享受即征即退、先征后返（退）政策。

参考文献：

[1] 张美萍 . 政策工具视角下我国数字经济政策研究——基于省级政府政策文本的内容分析 [J]. 理论建设 ,2021,37(03):90-97.

[2] 湖北省人民政府 . 湖北省加快发展数字经济培育新的经济增长点的若干措施 [Z].

[3] 广西壮族自治区人民政府办公厅 . 广西壮族自治区人民政府办公厅关于印发加快广西数字经济发展若干措施的通知 [Z].

[4] 安徽省人民政府 . 关于印发支持数字经济发展若干政策的通知 [Z].

[5] 山西省人民政府 . 山西省加快推进数字经济发展的若干政策 [Z].

[6] 福建省人民政府办公厅 . 关于加快全省工业数字经济创新发展的意见 [Z].

[7] 湖南省人民政府办公厅 . 关于持续推动移动互联网产业高质量发展 加快做强做大数字产业的若干意见 [Z].

[8] 河北省人民政府办公厅 . 关于支持数字经济加快发展的若干政策的通知 [Z].

[9] 中国信息通信研究院 . 中国数字经济发展白皮书（2020）[R]. 中国信息通信研究院，2021.

[10] 唐红涛，陈欣如 . 财税政策助推数字经济高质量发展研究 [J]. 科技智囊 ,2021(04):8-14.

作者简介：薛伟，厦门国家会计学院讲师；邓建平，厦门国家会计学院讲师教授。

支持青海培育发展平台经济
财税政策研究

黄波涛

第一章　青海省平台经济的发展现状及存在的问题

一、青海省经济发展现状及特征

（一）青海省经济发展情况

2020 年青海省全年国民生产总值为 3005.92 亿元，按可比价格计算，比上年增长 1.5%。从青海省生产总值增长情况来看，2015 年以来，青海省生产总值增速基本低于国内生产总值增速，见图 1–1（资料来源：国家统计局、青海省统计局）。从各省地区生产总值排名（不包括香港、澳门、台湾）来看，青海省 2020 全年及 2021 年 1 季度地区生产总值绝对值均排名第 30 位，仅高于西藏自治区。

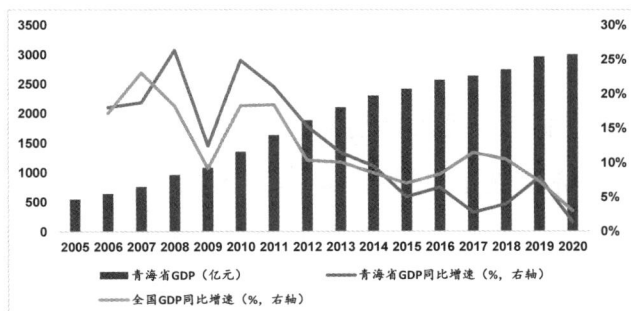

图 1–1　青海省生产总（GDP）及其增速

分产业看，青海省三大产业发展趋势与全国趋势接近，2020年三大产业对青海省出产总值贡献度分别为11.12%、38.04%、50.84%，见图1-2（资料来源：青海省统计局），与全国7.7%、37.8%、54.5%的情况相比，第一产业占比更高，第三产业发展情况稍落后。2020年第一产业增加值334.30亿元，增长4.5%；第二产业增加值1143.55亿元，增长2.7%；第三产业增加值1528.07亿元，增长0.1%。第一产业增加值占全省生产总值的比重为11.1%，第二产业增加值比重为38.1%，第三产业增加值比重为50.8%。

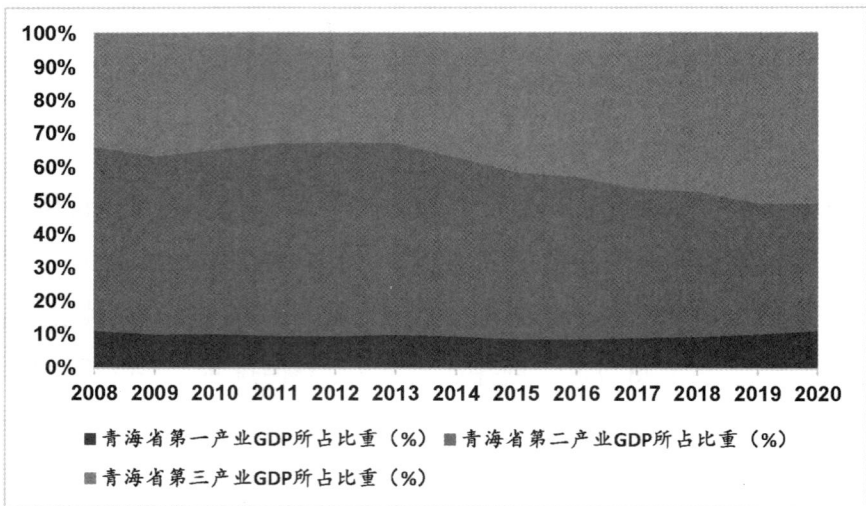

图1-2 青海省三大产业对青海地区生产总值（GDP）贡献比重

（二）青海省经济发展的特征

青海省经济发展不平衡，其中一个突出表现是城乡间经济发展不平衡。首先，青海省城市的发展质量以及规模与农村不平衡，其次，城市居民的收入、消费均远高于农村居民，城镇居民的获得感高于农村居民。同时，青海省公共服务设施和服务能力的供给短缺是城乡经济发展不平衡的重要表现。其中，公路、铁路、航空的供给在城乡之间不平衡，其次，教育、医疗保险、社保、养老机构在农村的数量少，远远落后于城镇。

2020年，青海省城镇常住居民人均可支配收入为35506元，农村常住居民人均可支配收入为12342元。分地区来看，分别从各地市的城乡居民人均可支配收入来比较。下表1-1说明青海省的城乡居民收入的差别较大。

表1-1　2020年青海省各市、州城乡居民可支配收入

地区	全体居民人均可支配收入	城镇人均可支配收入	农村人均可支配收入
西宁市	30203	36959	13487
海东市	20066	33509	12444
海北州	21699	35487	14842
黄南州	18331	35021	10708
海南州	21047	34529	13380
果洛州	16534	37328	9848
玉树州	19399	37011	9800
海西州	30168	36806	16107

资料来源：青海省统计局

区域间经济发展不平衡是经济发展不平衡的表现之一。青海省共划分为2个地级市、6个自治州。西宁市是青海省省会，也是经济、政治、文明、交通中心。2020年，西宁市生产总值1373亿元，黄南州生产总值109.4亿元，海西州生产总值619.8亿元，海北州生产总值95.1亿元，玉树州生产总值63.6亿元，海南州生产总值181.6亿元。根据2020年的青海省各地区生产总值数据来看，青海省的区域间经济发展不平衡。其中，西宁市和海西州的地区生产总值相对较高，经济综合实力相对较高。

产业间发展的不平衡主要表现为农业、工业、服务业之间的不平衡，以及农业内部、工业内部、服务业内部发展不平衡。青海省利用资源禀赋，形成光伏发电、盐湖钾肥、铝电联营的特色工业，同时，也形成了以高原旅游为特色的服务业，但农业内部、工业内部以及服务业内部仍存在着发展不平衡的问题。青海省农业整体发展水平不高，虽然农牧产品数量多，但品种和结构单一，科技化不足、缺乏先进技术；工业内部，重工业与轻工业发展不平衡，多集中于粗放型的重工业，既耗能又依赖资源。

青海省是 10 家上市公司的注册所在地，数量比较少，反映出当地经济一定程度上还有较长的发展空间。从宏观角度来看，青海省的上市企业发展主要集中在化学制品和有色金属冶炼方面，第二产业占比高，第三产业占比较低，在大力发展第二产业的同时还需进一步推动产业转型和升级。

表 1-2　2020 年青海省上市公司情况

公司	所属行业	总市值（亿元）	市值占比
藏格控股	化学制品	561.05	41.14%
西部矿业	有色冶炼加工	393.2	28.83%
远东股份	电气设备	129.83	9.52%
青青稞酒	饮料制造	99	7.26%
青海春天	饮料制造	54.6	4%
西宁特钢	钢铁	43.06	3.16%
金瑞矿业	基础化学	26.48	1.94%
正平股份	建筑装饰	21.06	1.54%
青海华鼎	通用设备	18.83	1.38%
ST 顺利	计算机应用	16.69	1.22%
合计	—	1363.8	100%

资料来源：wind Data Senice

（三）青海省的产业转型与新兴产业

青海省的诸多传统产业曾借助资源优势和主导地位，高速增长，为青海省经济社会和全国工业作出了重大贡献。但是，由于粗放生产形成的高消耗、高污染、低效益的经济增长模式，给青海的资源和环境带来了巨大的压力，阻碍了经济的可持续发展。在这种情势下，迫切需要传统产业向智能、环保和高效的方向实现转型。

2018年7月，中共青海省委十三届四次全会作出了"一优两高"的战略部署，即"坚持生态保护优先、推动高质量发展、创造高品质生活"，全面贯彻落实新发展理念，把生态保护优先作为首要前提，把高质量发展作为基本路径，把高品质生活作为根本目标，成为指导青海省发展的蓝图和路径。国家主席习近平在2021年"两会"上强调："要结合青海优势和资源，贯彻创新驱动发展战略，加快建设世界级盐湖产业基地，打造国家清洁能源产业高地、国际生态旅游目的地、绿色有机农畜产品输出地，构建绿色低碳循环发展经济体系，建设体现本地特色的现代化经济体系。"

随着青海省实施"一优两高"发展战略逐步深入以及"一带一路"建设的不断推进，为青海省传统产业的转型带来了巨大机遇，筑起了乘势而上的阶梯。青海省从政策、市场、企业自身等多角度发力，多层面激发企业在非资源要素方面的投入力度，最大限度提高自然资源利用率，降低资源开发带来的环境影响，通过产业转型升级协调经济增长与环境保护之间的矛盾，迈向可持续之路。

在稳步扩大新能源电站建设规模的基础上，依托当地高强高韧镁合金制造、机械制造、装备制造等产业发展，以纯碱、玻璃纤维、高分子复合材料等产业基础，以打造装备制造业基地为目标，推动产业向规模发展、产业配套、高效示范迈进。通过发展相关投融资、研发设计、运营及管理等产业，构建了技术研发、装备制造、电站建设、运营维护、电能输送于一体的大规模、全产业链整体协同发展的产业体系。

同时，青海省依托周边地区盐湖、油气、有色金属、新能源等特色优势资源，形成了传统产业和新兴产业融合联动发展的基础。通过建链、补链、强链等有效措施，轻质金属、合金新材料、高性能复合新材料、耐高温阻燃新材料、绿色建材等产业快速发展，使镁系产业、锂系产业、新能源三大产业，在新旧产业相互融合中产生了集聚效应。

对照标准化、高端化发展目标，设备零部件制造产业、特殊大型非标设备制造产业日益强化，并在数控机床关键部件制造产业、精密仪器仪表自动化控制系统设备制造产业，以及3D打印等智能化装备制造产业等上迈上了融合发展的新台阶。

青海省以锂电储能、光伏制造、有色合金新材料、特色化工、生物医药和高原动植物资源精深加工等五大优势产业集群为主导，传统产业与新兴产业双轮驱动，产业链纵向延伸、横向耦合的现代产业体系基本形成。传统产业和新兴产业的协同发展，使传统产业的生命周期得以延长，将多个相互关联的行业有机结合，拓展了产业链的各个环节，又通过新兴产业与传统产业的融合发展，推动传统产业转型升级。以现有大中型企业为基础，借助工业园区搭建的平台，吸引投资以聚集一批龙头企业，带动关联产业发展，形成联动发展的良性循环。上下游产业也由此前的"大而全、小而散"在融合联动中向"大而专、小而精"方向转变，并向更为广阔的产业空间衍生出发展触角。

二、青海省平台经济发展存在的问题

（一）平台交易的地域发展不平衡

青海省平台交易的地域发展不平衡。由于平台交易主要属于国内贸易业，因此以 2020 年青海省各市、州社会消费零售总额占比为样本来分析各地区平台交易的比例，其中，西宁市占比 65%，前三位的地市社零总额占比合计 88%，见图 1-3（资料来源：青海省统计局）。

2020年青海省各市、州社会消费零售总额占比

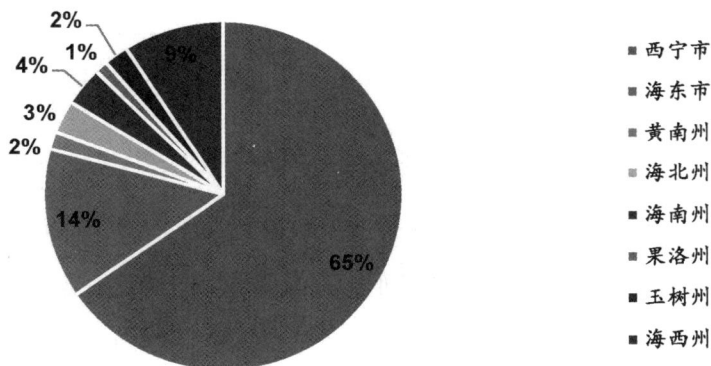

图 1-3　2020 年青海省各市、州社会消费零售总额占比情况

电子商务交易活动的区域发展同样不平衡，主要集中在西宁市。2020 年数据显示，全省有电子商务交易活动的企业共 235 家，其中 135 家企业集中在西宁，占有电子商务交易活动的企业总数的 57%，区域发展极不平衡，见表 1-3。

表 1-3　2020 年青海省分地区企业信息化及电子商务情况

地　区	企业数（个）	企业拥有网站总数（个）	每百家企业拥有网站数（个）	有电子商务交易活动		电子商务销售额（万元）	电子商务采购额（万元）
				企业数（个）	比重（％）		
全　省	2288	980	43	235	100%	2015673	1973514
西宁市	1301	568	44	135	57.45%	1613765	1607023
海东市	339	140	41	24	10.21%	142536	103159
海北州	71	24	34	7	2.98%	26351	17752
黄南州	53	26	49	5	2.13%	21878	13153
海南州	109	38	35	20	8.51%	60335	29398
果洛州	15	10	67	4	1.70%	17461	10157
玉树州	13	5	39	2	0.85%	23999	16869
海西州	387	169	44	38	16.17%	109349	176003

资料来源：青海省统计局

（二）平台交易活跃度分布不平衡

由于青海省各地区地理条件和经济发展不均衡，各地区平台交易活跃度分布不均衡。以阿里数据披露的 2018—2020 年青海省参与天猫"双十一"交易的样本来分析，西宁、海西、海东交易额占比超过 90%。

2018 年"双十一"全天，天猫平台上青海省交易额 3.59 亿元，其中，西宁市交易额 2.61 亿元，海西州 0.38 亿元，海东市 0.28 亿元，海南州 0.094 亿元，海北州 0.069 亿元。交易活跃度最强的市县（区）是：格尔木市、湟中县、互助县、大通县和平安区。

2019 年来自"阿里数据"的统计，"双 11"全天，青海交易额为 4.09 亿元，较去年增长 14%，全国排名 30 位，与去年排名持平。其中，对外销售额为 2736 万元，比去年增长 2%。从区域交易排行来看，西宁市以 2.99 亿元交易额赢得"青海第一"，较去年增长 15%。排名第二的是海西蒙古族藏族自治州，交易额 4201 万元；海东市、海南藏族自治州、海北藏族自治州紧随其后，交易额分别为 3254 万元、1057 万元、831 万元。

2020 年"双十一"全省交易额 7.57 亿元，其中西宁市贡献了 5.48 亿元，排在全省第一；排名第二的是海西蒙古族藏族自治州，交易额 7339 万元；海东市紧随其后，交易额为 6671 万元；海南藏族自治州、海北藏族自治州、玉树藏族自治州、黄南藏族自治州交易额分别为 1966 万元、1798 万元、1396 万元、1142 万元；果洛藏族自治州交易额 652 万元。

表 1-4　2018—2020 年青海各地参与天猫"双十一"的情况

行政市/州	2018 年		2019 年		2020 年	
	金额（亿元）	占比	金额（亿元）	占比	金额（亿元）	占比
西宁市	2.61	72.7%	2.99	73.11%	5.48	72.39%
海西州	0.38	10.58%	0.4201	10.27%	0.7339	9.69%
海东市	0.28	7.8%	0.3254	7.96%	0.6671	8.81%
海南州	0.094	2.62%	0.1057	2.58%	0.1966	2.6%
海北州	0.069	1.92%	0.0831	2.03%	0.1798	2.38%
玉树州	—	—	—	—	0.1396	1.84%
黄南州	—	—	—	—	0.1142	1.51%
果洛州	—	—	—	—	0.0652	0.86%
合　计	3.59	100%	4.09	100%	7.57	100%

资料来源：阿里数据

另外，青海省内可正常访问的电商企业网站有 3700 家，交易类平台 12 个。但 12 个交易类平台中活跃的仅 4 个，分别是青报商城、稳当生活、过日子网、青海供销 e 家。除自己创办电商企业网站、打造交易类平台外，青海省绝大部分电商以网店形式存在，入驻国内主要平台的网店约 2.2 万家（2019 年数据）。其中，入驻淘宝、天猫、京东、拼多多、唯品会、苏宁易购等平台的商品交易类网店 5800 余家，这些网店集中分布在西宁市，占总数的 70%。

（三）平台之间利用技术手段限制竞争

2019 年 11 月，青海省市场监管局组织召开"促进平台经济规范健康发展行政指导会"。会议通报了平台交易存在的突出问题，其中包括平台之间利用技术手段限制竞争①。

限定交易行为在国外又称为排他交易行为（ExclusiveDeal-ing），是指交易一方对另一方的行为进行限制，要求另一方只能或主要与其进行交易。该行为一旦实施，就基本上排除了与第三方进行交易的可能性。我国《反垄断法》第 17 条规定：禁止具有市场支配地位的经营者从事下列滥用市场支配地位的行为：没有正当理由，限定交易相对人只能与其进行交易或者只能与其指定的经营者进行交易。基于该条规定，不少学者认为限定交易行为是一种滥用市场支配地位的行为。实际上，限定交易行为是一种比较常见的商业行为，早已有之，并不必然与市场支配地位有关，也不必然违法。具有优势地位的平台经营者也可以实施限定交易行为。买卖双方之间签订协议，互相要求独家交易，排除与第三方交易的可能性也是一种限定交易行为。这种独家交易行为在反垄断法的语境下通常纳入纵向非价格垄断协议中加以分析，属于我国《反垄断法》第 14 条规定的"国务院反垄断执法机构认定的其他垄断协议"。电子商务平台经营者实施的限定交易行为在我国还可能是一种不正当竞争行为。

① 青海省市场监管局. 青海省市场监管局加强行政指导促进平台经济规范健康发展 [EB/OL].(2019-11-26)[2021-12-13].

电子商务平台经营者的限定交易行为俗称"二选一"。自 2010 年起，电子商务领域以"二选一"为代表的限定交易行为不断升级，从"双 11""618"等集中促销期间的"二选一"到非促销期间的"二选一"，从小规模的"二选一"到大规模的"二选一"，渐趋常态化，甚至还出现了"无平台不二选一"的趋势。目前涉及"二选一"限定交易行为的著名电子商务平台至少有京东、天猫、淘宝、美团、饿了么等。与此同时，电子商务平台经营者的限定交易行为由于技术手段的介入而显得更为复杂。对于不遵从"二选一"的平台内经营者，电子商务平台可以采取搜索降级、流量限制、店铺屏蔽、强制下线、关闭入口等技术惩戒措施，甚至可以利用技术从后台修改参数、数据，让平台内的经营者迅速断流。利用技术实施的限定交易行为不仅隐蔽，而且难以取证。

（四）电商人才短缺，制约平台经济发展

2019 年"双 11"全天，青海省对外销售额 2736 万元，同比增长 2%，贸易逆差 3.82 亿元。但是，青海省市场监管局网络交易与电子商务监督管理处相关负责人表示，2736 万元的对外销售额不能代表青海省电商的真正水平，受人才因素制约，青海一些知名品牌企业委托省外电商运营团队销售，部分交易额不计算在青海范围内。

以青海供销 e 家为例，平台成立于 2015 年底，以农产品销售为主。由于缺乏专业的运营团队，线上订单并不多，再加上冷链物流费用高，平台只能把精力转移到线下。而另一个平台过日子网的主打产品为生鲜食品，专注于盘活本地市场。2019 年过日子网的销售额整体下滑，原因在于专业运营人才稀缺，而聘请的技术人员远在北京。配送成本高、产品供应前端质量参差不齐，也让稳当生活发愁，急需政府提供引导性培训，引进专业人才。

（五）地理位置偏远，物流难度较大

青海省位于西部高海拔地区，交通条件不便。2020年的数据显示，青海省铁路营业里程2854公里，线路密度（单位面积内所拥有的交通线路长度）为39.58公里每万平方公里；公路通车里程85131公里，线路密度1180.41公里每万平方公里；民用航空航线里程190116公里。铁路和公路的线路密度均显著低于全国平均水平。考虑到青海省区域面积较大，更能显示青海省交通条件的不便程度。

表1-5　2020年青海省及全国铁路、公路、民航里程情况

地区	铁路		公路		民用航空航线里程（公里）
	营业里程（公里）	线路密度	通车里程（公里）	线路密度	
青海省	2854	39.58	85131	1180.41	190116
全国	146300	152.4	5918100	6164.69	9426300

资料来源：青海省统计局、国家统计局

另外，快递费居高不下，制约了青海省平台经济的发展。2020年，青海省快递单均价（快递业务收入/快递量）达到31.55元，是全国平均快递单价10.55元的近3倍。根据《青海新闻网》2019年12月16日的报道，"物流都是制约电商发展的一大因素……'网友通常会被我们牦牛肉图片吸引，觉得很诱人，认为价格不是问题，但一听说5千克牦牛肉的航空运费是100元，很多人表示不能接受。'"

表1-6　2020年青海省及全国快递业务量、收入及单均价情况

指标	青海省	全国
快递量（万件）	1896.06	8335789.43
快递业务收入（万元）	59825.66	87950000
快递单均价（元）	31.55	10.55

资料来源：国家统计局

三、青海省平台经济发展的现状分析

（一）竞争优势分析

1.生态资源禀赋优越

青海省是稳疆固藏的战略要地，气候冷凉干燥，清洁能源、锂资源储备丰富，发展平台经济具有得天独厚的优势。青海的生态旅游资源得天独厚，集山宗、水源、异域、净土等诸多特点于一身，青海省拥有世界最大面积的高寒湿地、草原、灌丛和森林等生态系统，是世界上高海拔地区生物、物种、基因、遗传多样性最集中的地区。

2.特色产业基础良好

青海省各地区充分依托优势资源并借助展会平台，进一步扩大对外开放，强化招商引资，在引来了资金和人才的同时，形成了深厚的特色产业基础。

青海最大的价值在生态，最大的潜力在生态，最大的责任也在生态。青海省积极融入国家战略，全省生态文明建设扎实有序推进，生态文明体制机制日趋完善。此外，青海省深入挖掘全省独特的自然资源和丰富的人文资源，开发具有地域特色和民族风情的旅游产品，在景区建设、品牌宣传、旅游线路、旅游商品等方面，将文化贯穿到旅游发展的全过程，形成了文化与旅游产业融合发展的新局面。青海把生态建设与产业发展有机统一起来，加强草地生态畜牧业试验区、现代农牧业示范区、农牧业科技园建设，打造粮油、果蔬、沙棘、枸杞等特色品牌产业，探索走出一条生态环境得到保护、绿色产业得到发展、广大群众得到增收的路子。依靠省内优势资源，青海还打造了盐湖化工产业、锂电产业、金属合金新材料产业、光伏光热产业等特色产业，形成了上下游产能相互匹配的、涵盖光伏、光热、风电等种类齐全的新能源产业。

（二）竞争劣势分析

1.专业人才严重缺乏

平台经济是一种集知识、技术、管理、资本与创业精神于一体的新的经济形态，需要大批专业人才支持。目前，人才缺乏是制约平台高质量发展的关键因素。必须要在人才培养上下大力度、投大精力。只有解决好"人才"匮乏问题，平台经济的强大生产力才能真正凸显。2020年，青海省全省使用139604台计算机，每百人使用42台计算机，仍有较大发展空间。

2.平台不正当竞争，市场秩序混乱

当前平台经济发展存在诸多难题：

一是平台垄断造成竞争短板。规模经济、数据驱动等优势在增进平台企业效率的同时，也可能造成强者愈强的马太效应。

二是信用短板制约健康发展。共享平台的用户信息安全、搜索平台的信息真实度等诚信缺失现象迭出，背后是信用短板。构建守信激励、失信惩罚的社会信用体系，前提是有作为社会信用的公共品与基础设施的数据共享平台，目前覆盖各地区、各部门、各类市场主体的信用信息"一张网"还未形成，科学合理界定责任主体成为迫切要求。

三是法规体系滞后导致监管短板。由于平台企业跨界多元经营、跨界动态竞争的特征，平台经济领域的反垄断法规面临更加繁复的类型化场域界分与适用方法匹配的问题，需要监管部门协同联动，推动反垄断法规制度有序有效展开。

（三）机会分析

1.政策机遇

一是国家高度重视。国家主席习近平在2021年"两会"上强调：

"要结合青海省优势和资源，贯彻创新驱动发展战略，加快建设世界级盐湖产业基地，打造国家清洁能源产业高地、国际生态旅游目的地、绿色有机农畜产品输出地，构建绿色低碳循环发展经济体系，建设体现本地特色的现代化经济体系。"2019年2月，商务部等12部门联合印发了《商务部等12部门关于推进商品交易市场发展平台经济的指导意见》[①]；2019年8月8日，国务院办公厅印发《商务部等12部门关于促进平台经济规范健康发展的指导意见》。丝绸之路经济带建设实际上是从国家层面拓展了中国和中亚、西亚、南亚的合作空间，形成了对外开放的新格局，给整个西部地区提供了千载难逢的发展机遇，是新疆、甘肃、青海等欠发达地区的福音，也是青海乃至西部各省区推动西部大开发战略的重要契机。

二是青海省积极推动平台经济发展。发展平台经济是青海省实施"一优两高"战略、建设"五个示范省"、以"四种经济形态"引领转型发展的重要内容之一，也是适应疫情应对形势，培育壮大新兴产业的具体实践。2021年8月27日，青海省印发《关于促进互联网平台经济规范健康发展的若干措施》，从培育壮大规上（限上）平台企业、扶持特色电商企业、激发双边市场交易、鼓励引进平台总部企业、支持平台建设运营、加快物流仓储项目建设、落实税收优惠政策、激发人才积极性、鼓励地方加大支持等九个方面提出支持政策[②]。

---

① 参见《商务部等12部门关于推进商品交易市场发展平台经济的指导意见》（商建函〔2019〕61号）。
② 参见《关于促进互联网平台经济规范健康发展的若干措施》（青政办〔2021〕65号）。

2.市场机遇

青海省位于中国西部十省市的中心地带，交通四通八达，已经建成了陆空二位一体的面向国内、辐射周边国家和省市的现代综合交通运输体系，经济发展突飞猛进，特色支柱产业已具规模。已初步打造了传统产业与新兴产业双轮驱动、产业链纵向延伸、横向耦合的现代产业体系。而平台经济建设，必将把青海经济发展带入更高层面的"快车道"。

（四）挑战分析

1.产品单一，市场竞争激烈

青海平台企业的产品主要集中于农产品，以2019年天猫"双十一"的交易数据为例，青海省对外销售商品中，枸杞占25.2%，肉制品占11.1%，冬虫夏草占3.4%，乳制品占1.4%。这些产品在周边省份都有生产，如宁夏的枸杞、内蒙古和甘肃的乳制品和肉制品等，都比青海省起步早、规模大、产业成熟，营销渠道也比较畅通。不同省区之间的同类产品大都是比较接近的替代品，如果青海省不能突出自己的特色，就很难在竞争激烈的市场中占有一席之地。

2.企业恶性竞争，产品品质受到质疑

青海省平台企业近年来在取得快速发展的同时，也暴露出一些问题：如恶性竞争、压价销售，在红枸杞、黑枸杞销售上体现得最为明显；销售的食品变质，牛肉干、酸奶是重灾区；网红带货不发货、推销商品与实际收到的不符合；平台间竞争激烈，二选一问题突出（入驻不同平台的同一家网店）；电商配套设施不足，电商发展氛围不够浓厚。有不少电商提及：产品供应前端品质不稳定、缺斤短两，影响自己的口碑。一些平台对网店经营主体信息审核把关不严，网店发展良莠不齐，监管困难；网络集中促销活动中，网店"刷单抄信"

虚构自身商誉，或以恶意评价损害其他经营者商誉现象严重。

第二章　支持青海省平台经济发展的财政政策现状分析

一、支持青海省平台经济发展的财政政策现状

2021 年 4 月 22 日，《青海省国民经济和社会发展第十四个五年规划和二〇三五年远景目标纲要》（以下简称《纲要》）已经青海省第十三届人民代表大会第六次会议审议批准并发布，其中在发展指标中强调：一级指标中数字经济产值年均增长率预期为 10%，高于生产总值年均增长率 5.5% 的预期[①]。

互联网平台经济进入加速发展阶段。互联网平台经济的快速崛起是近年来全球经济发展的一个重要特征，平台型企业成为十年来发展最快的公司。据商务部统计，中国电子商务交易规模从 2010 年 4.55 万亿增长到 2020 年的 37.21 万亿，年均复合增长率达 23.4%。发展平台经济已连续 2 年写入国务院政府工作报告，2020 年被列为青海省委省政府确定的"四种经济形态"之一。

坚持发展和规范并重是促进互联网平台经济健康持续发展的必然要求。当前，我国平台经济发展的总体态势是好的，作用是积极的，同时一些平台企业发展不规范、存在风险、监管体制不适应等问题较为突出。把握平台经济发展规律，出台相关措施，明确规则，划

---

① 青海省第十三届人民代表大会第六次会议.青海省国民经济和社会发展第十四个五年规划和二〇三五年远景目标纲要 [EB/OL].(2021-02-04)[2021-12-13].https://www.ndrc.gov.cn/fggz/fzzlgh/dffzgh/202106/P020210617663445978340.pdf.

清底线，规范秩序，对互联网平台经济进行更加有效的监管，是促进互联网平台经济健康持续发展的必然要求。

互联网平台经济是青海省经济发展短板和未来重要机遇。目前青海省第三方互联网平台企业数量少、规模小，限额以上利用互联网销售的商贸类企业仅 30 家左右，出台相关举措有利于推动互联网平台经济发展。青海省资源禀赋条件优，特色产业基础好，随着"四种经济形态"培育和"四地"建设不断推进，平台经济发展空间广阔，未来将成为青海省新旧动能转换的重要支撑。

2021 年 8 月 27 日，青海省人民政府办公厅印发《关于促进互联网平台经济规范健康发展若干措施》（以下简称《若干措施》）的通知，《若干措施》自 2021 年 9 月 26 日起实行，将采取一系列措施和导向，促进青海省互联网平台经济规范健康高质量发展。其中，具体措施涉及以下方面：

（一）重点发展

加快"四种经济形态"培育，大力发展盐湖、清洁能源、生态旅游、绿色有机农畜等重点领域互联网产业平台和服务平台，赋能"四地"建设。围绕商品交易、服务供给、要素支撑等重点方向，着力打造一批以网络交易为核心、以供应链管理为支撑、后台数据分析与品牌建设协同发展的电子商务平台；搭建一批集网上信息发布、交易支付、售后服务、物流仓储服务、价格发现及行情监测等功能于一体的跨区域双多边交易平台；培育一批特色明显、资源富集、应用繁荣、支撑有力的产业服务平台。坚持发展与规范并重，营造良好发展环境，提升监管能力水平，不断激发互联网平台经济活力和创造力，增强经济发展新动能，贯通经济循环各环节，为实现"一优两高"战略提供有力支撑。

（二）政策支持

对市场监管、税务、统计登记在青海省境内、具有法人资格并实行独立核算的平台企业予以支持，包括利用互联网、物联网、大数据等现代信息技术为双边或多边用户提供交易和服务的第三方平台企业（不含互联网金融平台企业），以及利用互联网进行商品销售且网络销售额占总销售额20%以上的限额以上商贸类企业（不含烟草类企业）。

1. 培育壮大规上（限上）平台企业

对新开业入库及较上年同期基数有增长的平台企业予以奖励。第1年按新增营业收入的10%给予一次性奖励，第2年按新增营业收入的12%给予一次性奖励，第3年按新增营业收入的15%给予一次性奖励；每年奖励上限500万元。对批发类平台企业，第1年按新增商品销售额的3%给予一次性奖励，第2年按新增商品销售额的4%给予一次性奖励，第3年按新增商品销售额的5%给予一次性奖励；每年奖励上限500万元。对零售类平台企业，第1年按新增商品销售额的5%给予一次性奖励，第2年按新增商品销售额的6%给予一次性奖励，第3年按新增商品销售额的7%给予一次性奖励；每年奖励上限500万元。

2. 扶持特色电商企业

对实现青海省实物类产品外销且年网络零售额达1000万元以上或在全国性知名平台单品类销售年度排名全国前15位或年度录用大专及以上学历毕业生15人以上的电商企业，一次性给予30万元奖励。

3. 激发双边市场交易

对撮合双边或多边交易超过1亿元的第三方平台企业进行奖励，第1年按年交易额的0.1%进行奖励，第2年按年新增交易额的0.2%

进行奖励，第 3 年按年新增交易额的 0.3% 进行奖励；每年奖励上限 500 万元。

4.鼓励引进平台总部企业

支持国内知名平台或互联网企业在青海设立独立法人，对示范引领作用大、实际效果突出的平台企业给予一次性 50~200 万元落户奖励，具体额度以每年印发的申报指南为准。

5.支持平台建设运营

获得银行业金融机构贷款且用于平台项目建设或作为流动资金的，按照贷款合同签订日贷款基础利率给予全额贴息，每户企业每年累计贴息金额不超过 200 万元。鼓励政府性融资担保机构对符合政策要求的平台企业提供担保增信。

6.加快物流仓储项目建设

平台企业或第三方物流企业在国内中心城市或省内物流薄弱节点布局建设仓储分拨中心或交割仓，解决产品最初一公里、最后一公里成效突出、降低仓储物流费用明显的，对其前置仓固定资产投资的 20% 或租赁仓储费用的 30% 予以后补助，单仓补助上限 100 万元。

7.落实税收优惠政策

对符合西部地区鼓励类产业目录、属于高新技术企业、技术先进型服务企业的平台企业，按照相关政策规定，减按 15% 的税率征收企业所得税。

8.激发人才积极性

平台企业引进或培养的杰出人才、领军人才、拔尖人才和创新创业团队，符合相关条件的可入选青海省"高端创新人才千人计划"。

9.鼓励地方加大支持

各市州政府、产业园区管委会可参照招商引资相关政策，按"一事一议""一企一策"方式研究确定奖补及融资、建设、场地租金、设备投入、人才保障等方面的支持举措。

（三）加强监管

1.完善监管机制

把握平台经济发展规律，健全平台经济管理体系，明确规则，划清底线，引导合规有序发展；加强政府监管，强化部门协同、区域联动，优化监管框架，加强日常监管，实现事前事中事后全链条监管，及时预警风险隐患，提升监管效能；压实平台运营企业主体责任，加强各参与主体行为管理，强化信息核验、产品和服务质量、平台（含 APP）索权、消费者权益保护、网络和数据安全保障等方面的责任和义务，切实维护平台生态环境；构建企业自治、行业自律、社会监督和政府监管相结合多元共治的治理格局，形成监管合力。

2.突出监管重点

强化行业主管部门及平台企业数据安全责任，维护好用户数据权及隐私权；维护市场价格秩序，规范平台和平台内经营者价格标示、价格促销等行为；充实反垄断监管力量，增强监管权威性，所有平台的金融活动要全部纳入金融监管；严厉查处串通定价、价格欺诈、仿冒混淆、虚假宣传、商业诋毁、刷单炒信以及侵犯知识产权、破坏金融管理秩序、泄露和滥用用户信息、危害网络安全等违法违规行为。

3.创新监管模式

积极推进"互联网＋监管"，推动监管平台与企业平台联通，开展信息监测、在线证据保全、在线识别、源头追溯，增强对行业风险和违法违规线索的发现识别能力，实现以网管网、线上线下一体化监管；结合平台信用等级、风险类型等，实施差异化监管，对信用低、风险高的平台企业，加大"双随机、一公开"抽查力度；完善监管信息归集共享机制，及时将平台经济参与者的行政许可、行政检查、行政处罚等信息归集至全国信用信息共享平台（青海）和国家企业信用信息公示系统，强化信用约束。

（四）组织实施

1. 统筹推进

省发展改革委会同省委网信办、省工业和信息化厅、省公安厅、省财政厅、省农业农村厅、省商务厅、省文化和旅游厅、省市场监管局、省地方金融监管局、省统计局、国家税务总局青海省税务局、人行西宁中心支行、青海银保监局、省能源局等部门和单位统筹推进全省互联网平台经济规范健康发展。

2. 专项资金

通过整合省级服务业发展引导资金和商贸流通服务业专项资金，设立省级互联网平台经济发展专项资金。采用奖励、贴息、补助等方式，促进全省互联网平台经济规范健康发展；省财政厅制定出台专项资金管理办法；鼓励平台企业注册所在市州政府或产业园区管委会设立专项资金，支持互联网平台经济发展。

3. 坚持扶优扶强

互联网平台企业具有内在的垄断属性，《若干措施》重点扶持规上（限上）平台企业，并对新增营业收入、新增商品销售额、外销网络零售额、新增交易额部分予以更多的支持，在突出发展体量的基础上，强调发展质量和持续性，引导企业做大做强。

4. 坚持多措并举

《若干措施》明确加强财政支持、落实税收优惠、降低物流成本、加大金融扶持、激发人才积极性、鼓励地方支持等一系列政策措施，全方位、多角度营造支持互联网平台企业发展的浓厚氛围，推动在青平台企业培育壮大，吸引省外平台企业来青发展。

5.坚持务实管用

作为促进互联网平台经济发展的扶持政策，《若干措施》"含金量"高、可操作性强，特别是第二部分支持政策明确了支持谁、奖哪些、怎么奖。第四部分组织实施明确了具体奖励流程，实行"一年一兑付"的奖励制度，力求让平台企业有较强获得感。

二、影响青海省平台经济发展的财政政策因素

（一）产业发展政策有待完善

1.完善产业发展政策的具体路径

一是需要完善市场准入竞争制度政策。全面实施市场准入负面清单制度，确保"非禁即入"普遍落实；建立完善市场准入负面清单信息公开、动态调整和第三方评估机制；建立公平竞争审查抽查、考核、公示和评估制度，清理妨碍统一市场和公平竞争的各类政策；建立违反公平竞争问题反映和举报绿色通道，加强和改进反垄断和反不正当竞争执法。

二是财政政策尚需刺激及营造良好消费环境，支持产业发展。完善扩内需、促消费的优惠政策，构建有利于商业零售创新发展的制度环境；推进商业步行街改造和民族特色步行街建设，打造智能型商业街区，发展无接触式交易，均需要财政支持；寻求投资支持，充分发挥政府引导作用，鼓励市场积极参与。支持城市主要商圈和特色商业街完善消费配套，高标准打造夜间消费场景和集聚区；健全城乡融合消费网络，推进农产品批发市场、农贸市场提升改造；完善部门协同监管体系，加快建设消费信用体系和产品追溯体系，健全消费者维权机制。

三是强化流通体系支撑产业发展。统筹推进现代流通体系建设，优化完善综合运输通道布局，完善流通网络；织密城市群、都市圈物流网络，强化与末端配送的有效衔接，形成分拨配送紧密衔接的配送服务网络；构建生产、流通深度融合的供应链协作，推动供应链系统化组织、专业化分工、协同化合作和敏捷化运行；优化城乡流通网络布局，优化城乡网点选址、网点规模、业态选择；推进物流与商贸深度融合，推动物流与商流、资金流、信息流集成运作，发展多种形式的高铁、航空货运。

四是内外贸一体化发展尚待形成。畅通"引进来""走出去"双向通道，拓展与"一带一路"国家和地区、日韩、欧盟等投资贸易合作，开拓拉美、非洲等地区市场；实施外贸主体培育工程，加强出口商品营销和售后服务网络建设，打造特色轻工、新能源、新材料外贸转型升级示范基地；落实统一内外销市场准入政策，支持出口产品进入国内市场，推进同线、同标、同质，完善商品进出口管理和外贸促进政策体系。

五是创新制度环境尚待优化。深入推进科技体制改革，推进产学研深度融合，优化科研院所、高校科研力量资源配置，支持大中小企业和各类主体融通创新；改进科技项目组织管理方式，建立由市场决定技术创新需求、资源配置和成果评价的新机制；实施科研项目"揭榜挂帅"等制度，推进经费"包干制"改革；完善激励创新的利益导向机制；推进科研院所改革，健全科技人才评价体系，扩大科研人员自主权；完善知识产权保护政策体系；实施全民科学素质行动。

六是支持提升冶金建材全产业链竞争力。改造提升有色金属现有产能，高水平建设有色金属精深加工集聚区；提升铝、铁、铜、铅、锌、钛、钼、黄金等采选冶炼技术工艺水平，建设国内重要的有色金属产业集群；提高先进钢材生产水平，鼓励发展高端装备、核电等特种钢材，开展铁合金行业自动化系统技术改造；科学有序开展有色金属资源勘探，打造全国有色金属资源储备战略要地；重点支持发展特种水泥、高标号水泥及构件，鼓励发展高端玻璃产品。

2.产业发展政策的具体实践应用

一是产业发展政策需要支持推动特色轻工业提品质创品牌。壮大饮料饮品制造业，扩大天然饮用水产业知名度和市场占有率，丰富发展枸杞、沙棘、黄果梨、火焰参等饮品产业，稳固提升青稞酒、枸杞酒等酒类品质；建设高原绿色有机食品加工生产基地；振兴藏毯、青绣等民族文化产业；促进民族手工业、民族服饰业和民族特需品产业品牌化发展；推动特色轻工产品深度嵌入文旅产业链，创意开发民族工艺品和旅游纪念品，建设一批旅游工艺品集聚区。

二是产业发展政策需要支持建设国家清洁能源产业高地。开展绿色能源革命，发展光伏、风电、光热、地热等新能源，建成国家重要的新型能源产业基地；扩大切片及电池、太阳能光伏玻璃等产品规模，延伸发展下游逆变器、组件测试等光伏发电系统集成产品，培育产业集群；支持建设氢能储能、空气储能、光热熔盐、锂储能产业；构建从资源—初级产品碳酸锂—锂电材料—电芯—电池应用产品的全产业链及废旧锂电池回收利用基地；建设高端风电装备制造和服务产业链。

三是产业发展政策需要支持打造国际生态旅游目的地。构建"一环六区两廊多点"生态旅游发展布局；提升打造一批国家级生态旅游目的地，开辟生态旅游精品线路；统筹"通道＋景区＋城镇＋营地"全域旅游要素建设，推进景观典型区域风景道建设；开发高附加值特色旅游产品，鼓励和扶持全季、全时旅游项目，重点推出一批旅游产品和民俗、节庆活动，建设国民自然教育基地；完善生态旅游配套体系，加快重点生态旅游支线公路及专线公路建设；支持区域性旅游应急救援基地、游客集散中心和集散点建设，推进生态旅游配套设施建设，创建国家级自驾车旅游示范营地。

四是产业发展政策需要支持现代物流体系建设。健全集疏运体系，推进国家级多式联运示范工程建设，支持枢纽铁路专用线、多式联运转运设施、专业化仓储建设；搭建专业性物流公共信息平台和货物配载中心，加强公用型城市配送节点和社区配送设施建设；推进智慧物流发展，实施"邮政在乡""快递下乡进村"工程，探索设立"移动仓库"，建设快递电商融合示范基地；建立应急物流体系；促进现代物流业与制造业深度融合，引导流通企业向供应链综合服务转型。

五是产业发展政策需要支持金融服务优化。构建现代金融服务体系，助推实体经济的发展；推动青海省普惠金融综合示范区升级发展，健全农村金融服务体系；加快引进政策性银行、股份制商业银行，支持发展地方民营银行、社区银行等中小金融机构；推动证券业务由证券经纪为主向证券资产管理、承销与保荐、代销金融产品等综合性业务转型；推动保险直投和农业保险提标扩面增品；鼓励金融机构加大养老服务金融产品供给；完善融资租赁服务体系；促进互联网金融健康发展，发展供应链金融，加强产融信息对接服务平台建设；加快发展私募股权基金。

六是产业发展政策需要支持科技服务建设。建设科技创新全链条、产品生产全周期的科技服务业；引导研发设计企业与制造企业嵌入式合作，推进科技创新公共服务平台建设；发展新型中介服务业，强化技术转移服务，构建新能源产业技术服务体系；开展节能环保咨询、技术产品认证推广等绿色服务，发展检验检测社会化服务；鼓励有条件的制造企业向设计咨询、施工安装、维护管理等总集成商转变。

七是产业发展政策需要支持商贸服务优化，助推平台经济发展。构建差异化、特色化、便利化商贸服务体系；创新社区商业业态，支持便利店—电商—配送集成式消费服务平台建设；开展零售业提质增效行动，打造高端商业休闲体验区，支持连锁经营向多行业、多业态和农牧区延伸；发展客栈、民宿等细分业态，规范外卖、快递配送服务。

八是产业发展政策需要支持服务质量标准品牌建设，提升平台经济质量。引导企业树立标准化、品牌化发展意识，构建服务质量治理体系；建立服务质量监管协同处置机制，实施服务质量承诺，开展第三方认证；完善传统服务领域标准，加快新兴服务领域标准研究，推动企业服务标准自我声明公开和监督制度实施；推动产品和服务品牌建设，鼓励品牌培育和运营专业服务机构发展，培育打造一批名优特新产品、"老字号"品牌和"青字号"区域服务品牌，研究建立服务品牌培育和评价标准体系。

九是产业发展政策需要精准支持，全面落实支持产业发展的税收优惠政策和降成本措施，加大省级财政资金、产业基金对制造业高质量发展重大工程项目的支持力度，逐步提高制造业贷款占全部贷款比重。推动建立专利导航产业发展工作机制；持续推进质量强省战略，深入开展质量提升行动，引导企业加强全生命周期质量管理。

十是产业发展政策需要助推经济社会数字化转型，全面提升信息网络传输能力，优化互联网骨干网络架构，完善国际互联网数据专用通道，争取建设新型互联网交换中心。推进光缆路由优化改造，打造千兆光网城市，继续实施通信网络普遍服务试点建设工程，完善低时延、高可靠的通信传输网络；持续优化骨干网、城域网、接入网 IPv6 网络质量，深度推进"三网融合"发展；构建天地一体化信息网络，推广卫星互联网应用示范；持续实施电信普遍服务补偿试点。

十一是产业发展政策需要促进传统基础设施智能融合。加快交通设施数字化改造，推进城市道路、高速公路、铁路、机场及附属设施智能化升级，建设和应用覆盖全域的"数字地图"；开展车联网示范，建设遥感数据平台、位置信息服务平台、北斗地基增强系统等卫星应用基础设施；推进能源互联网建设，促进电力、天然气、热力管网等能源网络信息系统互联互通，推广"多表合一"；建设智能充电服务平台，构建车桩相随、智能高效的充电基础设施体系；加快数字水利设施建设，构建水利感知网。

十二是产业发展政策需要推动打造新型智慧城市。建设"城市大脑"，实施数字城市推进工程，建设省级"智慧城市"物联网系统，建立基于全面感知的研判决策治理一体化城市管理模式，打通社区末端，探索推进城市运行"一网统管"；全面推进数字政务，搭建全省一体化政务服务平台；加强数字警务建设，完善城市交通智能管理信息系统，完善各市州县一体化的现代监督指挥体系；推动西宁、海东、格尔木、共和、贵德等智慧城市建设。

十三是产业发展政策助力推进数字乡村建设。加快乡村信息基础设施建设，提升信息惠民服务水平；实施信息进村入户工程，推进掌上农牧服务；发展智慧农牧业，建设数字农业示范园区、基地和农产品集配中心，打造一批有特色、高品质的现代农园牧场；开展数字农牧业示范，实施"互联网＋"农产品出村进城工程；建立健全农牧业投入品和农畜产品品质安全追溯体系；建立数字乡村建设发展统筹协调机制，开展数字乡村发展评价工作。

十四是产业发展政策推动打造大数据中心。申请建设北斗导航国家数据中心青海分中心、大数据云计算和容灾备份基地，争取建设国家大数据中心、超算中心和战略性数据资源备份中心，创建青藏高原大数据产业集聚区；加快建设新能源大数据平台，建设地理空间大数据交换和共享平台；启动建设大数据产业园、软件园，带动大数据分析处理、大数据交易等业态发展。

十五是产业发展政策支持工业互联网和物联网建设。推动新一代信息技术与制造业融合发展，开展"5G＋工业互联网"创新应用试点示范，实施"上云用数赋智"行动，鼓励优势产业龙头企业积极搭建工业互联网平台，构建"互联网＋小微企业"共享生态链体系；促进人工智能与各产业领域深度融合，开展人工智能应用试点，推动人工智能规模化应用；推进"感知青海"建设，促进物联网在仓储物流、生态环保、应急救灾等领域应用，推动"万物互联"。

十六是产业发展政策支持推动产业数字化转型。支持重点行业大型企业开展生产线智能化改造，推动传统工业实现智能化生产、网络化协同、个性化定制和服务化延伸，培育人、机、物全面互联的新兴业态；打造一批数字化车间、智能生产线、智能工厂；促进新一代信息技术对农牧业生产、加工环节数字化改造，建设农业遥感中心；发展农场直供、消费者定制、订单农业。

十七是产业发展政策支持加快推进数字产业化。高水平运行国家粮食青海青稞和牛羊肉交易中心，搭建"青海拉面"大数据平台和电商平台；推动青藏高原农副产品集散中心由分散化交易向平台化运作转变；推动区块链在商贸金融、民生服务、智能制造等领域的深度应用，培育引进一批区块链应用企业，构建区块链产业生态；做优特色电子信息制造业，培育新一代移动通信、智能终端等智能硬件产业。

（二）投融资机制有待创新

1.投资领域尚待拓宽

研究制定投资高质量发展总体战略，推动5G、数据中心、充电桩等新型基础设施建设，谋划一批强基础、增后劲、利长远的重大工程。新型基础设施建设将为平台经济的发展夯实基础。

2.推动形成市场主导的投资内生增长机制

完善向民间资本推介项目的长效机制，鼓励民间资本参与基础设施补短板项目。清除民间资本准入不合理限制，降低民间投资门槛；鼓励金融机构推出符合中小微企业特点的信贷产品，增加信用贷款、中长期贷款规模和比例；广泛吸纳社会资本参与公用领域项目建设和运营；研究设立基础设施领域不动产投资信托基金（REITs）试点。

3.创新投融资机制

一是创新政府投资管理体制，加强政府投资事中事后监管。实行企业投资项目管理负面清单、权力清单和责任清单制度；深化投资审批制度改革，全面实施投资项目并联审批，探索推进"先建后验"等新模式；创新政府投资方式，通过投资奖补、资本金注入等引导和撬动民间资本参与重点项目建设；支持重点领域投资项目通过债券等渠道筹措资金。推动集群式、产业链式招商。

二是投融资向县域经济倾斜，推进县城产业园区等配套设施提质增效，建设区域农产品集散交易市场，培育一批县域特色产品区域品牌，完善财政产业专项投入与税收贡献、带动发展和创业就业等挂钩机制，鼓励金融机构加大对县域实体经济信贷投放力度，增强农牧区综合配套改革集成效应，打造一批工业经济强县、高原特色农牧业大县和旅游名县。

三是投融资重点支持培育乡村特色产业。深入推动农村一二三产业融合发展，加快建设产业融合发展示范园，积极培育产业融合示范县、产业融合先导区，建设一批农业产业强镇，打造"一村一品"示范乡村；支持建设规范化乡村工厂、生产车间，发展乡土产业；促进地方品种种质资源保护和开发利用，持续打造地理标志品牌；培育壮大农牧民专业合作社、家庭农场等新型经营主体和服务主体，全面推进新型农牧业社会化服务体系建设；做优乡村旅游业，发展乡村旅游产业联盟，推进农家乐"三改一整"工程，发展多种形式的农家乐、游牧行、田园综合体等新兴业态。

四是建立工商资本入乡促进机制，探索在政府引导下工商资本与村集体的合作共赢模式，依法合规开展农村各类资产抵押融资。建立科技成果入乡转化机制，健全科研人员到乡村兼职和离岗创业制度；深化供销合作社综合改革；率先在城市群开展城乡融合发展试点示范，在农村产权抵押担保、城乡产业协同发展平台、建设用地指标等方面先行先试，打造新时代高品质农牧民生活服务圈。

五是完善民营企业融资增信支持体系和直接融资支持制度。实施资本市场"高原红"行动，完善民营企业融资增信支持体系和直接融资支持制度，推进"青信融"平台实质性运行，加大对中小微企业的金融服务供给；持续推进减税降费。

六是投融资需要深化金融体制改革。健全金融市场体系，完善现代金融企业制度，强化信贷投向引导，大力发展直接融资，利用多层次资本市场支持实体经济发展；鼓励企业并购重组；推动非银机构创新发展，设立消费金融公司、金融租赁公司；优化信贷资源配置，完善政府性融资担保体系，发展中小微企业和县域政策性农牧业担保公司，健全政府性融资担保资本金补充机制、保费补贴机制和风险补偿分担机制；深化地方金融机构改革，建立中小微企业信用贷款银行风险补偿、社会信用管理制度，构建信用贷款服务机制，建立地方中小银行资本补充机制；健全地方金融监管体系，压实各级政府对辖区金融机构风险处置责任。

七是投融资需要维护地方金融稳定。完善地方金融监管协调和应急处置机制，强化金融综合监管、功能监管和行为监管，加强线上线下动态监管，健全金融风险预防、预警、处置、问责制度体系，坚决守住不发生系统性金融风险的底线；严格执行金融监管政策，健全联防联控机制。完善金融企业资金风险防控体系，深化财务风险预警，打击非法金融机构、非法金融活动，防范省内金融市场和重点领域异常波动；稳步化解银行不良贷款；对交叉性金融产品的关联因素、风险传染因素、资金链条实施穿透性监管。

（三）财税利益分配格局需进一步优化

1.财税利益分配向创新创业项目倾斜

政府应不断完善财政支持政策，激励企业加大研发投入，加大推动群众性技术创新的力度，支持企业承担重大科研任务，鼓励企业参与国家、行业等技术标准制定。推行科技投入资金后补助制度，支持对重大创新产品、服务和关键核心技术首购订购；全面落实企业研发费用税前加计扣除和高新技术企业所得税减免等优惠政策；深入实施科技创新券制度；推行企业研发准备金制度；健全科技奖励政策，建立以前瞻性研究成果产出和关键核心技术突破为导向的激励机制。

2.财税利益布局建设重大科技创新载体

完善财税利益布局，优化整合省级重点实验室和工程技术研究中心，建设布局合理的科技创新平台发展体系。争取国家重大科技基础设施和大科学装置落户；支持在重点领域打造一批国家级创新平台；加强基础性公益性科技基础设施建设，新建科学数据中心、生物种质和实验材料资源库（馆）等共享服务平台；健全科研设施与仪器开放共享管理机制。

3.财税利益支持培育科技创新主体

开展高新技术企业、科技型企业、科技小巨人企业"量质双升"行动，鼓励中小企业参与产业关键技术研究开发，实施科技型初创企业培育工程，培育若干专精特新企业。支持企业在国内创新资源富集地区建设科创飞地；完善鼓励企业建立研发机构的政策，健全企业研发机构创新能力评价体系；推动企业联合高校、科研院所和行业上下游建设创新共同体，培育发展创新链与产业链对接的新型研发机构。

4.财税利益支持重点攻克制造业发展技术瓶颈

努力攻克光热发电、光电转化率、储能电池等方面的核心技术，引进开发推广大型储能装置、太阳能制氢等技术，高水平打造国家级太阳能发电实证基地和储能实证基地；加强新型轻金属材料、人工晶体材料、复合材料技术攻关，构建新材料产业技术创新体系；推广智能装备和信息技术在先进制造企业示范应用，提升重点产业共性关键技术和装备水平，发展增材制造、装配式建筑等先进制造加工技术；实施特色生物资源加工科技专项。

5.财税利益支持培育集聚创新型人才

建立多层次分渠道的人才培养体系，完善创新型科研人才发现、培养、激励机制；健全完善人才工作体系，深化高校创新创业教育改革，推行创新人才培养新模式；健全"人才＋项目"柔性引才用才机制，制定更加开放有效的人才引进政策，实施急需紧缺人才集聚工程，持续开展"校园引才"活动；支持企业、高校、科研院所引进重点领域创新型人才和创业团队；优化整合各层各类人才项目，更好实施"昆仑英才"行动计划；对接支援方选派高端人才来青开展团队式服务，探索建立"双招双引"模式，构建"科技在内、人才可以在外"的人才工作新机制；加强中青年和后备科技人才培养，推进博士点和博士后工作站、流动站及院士专家工作站建设。

（四）现代财税制度尚需完善

深化预算管理制度改革，全面实施预算绩效管理和项目全生命周期管理，健全预算编制科学合理、预算执行规范有效、预算监督公开透明的现代预算管理制度。规范地方政府债务管理，依法建立管理规范、责任清晰、公开透明、风险可控的政府融资机制，分类推进融资平台市场化转型，严控地方政府债务风险；跟进落实国家税收制度改革，培育壮大地方税税源，强化政府非税收入管理，健全地方税体系；推进省及以下财政事权和支出责任划分，完善转移支付体系；完善省对下农牧业转移人口市民化的财政补助政策；建立完善民生资金直达长效机制。

现代财税政策制度需要强化财政政策协同金融政策对发展规划的保障。加强财政预算与同级发展规划实施的衔接协调，合理安排财政支出规模和结构；各级财政性资金优先投向同级发展规划确定的重大任务和重大工程项目；引导和鼓励政策性银行、开发性银行和商业银行等各类金融机构创新信贷模式和产品，优化信贷投向，加强对重大基础设施、生态环境保护、重点民生工程、乡村振兴等重点领域和薄弱环节的支持，强化金融服务实体经济功能。

第三章 支持青海省平台经济发展的税收政策现状分析

一、支持青海省平台经济发展的税收政策现状

当前青海省对平台经济的税收支持政策可以分为两个方向：一是对平台企业主体的税收支持，丰富和发展平台经济的种类和层次；二是对平台之上的各方参与者的支持，增强平台经济的带动作用，实现正向外部性的最大化，最终实现乡村振兴、保就业、促消费、引人才、激发创新创造以及对外输出青海产品等一系列政策效果。相关文件除了《关于促进互联网平台经济规范健康发展的若干措施》以外，《青海省加快发展流通促进商业消费实施方案》《关于支持多渠道灵活就业的若干举措》《关于深化商事制度改革进一步为企业松绑减负的实施方案》等文件也反复强调了平台经济的重要作用。对于具体政策，如《关于促进互联网平台经济规范健康发展的若干措施》提到"对符合西部地区鼓励类产业目录、属于高新技术企业、技术先进型服务企业的平台企业，按照相关政策规定，减按15%的税率征收企业所得税。"；同时《青海省关于加快道路货运行业转型升级促进高质量发展的实施意见》也提出在互联网物流平台企业实施代开增值税专用发票的试点①。在中国（海东）跨境电子商务综合试验区实行了创新简化退（免）税办理，积极推行出口退（免）税无纸化管理，支持跨境电子商务企业试行增值税、消费税免税等政策。规范企业所得税与核定征收管理，符合税法规定条件的企业，

---

① 参见《青海省人民政府办公厅转发省交通运输厅等部门关于青海省加快道路货运行业转型升级促进高质量发展实施意见的通知》（青政办〔2019〕105 号）。

可自行判断申报享受企业所得税。

二、青海省平台经济的税收治理难点

（一）平台经济税收政策和税收制度缺失问题

1. 税收法律表述不适合平台经济发展现状

当前，与平台经济相关的税收法律法规在具体的规定上不够清晰，不便于实际操作。例如，《税收征管法》中明确规定有关部门应当支持、协助税务机关依法执行职务，但并未制定具体的实施办法，导致实践中各部门对数据共享的积极性不高，不利于数据信息的获取和税源的监管。另外，平台经济下交易模式、支付方式及税源特征的转变也对税收征管带来了极大挑战，但《税收征管法》并未对此有详细的解释说明，相关的法律规范尚存一定的滞后性。法律法规的不健全容易引起征纳双方的矛盾和异议，既降低了税务机关的征管效率，增加了征管成本，也降低了纳税人的税收遵从度。

2. 税收监管模式待改善

近年来，越来越多的经济主体搭上了平台经济的快车，催生了无车承运、网络直播销售等新的平台经济形式，但这种新兴的平台经济形式也衍生了更多的税收征管问题。以网络直播销售为例。2020年5月11日，人社部《关于对拟发布新职业信息进行公示的公告》中拟新增10个新职业，其中在新增的"互联网营销师"职业下又增设"直播销售员"工种，让众多带货达人纷纷"转正"[①]。主播与平台间的合作形式直接影响应纳税额和缴纳方式，目前主要有四种形式：一是主播以个人身份与平台签约，形成的工资薪金所得应纳税额参

---

① 人力资源和社会保障部.关于对拟发布新职业信息进行公示的公告[EB/OL].
(2020-05-11)[2021-12-13].http://www.mohrss.gov.cn/SYrlzyhshbzb/zwgk/gggs/
tg/202005/t20200511_368176.html.

照七级累进税率表，平台有代扣代缴的义务；二是主播通过成立个人工作室与平台进行合作，形成劳务关系，按劳务报酬征收个人所得税；三是主播通过经纪公司等间接与平台企业合作，直播收入在三者间进行分配，这种形式涉及具体的合同约定，导致征管模式更加复杂；四是普通用户直接申请账号进行直播，用户可能会注册为个体工商户、个人或个人独资企业，不同的注册形式导致征管模式差异较大。多元化的合作形式增加了税务机关的征管难度，有的平台经营者通过公对私转账等形式逃避代扣代缴义务；还有的平台经营者错误解读税收优惠政策，以小规模纳税人月销售额未达15万元为由逃避缴纳增值税。事实上，部分平台经营者的月销售额不止15万元，但平台经营者以隐匿收入等方式，达到享受免税政策之目的。

（二）平台经济的税收征管问题

1.纳税主体身份认定难

对纳税主体的身份认定是平台经济下税收征管面临的最大挑战。以电子商务为例，《电子商务法》中有关于电子商务经营者的明确界定，大到淘宝、京东等电子商务平台，小到个人电子商铺、微商等均涵盖其中，并规定电子商务经营者应承担与传统经营者同等的纳税义务，须及时办理市场主体登记或税务登记。但在实践中，个人电子商务、微商等自由职业者数量众多、分布广泛，缺乏规范的税务登记，且具有较强的隐蔽性，税务机关无法对这些纳税人进行逐一识别和审核，为部分经营者偷逃税提供了可乘之机。同时，《电子商务法》现有条款未对"零星""小额"作出明确和具体限定，使"零星小额交易活动不需要进行登记"等三类可享受豁免登记的情况为个人经营者的偷逃税行为提供了空间，也使税务机关在税款征收环节面临更多的不确定因素，增加了税收征管难度。

2. 计税依据待确定

计税依据的确定是税收征管的关键步骤，收入则是征收所得税和增值税时计税依据的重要组成部分。根据《电子商务法》第十七条的规定，"电子商务经营者不得以虚构交易、编造用户评价等方式进行虚假或者引人误解的商业宣传，欺骗、误导消费者"。实践中，商家申报纳税时的收入与平台数据所记录的收入之间经常存在明显的差距，主要的原因集中在刷单和漏开发票等此类在平台经营中常见的操作上。一方面，刷单行为虚增了平台收入，但收入并未真实发生，商家不会开具发票，逃避了纳税义务。《电子商务法》实施后，虽然对刷单、删除评论等行为有可作出 2 万元至 10 万元处罚的规定，但各地缺少具体实施细则，部分政策尚未落地。另一方面，尽管《电子商务法》第十四条规定了"电子商务经营者销售商品或者提供服务应当依法出具纸质发票或者电子发票等购货凭证或者服务单据"，但漏开发票现象依旧存在。除了收入，费用扣除同样影响着计税依据的形成。相较于传统商业模式，平台企业提供的各类优惠数量庞杂、种类众多，且多以电子形式存在。对这类优惠，是否需要在企业所得税税前作费用扣除以及需要扣除多少，税务机关在企业所得税汇算清缴过程中尚未有统一口径。

（三）平台企业和纳税人的税收遵从问题

1. 税负扭曲现象加重

不同于传统经济，平台经济下的从业者和消费者更加分散，就业地、消费地和平台经营地也往往处于分离的状态，由此带来税收权属不清晰问题。商品流通过程中会涉及增值税的征收，当征收依据生产地原则时，税收和税负在各地间产生流向分离。假设商品流通只经过生产、批发、零售三个环节，商品需求完全无弹性，税负转嫁至消费者。那么，当商品从生产地流向消费地时，税收收入虽然保留在生产地，但税负通常会含于价格中转移至消费地，且消费地承担了生产、批发、零售各环节的所有税负。平台经济让企业可以更快获取全国市场，同时形成生产集中、消费分散的格局。长此以往，地区间的税收竞争增大，税负扭曲问题加重，这样既与税收公平原则不相符，也易使税收产生"马太效应"，造成经济落后地区的税收收入进一步流失。

2.常设机构定义存在滞后

当前，影响各国间税收管辖权分配的现有常设机构的定义，仍保留具有固定性、持续性和经营性场所的界定要求，但依托互联网新技术快速发展起来的平台经济打破了传统交易的地域限制，无须在所得来源国设立机构或场所即可完成交易，已逐渐摆脱对物理性经营场所的依赖。加之"用于仓储、展览、采购及信息收集等活动的目的设立的具有准备性或辅助性的固定场所，不应被认定为常设机构"的规定存在漏洞，如外国企业在中国境内设立的机构与总部业务性质相同，或者是总部业务的基本或重要组成部分，这类固定场所从业务实质看应认定为常设机构。因此，需要重新修订常设机构的定义。以跨境电子商务为例，为了增强竞争性，企业往往会在缔约国设立仓储部门，这也是电子商务业务的关键步骤，但却与上述规定的初衷相背离。

消费地原则虽得到多数国家的认可，但对消费地的具体定义不尽相同。一些国家将商品、劳务等使用地作为消费地，还有些国家依据消费者的身份所属情况确认消费地，认定标准的不一致也造成了税负的重叠或税收收入的流失。

第四章　支持青海省平台经济发展的财税政策建议

一、支持青海省培育发展平台经济的财政政策建议

（一）完善平台经济产业政策

1.吸引培育一批省内平台企业

对首次在青海省开展业务的平台企业给予一定奖励，对已在省内开展业务的企业可根据其业务的增长酌情给予一定奖励。

2.着力培育工业互联网平台

互联网平台是链接工业全要素、全产业链的枢纽，是推动制造资源高效配置的核心。构建工业 APP 资源池，建设平台试验测试环境，完善公共服务保障体系，打造资源富集、开放共享、创新活跃、高效协同的工业互联网新生态。

3.打造人力资源服务平台

加强就业公共服务体系建设，支持人力资源中介互联网服务平台企业，应用大数据、人工智能、区块链等新技术，提高人岗匹配精准度，建立线上智能匹配、线下精准对接的招聘服务模式，加大人力资源保障力度，更好地发挥市场在优化人力资源配置和促进就业创业中的作用。

（二）完善平台经济技术研发政策

具体包括四方面措施：一是对平台企业建立技术中心予以奖励；二是对平台企业开展产学研合作项目予以奖励；三是可每年择优选择一批创新平台企业进行奖励；四是对平台企业研发和应用的重要新产品进行奖励。

（三）完善平台经济政策性财政支持机制

具体包括三方面支持措施：一是对于优质平台企业以及引进先

进技术和人才的平台企业提供财政贴息；二是可考虑利用财政拨款建立一支专项扶持基金；三是可考虑对省内某些优质平台企业提供政策性贷款。

二、支持青海省培育发展平台经济的税收政策建议

（一）加强顶层设计，推进税收制度创新

针对现行税制体系与平台经济新模式新业态的适配性矛盾，在新一轮深化税制改革、构建现代税收制度进程中，加快建立健全关于平台经济的税收制度。目前，我国深化税制改革的方向是逐步提高直接税比重，完善对自然人的税收管理，推动流转税征收环节改革，这些都符合平台经济发展的要求，能够促进平台经济的长期稳定发展。

（二）构建适应平台经济发展的税收体系

1. 推进税收制度更加扁平化

在互联网平台经济模式中，经济主体由传统的企业或实体组织转向个人，且个人既可作为产品和服务提供方也可成为消费需求方，纳税主体更趋于小型、灵活和碎片化。以个人为交易主体的业务模式，促使批量化的流水线和大额交易被大量分散化、高频次、小额度交易所替代，征税对象转向未进行过税务登记的个人纳税主体，导致现行"以票控税"制度失灵。如何使税收体系更好地适应新经济模式的发展需求是目前亟待解决的问题。在互联网平台经济模式下，要求税收制度更加扁平化，更加简洁、高效，以适应平台经济海量、高频次的商业交易与创新的需求，同时，还要降低创新的制度成本，促使税制更加趋于中性，尽可能不影响平台经济效率。

2. 税收征管要高度重视"数据管税"

在"互联网＋大数据"推动作用下，新兴经济业态使课税对象、纳税主体等发生重大变化，传统税收征管模式显现出滞后性和不适

应性。平台经济具有虚拟性、分散性、跨区域性、交易数据秘密性、交易目标的不明确性等特征，导致传统的"以票控税"被"云海战术"所取代，只有掌握大数据信息，才能强化税源控管。同时，随着大数据技术的加快应用，作为平台经济运营枢纽和连接器的平台企业，掌握了通过平台交易的所有物流、商流、资金流、信息流等数据信息，税务部门能否与其开展有效合作，对实施"数据管税"、提高纳税遵从度具有重要作用。因此，亟须推动税收征管朝着更加柔性和弹性的方向转变，构建"政府＋平台"双边征税模式，由平台及时收集并上报交易主体的税务信息或身份信息，同时赋予平台对个人税收代扣代缴的义务和责任。

（三）创新大数据背景下的数字税收征管方式

1.通过优化税制，创新征管方式

一是要有意识地运用大数据思维（即相关性思维），谨防传统经济形态下因果思维惯性对税制创新的约束；二是要关注现行税制存在的独立交易原则缺乏、常设机构定义模糊、忽视研发税收抵免等问题，尽快研究予以调整和完善；三是要借助大数据技术，对现行税制进行系统性重构，简化税制，以减轻征管方式优化面临的压力。

2.通过优化税法，创新税收征管方式

优化税法体系，一是要夯实税法民意基础，特别是在税收大数据权力的合意性与监督约束效力方面实现有效突破；二是要尽快解决现行税法体系存在的高位阶"缺"、中位阶"胀"、低位阶"乱"等问题，特别是要通过修法或立法，防范"数字鸿沟"以及逃税、避税等各种涉税犯罪问题。

3.创新税收征管方式

一是优化税款征收管理办法、手段和措施。加强征管数字化技术应用，奠定有效化解纳税人真实身份与纳税地位难以识别和确定的技术性基础，以数字化征管技术化解数字技术化经济问题，重新寻找数字经济条件下税务管理的新办法、新手段和新措施。

二是优化税务管理办法、手段和措施。借助数字技术及其衍生品力量，通过体制、机制的创新，化解数字经济背景下税务机关不知道管谁与不知道管什么的问题，以及仅凭税务一家"管不过来"等问题。

三是优化税务稽查管理办法、手段和措施。加强大数据基础设施建设，培养税务稽查大数据应用人才；借助数字技术及其衍生品，提高稽查准确率，加大对逃避纳税义务行为的惩处力度，强化税务稽查的权威，提高纳税人的税法遵从度。

（四）提升国际话语权并积极参与国际组织合作

涉及平台经济的数字经济税收规制变革将是国际税收规则的重塑，我国作为平台经济的生产和消费大国，应当基于税收主权及国内消费者、平台经济企业利益的考虑，积极参与相关国际税收规则制定，结合我国实际，在规则制定中提出反馈意见和中国方案。我国需要持续推进国际税收规则的制定和落实，同时加快国内税收体制改革，从根本上解决平台经济的税收问题，以适应平台经济发展的需要。

从长远来看，我国应充分利用和提高在国际税收规则制定中的话语权。在 G20 平台上，继续参与后续 BEPS 工作议程，为经济数字化的国际税收规则制定贡献中国智慧；在联合国国际税收专家委员会中发挥领导作用，为数字经济规则议定积极提供建议和方案；积极参与 OECD 等国际组织交流合作，大力促进经济数字化下的国际税收改革，在国际规则制定中维护国家利益。

三、支持青海省培育发展平台经济的配套措施

（一）加快建立平台经济法律体系

首先，完善与平台经济信用缺位相关侵权法律制度。其次，完善平台经济企业信用数据的采集与公示。政府在自己职权范围内尽可能收集和录入平台经济企业的信用信息，实现资信信息与平台经济企业主体的一一精准对应，根据其变化实时更新，打破信息不对称的弊端。再次，促进平台经济企业建立信用的品牌理念。最后，要严格失信惩戒机制。通过强制性的法律规范实施实现对平台经济失信方重拳出击，激发出失信者对信用的敬畏之心，进而推动他们去主动追求良好的信用环境。

（二）加强平台经济的监管

1.落实平台主体责任

市场监管部门要督促平台企业建立、完善有关商家入驻与退出、商品服务质量保障、七日无理由退货、知识产权保护、售后服务等条款规则，维护平台内经营者、知识产权人、消费者的合法权益。平台企业要督促平台内经营者依法登记备案，对其真实信息进行核验、登记，做好亮照、亮证、亮标工作。网络餐饮平台要建立与工作任务、劳动强度相匹配的收入分配机制，保障外卖送餐员的合法权益。市场监管部门要加强平台经济领域的消费者权益保护，督促平台建立健全消费者投诉和举报机制，建立与市场监管部门投诉举报平台的信息共享机制，及时受理并处理投诉举报。

2.规范平台内经营者行为

要求平台企业自觉维护线上经济竞争秩序，杜绝刷单、刷评、炒信等失信造假行为，不得发布浮夸的直播带货"战报"虚增流量，不得从事商誉诋毁、裹挟交易等违法违规竞争行为，或依托算法推荐、

人工智能和大数据分析进行"隐形"不正当竞争行为。严格落实产品质量责任，履行入网经营者资格审查和食品安全管理责任。

（三）强化反垄断和防止资本无序扩张

1.加强数据监管，促进数据资源有序流通

在数字经济时代，平台经济的核心是数据，数字经济时代的数据具有一定的公共属性，逐渐成为必不可少的基础设施。数据作为一种新的要素，突破了原有的治理框架，平台之间数据争议的频发，与数据治理规则不够完善有关。平台垄断主要表现形式则为数据垄断，因而平台经济反垄断的核心也应当以数据监管为核心。

数据监管是平台经济反垄断的核心，是政府监管的重要领域。进行数据监管，第一，要明确数据权益归属，完善数据流通机制，防止平台企业借助掌控数据的优势不断加强垄断地位；第二，要建立数据共享机制，防止平台企业垄断数据获取途径，妨碍市场公平竞争；第三，要加强监管力度，构建更加公平的市场竞争格局，防止大型平台通过商业手段并购竞争对手，形成垄断优势，使其他企业不得不依赖其提供数据与流量资源，最终损害市场竞争秩序，抑制市场效率。

2.不断完善反垄断执法体系

通过反垄断执法体系和反垄断执法能力的现代化来应对平台经济反垄断带来的挑战，不断完善平台经济信用法律体系，夯实平台行业竞争监管的制度基础。

（四）建立健全数据要素市场规则

1.加强数据交易平台顶层设计

理顺政策制定部门、数据管理部门和业务部门的关系，明确任务分工。按照"政府指导、企业参与、市场运营"的原则，鼓励和支持本土数字经济龙头企业参与数据要素市场的建设和运营，明确平台运作模式。从优势产业切入，建立多级联动的基础大数据库，研制产业链图谱和供应链地图，增强数据资源要素整合与配置能力，更好地促进数据要素价值转化与增值。充分发挥区域协同效应，与本区域内现有数据交易平台加强合作，共建优势产业数据专区和流通市场。

2.加快推进本地数据开放共享

高标准高质量建设和完善新型信息化基础设施，为数据开放共享提供强有力的支撑。

3.建立健全数据要素市场体系

强化数据资源的要素化能力，让更多数据资源升级为可采、可视、可通、可信的高质量要素资源，建设统一高效、互联互通、安全可靠的数据资源服务体系。加强数据产权、交易流通、安全保护等数据要素市场理论、制度和模式的创新研究和落地应用。构建多元共治的数据要素市场治理体系，明晰数据的资产属性和产权属性，明确数据市场主体的责任权利，强化个人信息保护与数据安全管理。

4.加大数据专业人才引培力度

鼓励和支持本地高等院校、科研机构等设立数据相关专业，培育数据专业人才。鼓励企业开展数据相关培训，不断提升员工业务实操能力，并为在校学生提供相应的实习机会，推进政产学研用一体化发展。完善相关人才引进配套措施，通过出台金融扶持、财税优惠、股权激励、人才落户等扶持政策，进一步吸引海内外优质人才。

作者简介：黄波涛，北京国家会计学院副教授。

支持青海培育发展平台经济财税政策研究

叶小杰

第一章 绪 论

一、研究背景与研究意义

近年来，在互联网飞速发展的浪潮推动下，作为互联网经济的重要业态，得益于国家的支持，平台经济飞速发展。虽然我国平台经济发展势头正劲，平台经济企业也迅速发展壮大，但仍存在结构不均衡的问题。从发展水平上来看，我国平台经济发展明显呈现出东强西弱的基本格局。进一步地，同处于西部地区的重庆、四川、陕西、青海等省市，平台经济的发展进程也有较大差距，青海省的平台经济发展在西部地区也处于较为落后的水平。如何借鉴成功经验，结合自身特点制定相关政策，让经济基础薄弱的省市也能够享受技术和模式发展的红利，在平台经济的助力下拉动本地经济发展，是值得探讨的话题。

本课题研究立足青海省的资源禀赋，探寻经济相对落后的西部省份如何因地制宜发展平台经济，这对于平台经济的理论文献是有益补充。同时，本课题比较分析其他省市出台的政策，并基于青海省的实际情况，提出了较为全面的财税政策建议，这对于青海省制定完善平台经济的支持政策具有一定的借鉴意义。

二、研究内容与研究方法

（一）课题的主要研究内容

本课题依据"现状梳理—战略分析—政策梳理—提出建议"的逻辑，在系统梳理青海省平台经济发展现状的基础上，借鉴各省市关于平台经济的政策措施，站在财税部门的视角，就支持青海培育发展平台经济提出相应的政策建议。课题研究的总体框架图如图1-1所示。

1. 平台经济理论研究

具体内容包括：明确界定平台经济的概念及范畴；平台经济对区域经济发展影响效应分析。

2. 平台经济发展现状及相关政策梳理

具体内容包括：我国平台经济发展现状分析；梳理国家层面对于平台经济发展的政策沿革。

3. 青海省平台经济发展现状及政策梳理。

主要内容包括：青海省平台经济发展现状分析；青海省平台经济发展环境的SWOT-PEST分析；青海省平台经济政策分析。

4. 支持青海省培育发展平台经济财税政策建议

立足青海省的特色及优势，根据SWOT-PEST分析结果，借鉴其他省份平台经济政策的特点，提出支持青海培育发展平台经济的财税政策建议。

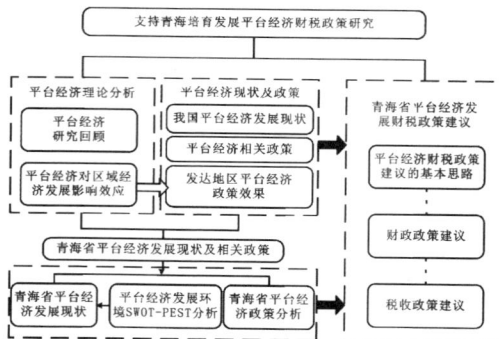

图 1-1 课题研究框架图

（二）课题采用的研究方法

1.采用 SWOT-PEST 战略分析工具对青海省平台经济的发展环境进行梳理

本课题借鉴 SWOT-PEST 分析工具的基本思路，分析研判青海省平台经济的发展战略及其优势，从战略层面为相关政策建议提供了理论和实践依据。

2.立足青海实际情况，分析比较各省市平台经济政策的差异

本课题较为全面系统地梳理了全国以及各省市平台经济的政策文件，从注册登记制度、财税政策等维度，对青海省与其他各省市的政策差异进行分析比较，充分借鉴其他省份的政策特点与优势，为进一步提出青海省相关财税政策建议提供参考。

3.采用文献计量方法，对平台经济的发展趋势和特征进行梳理和总结

本课题借助超星发现系统，对历年平台经济领域的文献进行了全面整理，分析研判平台经济发展的特征和规律，从而为课题研究提供了坚实的理论支撑。

三、主要创新点

本课题研究立足青海省的资源禀赋，探寻如何因地制宜发展平台经济，这对于平台经济领域的理论文献是有益的补充。综观现有文献，大多是以经济发达地区的平台经济作为研究对象，相关政策建议也主要是针对发达地区。那么，经济相对落后的西部地区该如何发挥自身比较优势，更好地促进平台经济的发展？本研究通过深入挖掘青海省平台经济的发展现状及其问题，提出针对性的财税政策建议，在一定程度上丰富和完善了该领域的研究。

第二章　平台经济理论分析

一、平台经济研究回顾

近年来，我国平台经济发展迅猛，并引发了理论界的广泛关注。本节在界定平台经济的基础上，从文献计量角度分析平台经济的研究现状和规律。

（一）平台经济的定义

目前，学术界对平台经济的概念并没有统一认识，本课题综合各方观点，借鉴芮明杰等（2018）的定义："平台经济是围绕平台、平台之间、平台上多方主体产生的一系列经济现象及其外部性的总和。"现今众多理论与实务热点其实都属于平台经济的范畴，如电子商务、数字经济等，平台经济由供需双方、平台运营商以及支撑体系构成，具有虚拟性、网络外部性、开放共享性等特性。

（二）平台经济文献计量分析

对平台经济研究的发展进行回顾，首先需要明确界定平台经济理论研究的范围及其涵盖的主题。本研究通过超星发现系统对"平台经济"主题进行文献检索，时间限定为2001—2021年，最终得到相关数据12195条。其中，图书106种、期刊论文3341篇、报纸文献3153篇、学位论文555篇，详情见表2-1。

表 2-1　平台经济检索结果数量统计 [①]

文献类别	文献数量	文献类别	文献数量
期刊	3341	法律法规	82
报纸	3153	会议论文	79
报告	2969	科技成果	52
信息资讯	1369	专利	37
学位论文	555	音视频	21
年鉴	430	标准	1
图书	106	—	—

从图 2-1 可以看出，对于平台经济的研究和探索于 2001 年起步，因此在 21 世纪之初关注量并不高，各类文献在过去的 20 年里数量逐步增加，同时上升速度也不断加快，在 2021 年达到了峰值。

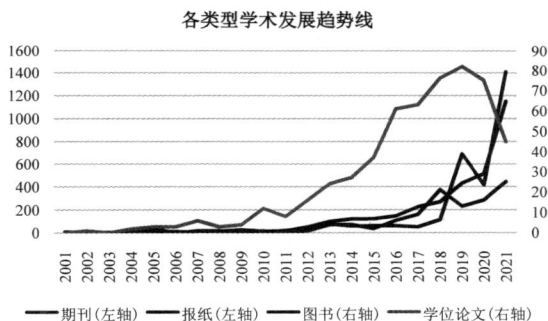

图 2-1　历年平台经济学术发展趋势曲线

二、平台经济对区域经济发展的影响效应

平台经济对区域经济发展的影响效应如下 [②]：

①经济引擎效应。平台型企业在一个区域的集聚提供了区域性、

① 数据来源：超星发现 https://ss.zhizhen.com/.
② 资料来源：芮明杰，等.平台经济趋势与战略 [M].上海：上海财经大学出版社.2018.

全球性的交易平台，从而产生大量的物流、贸易流信息流和资金流，带动地方经济发展。平台经济的发展有利于所在区域或城市突破空间资源"瓶颈"，通过新产业集群的发展形成新的经济增长点。

②效率提高效应。平台经济通过资源的整合集聚、服务的全面多元、交易的实时便捷等，更好地解决了信息不对称问题，提高城市运营效率。

③功能提升效应。平台经济通过服务对象的扩大、服务领域的拓展、服务模式的创新、服务品质的提升和服务环境的优化，进一步增强了城市的综合服务功能和辐射示范功能。

④产业转型效应。平台企业的集聚必然带动相关服务业，特别是知识型服务业和专业服务业的发展，形成平台企业服务的知识型服务业产业链，促进产业能级提升和结构优化。

⑤创新引领效应。平台经济既体现了理念创新，也引领和推动着商业模式、产业组织形式和信息技术的融合创新。政府部门要高度关注平台经济的创新引领效应，通过平台经济的集聚发展来实现创新驱动。

⑥就业带动效应。平台经济基本上表现在各个领域的中小企业，尤其是依托网络兴起的平台经济在起步之初往往准入门槛较低，因此形成了面大量广的中小企业甚至是小微企业。

⑦消费升级效应。从消费刺激来看，由于平台发展的很大因素在于便利交易实现，因此，平台经济从某种程度上拓展了消费领域，丰富了新型消费业态与消费模式，优化了消费环境，也成为新型消费模式的重要引领。

⑧生活变革效应。平台经济向社会领域的拓展，正在悄无声息地改变着人们的人际交往模式、生活模式和社会结构，进一步拉近人与人之间的距离，使得多元的社会思想得到释放和碰撞，这是以往任何时代都不曾出现过的社会现象。

第三章　平台经济发展现状及相关政策

一、我国平台经济发展现状

随着新一轮科技革命的全面启动，平台经济的崛起成为一股巨大的产业潮流。2020年新冠疫情首次全球范围内大规模暴发，人们将传统网络购物、娱乐、医疗、教育、办公以及消费金融等各类日常服务活动的重心，加速向电子商务的线上购物方式转移，进一步推动了互联网平台经济产业的快速发展。疫情压力，使人们一段时间内的工作生活方式都更加紧密地依赖于数字平台，平台经济逆势高速增长。表3-1中列示了2015—2020年我国数字平台企业发展的概况。

表3-1　2015—2020年我国数字平台企业发展概况 [①]

	2015年	2020年	年均增长率
>10亿美元价值平台企业数量	64家	197家	41.56%
>10亿美元数字平台总价值	7702亿美元	35043亿美元	35.4%
10-100亿美元数字平台数量	53家	161家	40.75%
10-100亿美元数字平台总价值	6494亿美元	30885亿美元	75.12%

二、平台经济相关政策

（一）国家层面相关政策及成效

2018年3月5日,国务院总理李克强在政府工作报告中提出"发展平台经济、共享经济，形成线上线下结合、产学研用协同、大中小企业融合的创新创业格局"。这是"平台经济"一词首次出现在政府工作报告中，充分体现了国家对于平台经济的扶持。

2019年3月5日,国务院总理李克强在政府工作报告中提出"支

---

① 数据来源：中国信通院 http://www.caict.ac.cn/.

持新业态新模式发展，促进平台经济、共享经济健康成长"。平台经济连续第二年出现在政府工作报告中，表明我国平台经济的规模和影响力与日俱增，其发展状况引起了中央政府的高度重视。此后，为促进平台经济发展，中央政府陆续出台相关政策，如表3-2所示。

表3-2　中央政府出台的促进平台经济发展政策

部门	文件名称	发布日期	主要内容
国务院办公厅	《国务院办公厅关于促进平台经济规范健康发展的指导意见》	2019.8.8	优化完善市场准入条件，降低企业合规成本；创新监管理念和方式，实行包容审慎监管；鼓励发展平台经济新业态，加快培育新的增长点；优化平台经济发展环境，夯实新业态成长基础；切实保护平台经济参与者合法权益，强化平台经济发展法治保障
商务部等	《商务部等12部门关于推进商品交易市场发展平台经济的指导意见》	2019.2.12	构建平台生态，激发市场活力；强化市场主体；夯实支撑体系；发挥实体优势；创新发展模式；完善信用体系；加强分类引导，促进商产融合
交通运输部、国家税务总局	《网络平台道路货物运输经营管理暂行办法》	2019.9.9	针对网络平台的道路货物运输车辆的经营管理与监察检查两方面进行明确要求与规范
国务院反垄断委员会	《国务院反垄断委员会关于平台经济领域的反垄断指南》	2021.2.7	针对垄断协议、滥用市场支配地位、经营者集中、滥用行政权力排除、限制竞争等平台经济领域涉及垄断的行为予以清晰界定
发展改革委、市场监管总局、中央网信办等部门	《国家发展改革委等部门关于推动平台经济规范健康持续发展的若干意见》	2022.1.18	健全完善规则制度；提升监管能力和水平；优化发展环境；增强创新发展能力；赋能经济转型发展

（二）各省市相关政策

在国家政策的引导下，平台经济在国内市场的影响力逐渐扩大，成了各地区经济的重点发展方向。据不完全统计，近年我国各省市发布的政府工作报告中，多数都提及平台经济。自2015年起，我国各地方政府陆续出台了一系列扶持平台经济企业、促进平台经济发展的政策，内容包括发展行动计划、产业规划、行业引导、补贴政策、规则规范等。

从时间来看，我国各地政府出台平台经济发展政策的时间跨度较大，偏远地区存在相当的滞后性，一定程度上导致区域平台经济发展不平衡。平台经济率先在经济发达地区起跑，如江苏、湖北等省份早在 2015 年便出台直接针对平台经济发展的政策文件。发达地区的先试经验为其他地区提供借鉴，平台经济政策影响逐步辐射至相对落后地区，而后江西、青海、黑龙江等地陆续出台促进平台经济发展的政策。

从内容来看，不同时期政策侧重点存在明显差异。在平台经济发展前期，政策着眼点在于提供资源、营造更好的发展环境，强调 "发展"。在平台经济发展的中后期，政策着眼点转移至 "规范化"，强调建立健全完善的监督管理体系，促进平台经济的 "健康发展"。这表明，平台经济在不同发展阶段面临的问题各异，政策的出台也更加强调其针对性。

第四章　青海平台经济发展现状及相关政策

一、青海省平台经济发展现状

（一）青海省概况

青海省坐落于我国青藏高原，位于我国西北内陆地区，与甘肃、西藏、四川都有接壤。青海省拥有国家级三江源生态保护综合试验区，三江源国家公园体制试点顺利推进，江河源头重现千湖美景，祁连山、青海湖等重大生态保护工程顺利推进。农业以小麦、青稞、蚕豆、马铃薯、油菜为主。截至 2020 年 11 月 1 日，青海省常住人口 592.40 万人。2020 年青海省实现地区生产总值 3005.92 亿元，比 2019 年增长 1.5%①。

（二）青海省平台经济发展现状

多年来，青海省平台经济取得了较快发展，但与东部发达地区相比，其发展水平仍然较为落后。综合来看，青海省平台经济的发展呈现如下特色：

1. 构建农村电商服务体系，促进农产品电商发展

自 2015 年青海省全面启动国家级电子商务进农村示范工作以来，青海农村电商工作得到长足发展，为经济社会发展注入新的活力。截至 2020 年底，全省 41 个县（市、区）相继开展电子商务进农村示范工作，累计争取中央财政专项资金 7.6 亿元。目前，青海省初步建成县、乡、村三级电商服务体系，深入到乡村的体系为平台经济发展打下了牢固地基。截至 2020 年底，全省共建成 36 个县级电子商务服务中心、296 个乡镇级综合服务站以及 2080 个村级服务点。

2. 与知名电商平台合作，拓展多形式电商形态

青海省通过与阿里、京东等知名电商平台合作，拓展多种形式的电商业态。根据《2021 阿里农产品电商报告》，2020 年阿里平台实现农产品销售额 3037 亿元，比上年增长超过 50%。青海省在该榜单中排名 27（如图 4-1 所示）②。

---

① 数据来源：青海省人民政府网 http://www.qinghai.gov.cn/dmqh/glp/index.html.

② 资料来源：阿里研究院 http://www.aliresearch.com/cn/index.

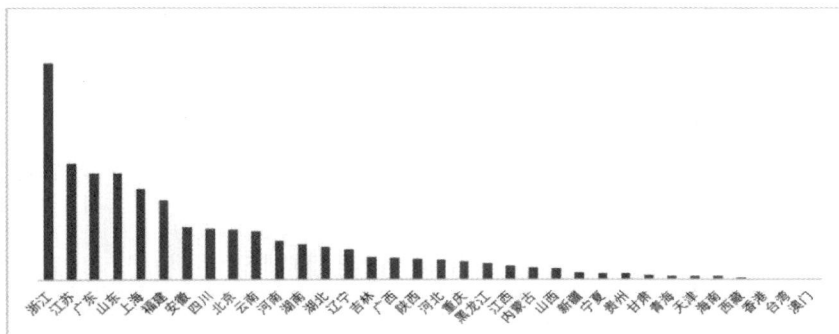

图 4-1 2020 年各省（区、市）农产品电商销售额排名

3.构建跨境电商服务体系，实现跨境电商交易零的突破

当前，青海省已经在尝试构建跨境电商服务体系。最大的一个举措便是于 2020 年 4 月 27 日经国务院批准在西宁市设立跨境电商综合试验区，探索出适合青海本省发展的电商新模式，目前不少企业已经成功落地。青海省也相当重视跨境电商"B2B"业务的成熟发展。2021 年 7 月，青海省积极贯彻海关总署发布的《关于在全国海关复制推广跨境电子商务企业对企业出口监管试点的公告》，保障"9710"出口业务的快速落地。该业务模式可以简化零散、小单、流动的出口交易程序，提高申报的便捷性，并且充分把握各类红利政策。

二、青海省平台经济发展环境的 SWOT-PEST 分析

本节采用 SWOT-PEST 模型对青海省平台经济发展环境进行分析。SWOT-PEST 模型源于企业战略分析领域，是一种有效识别自身优势和劣势，判别机会与威胁的分析工具。青海省平台经济 SWOT-PEST 分析矩阵如表 4-1 所示。

表 4-1 青海省平台经济发展环境的 SWOT-PEST 分析矩阵

		政策（P）	经济（E）	社会（S）	技术（T）
内部因素	优势（S）	①省政府出台政策大力支持②拥有全国电子商务示范企业和跨境电商综试区	①经济增长、居民可支配收入提高②对接以借力省驻京办为代表的招商新平台	①独特且丰厚的农产品物资②清洁能源丰富③农产品具有较高知名度和影响力④已建成较为发达的交通网络	①平台经济发展的基础设施日益完善②青海省开启数字新探索
内部因素	劣势（W）	政策响应积极性低	①经济发展较为落后②居民收入水平较低	①自然环境险峻②人才缺失	基础设施建设仍需加强
外部因素	机遇（O）	①国家重视平台经济发展②国家政策重视西部地区发展	①国民经济稳步增长②文旅产业发展迅速③新直航航线开通	①产业支援合作加速推进提升清洁能源利用效率②商业交流打开农牧产品新市场③外部人才支持	5G网络的快速发展
外部因素	威胁（T）	国家加强平台经济监管	平台经济竞争加剧	生态环境压力增大，开发难	缺乏完善配套的平台经济产品可追溯系统

（一）内部优势分析

1. 政策优势

青海省政府出台政策大力支持。2021 年 8 月 27 日青政办发布《关于促进互联网平台经济规范健康发展的若干措施》明确大力发展盐湖、清洁能源、生态旅游、绿色有机农畜等重点领域互联网产业平台和服务平台。提出围绕商品交易、服务供给、要素支撑等方向，重点发展电子商务平台、跨区域双多边交易平台、产业服务等平台。要求坚持发展与规范并重，不断激发互联网平台经济活力和创造力。这些政策为青海省平台经济的发展指明了方向。

2.经济优势

（1）青海省经济发展稳步增长，居民可支配收入显著提高

根据青海省统计局公布的数据，2020年青海省全年生产总值3005.92亿元，按可比价格计算，比上年增长1.5%。2020年青海省全省常住居民人均可支配收入24037元，比上年增长6.3%[①]。收入提升之后，青海省居民可以更多作为买方或者卖方参与平台经济交易，对经济发展而言是重要利好。

（2）对接了以借力省驻京办为代表的招商新平台

青海省利用招商新平台，协调省政驻京办，与海西州政府建立"活动联搞、信息共享、招引同做"工作机制，明确浙江"两站一厅"高能级数字化平台向海西州全面开放，同时专题组织海西州"春风暖商行动""百名浙商进海西"等活动，筹划成立海西浙江商会，全年牵线促成海西州签订招商引资协议17个，签约总金额超656亿元。

3.社会自然因素优势

（1）独特且丰厚的农产品物资

青海被人们公认为世界"世界四大无公害超净区"之一。由于具有独特的地理位置和良好自然的高原生态环境，青海省农产品资源相当丰富，如黑果枸杞、蕨麻、藜子麦、线辣椒等，一系列具有高原地域特色的优质农副产品深受周边广大群众喜爱。

（2）清洁能源丰富

青海有着丰富的清洁能源，包括水能资源、太阳能、风能等，还有最为重要的青海省的盐湖综合资源，其中有多种矿物质能源。近年青海省鼓励支持利用数字技术围绕盐湖产业开展深度融合应

---

① 数据来源：青海省统计局 http://tjj.qinghai.gov.cn/tjData/yearBulletin/202103/t20210304_71860.html.

用创新研究，打造"智慧盐湖"，助力世界级盐湖产业基地建设。同时青海省注重把握国家实施"双碳"战略契机，不断推动人工智能、大数据等数字技术赋能清洁能源开发利用，大力建设零碳电网和零碳产业园，助力打造国家清洁能源产业高地。

（3）已建成较为发达的交通网络。

数字经济的发展离不开线下发达的物流运输，目前青海省内已经形成六纵九横的公路体系、铁路体系以及民航体系，这都为青海省平台经济的进一步发展奠定了坚实的基础设施基础。

4.技术优势

青海省平台经济发展的基础设施日益完善。青海省已初步建成三级电商服务体系（三级指县、乡、村三级），深入到每村的体系打下了牢固的基础，全省共建成36个县级电子商务服务中心，乡镇级别也有服务站落成，截至2020年底，青海省拥有296个乡镇级综合服务站，村级服务点共计2080个，培育全省冷链物流企业138家，冷库总规模达到40万吨。

（二）内部劣势分析

1.政策劣势

青海省政策响应积极性相对较低。平台经济作为今年的工作热点，国家层面已陆续出台诸多相关政策。但青海省相对其他省份具有一定滞后性，实际的支持政策出台较晚，没有更早地发挥政策导向作用，相关落地的优惠也没有及时推进，这势必在一定程度上制约了青海省平台经济的发展。

2.经济劣势

经济发展较为落后。青海省经济发展程度较低，与西部其他省份相比有较大差距，和中东部地区相比差距更大。

3. 社会自然因素劣势

（1）自然环境较为险峻

青海地处内陆，常年高寒，山脉众多，平均海拔4058米，高寒缺氧，相对闭塞并且严峻的自然环境导致青海省的发展受限。

（2）人才缺失

相对恶劣的自然环境导致青海本地人才的流失，拥有丰富知识与高技能的青年人才更愿意走出青海，到发达地区实现抱负。人才是经济发展的关键要素，长期来看更是重中之重，青海省的人才流失可能使青海一步步脱节于国家整体发展。

4. 技术劣势

基础设施建设仍需加强。受技术等基础设施因素的影响，青海省平台经济的发展呈现乏力态势。根据国家互联网信息办公室发布的《数字中国发展报告（2020年）》[①]，青海省在我国各地区信息化发展水平上处于第三梯队。

（三）外部机遇分析

1. 政策机遇

国家重视平台经济发展。2019年3月，商务部等12部门联合印发了《关于推进商品交易市场发展平台经济的指导意见》，提出了一系列方针指导平台经济朝健康规范的方向发展，平台经济首次在国家层面有了明确的制度和政策安排。此外，国家也出台一系列政策重视发展青海省以及西部地区的经济。

2. 经济机遇

我国国民经济稳步增长。国家统计局数据显示[②]，即便受到疫情

---

① 资料来源：国家互联网信息办公室 http://www.cac.gov.cn.

② 数据来源：国家统计局 http://www.stats.gov.cn.

的强烈冲击，我国 2020 年国民生产总值仍然逆势增长，体现了我国经济的相对稳定性与高韧性。2021 年初，IMF 发布的《世界经济展望报告》预计，中国国内生产总值 2021 年增长率为 8.4%①，这一预期也预示着我国经济仍将保持稳步向前的趋势。

3.社会自然因素机遇

（1）产业支援提升清洁能源利用效率。

各支援方聚焦支持青海省"四地"建设，充分发挥平台经济优势，大力推进产业支援合作，助推产业高质量发展。援青省与青海省达成了共建零碳产业园合作共识，部分援青央企与青海省签署了"零碳产业示范区"合作共建协议。

（2）商业交流打开农牧产品新市场。

青海省依托援青项目，积极和相关省份开展交流，定期举办商业交流活动。依托不断开拓新项目，促进产业发展，青海省实现就业工作的积极进展。

4.技术机遇

5G 网络的快速发展。结合青海省实际，青海省应全面推进 5G 网络在智慧城市、智慧园区、智慧矿山、智慧银行、智慧电力等领域的深度融合创新应用，同时加快发展以行业云应用和大数据分析、处理、交易等为主要内容的云计算产业。加快推动社会各领域大数据汇聚融合应用，充分挖掘数据价值，拓展丰富大数据应用场景。

（四）外部威胁分析

1.政策威胁

国家加强平台经济监管。由于平台经济的兴起时间不长，国家

① 资料来源：国际货币基金组织（IMF）《世界经济展望报告》。

对其监管的机制还不是很完备，但今年国家政策以及领导人的相关发言中，都提到了要重视平台经济发展的规范性，包括在发展中暴露出来的诸多制度法律问题，都需要正确加以规范引导，确保平台经济发展朝优朝好发展，青海省平台经济发展可以说几乎还处在初级阶段，还未曾完全吃透发展初期红利就要接受严厉监管，客观上来说会对平台经济的快速发展造成一定威胁。

2. 经济威胁

平台经济竞争加剧。虽然青海平台经济在国内有一定的优势，但同为西部地区的其他省份发展更快，使得竞争更加激烈。不论从定性还是定量来看，青海省平台经济的发展受市场强烈竞争的影响，如西部地区表现较为突出的四川省等，尤其青海省邻近省（区）如四川省与西藏自治区，拥有与青海省类似的农牧产品资源，一旦诸如藏红花之类的特色优势产品市场被其他省份平台经济捷足先登，优先抢占大部分市场，将不利于青海省平台经济的发展。

3. 社会自然因素威胁

生态环境压力增大，开发难。习近平总书记对青海的生态保护的要求在碳达峰方面先行先试，为全国能源结构转型、降碳减排做出更大贡献，努力打造成生态文明高地。而近两年，青海省的生态环境保护不可否认的是已取得了不错的成绩，但由于地广人稀的客观条件和严酷的自然环境，生态环境的维护自然要比其他地区有更大的难度，现在青海省的生态环境建设面临人、资不足的问题，没有充分的技术人才与资金支持来作为有力保障，同时对于青海省自然资源的开发还存在部分无序的问题，平台经济发展过程中的生态可持续问题需要引起注意。

4. 技术威胁

缺乏完善配套的平台经济产品可追溯系统。目前青海省的平台经济主力军——农牧产品中，只有少部分拥有可追溯技术（如 RFID 技术、磁卡技术等），而可追溯系统的打造是有利于保障产品质量，一旦出现问题可以责任到人，明细责任，对于平台经济来说，产品质量是打造客户黏性重要抓手，如果没有质量保证所有的交易都只能是一锤子买卖，并不利于平台经济企业树立良好的商家口碑，长期来看，有碍青海省平台经济的稳定持续健康发展。

（五）青海省平台经济发展策略

基于上述对青海省平台经济发展环境的 SWOT-PEST 分析，本课题组认为，青海省发展平台经济的政策导向应基于以下几点考虑：

1. 把握外部机会，发挥内部优势

（1）抢抓契机推广本地农产品

抢抓目前我国疫情发展中新的消费契机，抓住广大消费者群体和社会因平台经济产生的对于特色产品的需求，充分利用青海现有的一系列得天独厚且丰富的自然产业资源，大力推动本地区特色产品大规模生产，形成独特的现代新型农业产业模式，保证青海特色产品的大规模专业化生产及规模化加工，完善自主创新技术体系，保质保量的同时做到低成本有效地组织生产，努力制造出价格更实惠的平台经济产品。

（2）编织交通网络筑牢根基

平台经济的发展离不开线下发达的物流运输，虽然目前青海省内已经形成六纵九横的公路体系、铁路体系以及民航体系，但毕竟青海省幅员辽阔，并不足以支撑青海省平台经济产品的内部流转与对外销售的需求，因此需要在统筹结合青海省现有的财税政策优惠得同时，完善高效的交通运输网络，完善基础设施建设，加大投入强化交通网络化、信息化、现代化。

（3）发挥电商带头人的示范作用

全国电子商务示范企业西宁经济技术开发区，充分发挥其示范带动作用，并借助淘宝等平台开展电子商务活动，积极推动青海省对重点电商企业品牌的宣传推广和仓储服务等相关物流设施和配套项目的资金支持，对相关人才技能培训等方面给予更多更切实的政策支持。

2.规避内部劣势，利用外部机会

（1）加快建设网络布局，提升农民参与度

由于青海省地广人稀，导致信息传播存在滞后，并不如发达地区一般方便畅通。因此，青海省需快速建立网络管理信息系统与配套的网络管理维护，建立电子商务第三方平台经济的模式。这将是目前最为安全有效且便捷实用的一种手段，可以使农民轻松便捷地享受各种现代网络电子商务平台及其服务，也能缓和当前青海省小农户信息获取不足与整个农村大市场信息化发展之间存在的深层次矛盾，提高农户直接参与平台经济业务的便捷度，推动青海省平台经济的发展。

（2）出台优惠政策吸引专业人才

青海省应出台更多更具吸引力的政策吸引高层次人才，鼓励其积极投身相关项目的投资建设，加大对平台经济发展的支持力度，着力营造有利于平台经济发展的良好环境，同时加强与平台经济密切相关的专业建设、学科建设以及科研平台建设，解决平台经济发展过程中遇到的科学问题，努力为青海省平台经济高质量、可持续发展培养急需的各类人才。

3.发挥内部优势、迎接外部挑战

（1）加强特色产品推广力度

青海省在特色农产品、药材上占有绝对优势，应该坚持"人无我有，人有我优"的原则，对于该类特色产品深入推进数字商务发展，进一步打开国内以及国际双市场，让"青海产品"走向更大的平台。

（2）利用融资扶持小微平台企业

应依托青海省小微企业信用融资服务中心平台，切实解决小微企业融资难融资贵等问题，从金融角度加大对"三农"领域的数字金融服务支持力度，扶持其快速成长为大型平台经济企业，以实现青海省平台经济企业的百花齐放。

（3）出台法规监管平台经济规范发展

应尽快在法律层面整顿并规范青海省平台经济市场，建立全面科学的信用认证体系，全力推进青海省市场监管行政许可审批系统建设，不断完善青海省冷链食品追溯管理系统，加快青海省网络交易监测指挥中心建设，进一步优化营商环境，激发平台经济市场主体活力。

（4）优化基础教育资源配置，补齐基础教育发展短板

平台经济的发展离不开人才，青海省应稳定平台经济相关培训规模，提高培训质量。

4.规避内部劣势，减轻外部威胁

（1）争取优惠政策，缩小发展差距

青海省需进一步缩小与其他区域的经济差异，在经济上努力实现赶超，以支持平台经济的发展。同时，青海省应积极争取国家优惠政策，借助已经成熟的西部地区相关发展优惠政策之力，与帮扶省份开展密切交流，汲取其成功经验，助推本省平台经济的发展。

（2）重视品质溯源，积极开展营销

要重视做好农畜产品质量安全追溯工作，继续推进牦牛藏羊原产地可追溯工程建设，持续完善省、市（州）、县三级追溯体系，抓住机会建设国家数字农业创新应用基地建设项目，开展数字技术和产品集成应用示范。开展线上青海特色农畜产品营销推广活动，探索"短视频＋订单农牧业"、农畜产品直播带货、定制农业等基于互联网的新业态新模式。

（3）深化援青合作，拓宽产品销路

进一步深化与援青省份合作，缔造新的合作纽带，充分发挥支援方技术、人才、资金、企业资源优势，建设发展好援青产业园区，促进受援地资源与各支援方优势嫁接。加快推进零碳产业园建设，协同推进新能源产业、新能源制造业和储能产业发展。鼓励和引进支援省市龙头企业在青建设生产加工基地，做优做强支援方在青海开设的产品销售平台。

三、青海省平台经济政策分析

（一）青海省发展平台经济政策概述

青海省针对平台经济出台的直接相关政策不多，目前主要以青海省政府于2021年9月发布的《关于促进互联网平台经济规范健康发展的若干措施》（青政办〔2021〕65号）为主，主要内容包括发展重点、支持政策、加强监管、组织实施四个部分。该文件以资金补助形式为扶持省内平台经济发展提供了政策支持，具体政策内容如下：

①规上第三方平台企业。对新开业入库及较上年同期基数有增长的平台企业予以奖励。第1年按新增营业收入的10%给予一次性奖励，第2年按新增营业收入的12%给予一次性奖励，第3年按新增营业收入的15%给予一次性奖励；每年奖励上限500万元。

②限额以上商贸类平台企业。对新开业入库及较上年同期基数有增长的平台企业予以奖励。对批发类平台企业，第1年按新增商品销售额的3%给予一次性奖励，第2年按新增商品销售额的4%给予一次性奖励，第3年按新增商品销售额的5%给予一次性奖励；每年奖励上限500万元。对零售类平台企业，第1年按新增商品销售额的5%给予一次性奖励，第2年按新增商品销售额的6%给予一次性奖励，第3年按新增商品销售额的7%给予一次性奖励；每年奖励上限500万元。

③对实现青海省实物类产品外销且年网络零售额达1000万元以上或在全国性知名平台单品类销售年度排名全国前15位或年度录用大专及以上学历毕业生15人以上的电商企业，一次性给予30万元奖励。

④对撮合双边或多边交易超过1亿元的第三方平台企业进行奖励，第1年按年交易额的0.1%进行奖励，第2年按年新增交易额的0.2%进行奖励，第3年按年新增交易额的0.3%进行奖励；每年奖励上限500万元。

⑤持国内知名平台或互联网企业在青海设立独立法人，对示范引领作用大、实际效果突出的平台企业给予一次性50~200万元落户奖励，具体额度以每年印发的申报指南为准。

（二）青海省与其他省份政策比较

1.财税政策

在具体的政策内容方面，青海省与其他省市地区存在较多的差异。从现有的财税政策来看，主要以税收优惠政策与财政补贴两方面为主。在税收优惠方面，青海省推行的税收优惠政策仍局限于传统的减按征收的手段，相比于与其他经济发达省份形式内容丰富的税收优惠政策，青海省现有税收优惠政策对平台企业提供的支持相对有限。同时，青海省现有税收优惠政策仅针对符合西部地区鼓励类产业目录、属于高新技术企业、技术先进型服务企业的平台企业开放，涉及企业范围小、局限性大，不足以吸引潜在的平台经济企业加速转型。

受经济基础及社会环境影响，青海省在吸引平台企业、吸引和培养人才、税收优惠等方面难以提供与经济发达省份相当的政策，这是青海省在平台经济发展上面临的结构性问题和天然劣势。对此，青海省在财政补贴政策方面采取的解决方案是直接性的资金补助政策，且以直接的一次性现金奖励为主，业绩相关奖励为辅。青海省现有财政补贴政策的最大不足在于，缺少支持平台经济企业融资、缓解贷款压力的机制。因此，通过补贴具有投资以及存贷款资质的金融机构，在业务中倾斜平台经济企业，势必需要政策鼓励引导。

2. 配套政策

青海省发展平台经济的时间相对其他省市地区较晚，处于天然劣势。受此影响，青海省出台了一系列配套政策，力图改善优化平台经济发展环境、为平台经济企业提供更好的发展空间。与其他省份（直辖市）相比，青海省出台的配套政策在以下两方面更为突出：给予平台经济企业奖励性的扶持、建立健全监管机制，也反映出青海省平台经济企业在发展过程中面临的问题。

与其他省份（直辖市）相比，青海省在平台经济的监督管理体系的建设等方面存在一定的滞后性。由于平台经济发展起步晚，青海省缺少平台经济监督管理实践经验的积累，在发展层面的支持力度并不凸显。相比之下，其他地区已经拥有平台经济监管实践经验积累，形成了相对完善的监督管理体系，商业环境优化中着重在人才培养、基础设施建设、融资渠道、纳税服务、信息数据等方面投入更多力量，已抢先优化本地平台经济发展环境。

第五章　支持青海省培育发展平台经济财税政策建议

一．财税政策建议的基本思路

为充分发挥平台经济在推动经济转型升级、提升发展效率、拉动就业等领域的多重效应，助力青海省实现"十四五"发展目标，本课题针对青海省完善平台经济财税政策的基本思路为：以促进青海省平台经济的成长壮大为目的，以"重发展，顾监管"为指导原则。首先，促进平台经济的快速发展，利用财税政策引导鼓励青海省发展大型平台企业，扶持中小平台企业，提供区域化、特色化的产品与服务，加深现有产业的垂直深度，实施差异化竞争战略。其次，兼顾监督规范工作，引导平台经济产业向优向好发展，规范监管不良竞争、偷税漏税等问题。在财政政策方面，通过财政补贴、设立专项基金、促进投融资等手段做好引导与扶持工作；在税收政策方面在给予部分产业以及企业税收优惠的同时，对于平台经济的税收征管问题予以规范。

二、财政政策建议

（一）明确平台经济财政政策的扶持重点

本着"重发展"的原则，财政政策扶持平台经济发展应注重提升效率，针对青海省平台经济发展的突出弱点和关键问题加以优化，强化财政的杠杆作用，提高财政资金的使用效率。本课题结合青海省平台经济发展现状与发展策略，建议重点扶持以下三类平台经济企业。

一是青海省现有平台经济企业。青海省现有5家全国电子商务示范企业，是进一步促进平台经济发展的重要推手，应该充分发挥这类企业的带头作用，给予相应支持。同时，对于中小规模平台经济企业，应该针对其贷款融资困境出台相应扶持政策，助力其迅速成长为青海省平台经济企业的中流砥柱。

二是其他行业的龙头企业。平台经济的特点在于可以打破传统限制，实现"互联网＋传统行业"的对接，既可以发挥现有传统行业的优势，也可以弥补其出现的部分短板，因此将传统企业融入平台经济的商业模式是合理考量。青海省传统行业的龙头企业拥有较好的业务基础，资金、人员、产业链等较为完备，可以快速实现升级转型，促进平台经济扩张至各个细分领域。

三是辅助平台经济发展的功能性企业。青海省平台经济的发展，离不开良好的营商环境，这需要辅助性功能企业的同步发展。青海省应鼓励引导与当地平台经济企业相关联的物流、金融、贸易、供应链管理、人才资源服务、法律专业服务等领域的企业集聚，出台相应的政策措施扶持其发展，进而打造平台经济的服务产业集群。

（二）促进青海省平台经济发展的财政政策

青海省需要对现有的政府财政补贴标准进行优化完善，拓宽财政扶持渠道，并通过财政补贴、设立专项基金等手段满足平台经济企业的发展需求，实现多领域、多层级支持平台经济企业的健康发展。鉴于此，可以充分借鉴平台经济发展领先的省市地区的先试经验，灵活运用于本省相关政策的制定。

1. 财政补贴政策

海南省海口市出台的《海口市促进电子商务发展扶持若干措施（试行）》具有较为重要的借鉴意义。本课题建议借鉴相关政策，促进区域内平台经济发展。具体而言，有如下四个方面：

（1）积极培育平台经济企业。

对在西宁市注册成立和经营的平台经济企业，其当年缴纳的企业所得税、增值税首次达到 100 万元以上的，一次性给予当年企业所得税、增值税市级留成部分 100% 的奖励，次年实现较上一年度同比增长 30% 以上的，再给予当年企业所得税、增值税市级留成部分 50% 的奖励，企业累计奖励总额最高不超过 100 万元。

（2）大力扶持新办平台经济企业。

①对新办且认缴超过资本 100 万元（含）、运营一年以上的平台经济企业，给予其办公场地年租赁费、物管费 30% 的补贴，补贴最高不超过 20 万元 / 年，补贴年限为 2 年。

②对于新取得中国人民银行《支付业务许可证》的第三方支付平台，给予平台企业一次性奖励 100 万元。对自建第三方支付平台且日均资金流量超过 300 万元的，2 年内每年给予 20 万元的奖励。

③对于新建的第三方交易平台，独立注册用户超过 5 万户，并通过增值服务获得超过 100 万元、200 万元和 500 万元年服务费收入的，分别按 5 万元、10 万元、30 万元给予一次性奖励。

（3）支持完善平台经济配套支撑体系。

①利用现有商品房、工业厂房或办公楼宇改造而建成并经商务局认定为示范性平台经济集聚区，使用面积在 3000 平方米至 10000 平方米，入驻平台经济企业超 20 家（含 20 家），运营 1 年以上的，给予运营单位一次性 50 万元财政扶持补贴；使用面积在 10000 平方米至 30000 平方米，入驻平台经济企业超 60 家（含 60 家），运营 1 年以上的，给予运营单位一次性 100 万元的财政扶持；使用面积超过 30000 平方米，平台经济企业超 100 家（含 100 家），运营 1 年以

上的，给予运营单位一次性 200 万元的财政扶持。

②对平台经济企业围绕电商发展而开发或新建的交易中心、信息安全、物流服务、仓储用地、信息发布等功能的项目，经相关部门认定或批准的，将给予实际投资额 30% 的补助，每个项目补助额最高不超过 50 万元。

（4）着力营造平台经济企业发展环境。

①对获得国家、省级政府部门认定的平台经济示范基地、示范企业或开发项目，分别给予 30 万元、20 万元的一次性奖励。

②电子商务行业协会、产业园、人才培训等机构，组织举办和开展平台经济宣传推广、技能比赛、人才培训等重大活动，每个活动按照实际开支的 50% 给予补贴，补贴最高不超过 10 万元。

2. 其他财政政策

除了直接的财政补贴，财政政策形式丰富。本课题建议青海省设立财政扶持专项基金、用好财政扶持投融资政策，以进一步培育发展平台经济。

（1）设立财政扶持专项基金

专项基金因其专款专用的特点，能够更有针对性地实行扶持，同时也充分展现青海省对于平台经济发展的重视程度。

①建议由青海省商务厅、财政厅牵头，作为主要管理负责人，设立青海省平台经济专项基金，予以科学管理和审批，充分发挥专项资金宏观引导和使用效益，提高预算支出效率。青海省现有《青海省商贸流通服务业发展专项资金管理办法》（青财工字〔2020〕1316 号）中，第（五）、（七）两点表示对符合要求的电子商务服务项目以及农村物流体系建设项目同意申请专项拨款。而本课题建议专项基金针对符合扶持重点的平台经济企业以专款支持，在明确

申报条件时，企业规模要求可以适当降低，弥补财政补贴的遗漏。同时，支持范围可以更宽泛，对于有明确转型计划的传统企业也可以予以拨款支持，鼓励其由潜在对象转型升级为真实平台经济企业。

②建议设立青海省平台经济专业园区及孵化器建设专项资金。青海省平台经济的发展需要多方服务型企业的支持，结合其他省市以及青海省目前已有的实践探索来看，要最快速实现大规模集群效应，应该设立产业园区并发挥其功能优势。建议由青海省商务厅、财政厅牵头，设立青海省平台经济专业园区及孵化器建设专项资金。通过扶持园区建设，吸引与平台经济发展相关联的物流、金融、贸易、供应链管理、人才资源服务、法律专业服务等领域的企业集聚入驻，发挥其经济效益方面作用与市场功能，打造有利于平台经济发展的空间与环境。

（2）用好财政扶持投融资政策

青海省目前成熟的大型平台经济企业稀缺，多为中小型平台经济企业。财政补贴与专项基金的设立虽然可以缓解部分资金压力，但中小型平台经济的成长周期长、资金需求大，因此政府应该引导市场投融资机构为其提供资金支持，打造长效的投融资机制。

①探索设立针对平台经济的投资引导基金。其一，制定配套激励政策。青海省可以制定财政贴息及豁免等政策，完善基金投资业绩评价体系，深化基金投向清单及融资申报标准等基金监督管理办法，激励投资机构增加基金投入力度。其二，加快培养投资引导基金复合型人才。复合型人才的培养，将为平台经济注入新的活力，同时为现代服务等新兴行业发展提供更加丰厚的人才储备。因此，必须突出投资引导基金"行家投资、专家理财"的特色，通过将金融机构人才注入进平台经济企业，促进人才资源的交流融合与培养。

其三，确保资金使用灵活多样。合理运用"孵化＋创业投资""风险投资＋跟投"等多种投资手段促进平台经济良性发展。"孵化＋创业投资"旨在为符合孵化标准的平台经济企业提供更多元化的融资渠道。"风险投资＋跟投"旨在鼓励风险投资机构助力青海省平台经济发展，对于符合条件的平台经济企业，投资引导基金可与风险投资机构签订跟投协议，共同促进平台经济的健康发展。

②建构多样化、多层次的产业融资方式。以财政资金作为引领，支持各类具有借贷资质的机构创新信贷产品，对于符合条件的平台经济企业给予融资支持。拓宽直接融资渠道，鼓励"天使投资"为平台经济企业开展融资服务，拓宽平台经济企业的融资渠道。

三、税收政策建议

青海省平台经济发展尚处于初期阶段，在产业规模、产业结构和配套体系等方面依然存在较多不足。因此，青海省的税收优惠政策应当尽量减少对平台经济企业的非必要限制，贯彻"重发展，顾监管"指导原则，推动青海省平台经济健康发展。基于此，课题组从做好税收政策辅导、用好产业税收政策和打造税收营商环境方面提出相应的建议。

（一）做好税收政策辅导，保障平台经济企业对税收优惠应享尽享

1.加强税收政策宣传力度

通过全面且具有针对性的宣传，使青海省平台经济企业充分了解平台经济可享有的相关税收优惠政策，实现税收优惠应享尽享。由于青海省平台经济起步晚、发展时间短、社会影响力小，因此平台经济企业中从事税务申报的人员，对于本企业所能享受的税收优惠政策了解有限。这将导致政府现有税收优惠政策难以切实惠及平台经济企业，不利于发挥税收乘数效用，也有碍平台经济发展。因此，

加大税收政策的宣传力度，帮助更多的中小企业和个体工商户了解平台经济税收优惠政策，是促进青海省平台经济发展的重要途径。

本课题建议青海省定期举办税收优惠政策宣传活动，发挥以税务局为核心的行政体系在宣传过程中的关键作用。譬如：税务干部可以组成志愿者服务队伍，开设税收优惠政策咨询点，帮助平台经济的从业者了解可以享受的有关税收优惠政策，充分利用税收优惠促进企业发展。此外，由税务机关组织税收政策宣传团队进入平台经济企业开展"一对一"式的税收政策宣传，也能在普及税收政策方面发挥积极作用。

2. 推进"智慧税务"服务

为助力平台经济企业实现税收优惠应享尽享，本课题建议青海省搭建税收信息化、智能化服务平台，为平台经济企业提供一站式智能税务管理和全税种自动计税一键申报服务。信息平台可以开设免费的网络纳税课堂，提供税务知识教学、纳税流程讲解、信息咨询服务等课程，帮助平台经济从业者更好地了解税收政策的前沿动向，为加强税收政策宣传力度提供辅助。

信息平台的最终目标是实现"超高清＋实时直播"学税、"AI互动＋中英双语"问税、"高速终端＋智能柜台"办税等全链条信息化服务方式。"智慧税务"的成型，有助于提高税务服务水平，更好地为平台经济企业提供纳税服务，促进青海省平台经济发展。

（二）用好产业税收政策，鼓励平台经济与青海特色产业融合发展

1. 平台经济企业适用税收优惠政策

我国税收法规政策的制定权集中于中央层级，地方政府以执行保证税收法规政策的统一落实为任务。因此，明确青海省平台经济企业及平台经济产业相关企业适用的税种和优惠政策是十分必要的。

（1）企业所得税

青海省政府部门可以积极鼓励省内平台经济企业响应国家鼓励政策，引导平台经济企业充分利用省内优势自然资源和社会资源，从事《西部地区鼓励类产业目录》（2020年本）涉及产业，通过响应国家号召利用好政策红利、部署好产业布局、发展好平台经济。

（2）增值税

为了促进平台经济企业向税收优惠政策靠拢，青海省可以对平台经济企业实行优先认定，获得资格认定的平台经济企业可以优先享受增值税税收优惠政策。此外，针对平台经济企业的特殊情况，青海省可以适当放宽享受增值税税收优惠政策的小规模纳税人的销售额限制，扩大政策覆盖范围，使得更多的平台经济企业有机会享受增值税税收优惠政策。

（3）其他税种

青海省政府可以对平台经济企业实行优先认定政策，将规模在一定标准以下的平台经济企业认定为小微企业，获得资格认定的平台经济企业可以享受"六税两费"减免政策。

2. 平台经济配套税收优惠政策

青海省平台经济的起步较晚，发展时间较短，在许多方面仍然存在不足。因此，打造平台经济配套支撑体系，全面建设平台经济发展环境，为平台经济企业的发展提供良好基础，对于促进平台经济的发展具有至关重要的作用。

（1）融资渠道

青海省现有平台经济企业在数量、规模和财力等方面均与其他地区存在差距，有必要利用税收优惠政策引导和鼓励投资机构为青海省平台经济企业的发展提供资金支持，满足其融资需求。金融机构和地方性商业银行等投资机构对平台经济企业提供贷款及融资服务时，可以在企业所得税方面享受以下三种类型的税收优惠政策：

①地方性商业银行等投资机构采取股权投资方式直接投资于平台经济企业的情形。当投资时长满足标准时，可以按照投资额的一定百分比，在股权持有时间满足满标准的当年抵扣该公司制创业投资企业的应纳税所得额，当年不足抵扣的，可以在以后纳税年度结转抵扣。

②有限合伙制创业投资企业投资机构采取股权投资方式直接投资于平台经济企业的情形。当投资时长满足标准时，该有限合伙制创业投资企业的合伙人可以享受以下税收优惠政策：一方面，法人合伙人可以按照对平台经济企业投资额的一定百分比抵扣法人合伙人从合伙创投企业分得的投资所得，当年不足抵扣的，可以在以后纳税年度结转抵扣。另一方面，个人合伙人可以按照对初创科技型企业投资额的一定百分比抵扣个人合伙人从合伙创投企业分得的投资所得，当年不足抵扣的，可以在以后纳税年度结转抵扣。

③如果被投资的平台经济出现办理注销清算等情况，投资机构的投资所得尚未抵扣完的，可自注销清算之日起在一定时间内抵扣投资机构转让其他平台经济企业股权取得的应纳税所得额。

（2）业务支持

平台经济企业的发展与配套业务的支持息息相关，因此，为平台经济的配套产业提供税收优惠政策，刺激配套产业的发展，对于促进青海省平台经济的全面发展具有重要的意义。

①孵化器建设。为促进平台经济发展，青海省可以借鉴现有政策，向省内平台经济企业孵化器提供相应的房产税、土地使用税和增值税税收优惠政策，并与财政补贴政策相结合，引导更多的产业孵化器为平台经济企业提供发展平台和空间，扶持平台经济企业，促进

平台经济发展。

②物流支持。为促进平台经济的发展，青海省可以扩大税收优惠政策的认定范围，为平台经济企业业务提供服务的物流企业，可以享受减征土地使用税的税收优惠政策，引导更多的物流企业参与到青海省的平台经济发展当中。

（三）打造税收营商环境，结合平台经济特点提升纳税服务质量

为保证税收优惠政策的执行效率，良好的税收环境必不可少。公平公正、松弛有度的税收环境有助于维持平台经济市场的秩序，在发挥税收效应的同时，规避可能存在的纳税不规范现象。建议采取的措施如下：

1.规范税务登记

为规范税收严肃性，规避纳税违法违规行为，需要从宣传税务登记、建设便捷登记以及强化平台经济企业信息采集与认证方面，加强税务机关与工商部门的信息共享与整合，保证平台经济企业实现纳税全覆盖，维护税务严整性，保障依法经营、依法纳税的平台经济企业的合法权益。

2.推进发票电子化进程

在平台经济企业的发票领购、税务登记、申报备案等涉税环节对扶持企业给予便利。充分利用以互联网为代表的信息技术，推广网购发票和电子发票，全面优化平台经济企业的涉税环节。提供针对性服务，打造专门为平台经济企业服务的纳税绿色通道，允许平台经济企业委托代办纳税事务，全面提高平台经济企业的纳税效率，节约纳税成本。

3.强化税收责任制度

推行纳税和征税环节的税收责任制度，明确市场中各方的税收

责任，建立健全完善的税收管理体系，追究税收过程中出现错误的责任。建立纳税行为奖惩体系，对合规的纳税行为予以奖励，对不合规的纳税行为予以惩罚，保证平台经济企业所有纳税环节的公平、公正、公开。

4.优化税收优惠政策执行跟踪机制

对税收优惠政策的执行进行跟踪式监管，确保政策落实。确保符合条件的平台经济企业能够享受税收优惠政策，当平台经济企业不再符合条件时对税收优惠政策进行及时调整，避免出现企业被遗漏或者过度享受税收优惠等问题。

参考文献：

[1]财政部,国家税务总局,国家发展和改革委员会（含原国家发展计划委员会、原国家计划委员会）.财政部、税务总局、国家发展改革委关于延续西部大开发企业所得税政策的公告[Z].

[2]财政部,国家税务总局.财政部、国家税务总局关于创业投资企业和天使投资个人有关税收政策的通知[Z].

[3]福州市政府.福州市人民政府办公厅引发《关于加快福州市产业发展的工作意见》[Z].

[4]海口市政府.海口市人民政府办公厅关于印发《海口市促进电子商务发展扶持若干措施（试行）的实施细则》的通知[Z].

[5]交通运输部,国家税务总局.交通运输部、国家税务总局关于印发《网络平台道路货物运输经营管理暂行办法》的通知[Z].

[6]青海省人民政府办公厅印发关于促进互联网平台经济规范健康发展若干措施的通知（青政办[2021]65号）(3482)[Z].

[7]芮明杰等.平台经济趋势与战略[M].上海：上海财经大学出

版社,2018.

[8] 商务部等 12 部门关于推进商品交易市场发展平台经济的指导意见 [J]. 中国对外经济贸易文告,2019(14):6-8.

[9] 新华社. 中共中央国务院关于新时代推进西部大开发形成新格局的指导意见 [Z].

[10] 赵生祥. 加快农村电子商务发展助力青海农业供给侧结构性改革 [J]. 青海师范大学民族师范学院学报,2021,32(01):33-37.

[11] 郑彬睿. 总体国家安全观视域下平台经济发展规制路径研究 [J]. 江淮论坛,2021(06):89-95.

作者简介：叶小杰，上海国家会计学院副教授。

支持青海培育发展平台经济财税政策研究

陈爱华

第一章 青海平台经济发展的现状与主要财税政策

自我国实施西部大开发战略以来，青海省的基础设施建设加快推进，产业结构不断调整和优化升级，社会和经济综合实力均得到长足发展，但是相比中东部地区来说还是存在较大差距。近年来，青海省"十四五"规划纲要中明确提出，在生态保护优先的大前提下，推动经济高质量发展，培育发展生态经济、循环经济、数字经济、平台经济"四种经济形态"。青海省结合国家战略定位、区位特征、产业优势和自然资源承受能力等，在互联网平台经济和诸如综合保税区、跨境电子商务综合试验区、循环经济发展示范区等区域平台经济方面进行的不懈努力，对推动省内区域经济的高速度、高质量发展意义重大。

一、平台经济发展与青海特色

随着"大智移云链"等现代信息技术的高速发展和应用，平台型经济新形态（如京东商城、淘宝）等逐步成为促进我国经济发展、地方经济增长的新引擎、新动能。崔志坤等（2021）认为，平台经济不仅涵盖传统的电子商务范畴，同时也包括传统生产要素与新技术结合的领域，有机整合传统供求两端的各类资源要素，大幅降低交易费用，提高资源整体的配置效率和效果，提升经济社会发展的整体效益（郑洁和程可，2021）。青海省既要和现有国家层面，以及京东、淘宝等知名平台加强合作，也要加快推动自身平台转型升级和做大做强，深入挖掘青海优势资源和名优特产品（如菌类、枸杞等农产品），全力打造高端知名品牌，在运营层面则需要完善升级一系列电商平台配套供应链（如现代物流配送、质量检测）；同时，还需要积极打造青海特色的优质平台，有效带动经济转型发展，将更多的经济利益留在青海本地。

与此同时，曹家堡保税物流中心建成运营、西宁综合保税区验收封关，甚至未来推动青海自由贸易试验区的申报，引进一大批青海省内省外的研发设计、高端加工、生产制造、物流配送及质量控制等相关配套服务的优质企业入驻；西宁和海东跨境电商综合试验区的加快建设，全面开展跨境电商业务；柴达木绿色循环低碳发展示范区的规划建设，以及培育盐湖化工、新材料省级外贸转型升级专业型示范基地；创办国内首个以"生态"为主题的博览会，等等，赋予平台经济发展更为丰富的内涵。

因此，关于支持青海培育发展平台经济的财税政策的课题研究，主要围绕前述两个角度展开。为避免混淆，我们将前述第一种平台定义为"互联网经济平台"，第二种平台定义为"区域经济发展平台"。

二、平台经济发展与财税扶持政策

关于平台经济的发展，市场是"无形之手"，对配置资源发挥决定性作用，同时也需要强化政府的宏观调控（杨卫华，2021）。财政税收政策是重要的宏观调控手段，应充分发挥其在目标导向、功能定位、结构调整、优惠激励等方面的调节作用。平台经济培育发展相关的财税优惠政策应区分以下几个主要维度：

①我国传统的区域性减免税税收优惠政策已经更多转向针对性的产业优惠型、行业优惠型、科技型和困难照顾型的税收支持政策，如集成电路、资源循环利用等企业所得税优惠、小微企业所得税优惠、小规模纳税人增值税优惠等。因此，青海省应充分关注并享受国家层面的重点产业导向、科技进步、困难照顾等相关的税收支持政策，将优惠政策用足用好，服务地方产业经济结构转型升级、企业纾困解难等。

②在当前国内外复杂变化的环境下，充分发挥重大区域引领作用，推动区域经济高速高质量发展，对加快形成以国内大循环为主、国内国际双循环相互促进的新发展格局意义重大；与此同时，需要考虑特殊区域的资源禀赋和政治经济定位，以及依旧大量存在的国家层面出台、特定区域范围和经济行为才能适用的税收优惠政策，如海南自由贸易港，粤港澳大湾区，上海福建等地自由贸易试验区税收优惠政策，新疆困难地区与喀什，霍尔果斯的企业所得税优惠政策。税收优惠政策出台、具体适用范围和时间、具体条款要求等体现出较强规范化和合理化特征，遵循客观经济规律和地方自身发展需求，因地制宜、因城施策。2015年开始，国家清理地方政府越权出台的区域性优惠政策，破除地方利益的藩篱，坚决遏制"税收洼地"对公平竞争和区域协调发展带来的危害。

课题组认为，针对目前各地方政府积极发展的区域经济发展平台形式，在充分遵循国家层面提供现行各类监管规则以及优惠财税政策基础上，依然可积极争取一些针对性的区域性税收优惠政策，像海南自由贸易港、粤港澳大湾区、上海临港片区、福建自贸区平潭片区、杭州等改革试点的前沿阵地，均有或曾经出台一些试点财税优惠政策。

③互联网经济平台存在跨界融合、参与主体多且杂、业务流动性强且交易难溯源等诸多特征。相比互联网平台经济，我国针对传统业务形态有详细且较为完善的税收管理制度规范（崔志坤等2021）；然而，以往政策在快速发展的平台经济形式下稍显不足，具体法律法规及相关财税政策存在一定滞后性，在征管实践中我国税务机关需要积极探索精细化的管理手段，执法口径差异大，税企争议频繁发生，大幅增加了税收风险。

不少地方政府为大力发展平台经济，形成"总部经济效应"，甚至不惜越权出台税收返还或核定征收的优惠政策。具体而言，在平台落户地方后，形成委托代征、汇总代开、申购代开发票等需求，税款缴纳给平台运营者注册地或所在地，而在商品或者劳务供给所在地或消费者所在地未缴纳税款，在一定程度上造成税源和税收收入的背离，地区间税收竞争增大，税负扭曲问题加重，不仅体现为税负不公平，也容易使得税收产生"马太效应"，造成经济落后地区的税收收入进一步流失（崔志坤等，2021；郑洁和程可，2021）。

因此，发展培育互联网平台经济，要全面考虑现行具体税收管理制度的不足甚至缺失问题导致的税务风险，各交易主体表现更好的税收遵从度，规避税务风险；从国家层面来说，结合平台经济的新挑战，借鉴世界各国成功征税的实践经验，针对平台经济做出税收制度和征管方式的创新。

第二章 互联网平台经济：财税政策研究及完善建议

相比杭州等经济发达地区，中西部地区发展这种具备"两头在外"并且"赢家通吃"特征的互联网平台经济模式具有先天劣势，缓解税负扭曲带来的税收转移问题是一项重要任务。国家层面针对互联网平台经济的税收管理政策等在不断探索和完善过程中，因此，青海省在培育发展互联网平台经济过程中紧跟国家步伐，适应并遵循相关要求的同时，在国家层面法律法规和相关财税政策范围内也可以做出细化要求，适应青海省独具特色的平台经济培育与健康可持续发展，并防范好潜在的税务风险。

一、互联网平台经济财税管理及政策面临的挑战

互联网平台经济提升经济发展的动能，有利于推动产业结构调整和升级，扩宽消费者市场并能够增加就业，是一种创新的生产力组织方式。2019 年 8 月，国务院办公厅《关于促进平台经济规范健康发展的指导意见》中也明确强调，在有利于培育发展平台经济的大前提下，遵循安全底线思维并采取对平台经济适宜的、包容审慎监管政策。相比传统经济形态，平台经济形态面临包括纳税主体、课税行为界定、纳税地点、纳税义务识别、业务真实、发票管理、税收优惠、税源与税收收入背离等方面的税收监管挑战（国家税务总局泰安市税务课题组，2020）。

（一）身份认定难

平台经济使得大量的各种规模的企业、个体工商户、自由职业者等成为商品和服务的供给主体，如何对他们进行纳税身份的有效认定呢？这无疑是我国税务机关面临的一项现实挑战。《电子商务法》

规定电子商务经营者也需及时办理市场主体登记或税务登记，但是给予"小额零星"等部分主体豁免登记，这为个人经营者的偷逃税行为提供空间。平台经营者数量多，分布广，隐蔽性强，纳税意识淡薄。此外，平台经济经营者可能未充分享受减税降费的政策红利，如小规模纳税人增值税税收优惠政策。

（二）征税对象界定复杂

互联网平台经济如何界定平台经营者的经营行为的应税属性（商品、劳务、服务、特许权使用费等）和适用的税收政策及是否可以享受优惠政策等，缺乏统一的执法口径容易造成税企争议。这需要借助相关部门或者相关法律法规确认经济业务活动性质，充分明确税收基本要素才能便于税收征管。

（三）业务真实性和计税依据判断难

收入是所得税和增值税计税重要的依据，实践中，商户因为刷单、漏开发票、隐藏收入等，导致实际申报纳税收入与平台数据记录收入之间经常存在明显差距。另外，在成本费用扣除方面，平台企业提供的各种优惠种类繁多，而且一般以电子形式存在，由于《企业所得税税前扣除凭证管理办法》（国家税务总局 2018 年第 28 号公告）对于企业所得税税前扣除凭证提出来明确规范要求，很多平台企业往往难以取得合法的凭证，导致税前扣除存在巨大障碍，在无法取得发票作为成本费用列支的情况下，大大增加了虚开发票的风险。此外，国家税务总局泰安市税务课题组（2020）认为，目前"以票控税"为主要手段的税收征管模式无法对平台经济领域蕴含的税收应收尽收，存在纳税义务发生时间认定问题，具体表现在：业务发生后，大量的自然人消费者可能不需要发票，但是销售方可能不会及时在应税行为完成并收讫销售款后缴纳增值税（此时纳税义务已经发生），因为收款信息只有平台企业或者第三方支付平台掌握，税务机关无法充分掌握，增加税收流失风险。

（四）税负扭曲问题突出，税源和税收收入背离

我国主要实行"属地管理、就地缴库"的税收征管体制，即纳税人由所属地区税务机关进行税收征管，并将税收缴纳到所属地区。平台经济可以将买卖双方（可能跨省甚至跨国界的主体）经营活动所产生的税收吸引到平台运营企业所在地区缴纳入库，形成"两头在外"的模式，导致税源和税收收入背离。根据中国信息通信研究院的数据显示，在东部地区，平台企业通过互联网平台，使税收收入发生区域之间转移，"劫贫济富"效应加剧地区间财力差距。

（五）地方政府促进平台经济发展的"土政策"屡见不鲜

由于平台经济成为新的经济增长点，不少地方政府通过出台税收返还或者核定征收等优惠政策进行招商引资，大力发展平台经济，形成"总部经济效应"（崔志坤等，2021）。大量开票而且"两头在外"的情况下鉴别业务真实性、发生时间成为一项重要挑战，这无疑增加虚开发票风险，同时在无法查验真实性的情况往往会导致发票供应停止，进一步阻碍平台经济的平稳发展，相关平台经营者可能去寻找新的"税收洼地"。

二、国家层面：互联网平台经济税收管理的应对策略及创新

针对前述互联网平台经济税收管理工作面临的挑战，主要包括：平台经济业务的创新性和现有的法律法规（包括财税政策）的滞后性不匹配；平台经济的区域间税收转移产生"劫贫济富"效应，加剧地区之间的税源竞争；平台参与主体的纳税意识、国家层面税收征管模式、税务机关的征管能力未及时跟上先进多变的平台经济业务模式。我们提出以下应对措施：

（一）完善或制定互联网平台经济发展的法律法规和制度规范

完善《电子商务法》中有关市场主体登记的相关规定，细化诸如"零星""小额"豁免登记的规则，可通过负面清单的方式明确不需要登记的情形，对于未办理登记的电子商务经营者，制定明确的约束处罚措施。严格落实《电子商务法》第28条中电子商务平台提供者和经营者等主体责任，税务机关可依托信息共享平台核实登记信息及相关业务真实性和完整性。此外，在注册登记的源头上，对平台用户应要求其明确选择其从事的具体业务活动类别，以便于更好根据业务实质确定税目、税率，规范涉税征管，降低平台运营风险。

完善税收征管一般制度。由于平台提供者的对平台交易信息的天然优势，代扣代缴税款征收模式依然有效但是需要完善，要以《税收征管法》修订为契机，明确平台提供者法定义务适用范围、具体业务流程等事宜，将平台税收征管纳入税收法律范畴；同时，可结合当期实际情况、平台经济特征，签订个性化的代征协议，明确委托代征平台的资质及具体规范，提高其法律地位，并加强对交易信息的对接和管理，最终实现征管成本降低并充分促进平台经济规模效应。

针对平台成本费用扣除缺乏合法凭证的困境做出规则让步。在《企业所得税税前扣除凭证》（国家税务总局2018年第28号公告）基础上，结合平台经济主体的优惠活动电子化、虚拟化特征，可以在企业提供优惠活动规划书、电子凭证的消费记录和实际付款记录等证据资料前提下（郑洁和程可，2021），允许在企业所得税税前扣除。

（二）制定互联网平台经济下增值税和企业所得税的征税机制

针对平台经济发展中的税负扭曲、税源与税收收入相背离，地方政府的"土政策"等问题，国家层面可以充分借鉴国际应对数字经济等税收转移的治理经验，对平台运营者的增值税和企业所得税尝试制定合理的分配规则。在增值税生产地征税的规则下，面向消费者的数字经济实施消费地征税，可有效解决区域转移问题。在企业所得税方面，目前跨地区分配已经有一定的制度基础，类似《跨地区经营汇总纳税企业所得税征收管理办法》（国家税务总局2012年第57号公告）采取三因素分配方法。

（三）借助"大智移云"等技术提升税收征管能力

通过"大智移云"等技术，强化政府各部门与互联网经济平台的信息共享，形成税收、信用和安全管理等的深度融合（崔志坤等，2021），全面推进电子发票系统，这些均将对平台经济中海量增值税发票开具、遏制虚开虚假发票、甄别业务真实性等意义重大。制定具体的实施办法，明确平台监管、银行、第三方支付、快递物流等主体应积极主动提供有关交易信息给税务机关；同时，要求平台经营者及时准确提供交易涉税信息，有效解决税企双方信息不对称问题。我国应该通过税务数据挖掘分析、构建纳税评估模型、及时推送涉税信息等手段实现精准的平台经济税收管控（国家税务总局泰安市税务局，2020）。

（四）简化并完善相关管理制度

平台经济的各种参与主体，达到增值税一般纳税人标准（年度销售额500万），需要办理增值税一般纳税人登记。为鼓励平台经济发展和降低税收征管成本，可以考虑实施小规模纳税人增值税免税政策（根据国家政策更新调整），扩大平台经济的免税范围，出台鼓励做大做强的优惠政策，继续实施并扩大鼓励科技创新的优惠政策。此外，通过互联网平台取得所得，应明确属性，完善生产经营活动的详细认定标准，以正面清单方式对存在认定争议的活动做出明确规定；同时，对财务制度健全、核算规范的企业采用查账征收政策，其他企业可以采取核定征收管理模式，简化个人所得税计算。各地政府结合自身财力情况及本地行业特点，针对个人独资企业、合伙企业取得的经营所得，明确各个行业的具体应纳所得率，按照自行申报经营所得缴纳个人所得税；对于人员流动性大的灵活用工人员等采取核定税款政策，由平台运营者或者所得支付方按月或者按次代扣代缴个人所得税，不再办理汇缴，解决不申报或虚假申报等问题，强化源头控制。

三、支持青海培育发展互联网平台经济的财税建议

青海省在发展互联网平台经济方面，应该重点关注以下几个方面：

（一）打造特色产品的互联网平台并加强与国内外知名平台合作

针对青海优势资源和名优特产等高端品牌的销售平台主体不在青海省内，会导致青海省税收转移到其他区域，出现创造税源和实现税收收入相背离的情况。青海省应积极引导、整合、规范并高质量建设针对青海省优势资源和名优特产等高端品牌的互联网经济平台，从在线交易、线下交割、物流配送、食品来源追溯、仓储、冷链、物流、保鲜等硬件设施、产品质量控制等诸多方面推进，形成经济平台及相关配套服务协调发展的良好生态。

与此同时，由于现有国内外平台有先发优势，青海省应加强与国家交易平台、国内知名网络平台合作，搭上互联互通的快车，推动特色资源和名优产品走出去、创收益，有效带动经济转型发展。但需要逐步缓解这种合作方式对青海省税收转移问题的影响，鼓励并引导优势资源和名优特产等高端品牌的电子商务服务提供商做大做强，其原因在于以农户、牧民等为主体的个人微商、个体工商户、小型微利企业等服务主体存在数量庞大、分布广泛、供应链条议价

能力薄弱、产品质量无法保证、不利于品牌建设、省内税收贡献小等诸多不足。因此，应梳理并整合青海省的现有的特色资源，打造名优特优的产品名片，做大做强生产与销售主体，为税源和税收收入协同提供基础保障。

（二）高质量服务以保障平台经济各利益主体真正享受到财税政策红利

鼓励、引导平台经济电子商务提供者积极用好用足现行税收优惠政策，诸如：《小微企业、个体工商户的税收优惠政策》，主要包括减免税费负担、推动普惠金融发展和重点群体创业税收优惠，如小规模纳税人符合条件免征增值税、小型微利企业减免所得税等。

强化青海省内农户牧民等个人微商、个体工商户、个人独资企业、合伙企业等的市场登记管理和税务登记管理，在积极享受税收优惠的同时也需规避潜在的纳税风险，具体包括：没有办理税务登记的个人，按次纳税超过销售额500元免征额标准的，存在增值税缴纳义务；个人取得的经营所得或者其他所得，存在没有缴纳或者扣缴个人所得税、经营所得或劳务报酬所得定性争议等潜在风险。

青海省在不违反国家财税政策基础上针对平台经济出台具体实施办法，可以针对平台上的个体工商户、个人独资企业、合伙企业、自然人等取得的经营所得或其他所得，通过设定具体的应税所得率、核定税款等，采用自行申报、代扣代缴、代征税款等组合方式完成纳税工作，保证相关平台参与主体应税尽税，有法可依，类似湖南省税务局《关于进一步优化灵活用工平台互联网平台经济税收服务和管理的若干意见》（2021年）的做法，可以创新性针对青海特色和发展要求，对于委托代征协议管理以及缴税、税收监管做出细化规定。同时，为保证平台的可持续发展，要尽量避免地方政府招商引资过程中通过财政返还、核定税款等区域性优惠政策吸引平台落户，毕竟国家层面大趋势将会彻底清理这些不合理的"土政策"，存在较大程度的不确定性。

第三章　区域发展平台经济：
财税政策研究及完善建议

目前青海省着力打造曹家堡保税物流中心、西宁综合保税区（未来可能申报青海自由贸易试验区）、西宁和海东跨境电商综合试验区、柴达木绿色循环低碳发展示范区，以及盐湖化工培育、新材料省级外贸转型升级专业型示范基地、创办国内首个以"生态"为主题的博览会，等等。多维度的区域发展平台成为共同推动青海省经济发展的引擎。为实现党的十九大报告"实现区域协调发展战略"，缩小东西部、中部等之间差距，结合当地的资源禀赋、经济发展战略目标定位等，因地制宜出台税收优惠政策，无疑能够实现区域经济协调，实现青海经济的跨越式发展。

本课题组详细查阅并梳理我国目前区域经济发展情况相关的财税政策，并对其政策背景、具体优惠内容、实施效果与经验借鉴等深入剖析，希望能够给青海省发展区域平台经济并争取国家层面的财税优惠政策提供参考。

一、国内区域发展平台的主要财税优惠政策及剖析

相关财税优惠政策深度剖析如下：

（一）综合保税区等主要财税政策一般要求

关于国内关于综合保税区等海关监管区域的一般性规定，主要包括：出口货物和劳务的增值税和消费税；在综合保税区推广增值税一般纳税人资格试点；部分保税物流中心的专门税收政策；保税货物流转管理和区域通关；创新业务开展等方面。

出口货物和劳务的增值税和消费税。核心政策包括：《关于出口货物劳务增值税和消费税政策的通知》（财税〔2012〕39号）、《出口货物劳务增值税和消费税管理办法》（国家税务总局公告2012年第24号）、《〈出口货物劳务增值税和消费税管理办法〉有关问题的公告》（国家税务总局公告2013年第12号）等三个重要文件。与此同时，由于2012—2022年之后我国进行一系列重大税制改革举措，前述政策相关条款已经进行重要的调整，存在一系列补丁政策。同时，关于保税物流中心、保税港区等的一系列专门性的重要文件或批复已经废止失效。

在综合保税区推广增值税一般纳税人资格试点。在国发〔2019〕3号文件的基础上，国家税务总局等三部委决定在综合保税区推广增值税一般纳税人资格试点（国家税务总局公告2019年第29号），主要包括：一般纳税人资格试点推广实行备案管理的适用范围、业务流程、工作机制；以及试点企业增值税一般纳税人资格发票开具、凭证抵扣、保税政策、退税政策、执行时间等。

保税物流中心政策。主要包括：财税〔2007〕125号、财税〔2012〕39号等重要文件。

保税货物流转管理、区域通关。关于保税货物流转管理及通关相关的监管政策文件，主要包括：海关总署公告2018年第52号、海关总署公告2018年第23号、海关总署公告2016年第29号、海关总署公告2015年第47号等，具体内容略。

综合保税区业务开展。相关政策包括：国发〔2016〕4号、国发〔2019〕3号、商务部、生态环境部、海关总署公告2020年第16号、海关总署公告 2019 年第 158 号、海关总署公告 2019 年第 28 号、海关总署公告 2019 年第 27 号、财关税〔2014〕65 号，等等。

课题组认为，青海省在发展保税物流中心等海关监管区域时，针对国家层面的相关财税政策以及监管规则均需要严格落实执行，搞清楚各种海关监管区域发展中碰到的现实问题及解决方案。

（二）海南自由贸易港：财税制度集成创新

2020 年 6 月 1 日，《海南自由贸易港建设总体方案》横空出世，它是推进我国海南自由贸易港建设（自 2013 年开始，我国在上海、福建、广东、天津等地已经对自由贸易试验区建设进行试点，形成了一系列丰硕的改革经验）的纲领性文件，对总体要求、制度设计、分步骤分阶段安排和组织实施四个方位绘制宏大的蓝图，尤其是特殊的税收制度安排（部分制度安排是在前期试点工作中总结的宝贵经验，例如实质性运营、个人所得税优惠、产业清单目录、新增境外直接投资所得免税、"一线放开，二线管理"等相关规定）。

①针对高端紧缺人才出台个人所得税优惠，并实施清单管理，并出台具体实施办法和解答政策，包括：财税〔2020〕32 号、琼府〔2020〕41 号、琼财税〔2020〕1019 号。明确高端人才和紧缺人才对来源于海南自贸港的综合所得、经营所得和经认定的人才补贴所得享受实际税负超过 15% 的个人所得税免征优惠政策。海南省政府在和财政部、国家税务总局沟通基础上出台具体管理办法（41 号），明确享受优惠政策的人才实施清单管理，强调享受优惠的人才应具备特定条件。海南省财政厅等四部门针对优惠政策具体执行过程中细节问题予以明确，保证政策可操作性。

②多维度的企业所得税优惠。首先，国家层面出台财税〔2020〕

31号文，主要包括：明确在注册在自贸港的实质性经营的鼓励类产业企业享受给予15%低税率的企业所得税优惠政策；三个特定行业/产业（海南省重点扶持旅游业、现代服务业、高新技术产业）新增境外直接投资符合特定条件时，取得的所得免征企业所得税，新购置（含自建、自行开发）固定资产或无形资产的成本费用可以根据金额高低（500万元为标准）差异化地享受一次性扣除、缩短折旧、摊销年限或采取加速折旧摊销等方法，详细规定参考附列资料。

其次，针对31号文这个具体政策执行的难点问题，海南税务局发布2020年第4号公告，对实质性经营判断、新增境外直接投资的期限、预缴和汇缴申报、新购置的资产一次性扣除或加速折旧和摊销、主要留存资料等细节问题予以明确。

再次，为防止实质上的海南"税收洼地"成为内地部分企业的"避税天堂"，提前防范税收风险，海南自由贸易港特别强调实质性经营原则，由省财政厅、税务局和市场监督管理局专门联合出台《关于海南自由贸易港鼓励类产业企业实质性运营有关问题的公告》，对生产经营、人员、账务、资产等核心要素，应纳税所得额及税款计算、分摊、缴纳、资料备查等问题予以充分明确。

2021年3月，针对前述实质性运营问题的官方解读中，进一步明确生产经营、人员、财务和资产等四要素的具体含义，如下：

生产经营	在自贸港有固定生产经营场所；在自贸港有主要生产经营地点或实质性全面管理和控制的机构在自贸港
人员	有满足经营需要的从业人员在自贸港工作；与自贸港企业签订劳动合同或协议1年以上
财务	会计档案资料存放在自贸港；主要银行结算账户开立在自贸港
资产	有匹配生产经营的实际使用的资产在自贸港；自贸港企业对该资产拥有所有权或使用权

最后，针对享受企业所得税优惠的旅游业、现代服务业、高新技术产业，在《海南自由贸易港鼓励类产业目录》、海南省实际情况的基础上，通过财税〔2021〕14号文件明确详细的优惠目录清单。

③关税、增值税、消费税等优惠政策。主要包括：海南离岛旅客免税购物系列政策，涉及免税额度、免税范围、提货方式、经营主体等方面；对符合条件的海南自贸港企业进口自用的生产设备，对包括椰子等农产品、煤炭等资源性产品、二甲苯等化工品及光导纤维预制棒等原辅料，以及飞机、其他航空器和船舶维修零部件共169项8位税目商品，对符合条件的海南自贸港企业进口《海南自由贸易港"零关税"交通工具及游艇清单》内的交通工具及游艇，对消博会展期内销售的规定上限以内的进口展品等特定行为免征进口关税、进口环节增值税和消费税；以及其他一系列关于港口贸易相关的免税政策。

此外，海南自由贸易港还出台一系列人才、贸易、金融、投资、园区管理等相关的配套政策，为海南自贸港的建设发挥重要作用。

课题组认为，海南自由贸易港财税扶持政策应注意两个维度：(1)由于海南自由贸易港具备宏大、独特的战略目标定位，国家层面给予的相配套的财税制度安排，从创新性、集成性、规范性、优惠力度等角度来说，都是其他省份或区域难以企及的；(2)在财税制度集成创新安排方面，有高端紧缺人才认定及个人所得税优惠，明确注册地实质性运营的鼓励类产业目录，特定行业境外直接投资所得免税政策及享受优惠主体的清单管理，固定资产和无形资产相关成本费用的一次性扣除、加速折旧摊销等相关企业所得税优惠，旅客离岛免税额度和范围、特定产品进口等相关关税、增值税、消费税优惠政策等细化要求。为其他省份或地区发展经济平台并出台相关财税扶持政策提供很好的思路。

（三）上海等自由贸易试验区：财税制度改革试点主要经验

作为改革试点的排头兵，上海、天津、福建、广东等几个重要的自由贸易试验区，出台一些先行先试的财税制度改革创新措施，主要包括以下几点：

①对特定区域符合条件的重点产业（清单管理）给予 15% 低税率企业所得税优惠，并着重关注实质性生产或研发等。例如，《财政部、国家税务总局关于中国（上海）自贸试验区临港新片区重点产业企业所得税政策的通知》及《新片区集成电路、人工智能、生物医药、民用航空关键领域核心环节目录》，地方政府制定的重点产业认定具体管理办法，需要报财政部和税务总局备案。此外，类似财税〔2014〕26 号、财税〔2017〕75 号、财税〔2019〕63 号等，在横琴新区、平潭综合实验区、前海深港现代服务业合作区等地适用。针对特定区域、特定企业、特定行为的增值税、关税等流转税，尽力争取税收扶持政策，如财税〔2021〕3 号、财税〔2012〕60 号、财税〔2012〕66 号等。

② 2013 年开始在上海、天津、福建等自由贸易试验区，福建平潭综合试验区试点的进口税收优惠政策，为我国其他地区综合保税区等区域经济平台建设发展积累了宝贵经验，海南自由贸易港的进口税收政策基本继承了这些政策的精髓。

③出台区域性的个人所得税优惠政策，为地区人才战略提供很好的思路。平潭和粤港澳大湾区的个人所得税优惠政策较为类似，且存在明显的地缘因素，海南自由贸易港的个人所得税优惠政策及具体操作方法可能更值得青海等地区借鉴学习。

（四）粤港澳大湾区（含横琴粤澳深度合作区）：财税制度主要做法

粤港澳湾区的财税改革举措一直走在我国前列，改革思路和具体办法均值得地方政府在发展区域经济平台过程中借鉴参考。具体包括：《关于粤港澳大湾区个人所得税优惠政策的通知》（财税〔2019〕31号）和《关于在粤港澳大湾区实行有关增值税政策的通知》（财税〔2020〕48号）；此外，为支持横琴粤澳深度合作区发展，2021年9月制定《横琴粤澳深度合作区建设总体方案》。具体优惠政策包括：针对横琴粤澳深度合作区的发展，出台合作区内科技研发和高端制造产业、中医药等澳门品牌工业、文旅会展商贸产业、现代金融产业等产业企业给予减按15%的税率的企业所得税优惠，对鼓励类产业目录由发改委会同有关部门制定；对企业符合条件的资本性支出，允许在支出发生当期一次性税前扣除或加速折旧和摊销；对在合作区设立的旅游业、现代服务业、高新技术产业企业新增境外直接投资取得的所得，免征企业所得税。此外，还包括：高端紧缺人才的个人所得税优惠政策、"一线"放开和"二线"管住的进口环节税收优惠、特定行为增值税退免税政策。

（五）新疆困难地区及喀什霍尔果斯等特殊经济开发区：独特区域优惠政策

2010年以来，国家出台一系列针对新疆困难地区和喀什、霍尔果斯特殊经济开发区的税收优惠政策（部分在2021年延期享受），主要特色是：

①出台鼓励发展的产业目录并适时更新调整：享受新疆困难地区、喀什和霍尔果斯经济开发区企业所得税减免政策的必须符合产业政策导向。2021年1月最新的所得税优惠目录（财税〔2021〕42

号明确），根据新疆经济社会发展需要及企业所得税优惠政策实施情况适时调整，优惠目录细致明确。强调税收优惠的导向性，促进区域经济产业结构升级优化，对于成熟行业适当减少优惠，防止优惠政策的滥用导致税收和经济的双重损失。

②首次强调实质性经营原则，避免设立空壳公司成为实质的"税收洼地"。相比2011年的老规定，在企业所得税的税收优惠延续政策中，财税〔2021〕42号第二条明确的享受优惠主体条件是：需注册在新疆困难地区和喀什、霍尔果斯特殊经济开发区且实质性运营（企业的实际管理机构设在当地，并对企业生产经营、人员、账务、财产等实施实质性全面管理和控制，目前海南自由贸易港建设、西部大开发等相关企业所得税优惠也强调类似约束条件）。

③放宽主营业务收入的比例（从70%降低到60%），让更多多元化经营的符合鼓励产业目录支持的企业享受税收优惠红利。属于目录范围内的企业主营业务收入比例已经从2010年的70%降低到2021年的60%。

④新疆困难地区执行"两免三减半"，而且喀什霍尔果斯执行"五年减免"的企业所得税税收优惠政策，法定税率25%。相比海南自由贸易港等地针对鼓励类产业的实质性运营企业享受减按15%的低税率税收优惠。新疆困难地区、喀什霍尔果斯特殊经济开发区的减免税政策导致企业所得税税负更低。青海省本身地处西部地区，对于鼓励类产业本来就可以享受西部大开发的企业所得税优惠政策，因而，类似喀什霍尔果斯的企业所得税减免税政策无疑是值得学习借鉴的。

⑤自2010年后，新疆维吾尔自治区政府和下属市级政府可能在国家普适性的政策基础上，提供更加优惠的财税政策支持。例如，新政办发〔2010〕187号、新财预〔2014〕116号、霍特管发〔2016〕3号等。

⑥关于新疆困难地区、喀什和霍尔果斯的专门税收优惠政策，国家层面主要集中在企业所得税，其他税费的优惠主要体现在省市级政府、园区提供的奖励或地方留存返还。

课题组认为，国家层面提供给新疆困难地区、喀什与霍尔果斯的税收优惠政策也是充分考虑区位优势、经济发展、产业特征等诸多因素做出的国家重要战略安排，对于新疆地区的经济发展意义重大。因此，超过10年以上的区域优惠政策执行期限，积累的成熟宝贵经验和重要教训都值得青海等其他省份或地区借鉴学习。

（六）西部大开发

2011年，为支持西部大开发，财政部等三部委联合发布《关于深入实施西部大开发战略有关税收政策问题的通知》（财税〔2011〕58号，2020年到期延续并适当调整相关内容，即财税〔2020〕23号），主要包括：

①对西部地区内资鼓励类产业、外商投资鼓励类产业及优势产业的项目在投资总额内进口的自用设备，在政策规定范围内免征关税。财税〔2020〕23号文件这一重要的延续政策中没有提到这一条，但是《中共中央、国务院关于新时代推动中部地区高质量发展的意见》（2021年4月）中强调："全面实施工业企业技术改造综合奖补政策，对在投资总额内进口的自用设备按现行规定免征关税。"

②企业所得税优惠。设立在西部地区、鼓励类产业企业（正面清单管理）减按15%的优惠税率执行。出台具体目录《西部地区鼓励类产业目录》（发改委令，2020年第40号），有利于促进西部地区转变发展方式、优化经济结构、增强西部经济新动能和竞争力，青海省可以根据自身的产业发展重点详细，适当增加具体的条目。此外，针对多元化经营的企业，西部大开发的优惠政策降低主营业务所占

比例（70% 调整为 60%），政策惠及面更加广泛。

③ 2020 年 5 月，《中共中央、国务院关于新时代推进西部大开发形成新格局的指导意见》明确"财税支持"等政策支持和组织保障，包括：对西部大开发的企业所得税优惠政策延期 10 年至 2030 年；赋予西部地区具备条件且有需求的海关特殊监管区域内企业增值税一般纳税人资格，等等。

西部大开发优惠政策主要集中在企业所得税税率优惠，优惠面相对狭窄，优惠力度较为不足；此外，针对特定行为的增值税减免税、个人所得税优惠等政策较为匮乏，不利于西部地区的人才战略及重点产业、鼓励产业的扶持与发展；最后，企业一般也无法满足海关特殊监管区域相关的增值税、关税等政策优惠条件。

（七）跨境电子商务综合试验区

为进一步促进跨境电子商务健康快速发展，培育贸易新业态新模式，目前我国已经批准五批跨境电商综合试验区。截至 2021 年 12 月底，全国范围超过 100 多个城市（五批）设立完成跨境电子商务综合试验区，但业务开展情况参差不齐；同时，国家层面涉及的相关财税优惠政策整体较少，主要包括：（1）特定出口行为满足条件时，试行增值税和消费税免试规定，即财政部等四部委联合发布的《关于跨境电子商务综合试验区零售出口货物税收政策的通知》（财税〔2018〕103 号）；（2）为支持跨境电商这种新业态发展，推动外贸模式创新，配合落实"无票免税"政策，国家税务总局出台的配套规定，即《关于跨境电子商务综合试验区零售出口企业所得税核定征收有关问题的公告》（总局公告〔2019〕36 号）。

整体而言，跨境电商基本覆盖全国所有省份，但是，由于税收决策环境等复杂多变，很难统一标准，区域环境复杂，国家层面的财税政策和产业扶持政策相对匮乏。同时，综合试验区是全新尝试与实验，各地政府都在"摸着石头过河"，区域间税收利益竞争突出，为了使跨境电商推动当地经济发展，在税收领域竞相减税，甚至越权出台更有"特色"的优惠政策和产业扶持政策，如扩大优惠范围、优惠力度等，而消极应对国家范围内公平适用的政策，也并未考虑跨境电商行业发展和国际竞争力。此外，由于区域环境差异，西北地区的跨境电商综合试验区，还存在运行机制缺乏、配套扶持政策不到位、跨境电商的产业主体少、人才匮乏等实际难题。

（八）小结

2015年《立法法》第八条第六项明确："税种的设立、税率的确定和税收征收管理等税收基本制度必须制定法律。"地方政府擅自出台税收优惠等政策受到很大约束。此外，《国务院关于清理规范税收等优惠政策的通知》（国发〔2014〕62号）提出以下要求：（1）地方政府在税收、非税、财政等方面的优惠政策，促进了投资和产业发展，有利于推动各地区的经济发展，但是站在国家层面却扰乱市场秩序、影响宏观调控，还可能引起国家贸易摩擦。（2）坚持税收法定原则，任何单位或部门一律不得擅自或违规越权制定财政、税收优惠政策，除非是有专门区域自治法律（如《民族区域自治法》）、税收相关专门法律、行政法规授权批准；未经国务院批准，各级政府部门不得随意规定具体税收优惠政策，诸如先征后返或即征即退（类似于政府补助形式）、收支两条线、地方财政收入奖励或补贴机制，以代缴或给予补贴等形式减免土地出让金等财政优惠政策；对社会保险缴费、电价水价优惠、落户奖励补贴，地方留存或返还等逐步规范。（3）违反法律法规的优惠政策一律停止执行并予以废止，确需保留的、无法律效力瑕疵的政策，由省政府或有关部门报财政部审核汇总后，请示国务院同意。

课题组认为，基于特定地区的税收优惠不能滥用，应坚持税收法定原则，地方各级政府不得超出权限随意出台相关财政、税收优惠政策。正如前面针对国内各种形式的区域经济发展平台相关的税收优惠政策，出台的基本原则体现在：均是建立在国家战略目标基础上，由全国人大、国务院等出台提纲挈领的重要文件甚至立法，然后由财政部、国家税务总局及相关部委出台财税相关优惠政策，并可能还存在地方各级政府及组成部门出台配套操作性细则文件。例如，关于海南自由贸易港的财税扶持政策，就是在《海南自由贸易港建设总体方案》这一重要纲领性政策以及《海南自由贸易港法》等的基础上，并由财政部、税务总局、海关总署、发展改革委员会等中央部委发布相应配套财税政策，针对具体执行问题则由海南省内有关政府部门在职责范围内出台管理办法或者实施细则。

二、支持青海培育发展区域平台经济的财税建议

结合前述区域平台发展相关做法，课题组有如下建议：

（一）把控风险——严格遵循综合保税区等现有一般财税政策

目前国内批准设立的各类保税物流中心、综合保税区、跨境电商综合试验区、示范园区等，出台的相关配套财税优惠政策的基本原则是：在小范围试点优惠政策，总结经验教训并提炼具体规则，更大范围推广和复制经验，再完善优惠政策并全国推行。青海省应积极复制相关地区的改革经验，遵循一系列国家层面的财税改革措施，并充分享受现有的税收优惠政策红利，可区分两个方面来看。

①国家层面的政策。考虑到海关监管区域的多样性，在国家层面相关的财税政策也在与时俱进地调整和完善，且海关监管部门、

财税部门、纳税人等可能对于财税政策的内涵理解存在一定偏差，会存在没有落实好，甚至基于地方政府利益忽视国家层面政策的情况。因此，青海省在发展不同区域经济发展平台时，务必要把握好每一项具体财税政策的适用范围和征管的具体程序，各级人民政府部门应积极沟通配合，守好财税风险底线。

②对于地方改革试点政策，考虑到相关财税优惠政策服务地方特色经济的专有属性，青海省要评估具体政策内容的效果，并结合本省发展区域经济平台的特色和方向做出适当调整、完善，对于一些成熟经验和优秀做法在争取国家层面的财税扶持政策后再在青海省试点并推广。

在税收法定原则的大前提下，通过地方财政补贴、税收返还，甚至出台一些更具地方特色的税收优惠政策（如扩大优惠范围，提升优惠力度等策略），都会因为优惠政策法律效力缺失和时效性问题，影响经济平台的持续、稳定、健康与高质量发展。当然，从短期经济利益来看，青海省结合地方财政能力从鼓励产业发展角度出发，在法律法规规章授权的范围内，给予一定的补贴奖励、税款返还、地方税费更大幅度优惠空间等依旧还是可行的。

（二）享受红利——多维度用好用足已有税收优惠政策

青海省各个区域经济发展平台上市场参与主体（包括公司、个体工商户、自然人等）均可享受全国范围覆盖的税收优惠政策，包括西部大开发，科技创新与创业支持（如研发费用加计扣除、投资抵扣、创业优惠等），固定资产和无形资产加速折旧摊销，小型微利企业与个体工商户的发展，产业或行业导向扶持政策（如高新技术企业、资源综合利用与循环利用、节能环保、扶贫、三农支持等），亏损弥补，地方性税费减免，增值税留抵退税，困难行业纾困等。

此外，2022年上半年，我国出台一系列"组合式"（如减免、退税和缓缴）税费支持政策，对小型微利企业纾困解难，提振市场信心发挥重要的作用。我们认为，青海省在贯彻落实"十四五"规划，促进中小企业苗壮成长，滚动实施千家中小微企业培育工程，培育提升制造业"小巨人"和"单项冠军"企业等方面，务必要落实好国家层面涉及中小微企业的税收优惠政策。

课题组认为，青海省各个经济平台管理部门及主管税务机关，可根据平台自身发展特色和管理需要，出台针对性、可操作性的税收优惠政策手册汇编（定期更新调整），指导每一个纳税人用好用足已有税收优惠政策，并避免税收风险。该汇编可以主要包括优惠政策适用主体身份、具体优惠条件和优惠内容、享受优惠须办理程序等内容，并经常性、针对性组织辖区内纳税人培训，培养纳税人纳税意识的同时享受好税收优惠红利。

（三）改革先锋——争取更多国家层面财税扶持政策

由于我国跨境电商综合试验区、海关监管区域等，基本上是结合当地独特的资源禀赋和区位优势设立的，税收政策上很可能并没有成熟先例可循。在国家层面上，本身也是一系列的重大改革举措，税收政策设计上也是"摸着石头过河"。面对新生事物或创新的交易模式，存在国家层面税收政策缺位或者不适用地方管理要求的特殊情况，在税法法定和公平正义的大原则下，可以允许地方省级政府积极探索相关税收优惠政策，然而需要健全地方税收优惠政策决策过程、监督、评估与考核机制，并及时报备给我国财政部、税务总局甚至国务院，甚至直接由财税部门等部委联合研究适用于某个特定区域的优惠政策。

结合前面其他省份区域发展经济的具体财税优惠政策和青海省

自身的特点，可以在以下方面做出尝试：

1.吸引高端紧缺人才及给予个人所得税优惠

坚持"人才是第一资源"原则，提升人才战略性支撑作用。结合区域经济发展和产业结构特征给予个人所得税优惠，是培育引进高端紧缺专业人才较为合理的方式。青海省可以参考海南自由贸易港等地的做法出台高端紧缺人才的个人所得税优惠政策。例如，对在青海省特定区域内实质工作的高端人才和紧缺人才，其个人所得税实际税负超过15%的部分予以免征，并由青海省政府在和我国财政部、国家税务总局等沟通基础上，由省财政厅、税务局、人才管理等部门制定《青海省个人所得税优惠政策高端紧缺人才清单管理暂行办法》，对享受优惠范围进行动态清单管理，并强化实质性经营管理的刚性要求。

在具体优惠范围的设定方面，可以重点考虑青海省优势产业、鼓励产业领域的人才，结合"十四五"规划中提及的生态环保（如国家公园建设、水资源保护和利用、生态监测、青藏高原科考服务），盐湖化工和资源综合开发利用，新能源（太阳能光伏等），新材料等高端制造，绿色有机农牧业（种质资源、节能灌溉、生态养殖畜牧业）等关键领域，建立详细的人才清单。例如，在重点支柱性产业发展方面，青海省可以对该盐湖提锂及深加工等产业链相关的专家技术人才给予个人所得税优惠；与此同时，在优惠力度方面，相比东南沿海发达地区的经济水平和整体工资水平而言，考虑到西部地区整体薪酬等所得（包括综合所得、经营所得、青海省内的补贴等）水平偏低，可以对实际税负比例要求（目前国内基本都是以15%的优惠税率为基准，例如海南自贸港、粤港澳大湾区等地）适度下调并尽量扩大优惠范围，提升政策吸引力；此外，参考霍尔果斯等地曾经的做法，结合青海省地方各级政府的财政能力，对地方留存部分给予一定返还或者奖励补贴；最后，在紧缺人才及配偶的落户、升迁、医疗、子女教育等相关配套政策方面也要予以重视及财政支持。需要特别强调的是，在高端紧缺人才的实质性经营方面，可借鉴海南自由贸易港的试点做法，对劳动合同、社会保险缴纳等事项做出具体规范但是可以将实质性经营的条件适当放宽，以避免成为新的"税收洼地"。

2. 重视鼓励类产业清单及争取企业所得税政策优惠突破

从 2011 年开始，为支持西部大开发，对设在西部地区的鼓励类产业企业减按 15% 的税率征收企业所得税，主营业务收入占比 60% 以上且属于《西部地区鼓励类产业目录》（2020 年）范围的企业可以享受，政策优惠期已经延续到 2030 年 12 月 31 日。青海省在国家层面《产业结构调整指导目录（2019 年）》《鼓励外商投资产业目录（2020 年）》的基础上，在《西部地区鼓励类产业目录》（2020 年）中已经增加沙生植物种植与加工，太阳能发电系统建设及运营以及枸杞、沙棘、红景天、青稞、藜麦、奶制品等特色食品的生产和加工等 32 个项目，充分体现出青海省产业结构发展的导向性。考虑到该鼓励类产业目录的动态调整性和地方特色，未来青海省结合产业发展目标可增加更多的项目，例如，青海省"十四五"规划中提到的光伏发电等清洁能源、绿色有机农畜业、文化旅游业、盐湖资源综合开发利用等。

需要提示的风险是，从霍尔果斯的经验教训和海南自由贸易港的财税政策安排来看，务必要坚持实质性经营原则，避免成为"税收洼地"。具体而言，应该包括以下几个方面：（1）注册地在青海的居民企业、从事鼓励类产业项目；（2）在青海省之外未设立分支机构的，其生产经营、人员、账务、资产等核心要素要留在青海，如果在省外设立分支机构，青海省的居民企业能够实施实质性全面管理和控制核心要素；（3）对于青海省之外的居民或非居民企业在省内设立分支机构或场所的，要具备生产经营的职能，并具备与之相匹配的营业收入、职工薪酬和资产总额等三个核心财务要素。最后，这些符合实质性经营条件的企业，应该严格按照我国关于跨地区经营汇总纳税的相关规定处理（国家税务总局〔2012〕57号公告和〔2019〕12号公告），做好企业所得税的管理工作。公司实质性运营，已经成为给予区域发展平台中企业所得税优惠的必备条件，相比海南自由贸易港等地而言，青海省在涉及资产、人员、账务处理、经营活动等四要素的认定标准上可以适当放宽，更能体现西部地区的客观条件且兼顾照顾原则。

此外，在企业所得税享受15%的优惠税率的基础上，青海省还可争取优惠政策的重要突破：

鼓励科技创新、技术升级、产业转型和吸引创业投资，措施包括但不限于：研发费用加计扣除、资产加速折旧或摊销、创业投资抵扣等。以固定资产或无形资产加速折旧、摊销政策为例，参照海南自由贸易港、粤港澳大湾区等地做法，以价值500万元为阈值，允许一次性扣除、缩短折旧、摊销年限或者采取加速折旧、摊销的方法；

鼓励外资投资。参照海南自贸港、横琴粤澳深度合作区等地做法，对青海省特定区域设立的旅游业、现代服务业、高新技术产业企业（该范围体现青海省重点产业发展导向，由国家发展改革委员会会同有关部门明确具体清单目录，例如，青海省着力打造盐湖资源综合开发利用、清洁能源、特色农牧业和文化旅游产业"四张牌"相关产业目录清单）新增境外直接投资取得的所得，免征企业所得税。此外，青海省财政、税务等部门应出台具体的管理办法或实施细则。

争取在亏损弥补期限上延长。目前亏损一般有 5 年结转期限，财税〔2018〕76 号文件将高新技术企业和科技型中小企业亏损结转期限放宽至 10 年。新投产企业普遍存在较长投资回报期和行业周期，比如盐湖项目，5 年期限稍微偏短，可以争取适当放宽到 8 年或者10 年。

在企业所得税上，争取更加优惠的税率或者减免税政策。近年来，类似海南自由贸易港、粤港澳大湾区、横琴新区、前海深港现代服务业合作区、上海临港新片区、平潭综合实验区等地均对鼓励类产业提供 15% 的低税率优惠，考虑到西部地区经济发展和资源禀赋的天然劣势，维持 15% 的优惠税率吸引力有所下降。另外，参考新疆困难地区、喀什和霍尔果斯经济开发区 2010 年开始执行的五年减免、两免三减半的优惠政策，以及地方留存部分的一定比例返还优惠政策，实际税负水平远低于 15%。因此，适用 15% 低税率优惠的主体范围可以考虑适当放宽，不仅仅局限在鼓励类产业；此外，对于鼓励类产业的适用税率可以做更大程度的优惠。

3. 争取特定行业或行为的流转税优惠

结合前面分析，不少地区在流转税上也做出了一些重要突破。例如：对注册在广州市的保险企业向注册在南沙自贸片区的企业提供国际航运保险业务取得的收入，免征增值税（福建平潭也有类似政策）；对注册在洋山特殊综合保税区内的企业，在洋山特殊综合保税区内提供交通运输服务、装卸搬运服务和仓储服务取得的收入，免征增值税；上海临港新片区、粤港澳大湾区、海南自由贸易港等地的启运港退税制度；在天津东疆保税港区曾试行融资租赁货物出口退税等。

青海省在培育发展保税物流中心、综合保税区、跨境电商综合试验区等区域平台时，除享受国家普适性优惠政策外，可以在国际航运保险业务、交通运输服务、仓储服务、装卸搬运服务、启运港退税等上争取一些税收优惠政策。另外，针对少数民族聚集地的民族特色相关工业制造或服务业（如文化旅游产业），还可以考虑通过增值税销项税额减免、进项税额加计抵减等方式提供增值税税收优惠支持。对青海省盐湖资源、矿产资源综合开发利用，光伏等清洁能源相关的制造业发展，可以争取更好的增值税留抵退税政策，避免企业资金的长期占有。

此外，青海省发展保税物流中心、综合保税区等平台时，在深入学习上海等自由贸易试验区、广东横琴新区、福建平潭综合实验区、深圳前海深港现代服务业合作区等地试点优惠政策的基础上，还须遵循《国家税务总局、财政部、海关总署关于在综合保税区推广增值税一般纳税人资格试点的公告》（国家税务总局公告 2019 年第 29 号）关于进口自用设备免税、其他货物保税以及相关出口退（免）税等政策；《财政部、海关总署、税务总局关于完善启运港退税政策的通知》（财税〔2018〕5 号）启运港退税制度；出口货物和劳务等增值税、消费税制度（财税〔2012〕39 号等三个重要文件）等普适性的财税政策，最终审视海南自由贸易港财税制度的集成创新与优化结果，并选择性吸纳优秀经验做法，以便更好地适应青海省区域特色的经济发展。

最后，在跨境电商综合试验区发展上，零售出口货物应严格按照《财政部、税务总局、商务部、海关总署关于跨境电子商务综合试验区零售出口货物税收政策的通知》（财税〔2018〕103 号）和《国家税务总局关于跨境电子商务综合试验区零售出口企业所得税核定征收有关问题的公告》（国家税务总局公告 2019 年第 36 号）有关规定，避免越权出台更有"特色"的优惠政策和产业扶持政策，在税收法定的大原则下，青海省应在国家政策允许范围内，尝试在企业所得税核定征收、小规模纳税人税收优惠政策适用范围、优惠力度等方面争取到一些针对性强的税收优惠支持政策。

（四）提升税收征管服务与落实税收政策绩效评估考核

青海省发展培育保税物流中心、综合保税区、跨境电商综合试验区等平台时，需要以长远利益为主，依法征税，税收决策应以国家层面现行的税收优惠政策为导向，在把控好执行风险的基础上用好用足相关税收优惠政策，强化政府职能转变，优化创新税务服务能力和手段，例如上海自由贸易试验区的试点前期，对出台争取到《国家税务总局关于支持中国（上海）自由贸易试验区创新税收服务的通知》（税总函〔2014〕298 号），其中就涉及 10 项创新税收服务措施；此外，地方各级人民政府在税收法定原则的基础上，在积极向国家争取针对性的税收优惠措施的同时，要持续跟踪落实政策的效率效果评估，保证税收决策更好地服务区域经济发展及转型升级。

总结而言，青海省在培育发展区域经济平台时，应该做到以下几点：把控好国家层面现行综合保税区等海关监管区域、其他经济示范区等相关财税扶持政策，避免政策执行风险；对于已有的各种税收优惠政策（尤其是和中小微企业纾困成长、大型企业转型升级、特定行业扶持等相关的增值税、企业所得税、个人所得税、关税、消费税等税费政策），要让纳税人用好用足，将政策红利享受到位；对于我国在其他省份或区域改革试点的财税政策成熟做法，青海省可结合自身经济发展的特点与特色，避免拿来主义，务必争取国家层面的支持；同时，要特别注意避免越权出台和国家法律法规相冲突的具体财税优惠政策；青海省地方各级政府及有关部门应该群策群力、精诚合作，并做好和国家层面主管单位（如财政部、国家税务总局、海关总署、发展改革委员会等）沟通协调，在国家层面扶持政策的基础上，再制定更细化、明确具体的实施办法或管理制度，完善并创新平台经济发展的配套服务，提升服务质量和水平，做好政策的持续评估和升级完善工作。

作者简介：陈爱华，厦门国家会计学院副教授。